한국주민자치 이론과 실제

김주원 · 곽현근 · 김병국 · 김순은 · 김중석
김찬동 · 김필두 · 박　철 · 신윤창 · 전용태

도서출판 대영문화사

발간사

최진혁(충남대학교 자치행정학과 교수 · 한국지방자치학회 회장)

2018년 한국지방자치학회는 학회 창립 30주년을 맞는 뜻깊은 해였고, 그동안 지방민주주의의 확립을 위해 지방자치발전에의 노력을 경주해오면서 얻었던 소중한 경험과 값진 교훈으로부터 또 다른 30년을 준비해야 하는 매우 중요한 전환기적 시기였다. 마침 지방분권형 헌법개정과 지방자치법의 전부개정을 모색하려는 문재인 정부의 노력은 대한민국 자치분권의 '제2의 도약'을 준비해야 하는 당위성을 확인하여 주었고, 이에 따라 그동안 국가, 중앙중심의 (단체)자치에서 주민중심의 주민자치, 마을자치 분야의 연구의 필요성을 더욱 절실하게 깨닫게 해주었다. 지방자치제의 여러 부정적인 평가에도 불구하고 자치분권이라는 국정운영체계에 힘입어 국가의 주요 정책이 민생의 주체인 주민들에게 가장 근접한 곳에서 그 지역의 여건에 맞게 정책의 과실을 실효성있게 체감할 수 있게 해 줄 수 있다는 점에 대다수 주민이 공감하고 있기 때문이다.

이런 배경에서 한국지방자치학회는 강원연구원과 공동으로 강원포럼을 개최하면서 현장에서 논의된 실질적인 주민자치 내용을 『한국주민자치 이론과 실제』로 출간하여 우리가 준비해야 하는 실질적 주민자치제 확립에 큰 자양분으로 활용하고자 하였다. 즉, 주민자치체계를 설계하기 위해 여기에 참여하는 다양한 정책참여자들의 정책입안과 산출, 그리고 정책활용결과를 검토해야 하는 필요성이 컸다. 여기에서 정책적 목표, 수단, 도구, 대상, 구역과 계층, 참여방식 등에 대한 학계의 다양한 논의를 종합하면서 주민자치에 참여하는 주민, 시민, 전문가, 공무원, 의원 등에 대한 체계적인 저서를 마련하고자 하였다.

이런 과정에서 우리 학회는 주민생활자치특별위원회를 통해 연구를 진행하게 하였다. 김주원·곽현근 공동위원장을 중심으로 교육, 연구, 봉사 등의 바쁜 일정에도 불구하고 열정어린 사명감으로 노력을 아끼지 않으셨던 교수님, 전문가, 박사님들(김순은 교수님, 김중석 사장님, 김찬동 교수님, 김필두 박사님, 김병국 원장님, 박철 편집장님, 신윤창 교수님)의 헌신을 통해 이 소중한 『한국주민자치 이론과 실제』가 발간되었음을 고맙게 여기며, 우리 모두에게 깊은 감사의 마음을 전하고자 한다. 『한국주민자치 이론과 실제』는 진정으로 대한민국이 펼쳐 나아가야 할 자치분권의 국정운영의 나침반으로 작용하여 바른 주민자치, 마을자치의 확립에 결정적 기여를 하게 될 것으로 보이며, 한국지방자치학회의 소중한 자산이 될 것으로 확신한다.

2019년 2월

한국지방자치학회 제22대 회장 최진혁

축간사

최문순(강원도지사)

2018년은 강원도에 의미 깊은 한 해였습니다.

어려운 여건 속에서도 도민들이 하나 되어 평창동계올림픽을 성공적으로 개최하였고, 역대 최고의 대회라는 국제 사회의 평가와 함께 한반도 평화시대의 물꼬를 열었습니다. 특히, 올림픽에서 비롯된 남북정상회담, 북미정상회담은 한반도 평화의 시작과 새로운 시대적 가치를 만들어내고 있습니다. 이제 강원도는 소외지역에서 벗어나 평화와 번영을 견인하는 지역으로 발돋움하고자 합니다.

강원도는 '강원평화특별자치도 설치', '금강산 관광 재개', '동해북부선 철도 착공', '평화의 바다 조성' 등의 지역 맞춤형 평화정책을 통하여 유일한 광역 분단도인 강원도에서 시작된 평화가 국가의 번영으로 이어질 수 있도록 최선을 다하고 있습니다.

비록 세계화 · 개방화로 인해 지방이 어려움에 처해 있지만 우리 강원도는 남 · 북 강원도가 가지고 있는 유무형의 자원을 활용하여 새로운 성장 동력을 창출하기 위해 노력을 아끼지 않고 있습니다.

세계화 · 개방화 시대의 대응책은 지역화입니다.

지역화는 내적 역량을 키워 국제적 경쟁력을 확보할 때 가능합니다.

지역화의 핵심은 바로 주민자치 활성화를 통한 지역의 역량강화에 있습니다.

주민자치를 통해 의미 있고 생산적인 일자리가 지역에서 만들어져야 지역의 풀뿌리 공동체가 건강해질 수 있습니다.

이를 위해 주민자치 지원체계를 정비하여 그 생태계가 활성화되도록 만들어가야 합니다. 이러한 흐름에 맞춰 정부도 지방자치 정상화를 위해 지방분권과 주민자치를 핵심 내용으로 하는 방안을 제시하였고, 그 일환으로 지방분권형 헌법개정을 위한 정부안을 발표하여 국회에 제출한 바 있습니다.

비록 지방분권형 헌법개정은 단기간 내에는 어렵게 되었지만, 지방자치법 개정을 통해 지방분권을 보완하고자 노력하고 있습니다. 진정한 지방분권은 지역화를 통해 지역 내 다양한 풀뿌리 활동이 일어나 지역사회가 보다 건강해질 때 가능할 것입니다.

이번에 출간되는 『한국주민자치 이론과 실제』는 건강한 지역사회를 만들기 위한 방안으로써 주민자치의 이론과 그에 따른 실제 사례들을 담고 있습니다.

이번 출판의 기획을 위해 애쓰신 한국지방자치학회 최진혁 회장님과 강원연구원 육동한 원장님께 감사드립니다. 그리고 김주원 · 곽현근 공동위원장을 중심으로 각 장별 집필을 위해 애쓰신 집필진(김순은 서울대 교수님, 김중석 강원도민일보 사장님, 박철 주민자치 편집장, 김찬동 충남대 교수님, 김필두 한국지방행정연구원 박사님, 김병국 한국생활자치연구원 원장님, 신윤창 강원대 교수님) 여러분들의 노고에 다시 한 번 감사드립니다.

모쪼록 이 연구 결과물이 많이 알려져 주민자치를 활성화하고, 지역의 역량을 높이는 바탕이 되길 기대합니다. 감사합니다.

2019년 2월

강원도지사 최문순

축간사

육동한(강원연구원 원장 · 한국지방자치학회 특임 부회장)

2018년 한국지방자치학회 특임 부회장을 맡으면서 강원연구원은 하계학술대회를 평화특별자치도 특별세션을 구성하여 용평에서 개최하였다. 그리고 2018년 7월 24일 지방자치제도의 바람직한 방향설정을 위해 주민생활자치관련 포럼을 한국생활자치연구원과 MOU를 체결하면서 개최한 바 있다. 이 과정에서 주민자치와 관련하여 주제발표와 토론에 참석했던 학회 회원분들을 중심으로 주민자치관련 책을 출판하는 데 뜻을 같이했다. 이러한 배경에 『한국주민자치 이론과 실제』의 출판은 시작되었다.

2018년은 학회 창립 30주년을 맞는 뜻깊은 해였다. 그리고 1988년 지방자치법 개정 이후 가장 적극적인 지방자치법 개정이 지난 지방자치의 날이 정부에 의해 발표된 바 있다. 개정의 핵심 내용도 주민자치를 처음으로 법개정안에 넣어 단체자치중심에서 주민자치중심으로 전환하여 지방자치를 발전시키겠다는 것이다. 지방자치를 정상적으로 운영하고 활성화하기 위해서는 주민들에게 꼭 필요한 행정서비스와 지역개발사업들이 주민들의 적극적인 참여로 공생산(coproduction) 형태로 이루지고 발전되어야 한다. 이를 위해서는 법제도의 보장이 잘 이루어져 현재 문제점으로 지적되고 있는 읍 · 면 · 동 단위의 다양한 이해관계가 정비되어야 한다. 읍 · 면 · 동 주민자치회는 운영의 역사가 오래되었다. 그럼에도 불구하고 아직 제자리 걸음 단계인 것은 이러한 이해관계가 정리되지 않고 있기 때문이라고 볼 수 있다.

이런 맥락에서 한국지방자치학회와 강원연구원과 공동으로 강원포럼을 개최하면서 현장에서 논의된 실질적인 주민자치 내용을 『한국주민자치 이론과 실제』로 출간하게 된 것은 시의적절한 시도였다고 볼 수 있다. 그리고 이 연구결과물이 가능한 많이 알려져 앞으로 변화되는 지방자치 정책환경 변화에 발맞추어 한 단계 더 도약하길 기대해 본다. 『한국주민자치 이론과 실제』가 주민자치위원, 지방공무원, 그리고 지방의원님들, 중앙정부 정책실무담당자들에게 필독서가 되어 지방자치발전에 기여하게 되길 기원해 본다.

그리고 2018년 한국지방자치학회를 불철주야 이끌며 지방자치발전에 크게 기여하신 최진혁 회장님의 노고에 깊은 감사를 드립니다. 『한국주민자치 이론과 실제』 출판을 위해 주민생활자치특별위원회 김주원 · 곽현근 공동위원장을 중심으로 각 장별 집필진(김중석 사장님, 김순은 서울대 교수님, 김찬동 충남대 교수님, 김필두 한국지방행정연구원 박사님, 김병국 한국생활자치연구원 원장님, 박철 주민자치 편집장님, 신윤창 교수님) 여러분들께도 깊은 감사의 마음을 전합니다.

마지막으로 『한국주민자치 이론과 실제』 출판을 계기로 대한민국 지방자치발전에 크게 기여하게 되길 기원합니다. 감사합니다.

2019년 2월

강원연구원 원장 육동한

머리말

뿌리가 튼튼해야 크고 건강한 나무가 될 수 있다. 용비어천가에 "뿌리 깊은 나무 바람에 흔들리지 않아 꽃이 좋고 열매가 많이 열리며……"라는 구절은 뿌리가 튼튼해야 예쁜 꽃과 열매가 맺을 수 있다고 되어 있다. 국가구성의 근본은 국민이다. 국민과 같이 일정한 지역에 살고 있는 주민의 역할이 중요해졌다. 이웃과 함께 지역을 더 발전시키고 참여를 통해 지역을 행복하게 만드는 일이 이제 더 중요해졌기 때문이다. 국가가 할 수 없는 일들을 이제 마을주민들이 국가에 요구하고 만들어가야 한다. 뿌리와 같은 지역주민들이 지역에 대한 자부심을 갖고 강해져야 국가 전체도 더 건강하게 번영할 수 있다.

그렇지만 풀뿌리 민주주의, 지방자치는 현재 비정상적이다. 국가가 대부분의 사무를 가지고 있고 지방의 고유한 사무는 구색 맞추기 수준이다. 지방분권이 필요한 이유다. 국가가 기획하고 국가가 지침을 만들어 집행하는 일이 반복되면서 제도적 자치, 단체자치중심으로 국가위임사무가 많다. 주민들이 생활하는 데 실질적으로 필요한 것이 무엇인지 국가가 자세히 알 수 없어 국가위임사무의 효율성은 약하다. 지방중심의 시책이나 서비스가 균형있게 지역주민들에게 필요한 내용을 만들어 지역에 뿌리내리지 못하고 있다. 주민중심, 생활자치가 활성화되어야 주민에게 필요한 시책과 서비스가 현장중심으로 정착될 수 있다. 주민이 중심이 되어야 지역현장중심으로 뿌리가 더 튼실해져 지역사회가 더 건강해질 수 있다. 우리는 그 뿌리가 약해 주민생활자치 활성화가 필요하다.

우리는 현대사에서 경제 개발과 민주주의가 가장 단시일 내에 완성된 유일한 나라다. 일제 36년 간 식민통치와 동족상잔의 비극 6·25 전쟁을 겪고도 한강의 기적을 이루었다. 평화적 정권교체로 민주주의도 완전한 민주주의 국가에 가깝게 와 있다고 평가되고 있다. 즉, 이코노미스트 산하 인텔리전스 유닛(Economist Intelligence Unit: EIU)은 매년 초에 세계 167개국을 대상으로 조사한 민주주의 지수를 발표하고 있다. 2018년에 비해 2019년에는 전체 순위에서는 한 계단 밀렸지만 총점은 작년과 동일하고 아시아 태평양 국가 순위를 놓고 보면 우리나라의 민주주의 수준은 충분히 자부심을 가질 만큼 높게 평가되고 있다. 아시아 태평양 지역 국가 중 우리보다 상위에 있는 국가는 뉴질랜드와 호주 두 개 나라뿐이다. 미국과 일본을 앞서는 것으로 평가된다. 그런데 아직 완전한 민주주의 국가 범주에 들어가지 못하고 있다. 평가지표 다섯 가지 범주 중 선거와 다원주의는 높게 평가되는 데 정치참여는 낮은 평가를 면치 못하고 있다. 주민참여의 통로가 약하고 주민중심 지방자치가 정상적으로 운영되지 못하고 있기 때문이다. 주민자치 활성화는 이러한 문제점을 보완할 수 있는 대안이다.

세계화·개방화 여파로 공동체가 파괴되고 지역과 계층 간 격차가 더 심화되고 있다. 경제적으로 외환위기는 신자유주의를 더 가속시켰으며 우리 사회에 경쟁과 차별을 가져왔다. 지역공동체로 우리 사회는 더 피폐해졌다. 호지(Helena Norberg-Hodge)는 "인간 자아의 뿌리는 공동체에 있다"고 한다. 세계화·개방화의 대안으로 사람의 자아가 돈이 아니라 공동체 속에서 보살핌을 받으면서 형성되는 보살핌의 생활공동체를 만들어가야 한다. 주민자치의 활성화 방향은 바로 파괴된 지역공동체의 복원이다. 보살핌의 경제와 생활공동체의 회복은 주민자치 활성화를 통해 주민참여와 교육 학습이 병행되어야 한다.

이번 『한국주민자치 이론과 실제』 기획은 이러한 문제의식 속에서 출발했다. 주민자치와 관련하여 국내에서 가장 활발한 연구와 문제의식을 가지고 있는 전문가들 중심으로 최진혁 회장 임기 동안 주민자치연구위원회를 만들어 『한국주민자치 이론과 실제』를 준비했다. 강원연구원에서 2018년 7월 정책세미나를 개최하면서 발표와 토론내용을 더 보완하여 연구진을 구성하고 이번 『한국주민자치 이론과 실제』 출판을 기획하였다. 모쪼록 이 연구내용이 주민자치 관련 공직자, 실무자, 위원님들에게 좋은 지침서로 역할을 할 수 있게 되길 기대한다. 이를 통해 우리나라 지방자치가 한 단계 더 도약하여 발전되길 기원해 본다.

끝으로 이번 연구 사업을 위해 위원회 기획과 지원을 아끼지 않으신 최진혁 회장과 대영문화사 임춘환 사장님께 감사드립니다. 편집정리를 위해 도움을 준 강원연구원 최지은, 조한희 연구원 노고에도 감사를 표합니다. 특히 『한국주민자치 이론과 실제』 출간의 동기가 된 주민자치 활성화 세미나 후원과 하계학술대회 지원을 해주신 육동한 강원연구원 원장님과 최문순 강원도지사님께 깊이 감사드립니다. 감사합니다.

2019년 2월

저자 일동

차 례

제9장 사회혁신으로 주민자치 활성화와 지원체계 조성 337

제 1 장

개 관

김주원(강원연구원) · 김중석(강원도민일보)

제 1 절 지방자치와 주민자치 개념 논의

현재 우리가 운영하고 있는 지방자치는 비정상적이다. 왕권중심국가에서부터 일제 식민 시대를 거쳐 민주공화국으로 탄생하는 과정에서 나타난 불가피한 측면이 없지 않았다. 왕권중심국가에서 신분제를 통해 지배계층과 피지배계층이 구분되었고 중앙관청에 근무하느냐 지방관청에 근무하느냐에 따라 경관(京官)직 · 외관(外官, 지방관)직과 같은 호칭과 신분이 구분되기도 하였다. 관존민비(官尊民卑)사회였고 과거제를 통해 반상(班常)이 가려지기도 하였으며, 서얼금고법, 과부재가금지법 등과 같이 신분차별이 심했던 조선 시대 500년 역사를 가지고 있기도 하다. 마침내 구한말에는 주권재민과 민본주의, 신분철폐, 남녀평등에 대한 민중들의 깨우침이 동학혁명과 갑오경장을 낳았다(김중석, 2012). 당시 류길준과 같은 개혁파 신지식들에 의해 지방자치제 도입 주장이 등장하였다. 일제 36년 간 식민통치는 서구의 제도가 도입되는 계기였지만 민족사적으로는 미래를 알 수 없는 암울

한 시기였다. 해방 이후 일본과 남한에 서구식 민주주의제가 도입되고 6·25 전쟁 중 지방자치가 시행되었지만 이승만 독재 정권의 제1공화국은 시민혁명을 통해 막을 내리고, 제2공화국 들어 본격적인 지방자치와 양원제 국회가 도입되어 민주국가의 틀을 갖춰가는 듯했다.

제헌헌법은 지방자치를 제8장 제96조와 제97조에 규정함으로써 국가생활의 기본적인 제도로 삼았다. 그러나 민주주의의 토대가 되는 지방자치는 헌법 취지와는 달리 이승만 행정부에 의하여 치안 불안을 이유로 극력 회피되다가 전쟁 중에 갑자기 실시되는 등 우여곡절을 겪었다(강원도의회, 2017). 이승만 행정부의 지방자치는 남한 단독 정부 수립 이후 제헌의회를 구성하여 헌법을 제정하며 헌법 제8장 제96조에 지방자치에 관해 명시하였다. 이 법에 의하여 1949년 7월 4일 지방자치법이 법률 제32호로 공포됨으로써 지방자치제도 실시를 위한 제도적 근거가 마련되었다.

지방자치제도가 부활한지 70여 년 사람으로 치면 칠순에 가깝다. 그렇지만 우리의 지방자치는 출범 당시부터 태생적 한계를 가지고 있다. 자치를 위한 근거로 지방자치법을 만들었지만 그 구체적 내용은 지방의 참여나 의지도 반영되지 않은 채 중앙관료들에 의해 만들어졌다.[1] 풀뿌리로부터 쟁취해 만들어진 것이 아니라

---

1) 풀뿌리 민주주의 꽃인 지방자치의 부활은 1987년 6월 10일 민중항쟁의 결실로 비롯된 6·29 선언이었다. 대통령직선제 개헌 및 1988년 평화적 정부이양 외 지방자치제 및 교육자율화 실시 등 8개항으로 이루어졌다. 이에 따라 사상 최초로 여·야 합의 개헌이 이루어지고 5년 단임의 대통령 직선제와 함께 지방자치제가 30년 만에 부활하게 되었다. 한편 지방자치법 개정은 1988년 4월 6일 제12대 국회 마지막 회의에서 다른 법률들과 함께 일괄 통과되어 법률 제4004호로 공포되었다. 이 개정안 부칙에 최초의 지방의회는 시·군 및 자치구부터 구성하고 그 선거는 법시행일부터 1년 이내에 실시하며 최초의 시·도의회는 시·군·구 및 자치구의회가 구성된 날로부터 2년 이내에 구성하도록 규정했다. 그러나 임기만료 국회의원들이 심도 있는 토론 없이 무더기 일괄 통과시켜 졸속 처리되어 차기 국회에서 개정이 불가피하였다. 여소야대의 제13대 국회에서 지방자치제는 '88 올림픽 성공적 개최, 그리고 5공청산 청문회 등으로 논의조차 못하고 한 해를 넘겼다. 그 후 야3당 합의로 1989년 12월 31일 지방의회 및 단체장 선거법안을 통과시켰다. 이제 지방자치가 실시되나 싶었다. 그러나 1990년 1월 22일 전격적인 3당합당으로 지방자치 실시는 또 미뤄졌다. 218석의 거대여당은 법에 명시된 지방자치 실시를 연기했다. 10월 8일 평민당 김대중 총재는 지방자치제도 전면 실시, 내각제 포기 등 4개항을 요구하며 단식투쟁에 돌입했다. DJ의 단식이 단초가 되어 정치권은 "1991년 6월 30일 이내 기초 및 광역 지방의회를 구성하고, 1992년 6월 30일 이내 기초 및 광역 지방자치단체장 선거를 실시한다"고 합의했다. 우여곡절 끝에 지방자치제가 부활되었지만 실제 당시 지방자치는 국회 내에서 합의 과정이 불성실했고, 중앙관료들은 비효율적인 것으로 인식하면서 늦추어졌을 가능성이 높다.

민주화의 대가로 시혜적으로 지방자치가 시작되었다.

남북분단으로 인한 국가안보문제는 아직도 국가주의가 국가의 문제를 해결하는데 중요하다고 보는 인식이 강하다. 국가주의에 의한 불균형 경제발전 전략은 수도권 집중과 과도한 도시화를 가져왔다. 그 결과로 지역 격차, 계급 격차, 대기업과 중소기업 간 격차가 심화되어 사회문제를 더 복잡하게 하고 있다.

이러한 상황에서 우리는 풀뿌리 민주주의라고 하는 지방자치가 실질적인 분권이 안 된 채 실시된 무늬만 자치인 비정상적 지방자치제도가 운영되고 있다. 실제로 지방자치제 운영의 지침이자 주민생활에 영향을 직접적으로 미치는 자치법규인 조례제정이 법령의 범위 안에서만 제정할 수 있도록 강제되고 있다. 이러한 제약은 지방자치법도 아니고 헌법 제117조에 규정되어 있다. 최상위법인 헌법에서 지방에 대한 지위나 지방자치에 대한 것을 명확하게 하지 않아 지방자치단체는 중앙부처의 사무소에 불과하다는 평가다. 현 지방자치는 중앙정부의 지역사무소를 크게 벗어나지 못하고 있으며, 국민들의 지방자치에 대한 무관심은 생활자치, 주민자치의 부재와 무관하지 않다.

법제도적 제약으로 중앙과 지방 간의 분권은 지난 20여 년 간 제자리걸음이었다. 대표적으로 지방자치단체 업무 중 국가사무(73%) 비중이 지방사무(27%)보다 커 실질적인 자치를 어렵게 하고 있다.[2] 국가가 주민들의 생활과 관련된 법제도를 운영하면서 지방의 고유한 사무가 많지 않아 중앙정부 부처로 사무가 종속되어 비정상적인 지방자치 운영이 지속되고 있다. 헌법상 제약을 피해 지방자치법을 적극적으로 개정하여 실질적 분권이 보장되도록 해야 하지만 국가사무의 지방이양을 위한 부처 간 협의는 현행 헌법에서 지방의 지위를 분명하게 하지 않고 있기 때문에 공염불에 불과하다. 이러한 상황에서 실질적인 지방자치분권을 위해서는 생활자치, 주민자치 활성화가 중요하며, 이는 현재의 비정상적인 지방자치제 운영상 국민 무관심 문제를 풀어 나가기 위한 중요한 정책의제이다.

---

2) 2018년 9월 11일 문재인 정부가 취임 1년 뒤 발표한 분권로드맵에는 재정분권 국세와 지방세의 비중을 8 : 2에서 7 : 3으로 추진한 후 6 : 4를 목표로 하고 있다. 국가사무의 지방사무 비율과 재정분권이 함께 가야 하는데 헌법상의 제약으로 너무 약한 목표를 설정했다고 생각된다. 이미 국세와 지방세의 비중은 7 : 3에 가까울 수도 있다.

지방자치의 패러다임 전환(Paradigm shift)은 지방자치제도의 문제인식 속에서 고려되고 있는 새로운 획기적 정책 변화를 의미한다. 이는 지방자치 시대를 살고 있는 우리들의 견해나 인식의 틀을 획기적으로 바꾸어야 한다는 점을 강조하며, 한 시대 사람들의 견해나 사고를 근본적으로 규정하고 있는 인식체계 또는 이론적인 틀이 혁명적으로 변화한다는 것을 의미한다. 지금까지 당연하다고 간주되어 온 지방자치에 대한 비판적인 시각이 필요하다. 현재의 지방자치 기조에서 변화되어야 할 것들이 무엇인지 파악해 보는 것이 필요하며, 이미 지방자치 정책기조가 제도중심 단체자치에서 주민생활중심 주민자치로 변화를 예고하고 있다.

제 2 절 주민자치 활성화 필요성

읍・면・동은 현재 자치권이 부여되지 않은 채 운영되고 있지만 과거 5・16 군사정변 이전 지방자치 시행 시 읍・면 농촌지역은 자치권이 부여되어 직선으로 읍・면장을 주민이 직접 선거하기도 하였다. 주민자치 활성화는 지역주민, 주민자치교육 프로그램, 주민자치사업, 주민자치회 등 거버넌스 조직구성에 필요한 역할과 범위를 이해하고 각 주체별 실천 방안을 마련하여 시도되어야 한다.

기본적인 방향은 읍・면・동별 주민자치회가 중심이 되어야 한다고 생각된다. 이를 그림으로 표시하면 다음 [그림 1-1]과 같다. 정부가 주민자치의 개념을 이번 지방자치법 개정에서 구체화하고 있지만 주민자치관련 단체에서 주장했던 주민자치단일법안 마련은 논쟁 끝에 무산되었다. 정부는 지방자치법 개정을 통해 지방자치단체가 조례로 주민자치관련 구체적 대안을 만들어갈 예정이다. 따라서 주민자치 활성화는 읍・면・동의 기능 중 주민자치회가 중심이 되어야 할 중요한 기능들을 발굴하고 이 발굴된 과제들이 실제로 주민생활자치 실현과 활성화를 위한 방향으로 정렬되어야 한다.

첫 번째로 지역주민들의 활동이 활발하게 이루어질 수 있도록 여건을 조성할 필요가 있다. 지역별로 가지고 있는 다양한 문제를 의제화하여 지역 내에서 이를

그림 1-1 주민참여 프로그램 및 거버넌스 구축의 영역

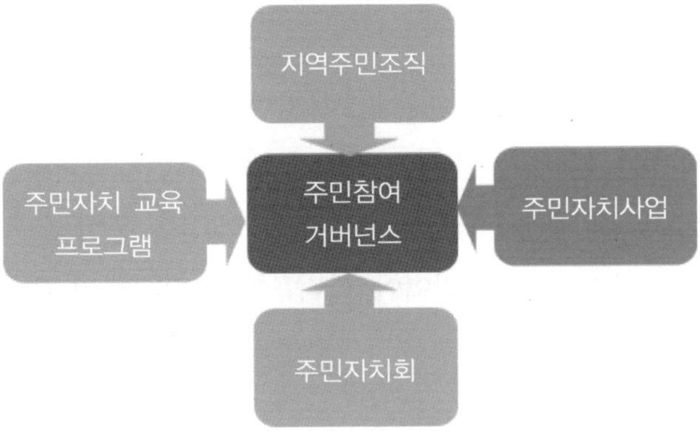

스스로 해결할 수 있도록 하는 주민생활자치 실현이 강화되어야 하기 때문이다. 이를 위해서는 이해관계가 비슷한 지역별로 지역의 문제를 스스로 해결할 수 있는 방안을 마련하기 위해 현재의 자치권 범위를 넘어서는 새로운 거버넌스가 만들어져야 한다. 지금까지와는 다른 차원의 접근이 필요하다. 즉, 이중삼중으로 정부에 의해 규제되고 있는 지역문제를 해결하기 위해서는 기존의 수동적인 국민관점이 아니라 우리 지역의 문제를 스스로 고민하여 이웃과 함께 이를 해결해 나갈 수 있도록 하는 시민관점의 능동적인 주민들의 역할과 기능이 강화될 수 있도록 해야 한다.

두 번째로 지역주민조직이 활성화될 수 있도록 해야 한다. 주민조직은 일정한 지역을 중심으로 이 지역들이 가지고 있는 문제인식을 가진 구성원들에 의해 스스로 문제에 대한 정의가 이루어질 수 있도록 해야 한다. 결과적으로 이러한 동일한 목적을 공유하는 지역공동체 기반으로 현장 수요 기반의 생활자치의 핵심적 역할이 수행될 수 있도록 해야 한다.

세 번째로 주민자치 교육 프로그램이 활성화될 수 있어야 한다. 지역공동체 기반의 주민복리 증진과 자치 실현의 장으로 지역주민의 삶의 질을 높이기 위한 학습형 교육 프로그램 등을 진행하여야 한다.

네 번째로 주민자치사업이 다양하게 지역별로 마련되어야 한다. 지역주민조직

이 주축이 되어 주민자치센터를 중심으로 주민, 직능단체, 자생조직, 자원봉사단체 간 네트워크를 형성, 상호 협력적 프로그램 등을 추진하여 더 효율성을 높일 수 있는 방안이 마련되어야 한다.

무엇보다도 주민자치회가 활성화되고 그 기반 위에서 주민자치가 실행될 수 있는 방안이 마련되어야 한다. 현행 주민자치센터의 주민자치회로의 발전적 전환에 따른 하부·연합조직 및 재정·기능·교육 등의 개선을 통한 효율적 운영 기반 등을 구축해 통합적인 방안이 마련되어야 한다. 이를 실현하기 위한 종합적인 검토가 함께 만들어져야 한다.

제 3 절 주민자치 주요 변수와 개념 논의

정부는 지방자치법에 부족했던 '주민자치' 요소를 법의 목적 규정과 주민의 권리 조문에 명시하여 강화하겠다고 발표했다.[3] 현재 우리 사회에서 사용되고 있는 '주민자치' 용어의 유래는 확실하지 않았다. 다만, 한자권 국가에서 주민자치를 학술용어로 쓰는 나라는 우리나라와 일본뿐이라고 한다. 일본학자들은 일본 헌법에 정의된 지방자치의 원리를 기술하기 위해 '단체자치'와 '주민자치' 개념을 사용해 왔으며, 우리나라 초기 지방자치 학자들도 이를 참고하면서 도입된 것으로 추정된다. 이번 문재인 정부의 지방자치법 개정에서 가장 두드러진 지방자치제도 변화는 주민자치를 지방자치법안에 개념화하고 있다는 점이다.

우리나라는 UN 분권보고서에서 제시되고 있는 것처럼 대의민주주주의 보완차원의 참여와 생활민주주의로 발전이 필요하게 되었다. 이러한 맥락에서 주민자치는 지역 단위 주민들의 삶의 질을 내셔널 미니멈(National minimum)이 최소한 보장되면서 주민들의 참여를 통한 공동체활동이 활발하게 이루어질 수 있도록 하기 위해 제도적 보장이 필요하게 되었다. 주민자치를 다루는 그동안의 연구를 보면

3) 문재인 정부는 제6회 지방자치의 날(2018.10.29)에 1988년 이후 30년 만에 전격적인 지방자치법 개정을 단행했다고 발표했다.

표 1-1 주민자치와 단체자치 개념 구분

구 분	내 용	비 고
주민자치	지방자치가 주민의 의사에 기반하여 행하여지는 민주주의적 요소	
단체자치	지방자치가 국가로부터 독립한 단체에 위임되어 단체 스스로의 의사와 책임 하에 이루어지는 자유주의적 · 지방분권적 요소	

공통적으로 일정 지역 범주 내에 생활을 영위하는 이들의 자율성의 관점에서 접근하고 있다. 주민자치는 근본적으로 지역공동체(local community)를 바탕으로 하는 의사결정 체계에 관한 것이다. 일정한 지역적인 범주와 관계성을 강조한 용어로 근린(neighborhood)자치가 있고, 주민자치의 목적인 주민들이 영위하는 생활관점을 강조한 생활자치[4] 등의 용어가 현재 혼용되고 있다.

1. 주민자치 구성 주요 변수로서 주민

주민(住民)의 사전적 의미를 보면, 일정한 지역에 사는 사람들을 말한다. 그러나 거주이전의 자유가 있는 우리나라에서 어디에 산다는 의미에 대한 다양한 해석이 있을 수 있고, 여러 지역에 거처를 두고 살아갈 수 있기 때문에 이런 의미로 주민의 개념을 사용하는 것은 행정과의 관계를 살펴봄에 있어 한계가 있다. 인구 수가 국가통계의 기본이지만 주민등록상의 인구와 실제 거주인구는 항상 다르다. 교통 · 통신 발달로 5도2촌, 즉 5일은 도시에 거주하고 2일은 농촌에서 생활하는 사람도 늘어나고 있다. 농촌에 살면서 도시로 일을 위해 매일 출근하는 사람들도 많이 있는 실정이다. 이러한 현상이 공동체성을 약화시키는 원인이기도 하다.

주민의 개념과 관련하여 국민과 시민에 대한 개념도 혼란을 일으키는 개념이다. 국민은 국가의 구성원의 한 사람으로서 국가의 구성원이 되는 법적 자격을 가진 모든 사람을 말한다. 국가기관으로서 국민이라는 이념적 통일체를 법률적으로 지

4) 생활자치는 이론적 논의에서 시작되었다기보다는 정책적 방향에서 접근되어 제시되었다. 2016년 행정자치부 대통령 업무보고, 2016년에 역점을 두고 추진해야 할 핵심적인 과제 중의 하나로 '주민이 주체가 되어 주민의 삶의 질을 개선하는 목표를 가진 생활자치 시스템의 구축'을 채택한 바 있다.

칭하기도 한다. 국가기관으로서 국민의 실질적 의의가 없다는 게 유력한 견해다.[5]

국민의 개념에 비추어 주민의 법률적 의무와 권리에 대한 사항을 보면, 지방자치법에서 주로 다루어지는데 주민의 자격은 지방자치단체의 구역 안에 주민등록법에 의한 주민등록을 한 자로 지방자치단체의 비용을 분담하는 의무를 지니며, 지방자치사무 및 선거 등에 대한 권리를 가진다. 해당 지방자치단체에 대한 주민의 권리는 지방자치단체의 재산과 공공시설을 이용할 권리와 그 지방자치단체로부터 균등하게 행정의 혜택을 받을 권리를 갖는 동시에 지방자치단체의 비용을 분담하여야 하는 의무를 진다.

한편 18세 이상 주민의 경우는 주민조례발안제를 도입하였고,[6] 지방행정사무의 감사청구권, 지방자치단체장을 상대로 하는 주민소송, 지방자치단체장 및 지방의회 의원에 대한 주민소환, 그리고 국민인 주민은 법령으로 정하는 바에 따라 그 지방자치단체에서 실시하는 지방의회 의원과 지방자치단체장 선거에 참여할 권리를 갖는다. 이때 투표를 하기 위해서는 투표인명부에 올라가 있어야 하며, 이 투표인명부 작성기준일은 투표일 전 22일로 규정되어 있기 때문에 최소 22일 이상 주민등록이 되어 있는 사람이 주민이라 할 수 있다.

따라서 행정사무와 관련된 주민자치를 다룸에 있어 법률적 구속력을 갖는 의사결정 주체가 될 수 있는 상대자가 되어야 한다고 할 때, 주민이라 함은 기본적으로 해당 지방자치단체의 구역 안에 생활을 영위할 목적으로 22일 이상 주민등록된 상황을 유지하고 있는 19세 이상 국민을 말한다고 할 수 있다.

여기서 시민은 또 다른 차원의 개념으로 볼 수 있다. 근대 이후 사회에서 그 사회의 중심을 이루는 구성원으로서 시민은 18세기 시민혁명을 계기로 본격적으로 등장하였다. 여기서 시민은 자발적이고 능동적인 의사와 행동으로 근대 국가에 주체로서 참여하는 국가를 이루는 구성원이라고 할 수 있다. 주민자치가 주민들의 자발적 참여를 통해 지역사회에서 생활불편 요소를 찾아 스스로 해결해 나가는 것에 초점을 두고 있다는 점에서 우리에게 필요한 주민자치는 시민정신을 갖고 있는

5) 법률용어사전(2015)에 논의된 내용.

6) 문재인 정부는 조민조례발안, 주민감사 및 주민소송(주민감사 전치주의)의 청구권자의 연령을 19세에서 18세로 하향 조정하여 폭넓은 주민참여를 촉진하는 것으로 지방자치법을 개정하였다.

표 1-2 주민의 역할에 대한 구분

구 분	내 용
유권자로서의 역할	주민은 유권자로서 지역사회 대표를 뽑는 일에 참여할 수 있으며, 참여해야 할 권리와 책임이 있다.
참여자로서의 역할	주민은 지역사회 구성원으로서 해당 지역사회의 주요 사안의 결정에 정당한 참여를 요구할 권리가 있으며, 참여할 책임이 있다.
감시자로서의 역할	주민은 지방자치단체에 대한 견제와 감시의 역할을 수행하기 위해 지방의회 의원을 통한 간접적 역할을 하며, 정보공개 등을 통한 직접 감시자로서의 역할을 수행할 수도 있다.
협력자로서의 역할	지방행정의 정당한 목표를 달성하기 위해 해당 행정에 협력하는 역할도 필요하다.

주민들의 참여생태 여건 마련을 위한 제도적 보장이 이루어져야 한다고 생각된다.

현재의 지방자치제 하에서 주민자치와 관련한 이러한 주민들이 행정과 협력을 통해 지역을 경영해 나가기 위한 기대 역할은 <표 1-2>와 같이 정리될 수 있다.

2. 주민자치 장소로서 근린규모문제

참여민주주의가 활성화되려면 대면적 관계가 이루어지는 마을을 단위로 해야 한다. 한우물(마을 洞)을 먹고 서로 일상생활을 함께하는 곳이 마을이다. "한 아이를 온전히 잘 키우려면 하나의 마을이 필요"하다는 간디(Mahatma Gandhi)의 말씀은 마을의 중요성을 잘 지적한 명언이다. 아이만이 아니라 인간은 우리는 이웃과의 관계 속에서 우리의 삶의 질이 좌우된다. 어디에 사느냐가 그래서 중요하고 사람 사는 마을이 중요해진 이유다.

마을주민들의 집합체적 성격을 나타내는 단어로 한국과 일본에서 사용되는 근린(近隣), 그리고 영미권에서 사용되는 지역공동체(local community)가 주로 사용된다. '근린(neighborhood)' 개념은 학문적으로 다양하게 정의되고 있다. 우선, '근린'의 사전적 의미를 보면, '가까운 이웃'이며, '근린사회'는 '사람들이 가까이 이웃하여 서로 잘 알며 친숙하게 공동생활을 하는 지역사회의 최소 단위'이다.

근린은 주거지 인접성에 기초한 일상적이고 대면적인 일련의 상호작용이라 할 수 있다. 이웃과의 교류에 사람들이 관여하는 거주지 주변의 장소이다. 근린은 장소에 기초한 정책을 수행하기에 적정한 공간 단위 또는 집합적 행위자 형성을 위한 중요한 사회·공간적 환경으로 인식된다. 사람들이 걸을 수 있는 거리 내에서 그들이 지역 커뮤니티와 이웃 간 교류, 사회생활을 영위할 수 있는 지역이다. 이러한 근린은 시민참여와 정부의 책임성을 실현할 수 있는 민주적 혁신을 위한 최적의 장소로서뿐만 아니라 지방정부 서비스의 최종 현장이다.

한편 영어의 근린에 대체되는 'Neighborhood'는 문법적으로 집합적 단어로 사용된다. 이러한 관점에서, 근린은 기본적으로 물리적 공간 범위를 기초로 하는 장소적 개념이 강하고, 여기에 사회적 측면을 포함하여 일상적으로 소통하며 교류하는 지역사회 혹은 지역공동체적 의미가 포함된다.

근린규모에 대한 정의는 다양하지만 여기서 다루는 근린은 민관협력을 위한 것으로 민관협력의 양대 주체 중 하나인 행정의 최소 규모와 결부될 수밖에 없다. 이를 종합해 보면 주민자치를 다룸에 있어 근린은 기본적으로 도시 내 행정동 단위의 공간 범위를 기초로 하여 해당 동 내에서 일상적으로 소통하며 교류하는 지역

그림 1-2 공적 · 사적 공간의 경계넘기

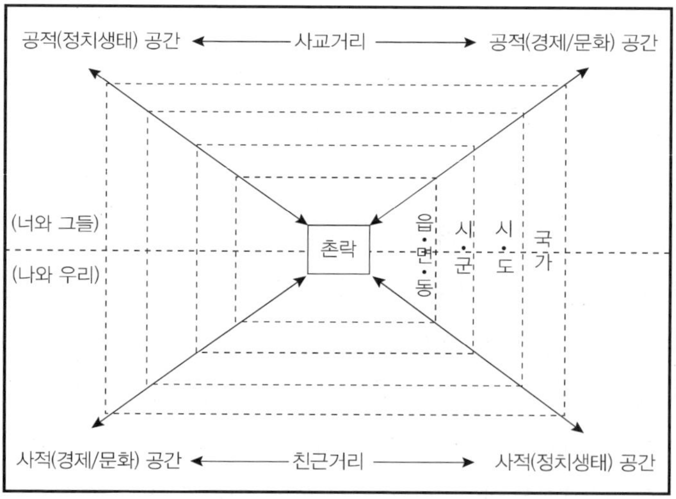

자료: 심광택(2009: 514).

사회 혹은 지역공동체를 의미한다.

3. 주민집합체로서 공동체문제(Local Community)

'공동체(共同體)'의 사전적 의미를 보면 운명이나 생활, 목적 등을 같이하는 두 사람 이상의 조직체, 혈연, 지연, 우정 등과 같이 인간에게 본래 갖추어져 있는 본질의사에 따라 이루어진 유기적 통일체로서의 사회를 말하며, '지역공동체'는 지리적·행정적 분할에 의해 나누어진 일정한 지역 안에 성립되어 있는 '생활공동체'를, '생활공동체'는 가족, 촌락, 민족 등 일상생활과 긴밀한 관련을 가지고 함께 생활하는 공동체를 말한다.

또한 서구 사회에서 공동체를 뜻하는 커뮤니티는 라틴어로 같음을 뜻하는 communitas에서 유래되었다. 이 말은 또한 같이, 모두에게 공유되는 이라는 의미를 가진 communis에서 비롯되었다. Communis라는 말은 라틴어 접두사 com-(함께)과 munis(서로 봉사한다)의 합성어이다. 공동체는 혈연이나 지연에 기반을 둔 전통적인 닫힌 공동체와 공동의 관심사와 목표, 이해관계 등을 가지고 구성된 근대적 열린 공동체(결사체) 등으로 구분된다. 광의의 공동체는 혈연을 넘어선 민주적 공동체로 결사체를 포괄하기도 한다. 이러한 공동체(community)를 이루는 요소들은 다음과 같은 것들이 있다.

흔히 근린(neighborhood)과 지역공동체(local community)는 비슷한 의미의 용어로 사용되지만 근린의 개념은 주거지 주변의 공간 차원에 제한되어 사용된다는 면에서 공간의 규모에 구애받지 않고 비교적 자유롭게 사용되는 지역공동체와는 구별된다. 즉, 의미의 해석에 있어 근린은 공간적 범위를 바탕으로 한다면 지역공동체는 구성원의 관계를 근간으로 한다.

다만, 근린과 지역공동체의 의미가 크게 구별되지 않고 유사하게 사용되는 것은 생활동선을 공유하는 일정지역의 구성원들은 일정의 공동체 의식을 갖게 된다. 동일 공동체 구성원이라 하더라도 생활동선이 분리되면, 공동체성도 분리되게 되는 등 거주공간과 거주민의 공동체성은 상호 영향을 주어 변형되기 때문이다.[7]

따라서 근린과 지역공동체는 어원과 의미의 출발점은 다르지만 지역적 범위의 한정, 구성원 간의 관계 및 교류의 개연성을 근간으로 한다는 점에서 그 구별이 강조될 필요는 없으며 공히 '주민들의 집합체'로서 해석될 수 있다.

참고문헌

강원도의회(2017). 『강원의정 60년사』. 강원: 강원문화사.

김중석(2012). 『거꾸로 보는 지방』. 서울: 금강 P&B.

심광택(2009). 촌락지역의 사회적 공간성 변화. 『대한지리학회지』, 제44권 제4호.

7) 단위지역에 있어서 공간구조와 공동체구조는 상호 영향을 미친다는 관점은 도시계획제도에서도 확인되고 있다. 도시정비에 있어 전면철거 후 재개발하는 정비방식은 지역 내 동선구조를 전면 개편함으로써 기존 지역공동체 관계를 해체하고 새로운 관계망을 구축하게 되며, 이러한 변화에 따른 다양한 사회경제적 병리현상이 생겨나고, 이를 극복하기 위한 대안으로서 기존 공간구조를 유지하는 가운데, 개별 건축물들 및 거주환경을 개선해가는 수복형 정비방식이 강조되고 있는 것이 좋은 예이다.

제 2 장

풀뿌리 민주주의 토대로서 주민자치

박 철(주민자치 편집장)

제 1 절 변화를 요구받고 있는 대한민국 민주주의

1. 주민자치와 직접민주주의 논의

'국민주권'은 "국가의사를 결정하는 최고의 원동력은 국민에게 있다"는 의미다. 즉, 통치권자는 국민에 의해서 결정되고 국가의 모든 통치권력의 행사는 국민에 의해서 이뤄지는 것을 말한다. 주권은 국내에 있어서는 '최고의 권력'이며 국외에 대해서는 '독립의 권력'을 의미한다. 또 국민주권에서의 '국민'은 개별적인 국민을 의미하는 것이 아니라 '이념적 · 정치적 통일체로서의 전체 국민'을 말한다. 현행 헌법은 제1조 제2항에서 "대한민국의 주권은 국민에게 있고 모든 권력은 국민으로부터 나온다"고 규정해 국민주권을 직접 명시하고 있다. 헌법 전문에도 헌법 제정과 개정의 주체가 국민임을 명시하고 있다. 이 국민주권주의를 구체화하기 위해 간접민주정치(의회제도, 선거제, 공무담임권 보장)를 원칙적으로 채택하고 있으며,

예외적으로 직접민주정치(국민투표)도 실시하고 있다.

사전적 의미에서 '민주주의'는 국가의 주권이 국민에게 있고 국민을 위해 정치를 행하는 제도 또는 그런 정치를 지향하는 사상이다. 초기 그리스에서는 시민권을 가진 남자들의 다수결원칙 아래 정치적 결정에 직접 권한을 행사하는 정부형태를 의미했고 이 제도를 '직접민주주의'라 한다. 한편 국민 개개인이 직접 정치결정 과정에 참여하지는 않고 다만 국민이 선출한 대표들을 통해 정치결정 권한을 대리하게 하는 방식을 '대의(代議)민주주의'라 한다.

오늘날 다수의 학자들은 시민사회 영역에서는 대의민주주의 보완으로 직접민주주의가 작동되어야 한다고 주장한다. 그리고 정부가 추진하는 '주민자치회'를 직접민주주의 실험장으로서 거론한다. 그러나 주민자치회는 지역사회의 공동체·결사체 허브로서 '민민협의체'이자 행정과 주민들을 연결하는 민관중간지원조직체인 주민자치주체기구가 되기에는 거리가 한참 멀어 보인다. 따라서 주민자치주체기구는 제도적으로만 만들어지는 것보다 교육과 실천에 의해 만들어지는 것이 중요하다. 즉, 교육과 실천에 의해 형성된 것을 제도화시키는 것이다. 제도의 의미나 개념이 목적과 불일치할 경우 사회적 혼란을 야기시킨다. 예를 들면, 현재 전국 3,502개 읍·면·동에 설치된 주민자치위원회와 주민자치회(2,818개, 2016년 1월 기준)의 경우다. 현재 주민자치(위원)회라지만 역할은 동장자문기구 정도의 역할이다. 이를 정치적·상업적 도구로 이용하려 한다면 용어의 혼란으로 어떤 집단 혹은 지도자가 어떤 의도(이익 생산)를 갖고 이용한다면 휘둘리게 된다. 모호한 용어에 의도하는 개념 혹은 정의를 부여해 선동한다면 본래 가고자 하는 방향에서 벗어나 현재의 본질보다 더 악화될 가능성이 크다. 현재 중앙정부나 지자체에서 추진하고 있는 주민자치회도 마찬가지다. 만일 일반주민[1)]에 의해 시민사회 영역에서 담론정치와 생활정치를 활성화시킬 수만 있다면 다들 약하다고 말하는 '시범실시 주민자치회'만 하더라도 혁신적인 것이다.

---

1) 거주민으로서의 주민과 혼란을 최소화하기 위해 '지배자에 대한 피지배자', '의사결정 테이블에 앉지 못하는 자'로서의 주민을 '일반주민'으로 표기했다.

1) 주민자치의 본질

우리의 삶을 쥐고 흔드는 권력 독점의 부당함과 우리의 삶의 변화를 결정할 수 있는 법제도와 정책 의사결정권(결정권력)이 우리 생활 가까이로 오게 하는 분권의 조건으로 '주민자치(住民自治)'가 필요하게 되었다. 그리고 주민자치는 무엇이고 우리의 현실 속에서 어떻게 구체화할 것인가, 또 주민자치 원리를 실천하기 위한 주민자치 구성체[2]는 어떤 유형이 되어야 하는지 논의해보고자 한다.

이에 더해 시민사회 영역에서 대의민주주의를 보완함과 동시에 더욱 발전시키는 제도나 사상으로서 직접민주주의(直接民主主義, direct democracy)를 말하고자 한다. 주민자치[3]는 참여에 중점을 둔 정치적인 원리로서 '직접민주주의의 동력'으로 작동한다. 왜냐하면 그것은 나의 삶을 쥐고 흔드는 의사결정권을 내가 투표로 뽑은 대의자에게만 맡기거나 가중시킬 것이 아니라 그 의사결정권을 내가 직접 행사할 수 있고 또 그에 대한 책임을 내가 질 수 있기 때문이다.

그동안 국가 영역중심으로 체계화된 정치권력과 사회권력, 그리고 시장경제 영역의 자본권력이 일반주민 생활을 지배했다면 그 틈을 비집고 시민사회 영역에서 일반주민권력이 생성될 수 있어야 한다. 그리고 시민사회 영역에서 각 지역사회 내 일반주민의 자치를 위한 공공의 장[4](혹은 시민[5]의 자치를 위한 공공의 장)이 구축되어 국가 영역이 달라지면 국가권력과 정치권력, 사회권력과 자본권력의 절대성은 파괴되어야 한다(조승래, 2016: 54). 그가 이렇게 말하는 이유는 그동안 절대적이고 보편적이라고 생각했던 중앙집권적인 권력이 달라지고 있고 일반주민들이 행정질서와 정치질서에 대한 눈높이가 높아지고 폭도 넓어졌기 때문이다.

또 일반주민이라고 해서 다 시민성을 지닌 것이 아니기에 뜻있는 일반주민, 즉

---

2) 주민자치 원리를 실천하는 기구를 '주민자치주체기구'라고 정의한다.

3) 주민자치 원리가 작동하는 정치적 공동체, 경제적 공동체, 인문적 공동체 중 정치적 공동체 측면에 중점을 둬서 집필했음을 밝힌다.

4) 와세다대학 정치경제학술원 교수인 사이토 준이치에 따르면, 공공적인 공간은 공사의 경계를 둘러싼 담론의 정치가 행해지는 장소이지, 공공적인 테마에 관해서만 논의해야 되는 장소가 아니다. 무엇이 공공적인 테마인가는 의사소통에 선행해 미리 결정되어 있는 것이 아니다(사이토 준이치, 2014: 36).

5) 자유주의체제의 시민은 외부의 권위가 요구하는 어떤 목적의 실현을 위한 봉사자가 아니라, 스스로가 자신의 기획을 결정하고 실천할 수 있는 권위를 소유한 행위자다(조승래, 2016: 54).

지민(志民)으로서의 일반주민들은 자신이 살아가고 있는 지역의 사회 질서를 변화시키는 새로운 공간, 즉 일반주민에 의해 살기 좋은 지역사회 만들기를 위한 공공의 장을 구축해야 한다. '일반주민에 의해'를 위해서는 뒷짐지고 있는 일반주민들에게 적극 나서라고 당당하게 요구하고 더 나아가 요구를 넘어 일반주민들이 행동하도록 적극 격려해야 한다. 그리고 국가와 지방자치단체는 지민들의 이런 행위에 대해 행·재정 지원을 아끼지 말아야 한다.

물론 이런 행위는 나 자신이 대한민국 국민이자 시민이자 일반주민으로서 당차게 살아가기 위함이다.

2) 대한민국에서의 주민자치 혼란

지방자치와 풀뿌리자치가 정착되기 위해서는 풀뿌리자치조직들(지역공동체·결사체 등)이 전국 각 지역사회에서 활발하게 작동되어야 한다는 것은 누구나 주장하는 바다(안광현 외, 2018). 그 활발한 작동을 위해 오늘날 대한민국에서는 '주민자치'라는 용어가 대세를 이룬다. 이는 그동안 사용되어오던 지방자치 유형으로서의 주민자치보다는 지역사회(엄밀히 말하면 읍·면·동 범위)에서의 주민단체(주민자치위원회, 주민자치회)를 지칭할 때 사용하는 횟수가 매우 많아졌다는 의미에서의 '대세'다.

주민자치는 분명히 단체자치(제도자치)와 함께 국가 영역인 지방정부(지방자치단체와 지방의회)의 운영방식의 한 축이지만 오늘날 지역 현장에서 빈번하게 사용되고 있는 '주민자치'라는 용어는 지방정부와 행정기관, 즉 행정의 상대적 영역(그렇다고 시민사회 영역도 아닌)에서 주민대표기구를 설치·운영하는 것에 초점을 맞춘 새로운 유형의 주민자치를 말한다. 즉, 1999년부터 읍·면·동에 설치·운영되고 있는 주민자치위원회나 박근혜 정부와 문재인 정부가 추진하는 주민자치회(주민대표기구이자 마을협의체) 운영원리 혹은 주민자치위원회나 주민자치회 자체를 '주민자치'라고 부르고 있는 실정이다. 이 지점에서 주민자치라는 용어가 혼란에 빠져 정체성이 모호해졌다.

학술적으로 보면 일본의 헌법 제92조에 규정된 지방자치는 단체자치와 주민자치의 양자가 불가분의 요소로 어느 한쪽이 결여되어도 지방자치가 성립하지 않는다고 해석된다(네이버, 21세기 정치학대사전). 주민자치가 정치적 의미에서의 지방자치인 것에 대해 단체자치는 지방자치의 법률적·제도적 의미다. 즉, 주민자치는 지방자치의 한 유형인 것이다. 또 학술적으로 주민자치는 주민들이 조직한 지방단체에 의해 지역사회의 공적 문제를 스스로 결정하고 집행하는 것을 의미한다. 즉, 주민자치는 지방주민이 주체가 되어 지방의 공공사무를 결정하고 처리하는 주민참여에 중점을 두는 제도를 말한다.

행정학사전에서 말하는 주민자치 의미를 좀 더 분석해보면 주민자치는 지방주민이 주체가 되어 지방자치단체를 조직하고 그 지방자치단체가 지방의 공공사무를 결정하고 처리하는 과정에 주민이 참여하는 것에 중점을 두는 제도를 말한다. 즉, 행정학사전이 의미하는 주민자치는 대의민주주제인 것이다.

그러나 대한민국에서는 지방자치 유형으로서의 주민자치보다 읍·면·동 주민자치회의 운영원리 혹은 주민자치회 자체를 주민자치라고 부르길 좋아한다.[6] 그러면서 정부와 시민활동가들(중앙정부와 서울시 주민자치회 관련 활동가)은 주민자치회 설치는 정부에서 주도해야 된다고 주장하며, 운영도 중간지원조직을 통해야(정부와 시민활동가들은 관치가 아닌 마중물 역할이라고 주장) 한다고 말한다. 게다가 현재 주민자치위원들이나 대다수 학자나 연구자들도 주민자치회 설치는 정부에서 해야 한다고 주장하며, 단 운영은 주민들 혹은 주민자치위원들이 해야 한다고 주장한다.

그러나 이들이 주장하는 '주민'의 정의가 모호하다. 즉, 주민은 현직의 관(행정)과 정치가들이 아닌 것으로만 정의한다. 엄연히 법적(법률, 조례)으로 보면 지역에 거주하는 사람들과 활동하는 사람들, 그리고 법인(시민사회단체 포함)도 주민이다. 그러나 이들은 공무원이나 관변시민단체는 주민이 아니라는 것이다. 즉, 중앙정부나 지방자치단체, 관변시민활동가, 주민자치위원, 학자와 연구자들이 말하는 읍·면·동 단위 이하에 설치·운영되는 '주민자치회'와 그 실천 원리인 '주민자치'에 대한 정의가 갈 길을 잃고 방황의 늪에 빠져있는 상황인 것이다.

---

6) 이름 자체에 주민자치라는 용어가 붙어 있어서 그런 것 같다.

물론 중앙정부나 지방자치단체는 단 한 번도 전국 3,500여 개 읍·면·동 주민들에게 '주민자치 원리에 의한 주민자치회 설치·운영'에 대해 숙의와 협의를 통한 의사결정을 물어본 적이 없다. 게다가 중앙정부나 지방자치단체는 이제 한 발 더 나아가 주민자치회의 주민자치사업 재원으로 주민세 활용을 추진하고 있다. 그것도 '주민자치 활성화'를 위해 주민세를 환원한다고 한다. 중앙부처나 지방자치단체들이 말하는 주민자치가 무엇인지, 그리고 주민자치회의 정체성과 그 운영방식이 어떤 원리인지 몹시 궁금하다.

한편으로 생각해봐야 할 것은 주민자치를 실천할 주민자치주체기구를 만들 때 지역사회의 '의사결정'에 중점을 둘 것인가 혹은 '사업'(마을만들기)에 중점을 둘 것인가 아니면 이 둘을 조화시킬 것이냐의 문제다. 단 조화시킬 때는 민민협의체, 민관협치를 위한 중간지원조직체 역할을 어떻게 조화시킬 것인가 하는 고도의 설계가 필요하다. 주민자치(住民自治)는 주민(住民)의 자치(自治)로 주민[7]이 주권을 가지고 주체로서 자기통치를 하는 것이다. 즉, 주민의 주권에 의해 자기 지역 내 일정한 시민사회 영역을 통치하고 또 통치를 받는 것이다. 다시 말해 시민사회 영역에서 작동되는 '주민자치'는 일반주민의 뜻에 의해 구성되고 일반주민의 요구에 의해 운영되는 주민자치주체기구의 실천(작동) 원리인 것이다.

또 생각해봐야 할 것은 현재 행정의 틀에서 행정의 시각으로 논의되고 있는 주민자치보다 근본적으로 접근해봐야 한다는 것이다. 중앙정부나 광역시·도에서 추진하고 있는 주민자치는 행정에의 참여와 사무(업무, 일)에 방점을 둔 경향이 강하다. 그러나 '주민자치'는 단지 행정에의 참여와 지역의 일을 하는 것에 머물지 않는다. 주민자치는 개인에서 출발해 주민, 시민, 결사체(공동체), 주민자치주체기구, 지방자치단체(지방의회 포함) 관계까지 논의해야 한다. 주민자치는 주민 집단에 의한 자치통치 방식으로 확장된 개념으로 보아야 한다.

---

7) 이 글에서의 '주민'을 말할 때 첫 번째는 지역에 주소를 갖고 있거나(지방자치법 제12조) 거주하는 사람, 지역에 주소를 둔 법인과 직원(지역에서 활동하는 사람), 두 번째는 지역사회와 자신의 삶을 변화시키는 의사결정 테이블에 앉지 못하는(벼슬이 없는) 서민, 둘 모두를 의미한다. 첫 번째 '주민'은 지방정부의 주체, 두 번째 '주민'은 지방정부의 주체는 물론 시민사회 영역의 주체까지를 말하는 것으로 '일반주민'으로 표기한다.

2. 주민자치에 열광하는 이유

2013년 7월 당시 정부의 주민자치회 시범실시 이후 현 문재인 정부와 지방자치단체, 시민사회조직, 주민들에 이르기까지 왜 주민자치에 열광하는지 살펴볼 필요가 있다. 현재 상당수의 주민들이 '생존 단위'로서 국가와 지방자치단체, 주민자치조직과 시민단체보다는 기업형 공동체로 발전되기를 기대하고 있는 것으로 볼 수 있다. 그럼에도 주민자치에 열광하는 것은 자신의 삶을 더 향상시키고자 하는 뜻과 욕구를 정책에 반영시키고 싶고, 자신의 뜻을 타자에게 전달해 인정받고 싶으며, 내 뜻을 인정한 타자들과 연대해 나의 욕구를 정책에 반영시키고자 하는 절박함과 이를 위한 담론정치와 생활정치에 대한 필요 때문이라고 생각한다.

또 다른 필요의 축에서 주민자치를 보자면, 문재인 정부가 '중앙집권과 복지국가'에서 '자치분권과 복지사회'를 지향하고 있는 것과 그 궤(軌)를 같이한다. 정부가 국가중심에서 시민사회로 방향을 잡은 것은 개인의 자조 노력과 가정이나 근린·지역사회 등의 연대를 기초로 효율성 좋은 정부와 지방자치단체가 적정한 공적 복지를 중점적으로 보장한다는 것이기도 하다.[8] 이런 의미에서 정부, 시민사회조직, 일반주민의 입장은 다음과 같을 것으로 추론해 본다.

'정부·지방자치단체 입장'에서 보면 일반주민이 자신의 건강을 유지하고 생명·생활의 보장을 자신의 힘으로 획득하게끔 하면 그만큼 정부와 지방자치단체는 재정적 비용이 줄어들고, 특히 지방자치단체는 행정비용(인력, 재정, 사무 등)을 일반주민들에게 떠넘길 수 있기 때문이다. 그러기 위해선 국가 통치에서 할 수 있는 것은 일반주민들이 '자기 통치' 실천을 할 수 있도록 법제도를 마련해주고

---

8) ㉠ 문재인 정부의 '찾아가는 복지 정책': 2017년 8월 11일, 하승창 사회혁신수석은 '내 삶을 바꾸는 공공서비스 플랫폼' 관련 브리핑에서 "문재인 정부의 공공서비스 플랫폼은 주민이 원하고 주민이 결정한 정책과 서비스가 종합적으로 만들어지는 혁신적인 주민센터로 한 단계 더 업그레이드한 것이다"고 밝혔다. 그리고 그 주요 내용으로 첫째는 주민중심의 행정혁신, 둘째는 풀뿌리 민주주의 확대를 위한 주민자치 강화, 셋째는 찾아가는 복지 실현, 넷째는 개성 넘치는 천 개의 마을만들기를 추진한다고 밝혔다.

㉡ 서울시의 '찾아가는 동 주민센터' 정책: 찾아가는 동 주민센터는 서울시가 2015년 13개 구 80개에서 시작한 것으로 동 주민센터를 기존의 민원처리중심의 공간이 아닌, 주민에게 찾아가는 복지가 실현되는 마을공동체 조성의 거점으로 만드는 사업이다.

행·재정적 지원을 해주는 것이다. 일본 와세다대학 정치경제학술원 교수인 사이토 준이치[9]는 "자기통치는 두 개의 차원에 걸쳐 있다"고 설명한다. 한 차원은 능동적인 '개인에 의한 자기통치'다. 개인이 자신의 건강을 유지하고 생명·생활의 보장을 자신의 힘으로 획득하려 노력한다면, 그만큼 국가의 재정적 비용은 줄어든다. 다른 한 차원은 커뮤니티(지연·혈연뿐 아니라 네트워크도 포함)나 조합 등의 '중간조직(단체)에 의한 자기통치(=자치)'다. 커뮤니티나 중간조직은 사회국가나 사회복지의 비인칭적이고 강제적인 연대를 대신해 보다 인칭적이고 자발적인 연대, 즉 얼굴이 보이는 연대를 가능하게 한다.

'자치단체장' 입장에서 보면 중간조직(단체)을 공적화해 세금을 투입할 수 있기 때문에 선거조직으로 활용할 수 있다. 예를 들면, 선거바람에 의해 당선되었으나 (지지 기반이 약한) 자치단체장의 경우 공약 실천사항을 위해 새로운 민간조직을 만들거나 혹은 기존 조직들 중 공약을 이행할 수 있는 조직을 선정해 조직 활성화와 지속가능성을 위해 행·재정 지원은 물론 마중물 역할로서 중간조직을 투입할 수 있기 때문이다. 그 중간조직은 자치단체장과 뜻을 같이하는 사람들로 구성하는 것은 당연하다. 만일 자치단체장이라면 민본(지역민의 필요와 욕구)을 알기 위해 당연히 공약 실천 민간조직과 중간조직을 가동해야 한다. 다만, 여기서 민간조직은 민간조직답게 구성되고 운영되어야 한다는 전제가 뒤따르지만 말이다.

'시민사회단체(중간지원조직) 입장'에서 보면 중간조직(단체)에 의한 '자기통치(=자치)' 차원에서 정부와 지방자치단체의 주민자치 필요성을 일부 충족시켜 주면 전폭적인 행·재정 지원을 등에 업을 수 있기 때문이다(이 부분에 여러 시민사회조직 중 선택은 자치단체장의 정치적 성향과 맥을 같이할 경향이 크다). 또 이런 관의 권력을 이용하면 시민사회에서의 정치 질서에 대해 타 시민조직들보다 헤게모니를 쥘 가능성이 크며 관(행정)의 영역에서 민(시민사회)의 담론정치의 대표성

9) 사이토 준이치(齋藤純一)는 1958년에 태어나 와세다대학 대학원 정치학 연구과 박사과정을 수료했다. 국립 요코하마대학 경제학부 교수를 거쳐 현재 와세다대학 정치경제학술원 교수로 재직하고 있다. 정치이론·정치사상사를 전공한 저자의 저서로는 『전쟁책임과 우리들』(1999), 『공공성』(2000), 『자유』(2003), 『정치와 복수성』(2008), 『민주적 공공성: 하버마스와 아렌트를 넘어서』(2009) 등이 있으며, 편저서로는 『친밀권의 정치』(2003), 『복지국가/사회적 연대의 이유』(2004) 등이 있다.

을 간접적으로 보장받기 때문이다. 무엇보다 관으로부터의 안정적인 재정 조달이 가능하다.

'개인(일반주민)의 입장'에서 보면 자기 생명(안전) 보장을 위해 자신의 삶(생활)에 변화를 주는 정책에 자신의 뜻을 집어넣을 수 있기 때문이다. 그러기 위해선 능동적인 활동인 자기통치(self-government)를 할 수 있어야만 한다. 그래야 '자기통치(=자치의 주체)'를 할 수 있는 주체들과의 연대를 통해 자기 의사결정[10]을 국가나 지방의 정책결정 테이블에 올릴 기회를 가질 수 있다.

'공동체(혹은 결사체) 입장'에서 보면 개인들의 자발적인 참여로 결성된 공동체들이 자신이 추구하는 목표와 뜻(이념, 이익 등)이 같은 지역공동체들과 연대해 읍·면·동 주민자치주체기구의 핵심이 되고 각 주민자치주체기구의 협의체와 연합체를 사회적·정치적 결사체로 활용할 수 있기 때문이다. 일반적으로 주민자치 조직은 느슨하고 '차이'를 가치로 하지만 공동체는 동질성과 균질함을 가치로 한다. 때문에 일반주민들의 동호회나 친목단체보다 결속력이나 추진력은 지역공동체가 더 강하다. 따라서 지방정당이나 정치결사체를 허용하지 않는 대한민국에서 지역공동체들에겐 '자신의 삶을 변화시킬 생활정치'나 '지역 정치·사회 질서 혁신' 통로나 거점으로서 중앙정당보다 주민자치주체기구가 더 매력적일 수 있다. 권력과 이념을 추구하는 중앙정당을 통한 자신들의 뜻을 펴기에는 한계가 있기 때문에 행·재정 지원을 받고 지역주민의 대표기구이자 플랫폼인 주민자치주체기구는 정치적·사회적 활동 거점으로는 최적이다. 물론 정부가 주민자치주체기구를 설치한다는 전제조건이 성립되어야 하고, 그 전제조건의 전제조건으로 정부가 추진하고 있는 주민자치회가 주민자치주체기구 역할(기능)을 해야 목적을 최대한 이룰 수 있지만 말이다.

'정당 입장'에서 보면 정부가 추진하는 읍·면·동 주민자치회를 정치적 지역거

10) 의사결정(意思決定, decision making): 조직의 운영정책 및 주요 계획의 목표를 달성할 수 있는 대안 가운데서 가장 바람직한 행동경로를 선택하는 과정을 말한다. 넓은 의미의 의사결정은 조직관리자가 조직 목표를 달성하기 위한 총체적 과정을 말한다. 의사결정이란 개인이나 조직이 주어진 문제를 해결하기 위해 가능한 여러 대안(代案)을 모색(→ 대안 탐색)하고, 그 중 가장 합리적이고 효과적으로 목표를 달성할 수 있다고 보는 한 가지 방안을 선택·결정하는 과정을 말한다(행정학사전, 2009).

점으로 조직화할 수 있기 때문이다. 특히 소위 '주민자치 활동가 내지 전문가들'과 일부 학자들의 "주민자치회에 행·재정 지원은 하되 간섭은 하지 말라", "주민자치회에 입법권, 조직권, 인사권, 재정권 부여해야 한다", "읍·면·동장을 직선으로 뽑자", "주민자치회 위원을 직선으로 선출하자", "특별법으로 주민자치법을 제정해 주민자치권 부여하자" 등 지방정부 권한에 준하는 요구는 정치적 행보를 요구하기 때문에 정당 입장에서는 그들에게 상당한 정도의 정치적 입김을 불어넣을 수 있다. 즉, 기존에 시·군·구 단위에 머물렀던 공천권(내천권 포함)을 더 아래 단위에서 행사할 수 있어 정당조직을 깊고도 폭넓게 구축할 수 있어 매력적이다.

표 2-1 대한민국이 주민자치와 주민자치주체기구에 열광하는 이유

기관·단체 입장	매력적인 요소
정부· 지방자치단체	• 행정비용(인력, 재정, 사무 등)을 주민들에게 떠넘길 수 있어 재정적 비용 절감(개인과 가정에 의한 '자기통치') • 지역 거버넌스 구축으로 다양한 목소리 수집·조율로 인한 행정력 확대(주민자치주체기구에 의한 '거버넌스 통치' 관리) • 민원의 창구 단일화로 효율적 관리 • 행정력 사각지대 보완
자치단체장	• 중간조직(단체)을 선거조직으로 활용 • 주민자치회를 정치적 홍보창구로 활용 • 주민들의 욕구(민본) 수집·조율에 활용
시민사회단체 (중간지원조직)	• 전폭적인 행·재정 지원 확보로 지역사회 권력 획득 • 정치적 뜻 펼칠 수 있는 창구 • 행정 등 공적 정보에 일반주민보다 쉽게 접근 • 지역사회 담론정치에 있어 대표성 간접적으로 보장
개인 (일반주민)	• 자신의 욕구를 타자에게 설명할 수 있고, 인정받을 수 있으며 정책에 반영 • 자신과 뜻을 같이하는 타자들과의 연대 • 자신의 삶(생활)에 변화를 주는 정책 테이블에 참여 • 정치권력, 사회권력, 자본권력에 대해 견제·감시
공동체 (결사체)	• 자신이 추구하는 목표와 뜻(이념, 이익 등)이 다른 공동체·결사체들과 연대 • 읍·면·동 주민자치주체기구의 핵심이 되고, 각 주민자치주체기구의 협의체와 연합체를 사회적·정치적 결사체로 활용 • 정치적·사회적 활동에 있어 안정적인 행·재정 지원 확보. • 공동체·결사체가 추구하는 권력과 이념을 추구하는 거점으로 활용
정당	• 공천권(내천권 포함)을 읍·면·동 단위 이하에서 행사함으로써 정당의 세력 확장 • 읍·면·동 단위 이하의 지역거점 확보로 깊고도 폭넓은 점조직 구축 • 세력이 약한 정당은 권력투쟁보다 생활정치에 집중할 수 있어 주민에게 보다 차별화된 정책 제시로 인지도·선호도 고취

특히 세력이 약한 정당 입장에서 보면 주민자치회는 든든한 구원군이자 매력적인 전초기지가 될 수 있다. 이 논리대로라면 주민자치회는 막강한 관료집단이 되지 않을까 염려된다.

이처럼 주민자치 원리를 실천하는 주민자치주체기구에서는 자신들의 이익을 공익화시킬 수 있는 과정인 생활정치와 담론정치가 펼쳐지기 때문에 지배층이든 피지배층이든 모두에게 공평하게 새로운 권력을 창출할 수 있는 기회가 될 수 있다. 즉, 지배층은 자신들의 지배권력을 더욱 공고히 하기 위해 피지배층은 새로운 권력을 획득하거나 생성함으로써 지배권력을 견제·감시하는 대등한 위치에 서기 위해 주민자치와 주민자치주체기구는 매우 매력적인 조건들을 갖추고 있다. 지배층이든 피지배층이든 '윈윈 게임(win-win game)'인 것이다. 이러니 주민자치에 열광하지 않을 수 없는 것이다.

3. 주민자치 원리와 영역 다시 생각해보기

현재 정부가 추진하는 주민자치회는 추구하는 목적과 달리 현장에서 시범실시되고 있는 운영방식은 마을만들기와 비슷하다.[11] 즉, 정치적·인문적 체계라기보다는 거의 경제적 공동체에 가깝다(안광현 외, 2018). 이는 아직 주민자치회 목적인 '풀뿌리자치 활성화와 민주적 참여의식 고양'에 대한 개념이 각양각색(各樣各色)이기 때문이다. 소위 주민자치 활동가·전문가, 학자, 연구자, 공무원이 바라보는 '자치'와 '참여'에 대한 개념이 각자 다르다. 그러다 보니 주민자치회의 정체성과 역할이 모호하다. 개념의 정립이 필요한 시점인 것이다.

주민자치는 단순히 행정에 대한 '참여'의 원리라기보다 이를 뛰어넘는 자기 삶의 변화에 대한 '의사결정'의 원리다. 그렇기 때문에 정부도 주민자치회 역할 중 하나로 '주민총회'를 추진하고 있는 것으로 본다. 의사결정은 정치적 원리고 권력을

11) 행정안전부의 「주민자치회 시범실시 및 설치·운영에 관한 조례 개정(안)」(2018.7.4 개정), 제1조(목적): 이 조례는 「지방자치분권 및 지방행정체제개편에 관한 특별법」 제27조에 따라 풀뿌리자치의 활성화와 민주적 참여의식 고양을 위해 읍·면·동(또는 동, 읍·면)에 두는 주민자치회의 설치 및 운영에 관한 사항과 같은 법 제29조에 따른 읍·면·동 주민자치회의 시범실시에 관한 사항을 규정함을 목적으로 한다.

뜻하며, 이 권력은 시민사회에의 새로운 '시민권력'을 생성하는 것이다. 이 시민권력이 생성되기 위해서는 새로운 공공적 영역, 즉 '공공의 장(공론의 장)'이 요구된다. 또 이 공공의 장에서는 권력정치와 이념정치가 아닌 담론정치와 생활정치가 활발하게 제시, 생성, 산출되어야만 한다. 그런 면에서 주민총회 운영 목적과 방식 등을 어떻게 할 것인가는 매우 중요하다. 특히 정부는 주민의 대표기구인 주민자치회가 주민총회를 운영하는 것으로 방향을 잡고 있다. 때문에 주민자치회 설치 · 운영을 어떤 원리에 의해, 즉 주민자치회에 어떤 정체성을 부여할지가 매우 중요하다.

그렇다면 왜 개념 정립이 중요한가? 원리(原理)에 대한 뿌리 없고 추상적인 정의(定義)는 오히려 해가 된다. 일부에서는 원리에 대한 포괄적이고 다양한 시각이라고 하지만 원리는 사물의 근본이 되는 이치와 행위의 규범(국어사전)이라는 점에서 명확해야 한다. 또 원리를 정의함에 있어 벗어난 개념은 권리와 책임을 행사하는데 방해가 되는 걸림돌을 자기편으로 끌어들여 이득을 취하는 수단이 될 수 있다. 특히 처음부터 빗나간 개념은 시간이 지날수록 그 논점이 흐려져 결국 본래의 목적을 상실하게 되어 과연 우리가 무엇을 하고자 했는지 잃어버리게 된다.

현재 우리나라에서 쟁점화되고 있는 자치분권(지방분권)은 법률에 의해 보장되는 '자치'로 큰 권력에서 중간 권력과 작은 권력으로의 '이동'으로 본다. 다시 말해 일반주민들에 의한 정치질서, 즉 일반주민들은 자신의 삶(생활)을 변화시키는 정책 의사결정을 위한 테이블에서는 소외되어 있다. 따라서 '주민자치'는 첫째, 정치적 원리로 주민 개인의 자유와 권리가 존중되며 상호 대등한 관계를 기본 조건으로 ① 주민이 스스로 참여해 결정하고 추진, ② 대의민주주의 취약점 보완, ③ 정치적 · 사회적 과정과 실천을 통한 시민권력 생성을 의미한다.

둘째, 주민자치는 정치 질서에 대한 의사결정권에 대한 것이고 또 국가 영역에서의 '권력의 분산'보다는 시민사회 영역에서의 '사회권력의 생성'에 더 중심을 둔다. 즉, 주민자치는 자기통제와 이성에 의한 자기의사결정을 정치와 행정, 그리고 시민사회에 작동시키려는 것이다.

셋째, 주민자치는 '주민들이 조직한 지방자치단체에 의해 지역사회의 공적 문제를 스스로 결정하고 집행하는 것을 의미'하는 법률적 권리에 더해, 루소(J. J. Rousseau)의 "인간은 태어나면서부터 자유롭고 평등한 인격과 스스로의 행복을 추구하는 권리를 가진다"와 헌법 제10조의 "모든 국민은 행복을 추구할 권리를 가진다"는 '천부인권'에 바탕을 두고 주민이면 누구나 행복을 추구할 권리와 자신의 실존적 삶의 확대와 확장을 위한 권리(혹은 시민권력)이자 의무로 본다.

이 지점에서 생각해봐야 할 것은 현재 논의되고 있는 주민자치 개념을 ① 국가 영역 차원에서 적용할지, ② 아니면 시민사회 영역에서 적용할지, ③ 아니면 국가 영역의 행정과 시민사회 영역을 중첩되게 해서 적용할지 분명히 할 필요가 있다. 주민자치는 주민 활동에 의해 만들어지는 생활정치 · 담론정치의 공론장을 형성한다는 적극적인 지향성을 갖고 있기 때문에 '주민자치 영역'은 시민사회를 주축으로 국가와 시장에 미치는 영역, 즉 '교집합 영역'까지 포함한다.

아리스토텔레스(Aristoteles)는 "정치 질서는 일반적으로 관직들에 관한 그러나 특별히 모든 문제에 있어서 최고의 권위를 갖는 특별한 관직에 관한 도시국가의 조직이라고 정의할 수 있다"며, "주권체는 어디에서나 국가의 최고기관이다. 사실상 주권체가 바로 헌정 질서고 정치 질서 그 자체인 것이다"고 했다. 또 아리스토텔레스는 "정치 질서란 시민들의 생활방식이다"라고 했다.

아리스토텔레스의 정치 질서 정의를 21세기 시각으로 재해석해보면, 대한민국 지방(지역)에서의 정치 질서는 시민들의 생활방식이고 시민들의 생활방식을 좌우하는 것은 지방의 최고기관인 지방자치단체와 지방의회라고 할 수 있다. 또 지역의 시민사회 영역에서의 정치 질서는 주민들의 생활방식이고, 최고의 권위(권리에 부합하는 책임을 지는)를 부여받은 주민자치주체기구는 주민들의 생활방식을 좌우할 수 있다. 따라서 지역사회의 정치 질서를 좌우할 수 있는 주민자치주체기구 설치 · 운영에 대해서는 매우 신중하게 접근할 필요가 있다.

제 2 절 직접민주주의, 생활정치, 담론정치

1. 주민자치 실현 제도 직접민주주의[12)]

이정옥 교수[13)]에 의하면, 스위스 직접민주주의는 대의제 민주제와 보완적이다. 2008년 10월 1일부터 3일까지 스위스 아르가우 주 아라우 시에서 열린 '제1회 세계 직접민주주의 대회'에서 칠레 산티아고대학의 정치학 교수인 데이비드 알트만(David Altman)은 직접민주주의를 좁은 의미로 규정하면서 시민발의와 시민발의에 의한 국민투표(referendum)가 제도화되어야만 비로소 직접민주주의라고 할 수 있다고 했다. 따라서 주민소환제, 위로부터 기획된 국민투표(plebiscite), 또는 주민참여예산제는 직접민주주의로 볼 수 없다고 주장했다.

유럽 최초의 현대 직접민주주의 싱크탱크인 IRI(the Initiative and Referendum Institute)[14)]에 의하면, 직접민주주의는 사회에서 어느 부분이 가렵고 아픈지를 잘 드러내주며 직접민주주의 체계는 만족해 하는 패자들을 만들어낸다. 또 직접민주주의는 정치를 교란하는 요소로 작용하기보다는 오히려 정치에 생기를 불어넣고 활성화되도록 만든다. 그리고 단순 의회에서보다 사회의 전 부분에 대해 기대치가 훨씬 높아진다. 특히 민주주의 원칙에 따라 실천에 옮겨지는 직접민주주의로부터 우리가 얻을 수 있는 것에 대해 IRI는 다음과 같이 정리한다.

첫째, 직접민주주의는 보다 균등한 정치권력의 배분을 뜻한다. 그것은 정치에의 평등한 참여의 원칙을 강화하고 정치인과 시민을 더욱 가깝게 하며 그 관계에 새로운 질을 부여한다. 직접민주주의 권리는 시민의 지위를 '비상근 정치인'으로 끌

12) 이 글에서 '직접민주주의'란 IRI의 '직접민주주의 가이드북'에서 제시한 개념을 그대로 인용했음을 밝힌다.

13) 이정욱 대구 가톨릭대 교수는 민주화운동기념사업회 국제사업단장, IRI－ASIA 추진위원으로 『직접민주주의로의 초대』(원제 *The iri guidebook to direct demoracy*) 편역자이다.

14) IRI(the Initiative and Referendum Institute): 유럽 최초의 현대 직접민주주의 싱크탱크로 세계 여러 나라 특히 유럽 직접민주주의 역사와 실천을 연구하는 데에 목적을 두고 2001년 문을 열었다. 한국에서 2008년 12월에 출판된 『직접민주주의로의 초대』는 IRI의 '직접민주주의 가이드북'으로 직접민주주의에 대한 이해를 돕는 풍부한 입문서다.

어올린다.

둘째, 직접민주주의는 소수파들에게 공청회권을 부여하고 그것을 행사할 수 있는 권리를 제공함으로써 갈등이 벌어질 때 폭력에 의존하게 될 위험을 줄여준다. 그것은 미해결된 사회문제와 갈등의 감지기 역할을 해 정치적 결정의 정당성을 높임으로써 사회 통합을 북돋는다.

셋째, 기본권과 인권 존중은 어느 민주주의 국가에서든 민주정치의 기본 전제다. 직접민주주의적 권리의 행사는 민주적 태도와 시민적 품성을 높인다. 그렇게 함으로써 인권을 보호·유지하게끔 한다. 민주적으로 사고하고 행동하도록 훈련된 사람들은 권위주의적 정치의 유혹에 잘 빠지지 않는다.

넷째, 직접민주주의는 시민들이 정부와 의회를 보다 효율적으로 통제할 수 있게끔 하고, 정치제도와 정치 과정, 주요한 정치문제라는 세 가지 기본적 차원에 있어서 정치인들에게 그들 독자적인 영향력을 행사하게 하고 정치를 혁신하게끔 한다. 직접민주주의는 과두체제로의 표류에 저항하고 정치제도들이 외부세계에 대해 스스로 문을 닫는 것을 막는 역동적인 요소다.

다섯째, 직접민주주의는 정치를 보다 더 활발하게 대화하는 정치로, 정치결정을 보다 더 투명하게 만들고 일체의 행위와 거래들을 평가와 감시의 대상에 포함시킴으로써 공공 영역의 질을 높인다. 인민에 대한 인민의 제안으로서의 시민발의는 대화의 이념을 체내화한 것으로 여기에는 행정부와 의회도 포함된다.

여섯째, 잘 발달된 직접민주주의는 권리와 절차를 시민의 손에 쥐어줌으로써 그들로 하여금 단순한 저항이 아니라 건설적인 도전과 개혁의 길로 나아가게 한다.

일곱째, 효율성을 속도와 혼동하지 말아야 한다. 의사결정 기반이 넓으면 넓을수록 주요한 정책결정의 과오로부터 안전하다. 그리고 결정에 주어지는 합법성이 크면 클수록 이행에 있어서 더욱 효율적인 길을 깔아준다. 직접민주주의는 모든 정치 시스템의 제도적 합법성을 강화하는 하나의 수단이다.

21세기에는 과거의 파트타임 민주주의가 물러가고 그 자리에 시민이 중요한 문제에 결정권을 행사하는 '풀타임 민주주의'가 들어설 것으로 IRI는 예견한다. 이것만이 대의제 민주주의로 하여금 진정으로 민의를 대변하게 만드는 길로 보기 때문이다. 그러면서 IRI는 루소(J. J. Rousseau)의 사상인 "공공생활을 다스리기 위해 인민들은 법을 필요로 한다. 만일 모두가 그 법을 만드는 데 관여하게 되면 결국 누구나 자기 자신에게만 복종하면 된다. 그 결과는 누가 누군가를 지배하는 것이 아닌 '자율규제'다"라는 것을 끌어온다.

IRI에 의하면, 유럽의 경우 헝가리, 이탈리아, 라트비아, 리히텐슈타인, 리투아니아, 스위스, 슬로바키아에서만 완벽한 형태의 시민발의와 국민투표(아래로부터의)가 존재하고 있고, 독일과 몰타는 국민투표에 관한 헌법조항 자체가 없다(2008년 현재). IRI는 "유럽과 세계 여러 나라의 직접민주주의의 미래는 '표현의 자유'와 '시민권의 공정한 사용'에 달려 있다"며 그를 위해서는 다음과 같은 최소 요구조건들이 충족되어야 한다. 첫째, 시민들은 스스로 시민발의와 국민투표를 추진할 수 있는 권리를 갖고 있어야 한다. 둘째, 국민투표의 결과는 구속력을 가져야 한다. 구속력이 없는 단순한 자문은 문제를 풀기보다는 문제를 한층 더 모호하게 하고 때로는 새로운 문제를 만들어낸다. 셋째, 최소 투표율 정족수 규정은 철폐되어야 한다. 기권의 전술적 사용과 결과의 무효선언도 정족수 규정 때문이다.

직접민주주의는 이론이나 실천에 있어서 늘 논쟁의 대상이다. 직접민주주의를 어떻게 정의할 것인지에 대해서는 아직까지 어떤 합의도 없다. 따라서 IRI는 직접민주주의에 대한 기준을 다음과 같이 제시한다. 첫째 기준, 직접민주주의는 사람에 대해서가 아니라 '이슈'에 대해 결정권을 행사하는 것이다. 따라서 직선제나 주민소환은 직접민주주의에 속하지 않는다. 둘째 기준, 직접민주주의는 시민들에게 결정권을 준다. 직접민주주의적 절차는 곧 '권력 배분'의 절차다. 따라서 넓은 의미에서 직접민주주의는 시민의 권력을 강화하는 것이라고 정의할 수 있다. 직접민주주의의 기준을 이렇게 하면 직접민주주의가 반드시 '시민의 정치결정권'만을 의미하는 것은 아니다. 예를 들어, 시민들이 시민투표를 요구할 권리는 갖고 있으나 결정권은 갖고 있지 못할 경우라도 넓은 의미에서의 직접민주주의라고 할 수 있다.

직접민주주의는 절차상 국민투표와 주민발의, 역발의 세 가지 형식으로 구성된다. 매 절차마다 다양한 세부 절차들이 정해질 수 있고 그만큼 이를 제도화하고 있는 방식도 다양하다. 직접민주주의에서 IRI가 가장 주목하는 것은 직접민주주의가 대의제 민주주의를 대체하는 것이 아니라는 점이다. IRI는 "직접민주주의는 대의민주주의를 대체하는 것이 아니라 보완하는 것이며 잘 디자인되고 잘 시행되고 있는 직접민주주의는 대의제 민주주의를 더욱 대의적이게 만든다"고 강조한다.

1) 직접민주주의와 주민자치회의 한계

대한민국에서 직접민주주의가 떠오르고 있다. 특히 박근혜 정부가 2013년 5월 주민자치회를 시범실시하면서 주민자치회가 다스리는(주민조직형) 읍·면·동 단위는 대의제 민주주의도 보완할 겸 주민 스스로 다스리는 직접민주주의를 하자는 의견들이 학자들 사이에서 대두되기 시작했다. 이어 주민자치 개념에 동네민주주의와 지방민주주의가 등장하면서 이 제도들도 주민자치회 설치·운영의 목적으로 부상했다. 이어 문재인 정부가 마을협의체이자 주민대표기구로서 '주민자치회 설치·운영'을 국정운영과제로 선정하면서 기초자치단체(시·군·구) 아래 단위인 읍·면·동은 직접민주제로 하자는 요구가 이제는 학계를 넘어 시·군·구 주민자치협의회를 중심으로 현장에서 터져 나오기 시작했다.

물론 직접민주주의는 꼭 주민자치회가 아니더라도 그동안 대의제 민주주의의 한계를 지적하면서 그 보완책으로 도입하자는 주장이 심심치 않게 토론회에서 제기되기도 했다. 그러나 대의제 민주주의가 발달한 오늘날 아무리 한계가 있다고 해도 대한민국 실정에서는 국가나 지방자치단체 단위에서 직접민주주의를 실시하기에는 아래로부터의 숙의와 참여, 그리고 의사결정을 하기에는 주민 수가 너무 많고 범위도 너무 크다는 문제점이 있다. 그래서 읍·면·동 단위 이하에서 주민자치회를 통해 직접민주주의를 한번 해보자는 것이다.

그 직접민주주의를 하는 방법 중 하나가 주민자치회 위원을 주민들이 직접 선출해서 주민자치회를 구성해서 읍·면·동 내 주민생활과 밀접하면서도 주민의 삶을 크게 바꾸는 의제를 주민들이 직접 발의·결정해서 운영해보자 하는 것이 문제 제기였고 방향이었다. 물론 정부, 지방자치단체, 전문가, 지역 리더들이 설계하는 과정에서 지금은 많이 달라지긴 했지만 기본적인 방향 중 하나인 '주민총회'가 행정안전부의 표준조례안에 명시되는 단계에 이르렀다.

그러나 정부가 추진하는 주민자치회는 직접민주제가 지향하는 '주민의 생활에 과도한 부담을 주거나 중대한 영향을 미치는 주요 정책결정권을 주민에게 보장하는 것'과는 거리가 멀다. IRI에 의하면, 직접민주주의는 '시민발의'와 '국민투표', '재발의'라는 수단을 통해 시민들이 입법안을 제안하고 법안과 헌법 등의 승인 또는 거부를 위해 찬반투표를 진행하는 것이다. 이를 우리나라 정부가 추진하는 읍·면·동 내 지역사회에 적용해보면 우선 주민발의, 주민투표, 재발의라는 수단을 통해 주민들이 조례안을 제안하고 조례 등의 승인 또는 거부를 위해 찬반투표를 진행하는 것으로 볼 수 있다. 또 지방자치단체에서 추진하거나 할 수 있는 (주민생활과 밀접하면서 삶에 큰 변화를 주는) 정책에 대해 주민발의, 주민투표, 재발의라는 수단을 통해 승인 또는 거부를 위해 찬반투표를 진행하는 것으로 볼 수 있다.

주민자치 실현을 위한 공동체에서 직접민주주의 조건은 계급이 없고 평등해야 가능하다. 현재 행정안전부나 서울시가 추진하는 주민자치회가 읍·면·동이나 통·리 단위에서 주민총회 운영, 추첨제로 위원 선정, 그리고 주민참여예산제를 운영한다고 해서 직접민주제라고 하지만 엄밀히 따지면 일반주민 입장에서 보면 직접민주주의라기보다 대의민주주의 보완책이라고 볼 수 있다. 따라서 정부가 추진하는 주민자치회는 직접민주주의를 실현하기 어렵다. 왜냐하면 주민자치주체기구가 아니기 때문이다. 즉, 지역사회의 정책발의권이나 정책결정권을 부여받을 수 없기 때문이다. 주민자치회는 읍·면·동 단위의 민민협의체는 될 수 있지만(사실 이것도 현재 행정안전부나 서울시 정책으로 보면 어렵지만) 구주민자치사업단과 동주민자치지원관을 통한 행정의 관리·감독 상황 하에서 운영되는 주민자치회는 민관중간지원조직은 될 수 없다. 따라서 주민생활을 크게 변화시키는 정책결정권은 사양하더라도 하다못해 아래로부터 주민에 의한 정책발안권이나 조례발안권조차 주민자치회가 실행할 수 있을지 의문이다.

2. 주민자치 조건 생활정치

슈메이커(Paul Shoemaker) 미국 캔자스대학 교수에 의하면, 공동체에서 살고 있다는 것은 정치적 삶의 전제 조건이 된다. 모든 공동체는 정치적이다. 모든 공동체의 구성원들은 변하기 때문에 누가 구성원이 되어야 하며 구성원들이 자기 공동체 내에서 어떤 지위를 가질 것인가 하는 질문이 제기된다. 공동체에는 문화 규범이 있어서 그 규범이 거주자들의 삶을 조건 짓기도 한다. 따라서 공공 정치철학을 구성하려면 정부의 역할과 시민사회의 요소들을 반드시 논의해야 한다. 공동체의 종류가 각양각색이고 시민사회가 정치체의 구조를 형성하는 데(잠재적으로) 중요하기 때문에, 반드시 정부의 권위만이 여러 공동체들을 완전히 지배하고 살림들의 삶에 큰 통제력을 행사한다고 가정해서는 안 된다.

민주주의 국가인 우리나라에서 시민사회, 특히 지역사회 정치 질서는 주민자치 원리에 입각해 생활정치를 펴야 할 필요가 있다. 조대엽 고려대학교 교수에 따르면, 생활정치는 정당정치에서 이념과 제도, 그리고 권력을 걷어낸 주민들의 삶의 주체적 구성과 관련된 자아실현과 일상생활의 정치를 중심으로 구축된 질서로 일차적으로 일상적 삶의 영역에서 작동한다는 점에서 생활세계를 그 기반으로 한다. 이와 달리 기존의 제도정치는 정치권력이 매개하는 정치행정 영역과 화폐가 매개하는 경제 혹은 시장 영역을 기반으로 작동한다는 점에서 '체계정치'라고 말할 수 있다.

'생활정치'란 지역주민의 삶과 직접 관련된 공공정책(환경, 복지, 주거, 어린이 · 여성 안전, 인권 등) 결정 과정에 기획 단계부터 조사와 토론을 거쳐 살기 좋은 지역을 만들고, 동시에 주민의 삶의 수준을 향상시키기 위해 지방정부 정책에 그 뜻을 반영시키고자 하는 과정을 포괄하는 행위(行爲, act, conduct)라 할 수 있다. 이 같은 행위는 주민들이 인간다운 삶을 영위하게 하고 상호 간의 이해를 조정 · 협의하며 지역의 정치 질서와 사회 질서를 바로잡는 역할과 실천 과정이라 할 수 있다.

1) 대의제 보완으로서의 생활정치

지방자치를 실현하고자 하는 유형 중 '주민자치'는 지방정부와 주민과의 관계에 중점을 두는 자치제도이자 정치적 원리다. 주민자치는 주민 개인의 자유와 권리가 존중되며 상호 대등한 관계를 기본조건으로 ① 주민이 스스로 지역사회의 정치와 행정에 참여해 정치 질서와 정책을 결정하고 추진, ② 대의민주주의 취약점 보완 등으로 표현할 수 있다. 주민자치는 지역사회 발전과 주민생활 향상에 있어 주민의 참여·자율·독립·책임성과 의사결정권을 높이는 데 있어 핵심적인 조건이다.

지방선거에 있어 가장 큰 관심은 지방자치단체와 지방의회를 이끌어 갈 단체장 및 지방의원을 선출하는 일이다. 그동안 우리는 지방선거에서 지방자치를 위한 지방분권에 중심을 두고 외쳐 왔지만 복지와 자아실현 등 주민 개개인의 행복을 지향하는 오늘날엔 주민생활과 밀접한 생활정치 또한 매우 중요한 시대다. 지방선거 후보들은 지방자치를 실현하고자 하는 지역사회의 대표들이지 중앙권력 쟁취와 이념 추구, 법률을 만들기 위한 후보들이 아니다. 또 기초지방선거는 골목과 생활정치를 펼 지역 일꾼들을 뽑는 것이지 중앙정당의 지시에 따라 움직이라고 뽑는 기초지방선거가 아니다.

특히 오늘날은 지방자치단체의 효율적인 운영·관리와 자발적인 주민참여에 의한 지역사회의 자율성과 자치력을 높이는 것이 매우 중요한 시대다. 그러므로 앞으로 지역사회의 문제들을 냉철히 꿰뚫고 뜨겁게 껴안고 나아갈 지역의 단체장과 의원을 올바르게 선택하는 일이야말로 매우 중요한 일이다. 따라서 이런 지역 일꾼들을 발굴하고 육성해 선거에 후보자로 내세워 당선시키고, 그 당선자가 지역 일꾼으로서 제대로 역할을 수행하도록 지원·촉진·발전시키는 지역정당이 필요하다. 그리고 지역정당의 싹을 틔우기 위해선 시민사회 영역에서 생활정치가 활성화되어야 하는 것이다.

지역사회 내(시·군·구 및 읍·면·동 범위 이하)에서의 생활정치는 폭넓은 민의를 반영하기 어려운 현실적인 문제를 안고 있는 대의제 민주주의를 보완하기 위해 우선 직접민주제(주민들의 요구가 직접 지방정책과 중앙정책에 반영되도록 하는)를 실천해야 한다. 또 직접민주주의는 ① 지역사회의 통합 측면에서 밑으로부터의 참여적·합의적 민주주의를 정착하며, ② 지방정부의 정책 추진과 집행에 있어서 직접적인 관심과 지지를 이끌어낼 수 있으며, ③ 주민들로 하여금 지방행정에 대한 신뢰감과 정치적 효능감(self-efficacy)과 일체감을 제고함으로써 성숙한 민주주의 발전에 기여할 수 있다.

여기서 참여민주주의는 학자에 따라서 다양하게 해석되는데, 예를 들면 크레이머(D. Kramer)는 "공동체와 자치적 시민을 직접 결합함으로써 시민 스스로가 자신에게 관련되는 공동체의 규칙과 규제를 만드는 일에 관여한 과정"으로 보며

(Kramer, 1972: 36), 로젠탈(A. Rosenthal)은 "대의민주주의 틀에서 시민들이 스스로 선출한 대표들에게 상당한 접근과 영향력을 갖는 개방적 체제"라고 말한다(Rosenthal, 1998).

특히 생활정치에서 일본의 '동경 생활자 네트워크'와 '가나가와 네트워크'의 '대리인 운동'을 참고할 만하다. 대리인 운동의 핵심 개념은 시민(주민)을 대표하거나 대변하는 것이 아닌 정책결정 과정에서 그를 추천한 사람들의 목소리를 대신 전달하는 역할을 할 수 있는 지역 정치인을 만들자는 것이다. 이호 한국도시연구소 책임연구원에 의하면, 대리인 운동은 시민 스스로가 조사하고 발견한 것을 의원을 통해 정책결정에 영향을 미치도록 하는 것이며, 따라서 시민들의 적극적인 참여가 전제되어야 한다. 대리인 운동은 시민들의 목소리를 그대로 의정에 반영한다는 것을 주요한 내용으로 삼는다. 이를 위해 후보자를 선출하는 과정 역시 자신이 후보자가 되기를 희망하는 사람이 아니라 네트워크 구성원들이 후보자로 만들고 싶은 사람을 선출해 선거에 내보낸다.

3. 주민자치 조건 담론정치

지역사회에는 직업의 다양성보다 더 다양한 주민들이 살고 있다. 또 밤하늘의 별처럼 많은 생각과 주장들이 존재한다. 그리고 주민들은 각자의 이익을 위해 지역의 다양한 공동체・결사체와 동호회에 참가하고 있으며 혹은 그 어떤 조직에도 가담하지 않고 집과 직장을 오가는 주민들도 있다. 그리고 다양한 주민들의 차이 나는 의견들을 존중하며 담아내기 위해선 담론정치가 필요하다.

담론(談論, discourse)정치는 어떤 문제에 대해 여럿(개인, 단체, 조직 등)의 이익들이 충돌해 다듬어지고, 이해되며 양보하는 가운데 합의된 이익이 사적에서 공적으로 변화되는 과정이다. 예를 들면, 담론정치는 이미 정해진 선택지 가운데 선택하기 위한 투표나 거수기를 하는 것이 아니라 차이들이 충돌하는 과정을 거쳐 선택지를 정하는 것이다.

주민자치에서 담론정치가 중요한 이유는 첫째, 다양한 지역공동체・결사체 세력들이 시민사회를 향해서는 주민들을 설득해 동의를 얻고 정책과 입법을 향해서는 지방자치단체와 지방의회를 설득해 동의를 얻을 수 있는, 즉 시민사회에서 일반주민들의 헤게모니를 구축할 수 있는 공론의 장을 제공하며, 여러 지역공동체・결사체들이 이 공론의 장을 통해 특정한 이익과 정치적 목적을 달성하고자 하는 사회적・정치적 담론을 생산하기 때문이다.

둘째, 주민자치 담론은 보편성(국가 차원)과 특별성(지방 차원)이라는 공공과 자치를 표방하기 때문에 국가정책을 수행하는 정부부처와 지방자치단체 다수는 주민자치 담론을 균형발전 차원에서 수행하려는 경향이 있고 지역사회를 구성하는 다수의 일반주민들은 주민자치 담론을 권한 배분 차원에서 받아들이려는 경향이 있다. 따라서 주민자치 담론은 정책집행자들과 일반주민들에 대한 이성적인 설득과 소통, 그리고 합의를 통한 '살기 좋은 지역사회 만들기'와 '주민의 삶의 질 향상' 달성에 효과적일 수 있기 때문에 중요하다.

그리고 일반주민은 지역사회(기준은 현재 정부가 추진하는 주민자치회 단위인 읍・면・동)에서 이런 제3의 공간을 통해 사회공통자본을 관리하고 운영하는 새로운 주체로 등장(권력의 형성)해야 한다. 따라서 그 등장 과정에서 시민(으로서의 주민)은 국가와 시장으로부터 상대적으로 자립한 '주권자'로서 일반주민은 지역의 '주인'으로서 격(格)을 획득해야만 한다. 그리고 이에 따른 주민자치 원리를 실천하는 '주민자치주체기구'는 주민자치 원리에 의한 객체들의 다양한 의사결정들이 모여 치열하게 논의되고 이해되며 조정되는 정치・행정・시민사회 공론장이 되어야 한다. 또 주민자치주체기구는 자기 의사결정 확장을 위한 통로로서 '좋은 지역사회 만들기'를 위한 제도를 만들고 지역사회의 정치・사회 질서를 바르게 하는 '자치공공체'가 되어야 할 것이다.

정부가 주민대표기구로서 주민자치회[15]를 설치・운영한다고 하면서 주민자치회와 위원들은 정치와 무관하다는 생각을 갖고 있는 듯하다. 그러나 주민자치는 담론의 공간을 필요로 한다. 즉, 민과 민이 자기 이익을 타인에게 관철시키기 위한 '숙의와 의사결정 공간', 민과 관이 협치하기 위한 '공공적 공간'은 공・사를 둘러싼 담론정치가 행해지는 공간이 필요하다.[16] 따라서 공공적으로 대응해야 할 주민

---

15) 현재 읍・면・동 단위에서 주민자치주체기구의 형태를 띠려고 하는 단체(기구)는 대한민국에서 주민자치회가 유일하다.

들의 욕구를 어떻게 해석하고 어떻게 정의하는가는 행정에 위임되어야 할 일은 아니라고 본다.

주민들의 삶에 대한 욕구(필요)에 공공적으로 대응할 필요가 있는 것인가를 검토하고 그것을 정의해가는 것은 바로 '공공적 공간'의 논의 테마다. 공공성은 '욕구 해석의 정치'가 행해져야 할 차원을 포함하고 있다(Nancy Fraser[17]). 담론정치에서 가장 기본적인 항쟁의 라인은 사이토 준이치 교수에 의하면, ① 생명의 어떤 필요(주민 삶의 어떤 필요)를 공공적으로 대응해야 할 욕구로 해석하는 담론, ② 그런 필요를 개인·가족에 의해 충족되어야 할 것으로 '재－개인화' 담론 사이에 있다.

앞서의 생각을 더 확대해보면 '정치가 필요 없다'는 것은 공공적 공간에서 말이 필요 없다는 것이고 주민들의 필요를 공적 공간에 위치시키지 않겠다는 것이며, 그것을 충족시키지 않겠다는 의미다. 정치를 배제한 이 구도는 정부와 다수의 학자들이 행정의 틀에서 논의하고 있는 주민자치다. 특히 '자치적인 것(＝자기 통치적인 것)'을 사회적인 것으로부터 빼버리면서도 이미 정해진 사회적인 것에 '자치'가 충실하라는 것은 역설적인 것이다. 이 담론정치는 사회적인 것으로부터 몸을 빼야 하지만 사회적인 것을 상대해야 한다. 왜냐하면 주민들의 결핍과 필요(이익)를 공적으로 정의하고 문제를 해소해 충족시켜주는 것은 사회적 권력인 행정의 역할이기 때문이다(사이토 준이치, 2014). 따라서 주민의 삶을 보장하는 거대한 권력을 공공적 공간의 정치로부터 제거해 행정권력에 위임하는 우를 범하지 않았으면 한다.

따라서 주민자치는 정부에서 계몽이나 수혜로서 행정의 틀로 실시하는 것이 아닌 새로운 가능성을 잉태하고 있는 생활정치와 담론정치의 근간(根幹, foundation)이 되는 원리다. 또 '새로운 가능성'이란 일반주민이 도구에서 사물, 투명에서 불투명, 대상에서 주체, 통치적 대상에서 자치적인 주민(主民)으로 거듭날 수 있는 가능성이다. 이런 의미에서 주민자치 원리는 단순한 가능성과 이론적인 개념이 아

16) 사이토 준이치 교수에 의하면, 공론은 주민들의 욕구(필요)를 해석하고 재정의하는 담론에 의해 구성되는 것이지 이미 정해져 있는 것은 아니다.

17) 프레이저(Nancy Fraser)는 페미니스트 정치철학자, 비판이론가이다. 뉴욕 뉴스쿨(The New School for Social Research) 교수이며, 베를린 시 아인슈타인 펠로우십 연구원이자 파리 글로벌연구대학의 '글로벌 정의' 부문 의장이다.

니다. 주민 자신의 삶의 변화를 이성적인 뜻에 의해, 그 뜻을 확장해서 이웃 주민들과 연대해 자신의 의사를 결정하고자 하는 실존자(實存者, existant)라는 의미를 내포하고 있기 때문에 정부가 추진하고 있는 '주민자치회'가 주민자치 원리를 실천해야 되는 것은 필연적이다.

또 주민자치가 '시민사회에서의 민주주의', 특히 자신의 뜻이 직접 정책에 반영 혹은 실시되도록 하는 직접민주주의(주민발안, 주민투표), 그리고 지역사회 발전 원동력과 주민 개개인의 삶을 질적으로 향상시킬 수 있는 원리로서의 충분조건은 아니지만 필요조건은 될 수 있다. 우리는 이에 따른 지역사회의 정치 질서 구축을 구상해볼 필요가 있고 지역사회 정치 질서를 이끌 '주민의 자치주체기구'와 자연스럽게 연결시켜 생각해볼 수 있다. 그리고 주민자치주체기구는 행정의 사각지대 보완으로 출발한다고 해도 결국 대의제의 문제점을 보완하는 직접민주주의로 작동되어야 한다고 본다.

한편 주민자치에 있어 주민의 권리(주권)와 주민참여 간에는 간극이 존재한다. 대의민주주의 하에서 주민은 투표를 통해 표면적으로는 의견을 개진하고 정치적 참여의 기회를 얻고 있는 것 같아 보인다. 또 참여로 인해 더 많은 주민들이 호명되고 인센티브가 제공되고 있다고 생각하지만 그것이 주민의 권리 강화로 나아가고 있는지에 대해서는 고민이 필요하다. 일본의 사상가·비평가 가라타니 고진(柄谷行人)은 "무기명 투표에 기반한 보통선거[18]－대의민주주의에서 대중은 정치에 참여할 수 없다. 그저 대표자(유력자)에게 한 표를 던질 뿐이다"고 지적한다.

즉, 유권자는 무기명 투표에서 주권(권력)을 행사하는 것처럼 보이지만 그때뿐 선거가 끝나면 유권자는 엄연한 현실 권력 아래로 돌아온다. 자! 보통선거－대의민주제에서 유권자인 일반주민은 자기 삶을 바꾸는 것에 있어 어떤 선택을 할 수 있을까? 아무리 자발적이라 해도 그저 주어진 선택지 중에 고르는 것일 뿐이다. 그렇다면 대의제 보완으로서의 직접민주제를 실현할 주민대표기구인 주민자치주체기구의 정치적 역할(생활정치와 담론정치)을 어떻게 부여하면 좋을까?

---

18) 보통선거(普通選擧, universal suffrage)란 재산·납세·교육의 정도 또는 신앙 등에 의해 선거권에 차등을 두지 않는 선거를 말한다(네이버, 법률용어사전).

제 3 절 주민자치 실현의 장 주민자치주체기구

1. 주민자치주체기구의 생활정치

여기서 짚어봐야 할 것은 '지방자치분권 및 지방행정체제개편에 관한 특별법' 제29조 제2항에서 주민자치회 위원은 "그 직무를 수행할 때에는 지역사회에 대한 봉사자로서 정치적 중립을 지켜야 하며 권한을 남용해서는 아니 된다"고 규정하고 있다. 또 '공직선거법' 제60조(선거운동을 할 수 없는 자) 제1항에서 주민자치위원회 위원은 선거운동을 할 수 없다고 되어 있고, 시·군·구 주민자치센터(자치회관) 설치 및 운영 조례 제3조 항목에서는 주민자치센터(자치회관)와 주민자치위원회는 '정치적 이용 목적의 배제'를 명시하고 있다. 한마디로 정치활동이나 정치적 목적을 갖고 주민자치위원이 되거나 주민자치(위원)회 활동을 하지 말라는 것이다.

특별법, 공직선거법, 조례에서 의미하는 '정치'는 일반적으로 권력지향·이념지향(정권)이나 영향력지향(입법·사법·행정에 대한 압력)을 의미한다고 볼 수 있다. 그동안 대한민국은 정치권과 행정관료 영역 안에서 강력한 틀을 구축해 국가주의 질서 하에 시민(주민)의 삶을 좌우해왔다. 그리고 시민운동은 대체로 국가 공공성을 구성하는 정치권력과 이와 결탁된 시장경제권력을 감시, 견제, 저항하는 운동이었다.

국가 하부의 작은 정치공동체·결사체들은 그들만의 문제와 포부 및 전통을 지니고 있다. 또 자유민주주주의 국가 내의 시민사회에 존재하는 여러 종류의 공동체·결사체들, 즉 종교단체, 교육기관, 문화단체, 환경단체, 복지단체, 방재단체, 경제단체, 상업조직들은 국가 정치기구의 감독이나 간섭을 거의 받지 않고 공통의 이익을 추구할 수 있다. 따라서 주민자치주체기구를 구성하는 지역공동체·결사체들은 지역사회에서 주민의 삶을 변화시킬 수 있는 정치적 협력, 즉 담론정치와 생활정치를 만들어내는 데 있어 핵심적인 요소다. 그러므로 지역공동체·결사체는 더욱 다양화되고 활동도 적극 활성화되어야 한다. 특히 지역공동체·결사체들의 협의체인 주민자치주체기구는 지역정당을 보완하는 정치결사체로서 지역사회에서 생활정치를 활성화하는 역할을 담당해야 한다.

주민자치주체기구가 지향하는 생활정치는 지역에서 지방자치단체장이나 지방의회 진출을 추구하거나 인근 주민자치협의회와 연대해 권력 추구나 이권을 노린 압력단체로서의 권력을 추구하는 정당적 정치가 아니다. 주민자치주체기구가 하는 생활정치는 나와 이웃, 그리고 마을의 삶에 필요한 것을 제공하고 문제를 해결해 주는 것이어야 하고, 나아가 마을(지역사회) 공공 질서에 참여와 숙의, 지역공동체 · 결사체들의 협의체로서 분권과 자율의 정치 과정을 통해 지역의 삶을 주민의 것으로 실현하는 과정이다.

또 지역사회(읍 · 면 · 동) 내의 공공 질서에서 물적 자원을 복지 차원에서 공유하거나 민관과 협치, 민민과 협업 관리함으로써 지역을 살고 싶은 곳으로 만드는 것이다. 아울러 주민자치주체기구는 주민의 실존적 가치를 확장하는 영역을 조성하고 머물러야 할 공간을 제공하고, 과거와 현재에서 자신의 정체성을 찾고 자신의 꿈을 꿀 수 있는 미래(비전)를 제공하는 역할도 해야 한다. 즉, 주민자치주체기구는 정당정치 · 행정 영역과는 협치하고 지역사회 내 시민사회 영역에선 생활정치를 해야 한다는 의미다. 따라서 주민자치주체기구는 인치가 아닌 법적 · 제도적 장치로 생활정치를 하는 것이다.

우리나라에서의 정치권력 층위는 지배세력과 피지배세력으로 양분된 듯하다. 국어사전적 의미로 지배는 ① 어떤 사람이나 집단, 조직, 사물 등을 자기의 의사대로 복종하게 하여 다스림, ② 외부의 요인이 사람의 생각이나 행동에 적극적으로 영향을 미침이다. 다시 말해 '지배'(支配)는 의사결정권, 정책결정권, 법 제 · 개정권을 통한 통제 및 관리를 의미하며, '지배층'은 이런 권한을 가진 세력으로 볼 수 있다.

따라서 주민생활에 영향을 미치는 정책과 법률, 조례, 규칙, 규범, 제도, 도덕, 책임 등에 대한 발의와 결정권을 중앙정치(정부, 중앙정당)에서 지역정치로 그 권한을 넘기고 더 나아가 향후에는 지역정치(지방정부, 지역정당)에서 주민들이 할 수 있는 일들에 대한 발의와 결정권을 생활정치(지역정당, 정치결사체)로 넘겼으면 한다. 이와 동시에 보편적(전국적), 특별적(지역적), 세부적(근린적)인 것으로 구별해 관습, 도덕, 규칙, 조례, 법률 등을 단위마다 다양화시켜야 한다.

현재 한국의 정치는 (중앙)정당들과 중앙정부들의 폐쇄적인 카르텔 형성에 의해 강력한 엘리트들(지배세력들)을 보호하고 체제 변화에 대한 인민(백성)의 요구를 외면(혹은 무력화)하려는 것으로 보인다. 따라서 주민자치주체기구는 주민들이 원하는 것을 자유로이 제시할 수 있고, 그 제시된 의견들이 치열한 토론과 숙의를 통해 합의된 공의가 정책에 반영되고 제도와 법으로 제·개정될 수 있도록 생활정치의 장이 되어야 한다.

지역정당 보완 역할을 하는 주민자치주체기구는 정치결사체로서 ① 기존 정당과 정부(행정) 시스템과 정치적 규범들을 변형하려 노력하고, ② 아래로부터 작동하는 각 지역사회의 생태계를 투명하고 수평적이며 접근 가능한 것으로 만들어야 하며, ③ 생활정치를 덜 폐쇄적이고 덜 사유화된 것으로 만들어야 한다. 그리고 정부와 정당들은 지역사회에서 정치적 숙의, 제안, 결정을 향상시키기 위한 새로운 플랫폼(공론의 장)으로서의 주민자치주체기구들을 설계해야 한다.

2. 주민자치주체기구의 담론정치

민민협의체이자 민관중간지원조직인 주민자치주체기구가 생산하는 담론은 소수의 이익과 다수의 이익이 충돌하는 것에 대한 선택과 배제, 또 한편으로 다양한 차이들이 숙의(熟議)를 통해 합의된 지역사회의 공의(公義)를 생성(生成)하고, 또 공적기관인 지방정부와 협치를 논의하는 '공공 장'에서 공과 사를 재구성한다. 예를 들어, 주민의 삶을 변화시키는 정책과 법률에 일반주민들의 욕구를 반영시키는 대표적 담론 전략 중 하나는 지방정부에 대한 견제와 감시를 통한 협치라 할 수 있다.

주민자치주체기구의 지방정부에 대한 견제와 감시는 지방정부에서 이미 결정한 사안을 공적인 것으로 강조해 주민적 참여의 폭을 확장시키고 일반주민들이 공의를 모은 것은 체계적으로 사적인 것으로 치부하거나 무시해 그 이슈의 쟁점에 관한 주민적 참여의 폭을 위축시킬 수도 있다는 점에서 중요하다. 이와 같이 주민자치주체기구가 지방정부의 공공서비스 문제에 대해 정의, 진단, 평가, 정책 추천(견제와 감시 활동)을 하면서 생산된 담론들은 사회적 관심들을 불러일으키고 그 관심은 지방정부와의 협치를 이끌어내는 한편, 일반주민들이 지역사회를 위해 봉사하는 특정한 기능을 수행한다.

이처럼 주민자치주체기구에 의해 생성된 담론 개념은 담론정치를 이해하는 데 매우 중요하다. 담론정치는 ① 지배세력과 피지배세력 간, ② 의사결정권이 있는 세력과 의사결정권이 없는 세력 간, ③ 정책집행 세력과 정책수혜 세력 간에 담론적 투쟁을 중심으로 진행된다. 한편으로 담론정치는 시민사회를 통해 헤게모니를 획득하는 중요한 기제, 또 한편으로는 국가 영역, 시장경제 영역, 시민사회 영역이 교차하는 '공공 장'에서 공과 사를 재구성하는 중요한 기제로 작용한다. 또 담론정치의 장은 단순히 다양한 세력들의 의미 투쟁의 장으로서만 기능하는 것이 아니라 일반주민들을 시민사회의 주체로 주민들을 지방(지역)의 주인으로 시민들을 국가의 주권자로서의 권한의 폭과 넓이를 재구성할 수 있다는 점에서도 중요한 개념이라고 할 수 있다.

지방 차원에서 담론정치는 인권, 환경, 주택, 안전(방범, 방재), 교통, 육아, 여성, 노인, 교육, 복지, 문화, 지역경제 등 주민의 삶을 크게 변화시키는 생활공공서비스 가치 분배에 주목한다. 따라서 주민자치주체기구는 담론정치에 가장 많은 인적 자원들을 동원해 전문 지식과 현장 욕구들을 근간으로 다양한 식견(識見)들을 제공함과 동시에 주민의 삶을 크게 변화시키는 정책과 법제도에 대해 지속적으로 공론화해야 한다. 또 주민자치주체기구는 지역사회의 자산(capital)을 가치 있게 배분하는 힘(power)을 갖고 세련되게 경영(governance)하는 고도의 통치를 발휘할 수 있도록, 우선 주민자치역량을 갖춰야 하고 또 주민들로부터 신뢰를 쌓아야 하며 민민협의체와 민관중간지원조직으로서 자격을 획득해야 한다.

시민사회 영역에서의 담론정치 근원은 '시민권력'이며 담론정치는 시민권력의 생성·이동·변화에 초점을 맞춘다. 이 시민권력은 주민자치 원리가 작동되는 영역에서 효력을 발생하며 시민권력은 모든 일반주민이 지역사회 내에서 정치적·사회적·경제적·노동적 계급에서 자유롭고 의사결정에서도 평등하다는 의미를 갖는다. 또 민관중간지원조직으로서의 주민자치주체기구는 주민생활과 밀접한 공공서비스 가치 분배에 있어서 행정과 대등하게 한 축을 담당할 수 있다는 의미를 갖는다. 따라서 담론정치는 대의민주제가 아닌 직접민주제로 작동되어야 한다.

3. 주민자치주체기구는 새로운 정치형태의 실험장

주민자치주체기구는 지역사회의 생활정치 주체로서 지역정치 일꾼을 발굴·육성하고 주민들의 대표자가 아닌 대리인으로서의 시·군·구 단체장과 의원을 만들어가는 과정에 주민이면 누구나 참여하도록 경쟁을 유도해야 한다. 또 주민들의 대의자로 나선 단체장과 의원은 체계정치, 관료정치, 권력정치, 엘리트정치, 과두정치의 실태를 변화시켜 생활정치가 활성화되도록 해야 한다.

'생활'은 개인의 실존적 삶이 구성되고 확장되는 사회적 장이다. 조대엽 고려대학교 교수에 의하면, 한국정치는 중앙집권적 대의정치의 본질을 크게 넘어서지 못했고 정치에서 배제된 생활, 정치와 생활의 분리야말로 우리 시대 비정상의 뿌리다. 정치의 궁극적 목적은 시민의 안전하고 건강한 삶이어야 한다. 주민자치와 지방자치는 지역시민의 공의를 바탕으로 존재한다. 지방자치가 제대로 되기 위해서는 지방자치단체나 지방의회에 일반주민들이 참여해 주민생활과 밀접한 정책을 결정할 수 있는 구조를 신설해야 한다.

특히 국가 관련 정책을 제외한 자치 관련 정책은 주민자치 원리로 작동되어야 하며 생활정치를 논의하는 지평은 주민의 삶과 생활자치적인 것, 경제적인 것, 사회적인 것, 정치적인 것(중앙정치, 정당정치)을 벗어나서는 논의될 수 없으며, 이를 통합적으로 논의하는 지평은 주민자치 지평에서 출발해야 가능하다.

아리스토텔레스(Aristoteles)는 『정치학(*Politics*)』(라종일 역, 2015)에서 "우리가 '각 정치 질서에 적합하다'라는 말을 사용하는 것은 법률들이 정치 질서에 적합하도록 만들어져야지, 정치 질서가 법들에 맞도록 만들어질 수는 없기 때문이다"고 말한다. 이 말을 헌법 개정을 논의하고 있는 오늘날의 대한민국에 접목해보면 지방분권을 위한 헌법과 법률 제·개정은 지방, 즉 지역의 정치 질서에 적합하도록 해야 한다는 것이다.

또 이를 오늘날 우리나라에 접목해보면 보충성의 원리에 의해 주민생활과 삶을 바탕으로 한 업무·사업에 관해서는 ① 지역공동체·결사체와 주민자치조직 범위인 시민사회가 할 수 있는 것은 주민자치주체기구가, ② 주민자치주체기구가 할 수 있는 것을 제외하고 시·군·구 자치단체가 할 수 있는 것은 시·군·구 자치단체가, ③ 시·군·구 자치단체가 할 수 있는 것을 제외하고 시·도 자치단체가 할 수 있는 것은 시·도 자치단체가 하도록 하고, ④ 그 나머지를 중앙정부가 하도록 국가기본 운영체제를 변화시키도록 하는 헌법과 법률 개정에 대해 진진한 논의가 활발하게 일어나야 한다.

아리스토텔레스에 의하면, 지역사회의 정치 질서를 만드는 시민들은 지배하는 것과 동시에 지배받기에 필요한 지식과 능력을 겸비해야 하고, 주권체는 어디에서나 국가의 최고기관이며 사실상 주권체가 바로 헌정 질서고 정치 질서 그 자체인 것이다. 예를 들어, 민주주의 국가에 있어서는 국민(혹은 demos)이 주권체인 것이다. 그렇다면 시민사회 영역에서의 주권체는 시민이자 일반주민인 것이고, 읍·면·동 내 시민사회 일반주민들이 자발적으로 연대한 지역공동체·결사체들의 허브인 주민자치주체기구는 각 지역사회에서 최고기관으로서의 권한을 부여받아야 한다.

4. 주민자치주체기구로서의 주민자치회

주민자치주체기구는 읍·면·동에서는 주민자치회, 시·군·구에서는 주민자치협의회, 시·도에서는 주민자치연합회의 형태를 띤다고 볼 수 있다. 그럼 정부가 추진 중인 주민자치회가 주민자치주체기구가 되기 위해선 어떻게 재설계되어야 하는가?

현재 '지방자치분권 및 지방행정체제 개편에 관한 특별법' 제18조, 제27~제29조에 의해 설치·운영될 주민자치회(2018년 10월 현재, 95개 읍·면·동에서 시범실시)는 지역의 대표기구로서 주민자치주체기구를 표방하고 있다. 지방행정체제개편위원회가 제시(2013년 5월 한 주민자치회 조직형태는 '협력형', '통합형', '주민조직형'에, 지방자치발전위원회는 '협력형 보완형'을 추가 제시(2015년 12월)했다.[19] 이 중 현재 행정안전부가 실시하고 있는 협력형(혹은 협력형 보완형)은 현장의 목소리를 제대로 담지 못했다는 비판이 일었다.

그러나 네 가지 조직형태 모두는 지역사회 의견이 충분히 반영되지 못한 것으로 관련 학자 및 전문가들은 더욱 다양한 형태의 주민자치 조직이 형성되어야 한다고 주장한다. 또 주민의 리더들이 운영할 주민자치회에 따라 주민자치 관련 행정부서도 신설 혹은 담당공무원이 확대되어야 한다고 요구한다. 게다가 주민자치회를 지원할 중간지원조직, 각 지역의 기관, 직능·관변단체, 시민단체, 동호회 등과의 관계설정 및 네트워크 등도 재설계되어야 한다고 목소리를 높인다. 이는 주민자치기구(단체)는 주민의, 주민에 의한, 주민을 위한 조직이 되어야 하기 때문이다.

따라서 주민자치회가 주민자치주체기구가 되기 위해서는 현재 헌법 개정을 밝힌 문재인 정부를 비롯한 각 야당에서도 헌법에 '자치분권국가'임을 명시하고자 하는데, 동시에 지방자치법에 주민자치회가 주민자치주체기구임을 명시할 것도 고려해야 한다. 그리고 지방자치단체장 및 지방의원은 주민자치기구가 제대로 작동되도록 행·재정 지원을 아끼지 말아야 한다.

에드워즈(Michael Edwards)는 시민사회의 정치·경제·사회 부문의 에너지를 결집시키는 파트너십 혹은 협치의 중요성을 강조하며 이 파트너십의 원활한 기능 수행을 위해서는 어떤 건강한 결사적 생태체계의 구축이 필요하고 이 작업은 국가가 책임지고 수행해줘야 한다는 견해를 피력하고 있다(마이클 에드워즈, 2015). 요컨대, 국가가 나서서 모두가 동등하게 참여해 정의롭고 민주적인 방식으로 의견을 개진할 수 있는 담론의 장을 열고 관리해야 한다는 것이다.

중앙정부와 정당에게 부탁하고 싶은 것은 설령 주민들이 스스로 지역의 문제를 해결할 정치적 역량이 부족하고 하려고 나서지 않는다고 해도 대한민국의 백년대계를 내다보고 인내심을 가지고 시민사회가 활성화되어 활성화된 시민사회 영역에

---

19) ① 협력형: 읍·면·동사무소의 존치를 전제로 하고, 주민자치회가 동장과 읍·면·동사무소의 협의를 가능하게 하며, 주민자치회의 사무기구를 설치해 주민자치회의 자율성을 현재의 주민자치위원회 보다 확대하도록 하는 모형, ② 협력형의 보완 모형: 협력형 모형의 기능에 주민자치회가 구청장의 위임사무를 수행하는 것이 가능하도록 권한의 범위를 확대, ③ 통합형: 읍·면·동사무소를 주민자치회의 사무기구로 전환해, 읍·면·동사무소와 주민자치회 기능을 통합 수행하도록 한 모형으로, 1998년 읍·면·동의 기능 전환 시 검토했던 지방행정구조 개혁의 연장선으로 주민조직형의 전 단계임, ④ 주민조직형: 읍·면·동사무소를 폐지해 기존의 행정수행 기능을 시·군·구로 환원하고, 읍·면·동사무소는 순수 주민자치 조직으로 고유성과 자율성을 대폭 강화함.

서 주민자치회가 주민자치주체기구로서 작동될 수 있도록 법제도를 마련해주길 바란다.

참고문헌

강내영(2010). 『일본의 건강한 지역주의』. 한겨레 21.

마이클 에드워즈(2015). 『시민사회』(원제 *Civil Society*). 서유경 옮김. 동아시아.

바바라 크룩생크(2014). 『시민을 발명해야 한다』(원제 *The Will to Empower*). 심성보 옮김. 도서출판 갈무리.

부르노 카우프만 · 롤프 뷔치 · 나드야 브라운(2008). 『직접민주주의로의 초대』(원제 *The iri guidebook to direct demoracy*). 이정옥 옮김. 리북.

사이토 준이치(2014). 『민주적 공공성』(원제 公共性). 윤대석 · 류수연 · 윤미란 옮김. (주)도서출판이음.

아리스토텔레스(2015). 『정치학(*Politics*)』. 라종일 옮김. 올재클래식스.

안광현 · 김필두 · 박철(2018). 시민 · 주민 도구에서 주민 되기. 『주민의 자치』.

이호(2003). 생활 속에 뿌리 내린 일본의 지역정당. 『도시와 빈곤』, 60(1).

조대엽(2015). 『생활민주주의의 시대』. 나남.

조승래(2016). 『공공성 담론의 지적 계보』. 서강대학교 출판부.

폴 슈메이커(2010). 『진보와 보수의 12가지 이념』(원제 *From ideologies to public philosophies*). 조호제 옮김. 후마니타스.

제3장

지역공동체 기반의 풀뿌리주민자치와 제도설계 방향

곽현근(대전대학교)

제1절 풀뿌리주민자치 개념 정립의 필요성

주민자치는 우리 사회에서 지방자치의 실천세계와 학문세계를 넘나들며 제도와 행위 모두에 영향을 미치는 기초 개념이다. 그렇다면 주민자치란 무엇일까? 사회의 어떤 현상을 포착하기 위해 주민자치란 용어(개념)가 탄생한 것일까? 우리가 주민자치와 관련된다고 믿는 현상들을 열심히 관찰하면, 그 현상 스스로 주민자치의 본질 또는 핵심 아이디어를 확인시켜주면서 누구나 동의할 수 있는 주민자치의 의미를 형성할 수 있을까?

필자는 과학 분야의 객관적이고 이상적인 언어관보다는 철학자 비트겐슈타인(L. Wittgenstein)이 주장하는 언어의 '용도의미론(用途意味論)'을 믿는다.[1] 용도의

1) 과학세계에서 훈련받은 사람들은 세상에는 그저 이름 붙여지기를 기다리는 사물, 사건과 같은 대상들이 존재한다고 믿는다. 그러한 대상들은 고유의 '본질(essence)'을 보유하고 있고, 개념은 이러한 본질을 포착하기 위한 도구라고 가정한다. 이러한 가정으로부터 과학자들은 개념 형성을 통해 관심대상이 되는 현상의 본질적 속성들을 가능한 정확하게 확인하고 분리하여 의미를 부여할

미론에 따르면, '주민자치'라는 개념도 하나의 이상적이고 핵심적인 의미를 가지기보다는 다양한 맥락에서 서로 다른 용도(의미)로 사용될 수 있다. 주민자치의 구체적인 의미는 특정 상황에서 언어게임을 수행하는 참여자들이 상호작용하면서 용어를 사용하는 방식 또는 공유하는 의미에 의해 결정된다. 이런 관점에서 보면, 마을활동가, 주민자치위원, 지방자치학자 등 서로 다른 경험세계를 중심으로 언어공동체 또는 언어게임이 형성되면서 주민자치가 다양한 의미로 사용되는 것은 너무나 자연스러운 일이다.

그럼에도 불구하고, 현 시점에서 우리가 주민자치 개념에 주의를 기울여야 하는 이유는 주민자치 개념의 다양한 용도를 부정하는 것이 아니라 주민자치 제도화가 공식적으로 추진되는 상황에서 개념이 갖는 중요성 때문이다. 정부 정책 또는 제도는 언어를 통해 생각할 수 있도록 만들어진다. 따라서 정부가 사용하는 용어들은 정부 정책 또는 제도의 중요한 구성 요소가 된다. 마찬가지로 현재 제도화의 초점이 되는 주민자치의 의미는 어떻게 정치적 세계가 조직화되어야 하는지와 어떻게 그것이 기능해야 하는지에 관한 특별한 이해를 포함한다. 결과적으로 주민자치의 의미를 어떻게 공식화하느냐는 제도 전체의 성격에도 큰 영향을 미친다.

자칫 정부가 자신의 편의대로 주민자치의 의미를 부여하고 현실에 적용할 가능성을 배제할 수 없는 상황에서 제대로 된 지방자치를 뿌리내리기 위해서는 그 기반이 되는 주민자치를 어떻게 이해할 것인가에 대한 심층적 논의와 이해가 선행되어야 한다. 이러한 맥락에서 이 글은 주민자치의 의미를 지방자치 이론을 통해 확인하고, 그 연장선상에서 '풀뿌리주민자치'의 개념을 발전시킬 뿐만 아니라 다양한 관련 개념들과의 연계를 통해 풀뿌리주민자치 제도화의 모형과 방향을 제시하는

수 있고, 일상 언어와는 다른 명확하고 투명한 '이상(理想)적인 언어'를 만들어낼 수 있다고 믿는다. 반면, 비트겐슈타인에 따르면, 한 개념의 의미를 이해하기 위해서는 개념이 실제 사용되는 특수한 용도에 주의를 기울일 필요가 있다. 용도의미론에서 개념의 의미는 특정한 언어게임의 전통을 통해 획득된다. 특정 언어게임에 참여하는 구성원들이 어떤 개념을 일정한 방식으로 사용하는 전통을 가진다면, 그것은 그 공동체 안에서 일들이 정리되고 처리되는 방식을 의미한다. 이때 해당 공동체의 언어게임은 우리 밖에 있는 실재에 의해 설명될 수도 없고, 과학에서 이야기하는 '이상적 언어'와 같은 개념의 내적 권위에 의해 설명될 수도 없다. 오히려 특정 공동체의 언어게임과 개념의 형성은 공동체 구성원의 관심사와 상호작용에 의해 사회적이고 상호 주관적으로 구성된다. 언어게임은 공동체 내의 합의가 무엇보다 중요하기 때문에 다른 집단들이 개념들을 서로 다르게 사용한다면, 절대적인 방식으로 누가 옳고 그른지를 결정할 수 없다.

데 목적을 둔다. 이러한 목적은 단순히 학술적 의미를 넘어서서 풀뿌리주민자치에 관심을 가진 다양한 사회 주체들이 좀 더 일관되고 효율적인 언어게임을 수행하는 데 작은 토대가 되기를 바라는 마음도 수반하는 것이다.

제 2 절 풀뿌리주민자치의 개념

1. '지방민주주의' 원리로서의 주민자치

주민자치 개념을 둘러싸고 야기되는 혼란의 원인 중의 하나는 일상적 용도와 학술적 용도의 의미가 다르기 때문이다. 일상생활에서 주민자치(住民自治)는 한자를 그대로 해석하여 '주민이 스스로 다스리는 것', 또는 '주민의 참여와 협력을 통해 지역문제를 스스로 해결하는 것' 정도의 의미로 해석된다. 이러한 의미부여를 통해 쉽게 형성되는 태도가 바로 주민자치는 주민의 영역에 속하고, 지방정부와는 무관하다는 것이다. 결과적으로 일상 언어로서 주민자치는 주민들만의 활동에 초점을 맞추게 된다. 정부는 자신의 영역 밖에서 일어나는 주민들의 집단적이고 자발적인 봉사활동 정도로 간주하고, 주민은 주민대로 행정의 개입 없이 자신들이 스스로 결정하고 실천하는 활동을 주민자치로 이해한다.

반면, 학술용어로서의 주민자치는 지방자치(local autonomy)의 원리로서 '지방민주주의'를 의미한다. 학술적 · 제도적 관점에서 현대 사회의 지방자치는 '지방자치정부(local self-government)'의 존재를 전제로 한다. 즉, 지방자치는 지역주민들이 자신의 정부를 구성하여 일을 처리하는 것을 의미한다. 한편, 지방자치정부에 기초한 지방자치가 제대로 작동하기 위해서는 두 가지 원리가 동시에 요구된다. 첫째, 중앙정부와 지방정부와의 관계에 초점을 맞춘 '단체자치'의 원리이다. 단체자치는 국가와 별개의 법인격을 가진 지방정부가 중앙정부로부터 상대적으로 독립된 지위와 권한을 인정받아, 일정한 범위 내에서 중앙의 통제를 받지 않고 독자적으로 행정사무를 처리하고 책임지는 것을 의미한다.

둘째, 지방정부와 주민과의 관계에 초점을 둔 '주민자치'의 원리이다. 주민자치는 '지방정부의 주인이 누구인가?'라는 질문에 대한 답변으로서 지역주민의 의사와 통제에 따라 지방정부가 운영되어야 한다는 것을 의미한다.

요약하면, 단체자치와 주민자치 모두 지방정부와 관련된 것으로서, 전자는 '지방분권의 원리', 후자는 '지방민주주의 원리'로 해석될 수 있다. 지방분권(단체자치)으로부터 지방민주주의(주민자치)를 분리해서 접근해야 하는 이유는 자칫 지방분권을 지방민주주의와 혼동하거나 지방분권의 부수적 의미로 지방민주주의를 다루게 될 때, 지방분권을 위한 변화가 지방의 민주적 실천방식에 전혀 영향을 미치지 않을 수 있기 때문이다. 즉, 지방분권이 이루어지더라도 그것이 주민이 주인인 지방정부를 만드는 것이 아니라 중앙엘리트와 지방엘리트의 권력 재분배에 그칠 가능성을 배제할 수 없다. 결국, 제대로 된 지방자치의 구현을 위해서는 단체자치와 주민자치 원리가 동시에 작동할 필요가 있다.

주민자치를 단순한 사전적 또는 일상적 의미로 해석할 때, 지방정부와의 직접적인 관련성이 상실될 뿐만 아니라, 주민자치라는 이름 아래 주민들에게 책임과 부담을 전가하면서 태만한 행정을 부축일 수 있다. 또한 현재 문재인 정부의 주민자치의 논의는 일상적 담론 수준이 아니라 '자치분권로드맵'에 기초한 지방자치제도의 혁신과 맞물려 진행된다는 점에서 주민자치를 지방자치의 민주주의 원리의 맥락에서 접근할 필요가 있다.

2. 대의민주제의 민주성 결함 극복을 위한 대안적 민주주의의 등장

지방자치 원리로서 주민자치를 주민의 의사와 통제에 의해 지방정부를 운영하는 지방민주주의의 의미로 받아들일 때, 현재 우리의 지방자치제도는 주민자치 원리를 반영하고 있는 것일까? 답은 '그렇다'이다. 4년마다 치르는 지방선거가 바로 지방정부의 주인으로서 주민의 의사를 반영하고 단체장과 지방의회의 책임을 묻는 통제수단이라는 점에서 그동안 우리는 '대의민주제'에 기초한 주민자치를 실시해왔다고 말할 수 있다. 그렇다면 대의민주제적 주민자치가 지방민주주의의 유일한 제도적 형태인가?

민주주의 사상이 태동한 것으로 알려진 영국과 미국을 포함한 선진국의 현대 민주주의 논의의 핵심 중 하나는 대의민주제의 '민주성 결함(democratic deficit)'이다. 민주주의 원리의 하나가 '민중의 통제(popular control)'라고 한다면, 대의민주제의 민주성 결함은 대의제 정부에 대한 시민 통제력의 단절을 의미한다. 즉, 대의민주제의 민주성 결함은 엘리트중심의 정치와 행정이 주인-대리인 관계를 망각하고 그들만의 게임에 몰두하면서, 정치 과정에 대한 시민의 좌절감과 국가기관에 대한 불신을 키워온 결과를 포착하기 위한 개념이다. 이러한 정치적 소외와 불신은 정치적 무관심, 그리고 투표와 같은 전통적 형태의 정치참여 감소로 이어지면서 '축소된 민주주의'를 야기하고, 국가정당성의 위기로까지 귀결된다.

이미 선진국에서는 선거제도 등의 개혁만으로 대의민주제의 민주성 결함을 치유하기에는 역부족이라는 결론이 내려지고 있다. 대신 대의민주제 보완의 관점에서 직접민주주의, 숙의민주주의, 결사체(풀뿌리)민주주의 등 다양한 대안적 민주주의에 대한 담론이 형성되어왔다. 새로운 관점들은 민주주의 갱신을 위해서는 시민의 투표행위 이상의 관여가 필요하다는 데 동의하고, 시민참여 과정을 강화하는 데 초점을 맞춘다. 각각의 대안적 민주주의 유형은 고유의 장·단점을 가지며 상호 배타적인 것이 아니기 때문에 지방민주주의 활성화를 위해서는 동시에 다양한 제도 도입과 실험을 전개해나갈 수 있다.

3. 대안적 민주주의로서의 풀뿌리 민주주의와 사회적 자본

문재인 정부의 강력한 자치분권의 추진의지 속에 일관되게 강조되고 있는 부분이 지방민주주의의 한 유형인 '풀뿌리 민주주의(grassroot democracy)'다. 풀뿌리 민주주의는 종종 우리 사회에서 기초자치단체 수준의 지방자치를 포괄적으로 언급하기 위해 사용되어왔다. 하지만 풀뿌리 민주주의가 본래 마을공동체 기반의 주민참여를 강조하기 위해 탄생한 용어임을 알고 있는 이는 많지 않다.

풀뿌리 민주주의는 1935년 미국 공화당 전당대회에서 의회제에 의한 간접민주주의를 반대하면서, 시민운동·주민운동 등을 통한 참여민주주의를 강조한 데서 유래한 개념이다. 풀뿌리 민주주의는 정당과 같은 거대조직에 의해 작동하는 대의적 정치 과정이 아니라, 평범한 시민들 또는 민초(民草)들의 조직화와 직접 참여를 통해 활성화되는 정치 과정을 강조한다.

[그림 3-1]의 풀뿌리의 형상은 풀뿌리 민주주의의 이해를 돕는다. 풀뿌리가 상징하는 것은 서로 뒤얽혀 건강하게 뿌리를 내린 풀의 무리는 강한 저항력 또는 지구력을 가진다는 것이다. 이것은 얽힌 풀뿌리처럼 겉으로 보이지는 않지만 한 지역의 구성원들이 강한 상호 연결망과 유대를 형성했을 때, 그 지역은 집단적 역량을 갖추고 자신들의 문제를 스스로 해결하거나 외부로부터의 위협이나 도전에 적극적으로 대응해나갈 수 있음을 상징한다.

그림 3-1 **풀뿌리의 형상**

풀뿌리로 상징되는 시민들 사이의 좋은 관계망이 현대 민주주의에서 갖는 의미를 포착하기 위해 등장한 학술용어가 '사회적 자본(social capital)'이다. 민주주의 담론에서 사회적 자본에 주목하는 계기를 만든 학자는 하버드대 정치학자 퍼트넘(R. D. Putnam)이다. 그는 1993년 『민주주의를 작동시키는 것(*Making Democracy Work*)』이라는 저서에서 마을, 도시 또는 지역의 구성원들 사이에 형성된 "신뢰,

호혜의 규범, 네트워크와 같은 특징들"을 사회적 자본으로 정의하고, '사회적 자본이야말로 민주주의를 작동시키는 동력'이라는 결론을 내린다.

퍼트넘은 20여 년 간의 이탈리아 북부와 남부의 비교연구를 통해 많은 경험적 증거를 제시하면서 남부에 비해 정치적 · 경제적으로 발전한 북부 성공의 원동력을 단순한 정부역량이 아니라 해당 지역시민들의 자발적 결사체 활동과 그러한 활동을 통해 생성된 신뢰와 호혜의 규범에서 찾는다. 그의 논리에 따르면, 주민조직과 같은 자발적 결사체 참여를 통해 신뢰와 호혜의 관계망(사회적 자본)을 형성하고 학습한 시민들은 갈등조정과 협력이 쉬워지면서 쉽게 공동의 목적을 위한 집단적 역량을 발휘할 수 있게 된다. 이러한 집단역량을 통해 시민들은 자신의 문제를 스스로 해결하거나 정부에 대하여 자신들의 바람과 요구를 적절히 표출하게 된다. 정부는 이러한 사회적 자본을 토대로 집단역량을 갖춘 시민의 기대와 요구에 부응하지 않을 수 없게 되면서 민주주의가 작동하고 시민을 주인으로 모시는 '좋은 정부'를 만들게 된다는 것이다.

4. 사회적 자본과 지역공동체

사회적 자본과 밀접한 관련을 가진 용어가 '지역공동체(local community)'다. 지역공동체란 학술적으로 "일정한 지역에 살면서 자신이 살고 있는 지역과 이웃 주민들에 대해 사회적 · 심리적 유대를 가진 사람들"을 의미한다(Mattessich and Monsey, 1997). 지역공동체의 '지역(local)'은 우리가 생생한 경험을 할 수 있는 규모의 장소를 의미한다. 지역의 대표적 공간 단위가 '마을'이다. 마을은 "주거지 인접성에 기초를 두고 비공식적이고 대면적인 일련의 상호작용인 이웃과의 교류에 사람들이 관여하는 거주지 주변의 장소(area)"로 정의될 수 있다(Davies and Herbert, 1993: 1).

결과적으로 마을공동체란 마을이라는 장소를 매개로 주민들 사이에 사회적 · 심리적 유대가 형성된 집단을 의미한다. 이때 주민들이 형성한 '사회적 · 심리적 유대'는 주민들 사이의 네트워크, 신뢰 및 호혜의식과 같은 사회적 자본을 의미한다. 마을공동체 형성은 주민들 사이의 신뢰와 호혜의 관계망, 즉 사회적 자본의 형성을 전제로 하는 것이다.

도시화·산업화된 현대 사회에서 단순히 마을에 모여 사는 것만으로 사회적 자본이 형성되는 것은 아니다. 사회적 자본 형성은 그 자체를 목표로 하는 주민들의 일련의 조직화된 활동과 투자를 필요로 한다는 점에서 사회운동의 성격을 띤다. 사회운동 차원의 의식적 노력을 통해 축적된 사회적 자본은 단순히 마을주민의 관계를 나타내는 기술적(記述的) 의미를 넘어서서 주민들이 '잘 연결된' 관계망을 통해 함께 행동할 수 있다는 적극적인 의미로 해석된다. 함께 행동하는 주민의 역량은 단순히 주민들만의 세계에 머물지 않고, 정부와의 관계형성에도 영향을 미친다.

5. 마을공동체 관점의 풀뿌리주민자치의 정의

사회적 자본 또는 마을공동체 관점의 풀뿌리주민자치는 "마을을 중심으로 주민의 자발적 참여와 조직화를 통해 사회적 자본을 축적하고 집단적 역량을 키워 스스로 마을의제를 해결해 가는 과정뿐만 아니라, 마을공동체가 자신의 삶에 영향을 미치는 지방정부의 공식적 의사결정 과정과 서비스 생산 과정에 관여하면서 정부에 대한 공동체의 영향력을 키워 나가는 과정과 활동"을 의미한다(곽현근, 2015; 곽현근, 2017).

이 같은 정의는 대의민주제의 단순한 투표참여의 의미를 넘어 지역의 문제해결을 위한 지역공동체 단위의 결사체적 참여와 그러한 결사체적 역량에 기반을 두고 지방정부의 정치행정 과정의 참여로까지 주민참여의 의미와 영향력이 확대되고 있거나 확대되어야 한다는 실증적·규범적 원리를 반영하는 것이다. 또한 풀뿌리주민자치 현상이 단순히 일상생활의 불편 해소나 삶의 질 향상을 위한 단순한 주민참여에 그치지 않고, 주민의 사회적 '연대(solidarity)'와 '행위주체성(agency)'의 회복까지를 포함할 필요성을 보여주고 있다(Bhattacharyya, 2004).[2)]

한편, 위의 정의는 단순히 마을 단위의 주민들만의 활동에 초점을 두는 것이 아

2) 여기서 행위주체성(agency)이란 사회구조의 구속력으로부터 독립적으로 기능하는 행위자의 힘을 말한다. 즉, 행위 주체는 인간행위의 구조결정론적인 입장에 반대되는 것으로, 인간 의도의 중요성을 강조하고, 도덕적 선택과 정치적 능력을 강조한다.

니라 마을의 삶에 영향을 미치는 지방정부의 행정 과정에 대한 참여까지를 풀뿌리 주민자치의 개념에 포함시킴으로써 주민자치를 마치 지방정부와는 별개의 활동으로 간주하고, 정부서비스의 단순한 보완수단으로 바라보는 정부의 편향된 관점의 극복에 기여할 수 있다.

6. 풀뿌리주민자치의 의의

풀뿌리주민자치는 주민들의 단순한 자원봉사가 아니라 지방정부의 주인으로서 주민의 역할을 강화하기 위한 지방민주주의 혁신의 의미를 갖는다. 자원봉사가 '다른 사람들을 위하여 좋은 일을 하는(doing good for other people)' 행위라면, 풀뿌리주민자치는 주민들이 '공유된 목표를 달성하기 위하여 다른 사람들과 함께 일을 하는(doing with other people)' 행위를 통해 마을 단위의 집합적 역량을 키우고, 그러한 공동체적 역량을 토대로 적극적인 의사표시와 참여행위를 통해 궁극적으로는 지방정부가 주민의 의사와 통제에 반응하도록 만드는 정치적 행위이다.

마을공동체에 기반을 둔 풀뿌리주민자치에 대한 기대는 우리가 마을공동체를 만들어가는 실천 속에서 새롭게 발견하는 자유의 의미와 맞물려 있다. 풀뿌리주민자치는 아무리 뛰어난 권력자가 시민의 권리를 보장하고 선정을 펼치더라도, 시민들이 자기통치를 할 수 없다면 그 시민들은 자유롭지 않다고 말한다. 우리에게 '정의란 무엇인가'로 잘 알려진 샌델(Michael Sandel) 교수는 개인의 권리를 소중히 여기는 자유주의가 가져다준 사유재산권과 같은 권리의 확장만으로 진정 우리가 자유로워졌는가를 묻는다. 오히려 비대해진 정부와 기업, 그리고 세계화와 같은 비인격적 권력구조 앞에서 우리는 압도적 열세를 깨닫고 자신의 삶을 지배하는 힘에 대한 통제권을 잃어가는 현실에 좌절하기 일쑤다.

샌델 교수에 따르면, 진정한 자유란 개인의 권리 보호와 행사에 달려 있는 것이 아니라 동료 시민들과 함께 자신이 몸담고 있는 공동체에 참여하면서 공공선에 대해 숙고하고 삶을 지배하는 힘에 맞서 공동체의 운명을 스스로 결정해 나가는 데 있다. 엘리트중심의 대의민주제가 주민들 스스로 자신의 삶에 대한 통제 또는 운명을 다른 사람들에게 맡기는 것을 의미한다면, 풀뿌리주민자치는 공동체 수준의 자기결정의 확대를 통해 주민들 스스로 자신의 삶에 대한 주인으로서 진정한 자유의 모습을 되찾는 것을 의미한다.

마을공동체를 형성하는 과정에서의 주민의 모습은 자신의 자유와 권리만을 소중히 여기고 행사하는 개인이 아니라 사회구성원의 상호 의존성을 의식하고 사회적 책임의식 속에서 공동의 목적을 발전시키고 협력하며 참여하고 실천하는 개인이다. 이러한 과정에서 주민은 다른 동료주민들과 합리적으로 토론하고 합의에 도달하려는 '마음의 습관'을 키우게 되고, 무엇이 정의롭고 공정하며 좋은 사회인가에 대한 관점을 형성해가는 동시에, 자원과 합법적 강제력을 가진 정부가 어떤 노력을 기울여야 할지에도 관심을 가지게 된다. 결과적으로 마을공동체 형성과 참여과정은 주민들이 사적 선호와 만족을 넘어서서 공공선의 '사회적 효용함수'를 학습하고, 민주적 시민으로서 갖춰야 할 관용, 배려, 사회적 연대의식과 같은 '시민덕성(civic virtue)'을 키워 나가는 훈련의 장을 의미한다. 마을공동체 스스로 결정하고, 처리하며, 결과에 책임지는 풀뿌리주민자치 과정에서 쌓은 민주시민으로서의 덕성은 국가 전체의 민주화에도 기여하게 된다.

제 3 절 풀뿌리주민자치 제도화의 기초 이론

1. 풀뿌리주민자치를 위한 활동 공간: 민초의 공간 vs. 초대된 공간

풀뿌리주민자치는 사는 마을을 중심으로 주민들의 조직화 또는 네트워크화를 통해 공동체성과 집단적 역량을 키우고, 그 역량을 활용해 자신들의 의제를 스스로 해결해 나가거나 정부에 목소리를 내고 정부와 파트너십을 형성해 해결해 나가는 것이다. 이때 풀뿌리주민자치를 위한 주민참여의 성격은 앞서 논의한 것처럼 '수평적 참여'와 '수직적 참여'로 분류할 수 있다. 논의의 연장선상에서 수평적 참여를 위한 활동무대를 '민초(民草)의 공간(popular space)'으로, 수직적 참여를 위한 활동무대를 '초대된 공간(invited space)'으로 분류해볼 수 있다(Cornwall, 2004;

Taylor, 2007).

'민초의 공간'은 주민들의 자발적 노력에 의해 형성되고 소유되며 통제되는 공간으로서, 주민들이 상호 연대의 토대 위에 정부정책에 항의하거나 정부와는 무관하게 서비스를 생산하는 주민들만의 참여공간 또는 활동무대를 의미한다. 지역공동체와 연관지어 생각할 때, 주민들은 민초의 공간에서 주민조직화 또는 네트워크화를 시도하고, 정부와는 무관하게 자신들만의 의제 채택과 해결을 위한 다양한 지역사회 활동을 전개할 수 있다.

그림 3-2 '초대된 공간'과 '민초의 공간'의 이미지

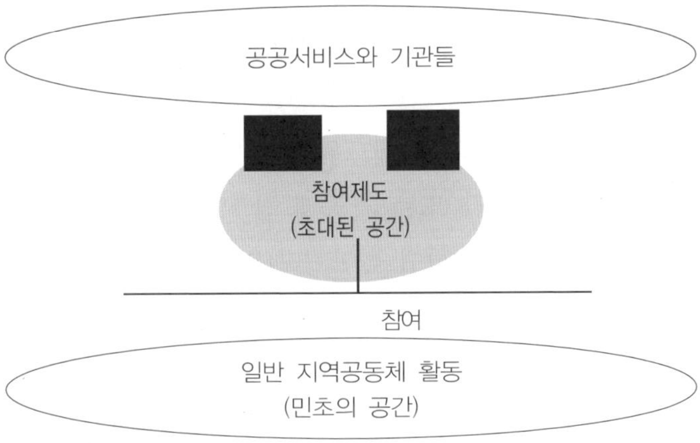

자료: Chanan(1999: 26)을 재구성함.

초대된 공간은 [그림 3-2]에 나타난 것과 같이, 정책 과정에서 국가가 지역공동체와 함께 협력을 모색하기 위해 정부가 제공하는 참여제도를 의미한다. 초대된 공간은 서로 독립적인 공공기관 영역과 지역공동체 활동 영역(민초의 공간) 사이에 정부에 의해 생성된 일시적인 지역공동체의 활동 영역으로 간주할 수 있다(Chanan, 1999). 지역주민들은 개인 차원 또는 지역공동체 대표로서 '초대된 공간'에 공식적으로 참여할 수 있다. 하지만 초대된 공간이 마련된다고 하더라도 지역공동체조직 또는 대표가 반드시 참여할 필요는 없다.

초대된 공간 밖에 독립된 민초의 공간을 위치시키고 강조하는 것은 주민활동의 초점이 참여제도(초대된 공간)보다도 지역공동체의 내부적 역동성에 맞추어질 필요가 있고, 제도참여는 지역공동체 활동의 일부에 불과하다는 것을 보여주기 위함이다(Chanan, 1999). 주민참여의 초점을 일부 주민들의 초대된 공간의 참여에만 맞추고 자족적인 프로그램으로 만족하는 경우 주민들 스스로의 지역공동체 활동과 지역공동체 단위의 실질적 참여를 이끌어내기 어렵게 된다. 또한 주민들이 자신만의 지역공동체 활동의 기반 없이 초대된 공간에만 참여하는 경우, 정부가 상정한 의제를 의례적으로 통과시키는 거수기 역할 또는 상징적 참여에 머물고, 정부의 의한 주민의 포섭(cooptation)의 가능성도 그만큼 커진다. 정부가 제공한 초대의 기회를 잘 활용하기 위해서는 지역에서 진행되는 주요 현안과 정부에 요구할 문제를 주민의 관점에서 충분히 파악하기 위한 주민들 스스로의 조직화된 활동 기반을 필요로 한다(Cornwall, 2008).

반면, 주민 스스로 조직한 폐쇄된 네트워크에만 의존하면서 주민참여가 민초의 공간에만 머문다면, 주민조직 간 또는 공동체 간 파벌화, 분열, 극단적 형태의 지역이기주의(NIMBY) 발생의 가능성이 높아진다(Somerville and Haines, 2006). 또한 자기결정과 주민역량을 통해 지역의 작은 문제들을 해결함으로써 '그럭저럭 생활하기(getting by)'에는 기여할지 모르지만, 더 많은 자원과 권력을 가진 정부 또는 다른 지역사회와의 관계가 단절되면서 지역의 '도약(getting ahead)'에는 한계를 갖는다(Kearns, 2004). 무엇보다도 현재 지방자치는 주권국가가 정의한 지방자치단체의 관할구역 또는 조직을 빼놓고 이야기하기 어려운 상황에서, 단순히 주민들이 자발적으로 형성한 민초의 공간만을 지나치게 강조할 때 지방자치 개념의 혼란을 야기할 수 있다(Pratchett, 2004). 또한 민초의 공간의 지나친 강조가 오히려 지방정부 역할과 책임의 간과 또는 전가를 가져올 가능성을 배제할 수 없다.

2. 사회적 자본의 유형 분류

민주주의를 작동시키는 동력으로서 사회적 자본의 의미에 내포된 신뢰와 호혜의 관계만을 강조할 때, 자칫 폐쇄된 네트워크의 구성원 관계에만 초점을 두게 되면서 해당 네트워크가 다른 사람들을 억압하거나 갈등을 야기할 수 있음을 간과할 수 있다. 예를 들면, 어느 특정한 동네의 네트워크와 호혜 및 신뢰의 규범이 해당 네트워크의 '공공선(public good)'을 조장하는 것만큼이나 좀 더 광범위한 지역의 맥락에서 '공공악(public bad)'을 조장할 수 있다. 이러한 가능성에 대한 지적을 의식해 퍼트넘은 내부 지향적이고 배타적 정체성과 동질적 집단들을 강화하는 '결속적(bonding)' 사회적 자본과 외부 지향적이며 다양한 사회적 배경을 가진 사람들을 포괄하는 '가교적(bridging)' 사회적 자본을 분류한다(Putnam, 1995).

결속적, 가교적 사회적 자본이 시민사회 영역 구성원들의 비교적 수평적 관계에 초점을 둔 것이라면, 울콕(Woolcock, 1998)은 국가와 같은 권력과 자원을 가진 조직과 시민사회와의 수직적 관계를 다루기 위해 '연계적(linking)' 사회적 자본의 개념을 제시한다. 지역공동체 기반의 풀뿌리주민자치를 위한 제도화 방향(전략)을 모색하는데, 이 세 가지 유형의 사회적 자본이 유용한 관점을 제공해준다는 판단 아래 좀 더 구체적으로 세 유형을 살펴보면 다음과 같다.

결속적 사회적 자본은 폐쇄된 네트워크에서의 구성원 간 관계를 강조하고, 내부 결속에 초점을 둔다. 비슷한 배경을 가진 동네 주민 사이의 강한 유대와 신뢰가 예가 될 수 있다. 주민들 사이의 통합, 공동체로서의 건전성을 조장한다는 면에서 결속적 사회적 자본은 그 자체로서도 의미가 있지만, 지역공동체 복지, 경제, 서비스 전달 목적을 위한 수단으로서 주민들의 관계자원을 동원할 수 있다는 면에서 도구적 가치를 갖는다. 또한 결속적 사회적 자본은 다른 지역공동체와 서비스 공급자와 관계를 맺기 위해 필요한 자신감, 신뢰 및 역량을 키울 수 있는 중요한 기반이 된다. 결속적 사회적 자본은 '사회적 접착제(social glue)' 또는 '사회적 지지(social support)'와 같은 것이어서 '그럭저럭 생활하기(getting by)'에 큰 도움이 될 수 있다(Kearns, 2004). 하지만 지역공동체가 '도약하기(getting ahead)' 위해서는 더 광범위한 사회적 자원을 필요로 한다는 면에서 문제해결을 위한 충분조건은 될 수 없다.

결속적 사회적 자본의 폐쇄성을 보완하기 위하여 등장한 개념이 가교적 사회적 자본이다. 가교적 사회적 자본은 특정 지역공동체의 고립과 배제를 극복하고, '도약하기' 위해 필요한 사회적 자원으로서 종종 '사회적 지렛대(leverage)' 또는 '사회적 윤활유(social oil)'에 비유된다(Kearns, 2004). 가교적 사회적 자본은 내부결속보다는 비록 '약한 유대(weak ties)'라 하더라도 외부와의 네트워크 형성과 거기서 파생하는 다양한 자원에의 접근 가능성을 강조한다. 일반적으로 서로 다른 지역공동체 또는 배경이 다른 집단 또는 세대들 사이의 네트워크와 사회적 유대에 초점을 둔다. 가교적 사회적 자본의 형성을 위해서는 서로 다른 배경을 가지고 있거나 서로 다른 지역공동체에 살고 있는 사람들이 공동의 목적을 위해 함께 참여하고 소통하며 연계되는 계기를 만드는 것이 중요하다.

연계적 사회적 자본은 권력자와 비권력자, 정치적 엘리트와 공중, 또는 사회계급 사이의 네트워크와 유대와 같이 수직적 연계를 강조한다. 연계적 사회적 자본은 자원과 권력의 비대칭적이고 수직적인 관계에 초점을 둔다는 면에서 수평적 성격의 가교적 사회적 자본과는 구분되지만, 넓은 의미에서 가교적 사회적 자본의 특별한 형태로 간주할 수 있다. 지역공동체 맥락에서 연계적 사회적 자본은 특정 지역공동체와 자원과 권력을 가진 공공기관 또는 정책결정자 사이의 공식적 또는

그림 3-3 사회적 자본 유형과 지역공동체와의 관계

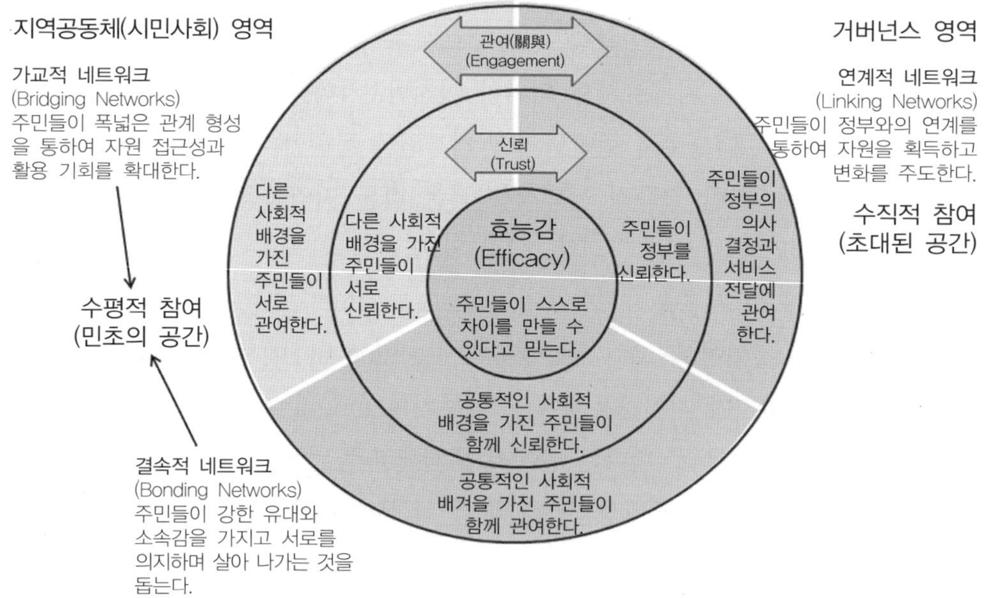

자료: University of Minnesota(2008)를 응용.

비공식적 네트워크 및 유대에 초점을 두게 된다. 지역공동체는 연계적 사회적 자본을 통해 정부자원에 접근하는 것이 가능하게 되고, 정책결정자의 의사결정이나 행위에 영향을 미칠 수 있게 된다.

3. 사회적 자본 유형과 지역공동체조직의 역할

지역공동체 또는 사회적 자본 형성의 매개체로서 주목할 수 있는 것이 바로 지역공동체조직(community organization)이다. 지역공동체조직은 지역공동체구성원(community member)과 구별된다. 지역공동체구성원은 공동체조직의 관여와는 상관없이 특정 지역에 살면서 자연스럽게 공동체 일원이 되는 일반주민을 의미한다. 반면, 지역공동체조직은 지역공동체구성원들의 조직화 노력의 산물이다. 구체적으로 지역공동체조직은 지역공동체구성원 한 사람 또는 상대적으로 작은 집단에 의해 시작되어, 지역주민을 하나의 구조화된 형태로 결집해가면서 결사(結社) 형태의 조직을 이루고, 때로는 공공기관과 협력해가며 지역의 삶의 질 향상을 위한 의도된 공동행위를 지속적으로 수행한다. 지역공동체조직은 지방정부에 대한 서비스요구자가 되기도 하고, 제3섹터를 형성하면서 정부 대신 공공서비스 공급자 역할을 담당하기도 한다. 또한 지역공동체조직을 통한 참여와 의사소통의 경험은 주민의 정치적 무력함을 해소시켜주고, 정부정책결정과 집행에도 영향을 미침으로써 권력의 분권화와 참여민주주의 구현에도 기여한다.

사회적 자본의 유형에 관한 문헌들은 어떤 지역공동체조직들이 지방민주주의를 위한 제도로서 성공하고 실패할 것인가를 공식화해준다. 대부분 지역공동체조직들은 비슷한 관심사 또는 이해관계를 가진 주민들의 유대와 서비스 생성에 초점을 두면서 결속적 사회적 자본 형성 역할로부터 출발한다. 지역공동체조직을 통한 작고 밀도 높은 상호작용은 참여자 사이에 강한 신뢰와 호혜관계 형성을 통해 내부구성원 사이의 조정과 협력을 촉진시킨다.

하지만 이들 지역공동체조직들이 내부결속에만 집착하고 가교적 유대의 노력이 없다면 다른 사람들에게 폐쇄적이고 적대적이며 부패한 제도로 전락할 수 있다. 다양한 지역공동체조직 사이의 교류와 연계의 촉진은 이해관계와 정체성 차이로 분열된 공동체들을 한데 묶고 전체 지역공동체를 대변할 수 있는 개방적이고 민주적인 제도의 발전가능성을 높인다.

마지막으로 지역공동체조직들은 정부가 마련한 제도참여 등을 통해 연계적 사회적 자본을 형성하고 지역주민의 관심사를 정부에 전달하며 공직자의 책임을 묻는 역할을 수행할 수 있다. 요약하면, 사회적 자본 문헌들은 지역공동체조직들이 순차적으로 결속적 유대를 가교적 유대로까지 '확장해나가고(reach out)', 연계적 유대를 생성해 조직의 영향력을 '확대해나갈(scale up)' 필요가 있음을 강조한다(Taylor, 2008; Taylor, 2011).

한편, 다양한 지역공동체조직들이 존립할 수 있는 상황에서 공동체 부문의 역량을 결집하기 위한 제도적 장치로서 '지역공동체주축조직(community anchor organizations)'에 주목할 필요가 있다. 신노동당 정부로부터 최근 보수당 정권까지 일관되게 지역공동체 활성화 정책을 펼쳐온 영국의 공동체연합(Community Alliance)에 따르면, 지역공동체주축조직은 지역공동체가 주도하는 독립된 조직으로서 다목적성을 가지고, 지역문제와 위협에 대해 종합적인 해결책을 제공하는 역할을 통해 공동체 발전의 동력을 제공한다. 주축조직은 독립적이지만 지역의 공공기관, 기업, 자원봉사조직, 지역공동체조직들과 상호 의존적 관계를 맺으며 임무를 수행한다(CLES, 2009).

지역공동체주축조직의 역할로는 첫째, '서비스제공자(service provider)'로서, 주민이 필요로 하는 서비스를 직접 제공하거나 다른 서비스의 접근을 돕는다. 둘째, '공동체재정관리자(community financier)'로서, 시설을 직접 운영하거나 다른 공동체조직의 지원을 통해 자본과 기회가 지방정부 또는 외부기관으로부터 동네로 유입되도록 지원한다. 셋째, '공동체대변자(community advocator)'로서, 공동체와 공공기관 사이의 중개 역할을 통해 공공서비스 변화의 촉매자가 되기도 하고, 주민들로 하여금 지역의 쟁점과 서비스에 관여하고 목소리를 내도록 돕는다. 넷째, '공동체 기반 조성자(community infrastructure supporter)'로서 동네의 다른 공동체조직들의 조직화, 역량형성, 의사결정 및 참여기술의 향상 등을 지원한다. 다섯째, '공동체역량강화촉진자(community empowerer)'로서, 주민들로 하여금 지역의 의사결정에 참여하도록 촉진하고 적극적인 시민성과 역량을 강화하는 것을 지원한

그림 3-4 공동체주축조직의 역할

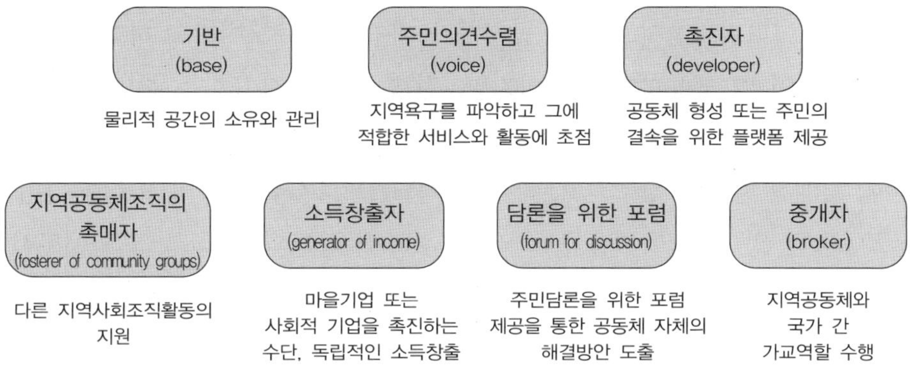

자료: CLES(2009).

다. 공동체연합은 지역공동체주축조직의 특징을 [그림 3-4]와 같이 일곱 가지로 요약하고 있다(CLES, 2009).

4. 마을규모와 사회적 자본

마을은 규모에 따라 수직적인 분류가 가능하며, 마을규모에 따라 사회적 상호작용의 특징이 달라질 수 있다. 영국의 정치학자 서머빌(Somerville, 2011)은 마을규모를 네 가지 유형으로 분류하고 지역공동체조직의 형성가능성과 특징을 제시한다.

첫째, 약 500명 미만의 주민들로 구성되는 부모의 감시 없이 어린이가 놀 수 있을 정도의 작은 블록 단위 규모다(규모 1). 이 규모에서 매우 친밀한 사회적 상호작용이 가능하지만, 마을을 대표하는 주민조직이 형성되는 경우는 거의 없다.

둘째, 주민 수 500~3,000명 정도로 주민 사이에 지위, 계급, 인종 등과 관련된 정체성이 형성되는 규모다(규모 2). 이 규모에서 마을주거조직, 소규모 스포츠동우회 같은 조직화 동인이 작동한다. 전체 주민이 참여해 숙의할 수 있는 지역공동체조직 구성이 가능하고, 해당 조직이 외부에 대하여 지역을 대표할 수 있다.

셋째, 3,000~20,000명의 주민들을 포함하는 '최하위 정부계층의 관할구역'에 해당하는 마을이다(규모 3). 이 규모에서 지방정부의 교육, 치안, 복지 등의 서비스가 제공되면서 주민과 정부 사이의 제도화된 상호작용이 가능해진다. 모든 주민의 직접 참여가 어려워지면서 선출직 공직자가 배출되는 규모이기도 하다. 많은 지역공동체조직들이 이 규모에서 활동하지만, 전체 마을을 대표하는 주민조직이 자연스럽게 형성되는 것은 아니다.

넷째, 경제적 차원이 강조되고, 직장, 대학교, 프로스포츠 등의 요소가 가미되는 인구 20,000만 명 이상의 마을규모다(규모 4). 이 규모의 마을은 그 자체로서 '도시'로 간주될 뿐만 아니라 선진국에서는 기초자치정부가 형성되는 규모가 된다.

행정안전부 자료에 따르면, 2016년 12월 31일 현재 우리나라 읍의 평균인구는 21,523명, 면은 4,128명, 행정동은 20,115명으로 나타나 읍과 행정동의 경우 '규모 4'에 해당되면서 마을이라기보다 도시로 분류될 수 있을 만큼 큰 규모임을 알 수 있다.

마을의 다중규모 관점은 지역공동체조직의 기반이 되는 공간규모가 달라지면 강조되는 사회적 자본의 유형도 달라질 수 있음을 시사한다. 구체적으로 비교적 사회적 배경이 비슷한 주민들이 모여 살 가능성이 높은 '규모 2'의 경우 결속적 사회적 자본 형성이 마을공동체 역량 형성의 중요한 전략적 초점이 될 수 있다. '규모 3'의 마을의 경우 같은 지역 안에 이질적이고 다양한 성격의 마을과 주민조직이 존재할 수 있기 때문에 전체 마을의 공동체 역량형성을 위해서는 하위 단위 마을 간 또는 주민조직 간의 가교적 사회적 자본 형성이 중요한 초점이 될 수 있다. 이때 제도적 차원에서 지역공동체주축조직 또는 주민대표조직을 구성해 소규모 마을공동체 간 또는 주민조직 간 가교 역할뿐만 아니라 해당 구역을 관할하는 행정기관과의 상호작용을 통해 연계적 사회적 자본을 형성해 나가는 전략이 의미를 갖게 된다. 우리나라 읍·면·동을 '규모 3'으로 가정하고 위의 논의를 도형화하면 다음 [그림 3-5]와 같다.

그림 3-5 마을규모와 사회적 자본의 유형 및 지역공동체주축조직의 역할

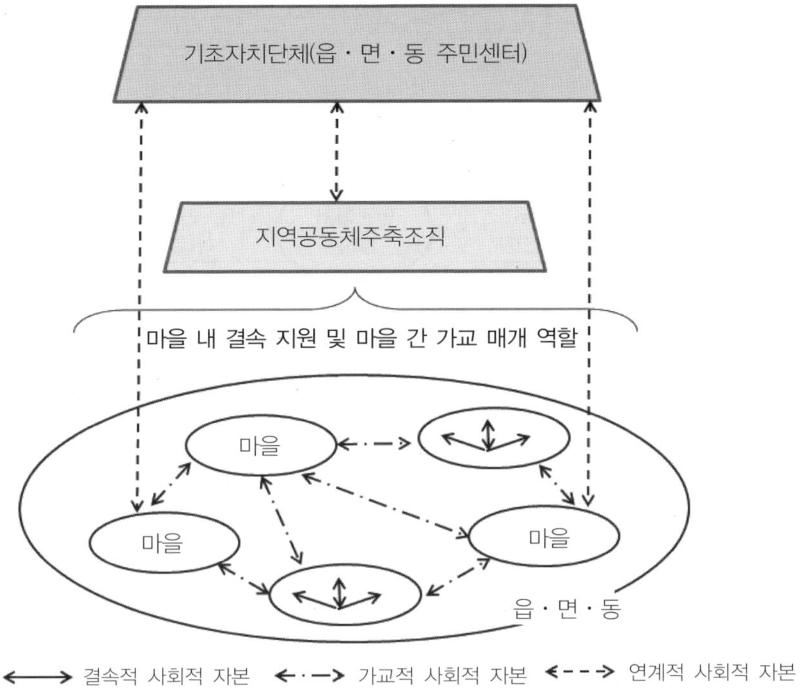

제 4 절 한국 사회 풀뿌리주민자치의 제도화 방향

1. 풀뿌리주민자치 하위 제도모형의 분류와 연계

앞의 이론적 논의를 종합한 지역공동체 기반의 풀뿌리주민자치의 모습은 [그림 3-6]에 나타난 것과 같다. [그림 3-6]에서 보여주듯이 풀뿌리주민자치는 분석적 차원에서 '자율형' 마을자치와 '민관협치형' 마을자치로 분류해볼 수 있다. 자율형 마을자치의 일차적 조점은 읍 · 면 · 동보다 작은 규모의 마을 또는 마을 단위의 주민들의 조직화와 결속에 맞추어진다. 민관협치형 마을자치의 일차적 초점은 최하

그림 3-6 풀뿌리주민자치 제도화를 위한 생태계 모형

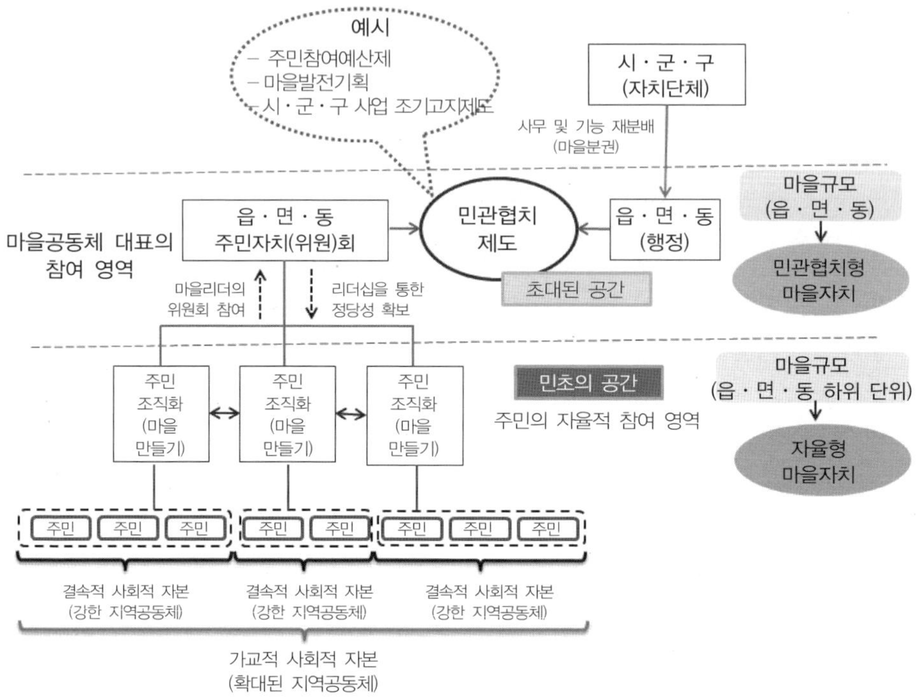

자료: 곽현근(2017: 22).

위 행정기관이 존재하는 읍 · 면 · 동을 중심으로 주민참여제도를 통한 협력적 거버넌스의 활성화에 맞추어질 수 있다.

풀뿌리주민자치 제도화의 초점은 단순히 서로 다른 마을규모에서의 독립된 유형의 주민자치를 발전시키는 것이 아니라 두 가지 유형의 마을자치를 유기적으로 연계할 수 있는 생태계를 조성하는 데 맞추어져야 한다. 이때 서로 다른 유형의 마을자치를 논리적으로 연계해주고, 풀뿌리주민자치 전반을 넘나드는 일관된 원리로 적용될 수 있는 것이 마을의 '생태적 특징'으로서 사회적 자본이다. 앞서 논의한 것처럼 자율형 마을자치의 경우, 일차적으로 마을의제의 선정과 해결 과정을 통해 결속적 사회적 자본 형성에 초점을 둘 수 있다. 반면, 최하위 행정조직이 위치한 읍면동의 경우 다양한 마을공동체가 존재할 가능성이 높고, 주민 전체를 대상으로 결속적 사회적 자본을 이끌어내기에는 지나치게 규모가 크다는 한계를 갖는다. 이러한 제약에도 불구하고 읍·면·동 수준의 지역공동체의 형성과 활동의 필요성과 중요성을 감안할 때, 읍·면·동 마을자치의 전략적 초점은 마을공동체들 사이의 교류와 연대를 통한 가교적 사회적 자본의 형성에 맞추어질 수 있다.

2. 주민자치회의 지역공동체주축조직으로서의 위상 구축

읍·면·동에서는 행정이 마련한 초대된 공간에서의 공직자들과의 상호작용의 가능성을 염두에 두고 지역공동체 또는 주민대표의 공식 참여에 대한 제도화가 현실적 의미를 갖게 된다. 이와 관련해 비록 행정편의를 위해 도입되었다고 하더라도 오랫동안 읍·면·동에 뿌리내린 주민자치(위원)회 같은 주민대표조직이 존재하는 상황에서 새로운 대표조직을 제도화함으로써 혼란과 갈등을 야기하기보다는 기존 조직의 사명을 사회적 자본 형성의 맥락에서 재해석하고 실질적 역할을 수행할 수 있도록 제도의 생태계 차원의 변화를 도모하는 것이 효율적인 대안이 될 수 있을 것이다.

풀뿌리주민자치 활성화를 위해서는 자율형 마을자치의 경험뿐만 아니라 주민대표(조직)의 읍·면·동 행정 과정 참여가 요구됨을 감안할 때, 주민자치(위원)회의 구성은 장기적으로 마을공동체운동을 통해 마을의제에 익숙한 주민리더 또는 활동가들이 주민대표로 참여하도록 적극적으로 유도하는 것이 바람직하다. 한시적으로는 기존 주민자치위원들로 하여금 단순히 남을 돕는다는 의미의 자원봉사활동이 아니라 마을 또는 읍·면·동 단위 주민들의 결속적 사회적 자본 또는 가교적 사회적 자본 형성의 리더십 역할에서 자신들의 주민대표성 또는 정당성의 의미를 찾도록 유도할 필요가 있다. 궁극적으로는 읍·면·동 주민자치(위원)회의 존재이유를 읍·면·동의 다양한 공동체 또는 주민조직들 사이의 가교 역할과 주민대표조직으로서 지방정부와의 대등한 연계 역할에서 찾음으로써 다른 주민조직과는 차별화되는 명실상부한 '지역공동체주축조직'으로 거듭나는 전략을 모색해나갈 필요가 있다.

3. 구속력 있는 읍 · 면 · 동 행정참여제도의 강화

풀뿌리주민자치의 성공을 위해서는 읍・면・동 주민대표조직이 실질적 영향력을 가지고 참여할 수 있도록 구속력 또는 영향력 있는 공식 참여제도를 읍・면・동에 설계하는 것이 관건이 될 것이다. 이를 위해서는 현재처럼 읍・면・동장에 대한 단순한 상담수준의 기능이 아니라 주민대표조직이 일정한 사안에 대하여 읍・면・동장과 함께 공동의사결정을 내릴 수 있는 권한 또는 읍・면・동과 기초자치단체의 행정에 대해 설명을 요구할 수 있는 권한을 공식적으로 부여하는 방안까지도 고려해볼 수 있다.

마을공동체대표(조직)의 참여를 위해 새로운 제도들이 설계될 수도 있지만, 기존의 관련 제도들을 연계해 일종의 풀뿌리주민자치 생태계를 조성하려는 노력이 우선되어야 할 것이다. 예를 들면, 「지방재정법」에 의해 모든 지방자치단체가 의무적으로 운영하고 있는 '주민참여예산제'를 읍・면・동 주민자치(위원)회와 통합 또는 연계하는 방안의 모색이 가능하다. 현재 국회에 계류 중인 '마을공동체활성화기본법'이 읍・면・동 단위로부터 기초자치단체 수준까지 종합적인 마을공동체 활성화 기본 계획 수립을 요구하고 있는 것과 맞물려, 읍・면・동 단위 '지역공동체주축조직'의 지정을 권고함으로써 주민자치(위원)회를 중심으로 읍・면・동 통솔조직을 구성할 수 있는 기회를 제공하는 것도 가능하다. 주민자치위원회가 '마을발전계획안'을 마련하고 주민투표를 통해 확정하는 '마을발전기획(Neighborhood Development Planning)' 같은 제도를 지역공동체기본법과 연계하는 방안도 고려해볼 수 있다. 미국의 세인트폴과 로스앤젤레스 시의 '조기고지제도(Early Notification System)'와 같이 마을에 직접적으로 영향을 미치는 지방정부사업들을 미리 주민대표조직에 알려주고 주민들의 의견과 아이디어를 수렴하면서 지역주민의 입장을 정리할 수 있는 기회를 제공하는 것도 읍・면・동의 초대된 공간의 강화를 위한 대안이 될 수 있을 것이다.

참고문헌

곽현근(2015). 주민자치 개념화를 통한 모형 설계와 제도화 방향. 『한국행정학보』, 49(3): 279-302.

_____(2017). 지방자치 원리로서의 '주민자치' 재해석을 통한 생활자치 개념화와 제도모형 구성. 『현대사회와 행정』, 27(2): 1-29.

박배균(2013). 국가-지역 연구의 인식론: 사회공간론적 관점을 바탕으로. 박배균 · 김동완(편). 『국가와 지역: 다중스케일 관점에서 본 한국의 지역』. 서울: 알트. 1-51.

정지웅 · 임상봉(1999). 『지역사회개발학』. 서울대학교출판부.

Ansell, C. and Alison, G.(2008). Collaborative Governance in theory and practice. *Journal of Public Administration Research and Theory*, 18: 543-571.

Bekkers, V., and Edwards, A.(2007). Legitimacy and Democracy: A Conceptual Framework for Assessing Governance Practices. in V. Bekkers, G. Dijkstra, A, Edwards and M. Fenge(eds.). *Governance and the Democratic Deficit*. 35-60. Burlington, VT: Ashgate Publishing Company.

Bhattacharyya, J.(2004). Theorizing Community Development. *Journal of Community Development Society*, 34(2): 5-34.

Bovaird, T.(2004). Public-Private Partnerships: from Contested Concepts to Prevalent Practice. *International Review of Administrative Sciences*, 70(2): 199-215.

Chanan, G.(1999). *Local Community Involvement: A Handbook for Good Practice*. European Foundation for the Improvement of Living and Working Conditions.

Chaskin, R. J.(1997). Perspectives on Neighborhood and Community: A Review of the Literature. *Social Service Review*, 71(4): 527-548.

CLES(Centre for Local Economic Strategies)(2009) *The importance of community anchor organisations to empowerment issues in the North West*. Manchester: CLES for North West Together We Can.

Conn, J.(2011). *Community engagement in the social eco-system dance*. Third Sector Research Centre. Discussion Paper B.

Cornwall, A.(2004). New Democratic Spaces? The Politics and Dynamics of Institutionalized Participation. *Institute of Development Bulletin*, 35(2): 1-10.

_____(2008). *Democratizing engagement*. DEMOS.

De Vries, M. S.(2000). The rise and fall of decentralization: A comparative analysis of arguments and practices in European countries. *European Journal of Political Research*, 38: 193−224.

DeFilippis, J.(1999). Alternatives to the "New Urban Politics": Finding locality and autonomy in local economic development. *Political Geography*, 18: 973−990.

Gaventa, J.(2004). Representation, Community Leadership and Participation: Citizen Involvement in Neighbourhood Renewal and Local Governance, Prepared for the Neighbourhood Renewal Unit. Office of Deputy Prime Minister.

Halpern, D.(2005). *Social Capital*. London: Polity.

Hunter, A.(2008). Contemporary Conceptions of Community. in R. A. Cnaan and C. Milofsky(eds.). *Handbook of Community Movements and Local Organizations. Springer Science*. 20−33.

Lowndes, V., and Roberts, M.(2013). *Why Institutions Matter: The New Institutionalism in Political Science*. N.Y.: Palgrave Macmillan.

Lowndes, V., and Sullivan, H.(2008). How Low Can You Go? Rationales and Challenges for Neighbourhood Governance. *Public Administration*, 86(1): 53−74.

Mattessich, P., and Monsey, B.(1997). *Community Building: What Makes It Work*. Saint Paul, MN: Publishing Center. Amherst H. Wilder Foundation.

Putnam, R. D.(1993). *Making Democracy Work: Civil Traditions in Modern Italy*. Princeton. N.J.: Princeton University Press.

______(2000). *Bowling Alone: The Collapse and Revival of American Community*. New York: Simon & Schuster.

Skocpol, T.(2003). *Diminished Democracy: From Membership to Management in American Civic Life*. Norman, OK: University of Oklahoma Press.

Smith, D. H.(1999). The Effective Grassroots Association II: Organizational Factors That Produce External Impact. *Nonprofit Management and Leadership*, 10(1): 103−116.

Somerville, P.(2005). Community governance and democracy. *Policy and Politics*, 33(1): 17−114.

______(2011). Multiscalarity and Neighbourhood Governance. *Public Policy and Administration*, 26(10): 81−105.

Somerville, P., and Haines, N.(2006). Community Governance in Britain. *Economic and Social Research Council*, RES−000−22−0958.

______(2008). Prospects for Local Co−governance. *Local Government Studies*, 34(1):

61－79.

Suttles, G. D.(1972). *The Social Construction of Communities*. University of Chicago Press.

Taylor, M.(2007). Community Participation in the Real World: Opportunities and Pitfalls in New Governance Spaces. *Urban Studies*, 44(2): 297－317.

______(2008). The Nature of Community Organizing: Social Capital and Community Leadership. in R. A. Cnaan and C. Milofsky(eds.). *Handbook of Community Movements and Local Organizations*. Springer Science. 329－345.

______(2011). *Public Policy in the Community*. London: Palgrave Macmillan.

Toteca, K., and Vervisch, T.(2008). The Dynamics of Social Capital and Community Associations in Uganda: Linking Capital and its Consequences. *World Development*, 36(11): 2205－2222.

University of Minnesota(2008). *Social Capital and Community*. The University of Minnesota Extension Center for Community Vitality.

Warren, M. E.(2009). *Citizen Participation and Democratic Deficits: Considerations from the Perspective of Democratic Theory*. www.politics.ubc.ca/fileadmin/template/main/images/departments/poli_sci/Faculty/warren/Citizen_Participation_and_Democratic_Deficits_Draft_5.pdf.

Woolcock, M.(1998). Social Capital and Economic Development: Toward a Theoretical Synthesis and Policy Framework. *Theory and Society*, 27(2): 151－208.

제4장

한국주민자치정책의 역대정권별 역사분석[1)]

김찬동(충남대학교)

제 1 절 지방자치 패러다임 전환

한국의 주민자치정책은 대표적인 정책실패 사례로 들 수 있다. 즉, 주민자치정책의 목표가 전혀 달성되고 있지 않고 정책수단도 목표와의 인과관계를 가지고 있는 것으로 보기 어렵다. 또한 정책입안자들의 정책문제에 대한 인식이나 이해도 편향되어 있어, 제대로 된 주민자치를 어떻게 해야 하는가에 대해 기본적인 철학이나 가치를 가지지 못한 것이 아닌가 한다.

문제상황이 이 정도 되면, 주민자치정책을 입안하기에 앞서 과연 주민자치란 무엇인가에 대한 기본적인 이해와 인식을 새롭게 하는 데서 출발해야 할 것이다. 즉, 주민자치에 대한 문제인식을 제대로 파악하고, 구조적으로 파악해서 문제의 심각성과 인과관계, 현상과 원인에 대한 구조적인 인식, 본질적인 주민자치의 가치와

1) 2018년 7월 국정관리에 소개된 글임.

철학에 대한 이해, 유사 개념들인 단체자치, 풀뿌리 민주주의, 대의제 참여, 거버넌스, 주민주권 등과의 관계를 설정하면서, 주민자치정책을 전개해야 할 것이다.

또한 주민자치정책이란 개념 자체가 자기모순일 수 있다. 즉, 주민자치란 주민들이 공동체구역이나 근린자치구역에서 자치적으로 규약을 정하고 이를 집행하는 풀뿌리 민주주의라고 할 수 있는데, 굳이 이것을 국가행정기관이 '국가정책'으로서 혹은 '지방정책'으로서 입안하는 것이 바람직한가라는 문제제기를 할 수 있다. 국가는 주민자치 영역에 간여하지 말고 지방정부에 맡겨두는 것이 바람직하다거나 시민사회 영역의 활동이니 간접적인 지원하는 기능 정도에 그쳐야지, 이를 적극적으로 기획하고 이를 사업비로 예산사업을 벌이는 것 자체가 문제라는 인식도 있을 수 있다.

서구 유럽의 경우는 기독교 문화와 역사의 전통에서 비롯된 것인지 교구가 지방자치단체로 전환된 경로를 가져서인지 프랑스의 코뮌(Commune)이나 독일의 게마인데(Gemeinde) 등의 규모가 인구 수백 명에서 수천 명에 불과한 경우가 많다. 영국의 경우 패리쉬(Perish)는 교구 단위로서 지역에서 일정한 기능을 수행하지만, 지방자치단체로서의 위상을 가지지 않기에, 패리쉬를 주민자치로 본다고 하면, 국가의 지방자치제도상의 간여를 하고 있지 않은 셈이다.

일본의 경우도 정내회(町內會) 혹은 자치회는 주민자치의 영역으로 인식되는데, 기본적으로 국가나 지방자치단체가 법제도적으로 간여하고 않는 방임주의를 채택하다가 1998년경부터 공공단체로서의 위상을 부여하여 지방자치단체의 사무를 위임하거나 위탁하는 경우가 있고, 지방자치단체가 예산상의 지원을 총연합회 차원에 주는 것으로 파악된다.

즉, 주민자치 영역을 지방자치단체화 할 것이냐 혹은 지방자치단체와는 분리된 독립된 시민사회의 영역으로 둘 것인가는 그 나라의 역사와 문화에 따라서 다른 것으로 이해된다. 한국의 경우는 주민자치 영역을 행정관리 단위로서 '관리'하므로 인해 '자치'가 태동하지 못하는 질곡상태에 있는 것이 아닌가 한다.

통·리 단위는 주민자치의 단위일 수 있다. 통장과 리장을 통하여 지방자치단체 혹은 국가의 행정관리로서 포획되어 있고 국가로부터 활동수당을 지급받고 정부 포상도 받는 등 관변(官邊)화되어 있는 관치조직(官治組織)으로 인식되는 것이다.

그럼에도 불구하고 지방자치의 발전을 위하여 혹은 행정관리의 필요성으로 주민자치를 도입하였지만 지난 28년 간의 주민자치정책을 되돌아보면 '주권자로서의 주민 없는 주민자치'가 되어 "주민에 의한 주민자치나 주민을 위한 주민자치"가 아니라 "행정에 의한, 행정관리를 위한, 행정의 주민자치"가 되어 버린 것이 아닌가 한다. 즉, 주민자치에 민주주의가 없는 것이다.

다시 말해 풀뿌리 민주주의를 경험하고 학습하여 역량을 키워야 할 공간에 민주주의가 없는 행정관리통제가 작동하고 있는 법제도를 그대로 둔 채로 형식적인 주민자치를 덧입혀두는 정책을 아무리 전개해도 그러한 주민자치정책은 실패할 수밖에 없는 것이 아닌가 한다.

여기서는 한국의 주민자치정책의 실패 원인에 대한 탐색적 연구로서 먼저 제2절에서는 정책실패가 발생하게 된 근본 원인으로서의 몇 가지 개념을 다루고자 한다. 즉, 지방자치의 기본 요소인 단체자치와 주민자치의 관계인식에 대한 실패, 보충성의 원칙에 입각하지 않은 주민자치, 공동체자치와 구역자치에 대한 식별부족, 자치는 정치와 행정으로 구성되는 상위 개념임에도 불구하고 행정의 하위 개념으로 인식한 개념위계 오류, 주민주권과 국민주권의 관계에 대한 이해부족 등의 문제를 제시하고자 한다.

제 2 절 자치분권의 본질과 주민자치정책의 이론적 분석

1. 자치분권의 본질과 주민자치정책의 이론적 분석

지방자치는 지방에서 스스로 자치를 할 수 있는 권리를 의미하는 것으로서 원래 그리스 아테네의 도시국가의 경우 현재의 영토의 크기나 인구규모로 보면 하나의 지방도시의 자치에 불과하지만 이를 '국가'로 부르고 있다는 점에서 원래 지방도 일종의 작은 국가로 볼 수 있다. 한편 근대 국가의 개념은 중세 유럽의 역사적 경험을 거쳐서 근대 국가를 형성하면서 봉건영주들의 주권을 회수하여 새로운 국가주권을 형성하는 과정에서 태동된 것으로 보아야 하고, 이 당시 로크(J. Locke)나 루소(J. J. Rousseau), 몽테스키외(Charles de Montesquieu) 등의 정치철학자들은 국가의 주권이 전제화되는 것을 막고 왕정의 폭정을 막기 위하여 사회계약설이란 정치이론을 통해 동등한 자연권을 가진 시민들이 자신의 '자유'를 확보하고 지키기 위하여 폭력사용권을 국가에 위탁해 둔 것이란 주장을 펼친 것이다.

그래서 국가의 권한은 입법권이 우위에 있는 것이고(J. Locke), 입법권과 행정권을 분리하여 권력 간에 상호 견제를 하도록 하는 민주주의 정체(politeia)를 구축하였던 것이다. 그 후 스위스나 미국의 연방제의 형성에서는 지방을 하나의 국가로 하고 이들의 연합체로서 연방국가를 형성하는 것이고, 19세기만하더라도 연방의 공무원 수는 극히 소수에 불과하였고 연방군대도 상시적으로 존재하지 않았다.

그러던 것이 20세기 들어오면서 도시화가 급격히 진행되면서 도시의 규모가 커지면서 뉴욕과 같은 도시는 5개의 작은 도시가 통합하여 인구 수백만 명의 도시가 나타나기도 하면서 대도시의 자치권이 강화되는 현상이 나타났다. 물론 미국의 경우에는 자치헌장(charter)제도에 의하여 주정부로부터 일정한 자치권을 포괄적으로 이양 받아 도시자치관리를 하는 경우도 있고, 일정한 유형을 제시하여 지방정부가 자치권의 유형을 선택하기도 한다. 특히 도시관리의 책임성을 확보하기 위하여 통합형의 지방정부형태에서 대립형의 지방정부형태가 나타나는 경향이 미국에서 20세기 초중반 이후에 있다는 점은 한국의 지방자치제도를 이해하는 데 도움이 될 듯하다.

즉, 한국의 경우 지방자치는 해방 이후 1952년에 처음 실시되었는데 당시 미국의 1950년대 지방자치제도의 영향을 받은 것으로 이해된다. 즉, 시·읍·면의 자치를 도입하였고 특별시제도가 도입되었으며, 특별시와 도의 단체장의 경우는 임명직으로 한다든지 하는 방식은 보충성의 원칙에 입각한 지방자치제도의 설계였던 것으로 이해된다.

그렇지만 한국의 경우 1961년에 지방자치를 시·읍·면에서 시·군자치로 자치의 '규모'를 대구역으로 하였고, 결과적으로 읍·면의 경우는 지방자치제도를 '폐지'하게 된 셈이다. 이때부터 한국의 지방행정관리 패러다임은 효율성 가치우선과 국가집권 구조가 시작된 셈이다.

그러다가 1987년의 민주화와 제6공화국 헌법의 출범으로 대통령을 국민이 직선으로 선출하게 되고, 민주주의의 발전을 위하여 지방자치를 다시 시작하기로 하였던 것이다. 1991년에 지방자치제도를 재도입(부활)하는데 시·군자치와 광역시·도-시·군·구의 이중 자치를 획일적으로 도입하기로 하였고, 지방자치단체의 기관구성에서도 '대립형'으로 획일화시킨 것이다. 그러면서 지방의회를 두는데 선거로 선출하는 간접제 대의제만의 지방의회를 구성한다는 식이었다. 당시로서는 지방자치제도를 다시 시작한다는 것 자체에 몰입되어 과연 이 제도가 제대로 된 지방자치제도 설계인가에 대한 검증이나 성찰의 여유를 가지지 못하였을 것이다.

또 새로운 제도의 재도입이란 정치적 결단이 기득권의 방해로 인하여 용이하지 않았다는 점을 고려하면 중단되었던 지방자치제도를 다시 시작하였다는 것만으로도 감격할 만하였을 수 있다.

그러나 지난 28년 간의 한국의 지방자치제도의 운영 경험을 보면 과연 이것이 지방자치제도라고나 할 수 있는가 하는 의구심을 가지지 않을 수 없다. 지방자치단체의 재정자립도가 오히려 10% 이상이나 더 떨어지고 있고, 지방자치단체의 인건비를 제대로 지불하지도 못할 정도의 30% 이내의 재정자립도를 가진 시·군·구가 50%를 넘는다는 것은 뭔가 지방자치제도의 설계(design)에 문제가 있다는 것이다.

그러한 문제의 근원은 자치권의 유래를 '제도적 보장설' 혹은 국권설(전래설)의 입장을 취하는 국가에 있다고 할 수 있다. 국가가 지방자치제도를 잘못 설계한 것이다. 국가가 국가사무의 일부를 지방자치단체에 위임하여 처리하는 비율이 80%에 이르고, 지방자치단체의 고유사무는 불과 20%에 불과하여 지방문제를 지방자치단체가 스스로 처리하지 못할 정도로 '덜된 분권화'의 구조를 설계한 것은 국가이기 때문이다.

만일 지방자치권이 고유권설에 의하여 주민들이 스스로 지방정부를 형성할 수 있다고 한다면 주민들이 부담할 수 있는 정도의 회비(세금)를 내고 필요한 정도의 공공서비스를 공급하기 위하여 '자치관리 시스템'을 스스로 구축할 것이다. 그리고 그 시스템을 운영할 수 있는 주민총회를 열고 집행(운영)위원회를 구성하여 '책임' 있게 운영할 것이다.

만일 재원 부족이나 봉사인력 부족으로 인하여 스스로 자치관리를 할 수 없게 되면 상위정부에 자치권을 반납하고 긴축재정에 들어가는 통제관리를 받아들이게 될 것이다. 이렇게 될 때 자치관리의 역량이 부족한 지방정부(혹은 공동체 및 자치체)는 법정관리에 들어가게 되는 경험을 하게 될 것이다. 이것이 지방자치의 경험이고 이 경험을 통하여 자치의 역량을 구비한 곳에서는 지방자치를 제대로 할 수 있게 해야 한다. 지방자치나 민주주의는 역량 있는 공동체, 역량 있는 시민사회가 누릴 수 있는 요리이지 책임감과 역량이 없는 공동체가 누릴 수 있는 요리는 아니다.

요컨대, 지방자치는 자치할 수 있는 시민사회의 역량이 구비된 곳에서 할 수 있는 것이지 재정자립도가 50%도 되지 않는 곳에서 '자치'할 수 있는 것은 아니다. 자치할 수 없는 곳은 상위정부에 자치권을 반납하고 자치할 수 있는 역량과 책임감이 있는 곳은 자치권을 전관할(全管轄)적으로 부여하는 '진정한 자치권의 분권'이 필요하다.

다시 말해 진정한 자치권의 분권에 대한 개념 정의를 혼란케 해두니 무엇이 자치이고 무엇이 자치가 아닌지 조차 구분을 못하고 있게 되어 자치 아닌 것을 자치라고 강변하는 사태가 한국에서 벌어지고 있는 것은 아닐까?

2. 단체자치와 주민자치, 어느 것이 진짜 자치인가?

그러면 무엇이 진짜 자치인가에 대해서는 논란이 있을 수 있다. 한국의 경우 단체자치에 입각하여 자치권이 지방에 부여되고 이를 법률로서 보장하고 있기에 국회의 법률제정 여부에 따라서는 지방자치단체의 자치권이 폐지될 수도 있는 상태인데 이것은 자치권을 제도적으로 보장한 것이 아니다.[2)]

즉, 제도적 보장설에 의하면, "일단 지방자치단체에 주어진 이상 그것은 지방자치단체의 권리로서 지방단체는 그의 의사에 의해서 행사하게 된다"고 하기 때문이다(최창호 외, 2014: 53).

---

2) 예를 들면, 2000년대 초반 서울특별시를 분할하여 5~7개의 도시로 단층화하자는 제안이 정치권에서 있었고, 이때 국회의 법률로서 서울시를 폐지하거나 자치구의 자치를 폐지할 수 있다는 논의가 있었다.

그렇다면 한국의 경우는 국권설이 여전히 작동하고 있고 현재의 지방자치제도를 설계하거나 운영하는 데 국가공무원들이 여전히 이 가설에 입각하여 지방자치를 인식하고 있는 것은 아닐까 하는 의구심이 든다.

여기서 국권설이란 19세기 이후 독일 공법학자들이 주장한 이론으로서 지방자치권이 국권으로부터 유래한 것이란 입장이다. 국권설은 전래설과 수탁설로 나누어지는데 전래설은 “지방자치단체는 법률의 창조물이고 그 자치권은 국가로부터 전래된 것이다”는 주장이다. 수탁설은 “지방자치단체의 특권은 국가의 성립과 함께 국법에 흡수되었고 지방자치단체의 활동도 국가의 법률에 위반되지 않는 한도 안에서 인정되었으므로 지방자치단체가 지방단체의 이익을 위하여 고유사무를 설정해도 그것은 어디까지난 국가의 법률에 의해서 위탁된 결과이기 때문에 사무의 집행은 국가의 감독을 받는다”는 주장이다(최창호 외, 2014: 52).

한국의 지방자치법이나 헌법에서 “법령의 범위 내에서”라는 문구는 국권설의 수탁설에 근거한 것이고, 만일 현재의 한국의 주민자치정책을 수립하는 공무원들의 지방자치에 대한 인식과 가치관(철학)이 이러한 주장에 근거한 것이라고 하면 한국의 주민자치정책은 실패할 수밖에 없다.

또 문재인 정부가 추진하려는 자치분권개헌이나 자치분권로드맵의 경우도 어떤 외형적인 형식을 구비하다라도 이 제도를 설계하는 입안자들의 지방자치분권에 대한 인식과 철학이 수탁설(국권설)에 입각하고 있다고 하면 실질적인 주민자치는 어려워질 것이다. 실질적인 주민자치는 지방권설(고유권설)에 입각하거나 제도적 보장설에 의하여 주민자치구역에 주민자치권을 보장해주어야 가능할 것이다.

여기서 지방권설(pouvoir municipal)은 자연법사상을 토대로 하는 것으로 프랑스 혁명시대의 국권(pouvior national)과 대비되는 개념이다. 지방권설은 사람이 출생할 때부터 고유한 기본권을 가지고 국가권력으로서도 이를 침해할 수 없는 것같이 지방자치단체도 고유한 지방권을 가지며 국가권력으로부터 이 권리를 침해할 수 없다는 것이다. 또 지방권설은 역사적 유래에서 그 토대가 형성되었다고 하기도 한다. 즉, 국가 성립 이전에 이미 지방자치단체는 사회적 실체로서 존재하는 것이었고 국가의 개입이나 지원 없이도 있었던 것이며, 오히려 국가를 지방자치단체의 필요에 의해서 성립시킨 것으로 보아야 한다는 것이다. 따라서 이 관점에서는 국가가 그 권리를 지방자치단체로부터 인수한 것이란 점이다.

이러한 지방권설을 응용하면 주민들이 거주하는 공간인 공동체나 근린구역에서의 자치관리를 위한 자치권은 자연권으로서 존재한다고 해야 할 것이고 지방자치단체의 형성도 '주민자치체'에서부터 부여된 것이란 관점으로 생각할 수도 있게 된다. 즉, 주민자치가 실질적으로 형성되기 위해서는 지방권설에 입각하여 생각해 보아야 할 것이다.

진짜 자치에 대해서 생각할 때 자치권의 유래도 중요하지만 자치권을 형성하는 방식도 중요하다. 즉, 상향적(bottom－up) 자치구조 형성이냐 하향적(top－down) 자치구조 형성이냐에 따라서 주민자치제도의 설계도가 달라질 것이다. 지방자치에서 매우 중요하게 여기는 원리 중에 하나인 보충성의 원칙(the principle of subsidiarity)은 바로 이것과 관련된 것으로서 상향적 자치구조의 형성을 의미하는 것이다.

이를 주민자치에 적용시켜보면 주민들이 가장 가까운 자치공동체를 형성하여 주민들의 공동생활에 필요한 문제를 해결하고, 여기서 해결하기 어려운 문제를 상위 자치체를 형성하여 해결하는 방식으로 상향적(bottom－up)으로 공동문제를 해결해 가는 시스템이 되어야 할 것이다.

여기서 그러면 주민자치가 필요한 공동생활의 최초의 구역을 어디로 할 것인가가 논점이 된다. 한국의 경우는 지나치게 주민자치의 구역이 너무 크다는 생각이다. 즉, 여전히 효율적인 공간관리라는 관료적 철학을 가지고 있기 때문이지 않은가 한다.

한국의 주민자치정책을 설계할 때 가장 주민들과 가까운 공동생활의 공간으로서 읍・면・동을 고려하고 있는 것으로 보인다. 즉, 주민자치위원회나 주민자치회 시범실시가 생각하는 구역도 읍・면・동을 대상으로 하고 있다.

그런데 과연 읍・면・동이 주민자치의 대상구역인가에 대해서는 의구심이 든다. 왜냐하면 주민의 공동생활을 생각하기에는 너무나 그 구역의 크기가 광대하다. 행정구역으로서는 읍・면・동의 하위계층으로서 통리가 있고 그 밑에 반도 있다. 서울시의 마을공동체 만들기 사업의 경우에는 3인 이상이 모이면 공동체를 만들 수 있다고 하고 있고, 5세대 정도가 모여서 공동육아 공동체를 만들 수 있도록 하고 있기도 하다.

그렇다면 공동체란 무엇이고 주민자치란 무엇인가? 양자의 관계를 정립해주어야 하고 주민자치를 설계할 때는 이 양자의 관계를 고려하여 주민자치제도를 설계해야 할 것이다.

즉, 주민자치는 '주민(공동체)자치회'와 '주민(거주구역)자치정부(혹은 단체)'로 구분하여 설명한다. 주민이 거주하는 공간에서 주민들 간의 공동체를 형성하는 자치를 하는 '주민공동체자치회'는 가장 풀뿌리 민주주의를 구성하는 그릇이다. 주민들은 이 공간에서 주민총회를 통하여 공동체의 문제를 입법하고 필요한 공공서비스를 공급하기 위하여 비용을 거출하며 자치사무를 처리할 수 있는 전문가를 고용하여 책임 있게 공동체를 자율적으로 관리하는 것이다.

한편 이들 공동체들이 스스로 처리하기 어려운 지역문제는 인근의 공동체들과 연대성을 가지고 협의하거나 합의하여 처리해야 하고, 이때 필요한 것이 복수의 공동체들이 모인 '거주구역'의 자치관리이다. 일정한 거주구역의 자치관리를 위하여 공동체들의 협의체 혹은 연합체를 구성할 수 있고 협의체는 각 공동체의 대표들이 모여서 구성하게 될 것이고, 연합체는 새로운 거주구역의 대표들을 선출하여 새로운 자치체로서 입법과 재정 인사조직권을 가지게 될 것이다.

요컨대, 한국의 주민자치정책을 입안하고 기획하는 경우 주민자치제도의 운영이나 설계가 지방자치권의 본질을 벗어나지 않도록 해야 할 것이다. 이 문제를 논의하기 위하여 먼저 한국의 주민자치정책의 역사를 제3절에서 살펴보고 이에 대한 비판적 검토를 거쳐서 제4절에서 한국의 주민자치정책 혁신방안을 제시하고자 한다.

3. 분석틀

한국에서의 주민자치정책의 분석을 위해서는 각 역대정권별로 혹은 정책전개 단계별로 주민자치정책의 목적과 수단, 그리고 인과관계에 대해서 비교분석이 필요하다. 그리고 정책은 정책문제에 대한 인식과 가치(철학)이 무엇인가가 중요하고 정책을 담당하는 참여자가 누구인가, 그리고 어떤 조직이 어떤 자원을 가지고

그림 4-1 정책성패분석을 위한 정책분석틀

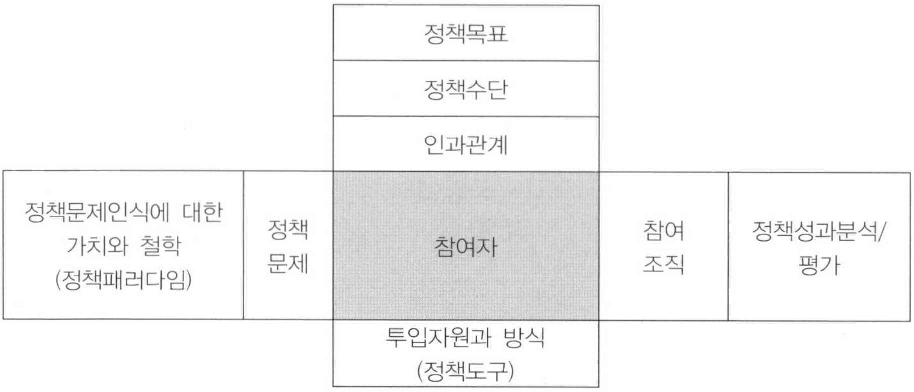

정책을 전개하는가가 중요한 논점이다. 이를 이해하기 쉽게 표시하면 [그림 4-1]과 같다.

이 틀에 입각하여 다음에서는 각 정책전개 시기별로 정책의 목표와 수단, 인과관계, 참여자, 정책도구를 분석하고 참여자를 중심으로 정책문제인식에 대한 가치와 철학, 정책문제, 참여자의 소속 조직을 조사하면서 정책의 성패에 대한 분석과 평가를 해보려고 한다.

제 3 절 역대정부의 주민자치정책의 현황과 문제점

1. 주민자치 공백기(1991~1999년, 노태우 정부 및 김영삼 정부)

1949년의 지방자치법에서는 시 · 읍 · 면이 기초지방자치단체였고 그 하부행정구역으로서 동과 리를 두었다. 동 · 리의 구역은 자연부락을 기본으로 하였고 그 명칭과 구역을 시 · 읍 · 면의 조례로 정하도록 하였다. 그리고 동장과 리장은 주민이 직접 선출하도록 하였고 임기는 2년이었다.

그러다가 1952년에 읍·면의회가 구성되었고 읍장과 면장이 선출되어 통합형의 기관구성의 지방자치단체가 되었다.

그러다가 1956년에 지방자치법의 개정에 의해 읍장과 면장을 주민직선으로 개정하였고, 이것을 다시 1958년에는 시·읍·면장과 동·리장의 직선제가 폐지되고 임명제로 바뀌었다. 그러던 것이 다시 1960년에는 시·읍·면장과 동·리장의 직선제가 부활하였다. 이처럼 읍·면과 동·리장의 선거제도는 직선과 간선, 임명으로 불안정하였다(이기우, 2018: 40).

한편 1952년 이후의 읍·면자치에 대해서 인구규모가 평균 1만 명 정도였지만 어떤 면은 1,378명에 불가하다는 문제점이 지적되기도 했고, 재정자립도가 면은 18.7%, 읍의 경우는 44.1%에 불과하여 효율적인 관리를 위해서는 통합하여야 한다는 주장이 있었다.[3)]

그러다가 결국 1961년의 군사정부의 지방자치에 관한 임시조치법에서는 시·군자치로 지방자치의 계층을 변경하였고, 읍·면은 군의 하급행정구역으로 전환되었다.

시는 원래 자치를 하던 구역이었으니까 문제되지 않지만 군자치를 채택한 이유로서는 인구 2만 5천 명을 기준으로 읍·면을 통합하는 것이 지방의 이해상충과 사회혼란을 감소시킬 수 있다는 것이고 군자치로 인해서 계층의 수를 줄일 수 있다는 것이었다.[4)] 또 군자치의 명분으로서는 당시 군 단위의 특행기관을 통합하여 지방행정의 종합화가 가능하고, 읍·면의회의 운영비와 선거비 등을 절감할 수 있다는 논리, 그리고 군을 지역개발권역으로 육성하여 군 단위의 민심규합을 하고자 한다는 논리를 제시하였다. 그 외에도 군민이란 역사적 관념이 있으니 읍·면자치를 폐지하는 것이 타당하고 동과 리의 행정을 강화하면 주민이 지역사회로부터 유

3) 최창호(1983)는 몇 개의 읍·면을 통·폐합하여 대읍·면을 만들자는 안, 군현 구역을 복원하여 군현자치로 하고 읍·면을 폐지하자는 안, 군을 몇 개로 분할하여 자치단체로 하고, 동·리를 폐합하여, 대동·리로 만들어 군과 동·리를 직결하고 읍·면을 폐지하는 안, 군에 법인격을 부여하여 군자치로 하고, 읍·면과 동·리는 하부행정구로 하자는 안 등이 제기되었다(이기우, 2018).

4) 즉, 당시 중앙－도－군－읍·면으로서 4층제였던 것을 중앙－도－군으로 한 계층을 줄일 수 있다는 것이다. 이를 통해 행정관리의 효율성과 신속성을 확보할 수 있다는 논리가 근거였다. 군자치를 통해 도는 연구, 조사, 연락, 조정기관으로 그 역할을 축소하고, 군을 지방자치의 중추적 단체로 하고자 하는 정책의도를 가지고 있었다(조석주 외, 2014).

리되는 것을 막을 수 있다는 논리도 제시했다. 그리고 읍·면에 군의 보조기관으로서 가족관계등록부와 병무 등의 일상생활 관련의 사무를 처리할 수 있는 출장소로 활용한다는 대책을 제시하였다(조석주 외, 2014; 이기우, 2018: 41).

결과적으로 주민자치정책의 관점에서 보면 주민자치의 공간이 행정관리공간으로 전환되면서 주민자치는 공백이 생기게 된 것이다.

주민자치의 공백은 곧 행정과 주민이 멀어지게 되고 주민의 행정에 대한 참여나 통제기회가 줄어들며 풀뿌리 민주주의가 실종되는 문제점이 생기게 된다. 즉, 군자치로 전환되면서 '행정관리의 효율성'은 높아질지 모르지만 '자치관리의 민주성'은 희생된 셈이다.

또 군자치로 인하여 주민들의 공동체 의식이 희박해져 주민자치에 대한 경험을 할 수 없게 되었고, 자연발생적인 생활공동체로서 공간을 더욱더 상실하게 되는 결과를 초래한 셈이다.

그리고 군자치는 도시적 특성을 가진 읍지역과 농촌적 특성을 가진 면지역이 통합되게 되어 지역 특성을 살린 주민자치가 어려워지게 된 점 또한 지방자치정책의 실패 요인이라고 할 수 있다. 더구나 읍지역은 일정한 규모의 인구가 되면 도시로서 독자적인 자치관리를 해야 함에도 불구하고 군이라고 하는 우산 하에 속해 있어 시자치관리로 변화할 수 있는 기회를 박탈당하게 되는 문제점도 생기게 된 것이다.

다시 말해 군자치란 제도의 전환은 한국의 주민자치를 후퇴시키고 주민들의 자치역량과 자치경험을 함양할 수 있는 기회를 박탈한 셈이다.

여기서 이렇게 1988년 이전의 상황을 설명하는 이유는 1988년에 지방자치법상 남아 있었던 읍·면자치가 폐지되고, 임시조치였던 군자치가 1991년 이후에 계수되었기 때문이다.

결국 한국의 지방자치는 1989년의 지방자치법 개정안에 의하여 기초지방자치단체는 시·군·구로 하고 읍·면·동의 직선제는 폐지되었고, 시·군·구청장은 임명하는 것으로 1991년의 지방자치가 시작하게 된다.[5]

---

5) 1989년 이후의 논의에서는 자치3계층안(도−시·군−읍·면)이 제안되기도 했고, 자치2계층안[도−군, 도−읍·면, 도−시·군(읍·면장 직선)]이 제안되기도 했다. 주민자치의 관점에서는

요컨대, 시 · 군 · 구자치를 기초자치단체로 하게 됨으로써 주민자치는 공백기가 시작된 것으로 볼 수 있다.

2. 주민자치위원회 정책 전개기 (1999년 이후, 김대중 정부와 노무현 정부)

주민자치위원회는 1998년의 읍 · 면 · 동 폐지를 통한 행정개혁의 부산물이라고 할 수 있다. 즉, 공무원의 정원을 축소하는 행정개혁 과정에서 읍 · 면 · 동의 공무원 정원의 2/3를 축소하고 시 · 군 · 구로 전환하면서 남는 여유공간에 주민자치를 하자는 것이었고, 주민들의 여가와 취미 프로그램을 통하여 주민들이 공동체를 형성할 수 있도록 하는 정도의 인식을 가지고 주민자치위원회 제도가 입안된 것으로 평가할 수 있다.

즉, 중앙정부는 1988년부터 읍 · 면 · 동사무소의 기능 개편을 추진하여 주민자치센터를 설치하고자 했다. 그리하여 기능과 인력이 감축된 공간에 주민복지나 문화정보센터로서 기능을 하도록 구상한 것이다. 도시지역인 동에서는 1999년부터 시범실시를 하였고 농촌지역과 도 · 농복합시에는 2000년부터 시범실시를 하였다.

여기서 2000년 행정안전부에서 준비한 '주민자치센터 설치 및 운영조례준칙'에 의하면 주민자치센터의 기능으로서 여섯 가지를 제시하고 있다. 즉, 주민자치기능 문화여가기능, 지역복지기능, 주민편익기능, 시민교육기능, 지역사회진흥기능 등이 었지만 실제로 운영되는 것은 교양이나 여가, 취미 프로그램 운영에 그쳐서 과연 이것이 주민자치인가에 대한 의구심만 키우게 되었다.

조례준칙 제15조에서 읍 · 면 · 동사무소의 자치센터 운영에 관한 사항을 심의하거나 의결하기 위하여 읍 · 면 · 동사무소에 주민자치위원회를 둔다고 하여, 주민자치의 고유한 자치권을 인정하여주고 주민총회를 통하여 주민대표를 선출하는 식의 실질적 주민자치는 고려되고 있지 않음을 알 수 있다.[6]

자치3계층안이나, 자치2계층안 중에서 도－읍 · 면이나 읍 · 면장 직선은 보다 주민에게 가까운 민주주의를 경험하게 하는 대안으로 평가할 수 있다.

6) 조례준칙 제18조에 의하면, 주민자치위원회의 기능으로서 자치센터의 설치 및 운영에 관한 사항,

표 4-1 주민자치센터의 기능

기 능	내 용
1. 주민자치기능	지역문제 토론, 마을환경 가꾸기, 자율방재활동
2. 문화여가기능	지역문화행사, 전시회, 생활체육
3. 지역복지기능	건강증진, 마을문고, 청소년 공부방
4. 주민편익기능	회의장, 알뜰매장, 생활정보제공
5. 시민교육기능	평생교육, 교양강좌, 청소년 교실
6. 지역사회진흥기능	내 집 앞 청소하기, 불우이웃돕기, 청소년 지도

즉, 주민자치위원회는 주민자치센터의 운영위원회 정도의 권한을 가지고 있는 것이지, 읍·면·동의 자치사무를 심의하고 결정하는 주민자치기관이라고 하기 어렵다(이기우, 2018: 46).

여기서 주목할 것은 주민자치위원회는 지방자치법상의 용어가 아니라는 점이다.[7] 주민자치센터를 동사무소에 설치한다는 것이고 이 주민자치센터는 하나의 행정조직의 하부기관일 뿐이고 시설에 해당하는 것이다. 행정안전부는 주민자치센터 조례준칙을 입안하여 시·군·구에 제안하였던 것이다.

주민자치센터의 운영에 주민들이 참여할 수 있도록 주민으로 구성된 주민자치위원회를 두도록 지방자치단체의 조례에서 정한 것인데, 주민자치위원회의 성격은 읍·면·동장의 자문기관에 불과하고 주민의 대표성도 가지고 있지 못한 행정참여 모임에 불과하다고 할 것이다.

즉, 주민자치라고 하면 주민에 의하여 선출된 주민대표가 존재해야 하는데, 주민자치위원은 읍·면·동장이 위촉하도록 되어 있는 것이다.[8] 이것은 전형적인 관변조직이지 주민자치조직이 될 수가 없는 것이다. 주민자치위원에게 암묵적으로 기부와 행사참가가 강요되었고 시·군·구의원이 고문으로 참여하여 관변단체에 불과하다는 비판이 있었다.

주민의 문화복지 편익증진에 관한 사항, 주민의 자치 활동 강화에 관한 사항, 지역공동체 형성에 관한 사항, 기타 자치센터 운영에 필요한 사항을 심의의결한다고 하고 있다.

7) 법률상의 용어로 처음 나타난 것은 제주특별자치도 특별법 제22조라고 할 것이다. 여기서 법 제22조에 읍·면·동에 주민자치센터를 설치한다는 조문이 처음 등장한다.

8) 1999년 조례준칙에서 "주민자치위원은 읍·면·동장이 위촉한다"라고 규정하고 있고 대부분 읍·면·동장이 임의로 위촉하였다.

요컨대, 주민자치가 읍・면・동에 정책으로서 전개되었지만 공식적인 법률상의 위상을 가진 주민자치는 아니었다는 것이고, 단지 주민자치센터라고 하는 영조물에서 운영하는 프로그램을 주민자치라고 착각한 것이 아닌가 한다. 이름은 있었지만 실질적인 주민자치는 설계되지 않았다고 할 것이다.

3. 주민자치회 정책 전개기(2010년 이후, 이명박 정부와 박근혜 정부)

주민자치회를 설치하는 정책은 특별법에 근거를 두고 있다. 주민자치위원회가 주민자치를 제대로 하지도 못하고 주민자치로서의 기본적인 설계도 되어 있지 않은 형식뿐인 관치행정에 불과하다는 비판을 받았다.

주민자치회를 설치하여 제대로된 주민자치를 해야 한다는 제안은 의외의 곳에서 제기되었다. 즉, 시・군통합을 통한 지방행정체제개편에 대한 법률을 입안하면서 시・군통합으로 행정의 효율성을 달성할 수 있지만 그 결과로 주민들의 자치는 더 어려워질 것이기에 시・군통합된 지역에 주민자치회를 읍・면・동에 두어서 '준자치'를 할 수 있도록 하자는 제안이 있었다. 그래서 지방행정체제개편위원회에서는 2010년 주민자치회를 어떻게 할지에 대한 모델을 연구하였고 협력형, 통합형, 주민조직형이라고 하는 세 가지의 모델을 제시하였다.

그리고 지방행정체제개편에 관한 특별법에서 행정안전부로 하여금 세 가지의 주민자치회를 시범실시하도록 하였는데, 행정안전부는 법제처에 문의한 결과를 토대로 한국의 법 현실에서는 통합형과 주민조직형은 실시할 수 없고 협력형만을 시범실시할 수 있다는 유권해석을 내렸다.

한편 박근혜 정부에서는 2013년 5월에 지방분권 및 지방행정체제개편에 관한 특별법을 제정하고 주민자치회의 시범실시에 대한 근거조항을 두었다.

특별법 제27조에 주민자치회를 둘 수 있다고 하면서 그 목적은 "풀뿌리자치의 활성화와 민주적 참여의식 고양"이라고 되어 있다. 제28조에서는 주민자치회의 기능으로서 지방자치단체의 사무의 일부를 위임 위탁할 수 있다고 하여 주민들의 자치조직이라고 하기보다는 행정사무를 협치하기 위한 준행정조직으로서의 인상을 보여준다.

이런 상태에서 주민자치회는 주민자치회 구역 내의 주민화합 및 발전에 관한 사항, 지방자치단체가 위임 또는 위탁하는 사무의 처리에 관한 사항 등의 업무를 처리하는 것으로 하고 있다. 주민자치의 본질에 접근하지 못한 것이라고 평가할 수 있다.

그러면서 제29조에서 주민자치회의 위원은 조례로 정하는 바에 따라서 지방자치단체의 장이 위촉한다고 함으로써 주민자치의 기본을 벗어나고 있다. 주민자치는 주민들에 의하여 그 위원들이 선출되어야 하는 것이다.

그리고 제29조 제4항에서 시범적으로 설치・운영할 수 있고, 행・재정적 지원을 할 수 있다고 규정하고 있다. 이를 토대로 2013년과 2015년에 신청을 받아 수십여 곳에 시범실시를 하였고, 동별로 1억 원에서 수억 원의 예산지원을 하였다.

그러나 여전히 협력형은 기존의 동사무소라는 행정관리조직을 그대로 둔 상태에서 주민자치회에 자치기능을 부여한다는 것이었지만 대표성도 없고 자치재원도 없는 그야말로 동사무소의 위탁 혹은 위임사무를 처리하거나 법령이 위임하거나 위탁한 사항을 처리하는 주민참여조직에 불과하였다. 그래서 실질적인 주민자치를 하려면 법제도상의 근거를 가진 제도로 설계되어야 하고, 행정의 통제관리가 미치지 않는 계층에 새롭게 주민자치 계층과 구역(예: 통・리 구역)을 설정하여야 한다는 제안이 나타나기도 했다.

2013년의 주민자치회도 역시 대표성을 구비하지 못한 것은 정책의 실패 요인이라고 지적해야 할 것이다. 즉, 선정위원회에서 주민자치위원을 선발하는데 선정위원회는 단체장과 공무원의 영향력이 미치는 공간이다. 결과적으로 주민자치회는 기존의 주민자치위원회와 사실상 차별성이 없고 주민자치센터의 프로그램 심의위원회였던 주민자치위원회의 인적 자원을 승계하는 수준에 그쳤다.

요컨대, 이 시기의 주민자치정책도 주민자치를 자치권을 지방권설에 의하여 주민이 가진 기본권으로 보는 인식과 철학은 없고 여전히 읍・면・동사무소에 부속된 준행정관리기관으로서의 인식을 가지고 주민자치정책을 전개하고 있는 것으로 평가된다. 실패할 수밖에 없는 정책이다.

4. 주민자치회 정책 수정기(2018년 이후, 문재인 정부)

문재인 정부에서는 2018년 7월에 주민자치회 시범실시 및 설치 · 운영에 관한 조례준칙을 개정했다. 이 조례에서도 특별법인 '지방분권 및 지방행정체제개편에 관한 특별법' 제27조에 따라서 풀뿌리자치의 활성화와 민주적 참여의식 고양이라고 하는 정책목표를 인용하고 있다. 그러면서 그 정책수단으로서 '읍 · 면 · 동에 두는 주민자치회의 설치와 운영'에 관한 사항을 정책수단으로 하고, 이에 대한 인과관계가 검증되지 않았기에 '시범실시'한다는 것을 명확히 밝히고 있다.[9)]

주민자치회의 시범실시의 수정을 담당한 조직은 국가조직인 행정안전부이고 자치제도과 국가공무원들이 표준조례개정(안)을 입안하였다.

그러면 이들 정책참여자들은 주민자치란 정책문제에 대해 어떤 인식과 철학을 가지고 있는가? 먼저 표준조례를 보면 주민자치회에 '주민'을 빼버리고 읍 · 면 · 동에 두는 주민자치회라고 규정하고 있어서 주민자치의 3요소에 해당하는 주민이 빠져있는 것이다. 이러한 인식은 주민자치란 것이 해당 행정구역의 주민으로 구성된다는 가장 기본적인 사실에 기반하지 않고 국가행정의 관점에서 관리대상으로 주민자치를 인식하였던 것이 아닌가 한다. 분명히 특별법에서도 '풀뿌리자치의 활성화와 민주적 참여의식 고양'이 정책목적이라고 했는데, 주민의 민주성과 참여성을 제고하는 데 기초적인 토대인 '주민주권'의 가치와 철학이 보이지 않는 것이다. 여전히 국가주권의 패러다임을 가지고 현재의 이 정책을 입안하고 있는 것은 아닌가 하는 의구심이 드는 것이다.

당연히 주민이 주민주권을 가지고 주민자치를 한다면 주민총회를 구성하여 최고의결기구로 하고 주민총회에서 주민자치의 규약(혹은 조례나 법률)을 만들 수 있어야 한다. 그리고 주민총회가 주민자치의 임원(이사)을 선출하고 이들이 일정 기간 집행위원회를 구성하여 자치관리의 책임을 지도록 해야 하는 것이다.

그런데 주민자치회에 주민과 주민총회의 의사결정 권한을 부여하지 않으면 어

---

9) 제1조(목적) 이 조례는 지방분권 및 지방행정체제개편에 관한 특별법 제27조에 따라 풀뿌리자치의 활성화와 민주적 참여의식 고양을 위해 읍 · 면 · 동(또는 동, 읍 · 면)에 두는 주민자치회의 설치 및 운영에 관한 사항과 같은 법 제29조에 따른 읍 · 면 · 동 주민자치회의 시범실시에 관한 사항을 규정함을 목적으로 한다.

떤 현상이 발생할 것인가? 바로 현재에 읍·면·동의 동장이나 시·군·구의원, 정당관련자, 관변단체장 등이 의사결정권을 가지고 주민자치의 의사결정 과정에 참여하게 되는 셈이고 이것은 기존의 지역유지회와 다를 바가 없는 것이다(전상직, 2018: 10).[10)]

물론 제2조에 들어가 보면 주민의 대표로 구성된다는 표현이 있고 주민자치회의 위원은 주민을 대표하는 구성원이라는 표현이 있으며 주민총회란 자치 활동을 논의하고 결정하는 주민공론장을 의미한다는 규정이 있다.

그러나 주민의 대표는 주민총회에서 선거로 선출되어져야 대표성을 가지는 것인데 이러한 권한이 주민총회에 없는 것이다. 즉, 제14조의2의 주민총회의 권한을 보면 주민자치회의 대표선출권이 없는 것이다. 그러면 주민자치의 대표를 어떻게 뽑는 것이고 도대체 어떻게 대표성을 확보하는지가 궁금해진다.

구체적으로 살펴보면 2018년의 표준조례개정에서는 주민자치위원을 추첨으로 선출하도록 하였다. 즉, 주민자치회 시범실시에서 선출권을 가진 선정위원회를 폐지하고 주민자치학교를 이수한 자 중에서 추첨하도록 했다. 그러나 여기서도 여전히 "읍·면·동 소재의 학교, 기관, 단체, 기타 읍·면·동장이 인정하는 주민공동조직, 이·통장연합회 등의 추천을 받아 주민자치교육 과정을 이수한 자"도 주민자치회 위원 공개추첨에 포함하게 함으로써 여전히 읍·면·동장이 주민자치회에 개입할 여지를 두고 있다.

한편 주민들이 주민자치회의 임원을 선발할 권리가 없다는 점도 문제이다. 자치라고 하면 입법권, 재정권, 인사조직권을 가지고 있는 것이 기본인데, 주민들이 주민자치회를 스스로 조직하고 인사권을 가지고 있지 못하다는 점이다.

주민자치회의 직무가 구역 내의 주민화합과 발전, 지방자치단체의 위임 및 위탁 사무 등이라고 할 때 과연 6시간의 주민자치교육만으로 주민자치의 직무를 수행할 수 있는 역량이 구비되는 것인가라는 의문이 든다. 오랜 기간 방치된 한국의 지역사회에서 단 6시간의 교육을 이수하고 추첨된 자가 지역사회의 지도자로서의 자치를 기획하고 추진할 수 있는 역량을 구비하였다고 할 수 있는가에 대한 비판도 있

10) 현재의 행정안전부장관도 주민자치회가 지역유지회가 되어선 곤란하다는 입장을 표명한 적이 있다.

다(전상직, 2018: 20).

또 하나의 비판으로서 표준조례 제11조에는 '주민자치회의 장'이란 조항에 회장 1명과 부회장 2명을 두라는 규정과 위원 중에서 호선한다는 규정이 있는데, 이것을 굳이 행정안전부의 표준조례로서 일일이 규정해야 할 사항인가라는 점이다. 즉 "주민자치회는 민주적인 절차로 주민총회에서 선출해야 한다"는 식으로 자치 영역으로 두고 민주적인 절차로서 풀뿌리 민주주의가 작동하도록 규제하는 정도에 그쳐서 '여유공간'으로 두어야 한다는 것이다.

또 하나의 비판은 마을자치계획안에 대한 제14조3의 규정이 과연 자치계획권을 부여한 것인가라는 점이다. 즉, 자치권을 분권하지도 않은 상태에서 자치계획을 수립하게 하고 이것을 시·군·구청장에게 제출하게 하고 이에 대한 행·재정적 지원과 협력을 규정한 후 자치계획안에 대한 이행결과와 검토결과를 30일 이내에 통보하도록 규정한 것이다.

일견 주민자치에 의한 자치계획안에 대해서 시·군·구청장이 지원하고 대응성을 가지고 검토결과를 통보하고 공개하는 의무를 규정한 것이지만 한편으로는 마을자치계획은 시·군·구의 지방계획에 대한 하부계획제출권에 불과한 것이 아닌가 하는 의구심이다(전상직, 2018: 24).

진정한 주민자치는 마을자치계획을 수립하도록 권한을 부여해주고 간여하지 않는 것이어야 하는 것일 수 있다. 물론 마을자치계획을 넘는 수준의 지역문제에 대해서는 연대성에 의한 협의체나 연합체를 형성하여 해결할 수 있는 방식을 모색하도록 '여유공간'을 두는 것이 자치적인 가치와 철학이지 않은가?

요컨대, 주민자치회의 대표를 주민총회에서 선출하지 않고 공개모집신청하고 주민자치교육 과정을 이수한 사람이나 읍·면·동장이나 이·통장 등의 추천을 받아서 교육 과정을 이수한 사람으로 주민자치위원이 되게 한 것은 '주민자치제도의 기본적인 가치나 철학'을 부정하는 것이다.

행정에 참여하는 자격을 정하는 것이나 행정의 초대된 공간에 참여할 사람을 선정하는 방식으로는 적절할지 모르지만 주민자치제도의 정신과 철학에는 근본적으로 위배되는 사항이다. 이 점에서 현재의 표준조례 개정안은 법의 목적에도 부합하지 않는 정책수단이고 정책문제에 대한 인식과 철학도 여전히 '관치적 패러다임'에 머물러 있는 것이다.

제 4 절 문재인 정부의 자치분권개헌과 주민자치정책의 혁신방안

1. 헌법 개정안에 나타난 풀뿌리 민주주의를 위한 주민자치정책

현행의 헌법 질서와 지방자치법의 구조 하에서 경험한 지난 28년 간의 지방자치는 한마디로 역주행의 지방자치라고 해야 할 것이다. 즉, 거꾸로 가는 지방자치였던 셈이다. 왜냐하면 지방자치를 부활(재도입)할 때의 지방자치단체의 재정자립도가 62%였던 것이 현재는 51% 정도로 오히려 낮아지고 있는 것이다. 그리고 기초지방자치단체인 군의 경우에는 재정자립도가 20%에도 이르지 못하는 곳이 과반수이상에 이를 정도로 자치가 마비되었다고 할 것이다.

이에 대한 근본적인 원인을 찾아가보면 한국에 도입된 지방자치는 단체자치에 불과하고 주민자치제도가 진정성을 가지고 도입되지 않은 것에 있다. 즉, 제대로 지방자치의 양 측면이라고 할 단체자치성와 주민자치성을 균형 있게 설계하였어야 하고, 주민자치성을 가지고 상향적(bottom－up)으로 '민주성과 연대성을 바탕으로 자치시스템이 구축'되어야 하는데, 한국의 경우에는 국가로부터 하향적(top－down)으로 효율적 관리를 최고 가치로 하여 지방행정체계를 설계한 것이다.

물론 이런 헌법 질서 속에서 지방자치를 발전시키고 지방자치단체에 사무이양을 통하여 자치권을 확대해주려는 노력은 지속되어 왔었다. 즉, 김대중 정부 이후부터 사무이양위원회 등을 만들어 국가사무를 지방자치사무로 이양해 왔지만 4만~5만 건의 국가사무 중에서 3천여 건에 그치고 있고, 사무만의 이양으로서는 지방자치권이 제대로 강화된다고 보기도 어렵다는 한계를 체감하고 있는 것이다.

한국의 지방자치가 제대로 운영되기 위해서는 사무의 일괄이양이 필요하고 재정분권에 기초한 국가와 지방의 역할분담과 책임분담이 이루어져야 하며, 중앙정부와 지방정부의 관계가 대등한 관계가 되어야 할 것이다.

이러한 문제의식을 가지고 있는 상태에서 헌법개정을 통하여 자치분권국가로서 헌법 질서를 바로 세우고 국민주권에 입각한 주민자치권을 헌법적 권리로서 조문화하는 것은 매우 혁신적인 사회개조방안이라고 본다.

헌법 제1조에 지방분권국가 선언을 하는 조항을 두었다. 즉, 이것은 역대 대통령의 임기 후반에 측근부패가 빈발하는 것은 제왕적 대통령제에 근거하는 것이기에 대통령의 권한을 지방자치권으로 분산시켜 주기 위함이다. 그리고 현재와 같은 중앙집권적인 국가기능은 과부하상태로서 국가기능을 제대로 수행하지도 못하고 지나치게 문어발이 되어 예산낭비와 정책실패가 빈발하여 국가경쟁력이 하락하고 국민행복도가 OECD 최하위 수준으로 떨어지고 있기 때문이다.

또 이러한 지방분권국가로의 전환이 필요한 이유는 지방자치단체가 중앙정부의 하청기관화되어 갑을관계로 할거적 구조화가 이루어져서 지방자치단체의 중앙정치와 행정부처에 대한 의존도가 더 심화되어 지방정치도 실종되고, 지방행정도 중앙정부의 감사와 평가에 끌려 다니고 있기 때문이다.

따라서 국가와 지방의 명확한 분권과 지방정부 내에서도 제대로 된 지방자치를 할 수 있도록 헌법 질서를 자치분권적으로 설계해야 한다.

이를 위해 이번 헌법 개정안에는 지방분권국가 규정과 주민자치권을 기본권으로 규정하고 있다. 먼저 국회특위안에서는 헌법 제1조 제3항에 "대한민국은 지방분권국가이다"라고 하는 규정이 있다. 그리고 대통령 제안의 헌법 개정안에서는 역시 제1조 제3항에 "대한민국은 지방분권국가를 지향한다"고 하고 있어 단정적으로 규정짓는 것과 방향으로 지향한다는 것의 어감상의 차이와 의지상의 차이가 있지만 기본적으로 지방분권국가로서 헌법 질서를 재편하겠다는 뜻을 표명하고 있다.

그리고 주민자치와 관련해서도 국회개헌안에서는 제117조 제1항에 주민은 그 지방 사무에 대해서 자치권을 가진다고 명시하고 주민이 자치권을 직접행사하거나 지방정부의 기관을 통해서 행사할 수 있다고 하여 최초로 총회형의 주민자치의 가능성을 열어두고 있다. 이것은 주민자치정책에 있어서의 일대 대전환이라고 할 수 있고 민주주의의 성숙을 위해서도 혁신적인 조문이다. 왜냐하면 풀뿌리의 직접 민주정을 경험하고 체험할 수 있는 주민총회형의 주민자치야 말로 한국의 지방자치가 지방권설에 입각하여 정상화되는 것에 무엇보다도 필요한 제도이기 때문이다.

또 제117조 제3항에 보충성의 원칙을 헌법적 조항으로 명시함으로서 자치시스템이 상향적(bottom−up)으로 구조화할 수 있는 헌법적 근거를 가지게 된 것이다.

한편 대통령제안안에서는 제121조의1에서 "지방정부의 자치권은 주민으로부터 나온다. 주민은 지방정부를 조직하고 운영하는 데 참여할 권리를 가진다"라고 함으로써 지방정부의 자치권의 연원이 주민에서 나온다는 주민주권의 지방자치를 명시하고 있다. 매우 혁신적인 헌법조문이라고 할 것이다.

요컨대, 헌법적 차원에서 한국의 주민자치의 왜곡된 현상을 정상화시킬 수 있는 조문들이 신설되었다는 측면에서 한국의 주민자치정책이 정상화될 수 있는 기회를 포착하게 된 것이라고 할 수 있다. 이 점에서 헌법개정은 빠른 기한 내에 이루어지도록 학계는 선도적으로 주장할 필요가 있다.

2. 근린구역계층에 총회형 참여제도 도입을 통한 사회혁신적 주민자치정책

마을은 공동체의 삶이 이루어지는 공간이다. 마을공동체 안에서 삶의 문제를 해결하고 책임지는 마을정부를 조직하고 운영하는 경험과 체험이 주민주권에 입각한 마을민주주의이다. 이것이 풀뿌리 민주주의이고 마을주민의 생활을 책임지고 경영하는 생활정치이고 마을정치이다.

토크빌(Alexis de Tocqueville)이 말하는 타운미팅은 마을정치를 말하는 것이고, 이것이 미국의 새로운 민주주의의 가능성을 보여주어서 세계를 이끌 강국이 될 것이라고 예견하였던 것이다.

한국의 경우에도 지방자치라고 하면서 그 선거참여의 단위를 시・군이라고 하는 초광역의 마을공간으로 설정하다 보니 시민들의 무관심과 대상화된 참여로 인하여 자치에 대한 주인의식을 가지기가 어려운 구조로 되어 있다. 즉, 시・군・구 단위의 대의민주주의만으로서는 마을민주주의를 체험할 수도 없고 주민이 자기결정성과 자기책임성에 입각하여 지역사회의 문제를 해결할 수도 없는 것이다.

한국과 같이 기초지방자치단체의 규모가 지나치게 큰 경우에는 지역주민들이 공적 문제에 관심을 유도하는 것이 용이하지 않다. 그렇다고 지나치게 기초지방자치단체의 규모를 작게 설정하면 지역이기주의에 빠져서 공적가치를 학습하지 못할 위험성이 있다(장수찬, 2018). 이 점에서 한국의 주민자치정책을 설계하는 데 가장 중요한 요소 중의 하나가 주민자치의 적정규모를 합리적으로 설정하는 것이다.

이 점에서 한국의 주민자치의 적정규모로서는 시민역량을 함양할 수 있는 통·리/아파트단지 규모의 공동체자치를 경험하면서 제도역량을 함양할 수 있는 읍·면·동 규모의 자치관리제도를 제안하고자 한다.

다시 말해 통·리/아파트단지별로 주민총회에 입각한 근린구역계층에 지역문제를 스스로 풀 수 있는 권한을 부여하고 필요한 공공서비스를 조달할 수 있는 계약의 주체로서의 법인격을 부여하여 주는 것이다. 그리고 구성원들의 세대별 관리비를 받아서 자치적으로 집행하고 예산을 세우는 그야말로 풀뿌리 민주주의를 경험하게 하는 것이다. 이것이 진정한 사회혁신이라고 할 것이다.

한편 제도역량을 키우기 위하여 공동체자치의 연대감을 가지고 광역마을의 문제를 해결할 수 있도록 하고, 또 한 측면으로서는 국가와 지방자치단체의 행정의 참여하고 소통하면서 협치할 수 있는 그릇으로서의 사회협치센터(커뮤니티 센터)를 만들고 이곳의 운영에 공동체자치의 협의체가 운영할 수 있도록 제도설계(institutional design)를 법률적 근거를 가지고 만들어주는 것이다.

사회협치센터(커뮤니티 센터)는 한국 사회에서 공적책임을 우선할 수 있는 공적 공간을 만들어줌으로써 공적공간에서 사적이익을 우선하는 부패관행을 근절하는 민주주의 훈련이 이루어지도록 해야 할 것이다.

현재의 기초지방자치단체의 규모가 너무 크기 때문에 지역주민들은 정부에 대한 접근성이나 공공정책결정 과정에 참여가 용이하지 않아서 주민들의 생활문제에 대한 정책이슈에 주도성을 가지고 참여하는 것이 어려운 것이 사실이다(장수찬, 2018: 10). 이 점에서 농촌의 경우에는 사회협치센터의 공간인 읍·면을 지방자치단체로 전환하고 군을 도의 행정구로 하여 자치를 폐지하는 것도 하나의 방법이다.

단, 도시의 경우에는 동을 사회협치센터로서 두면서 인구 50만 명 이상의 대도시의 경우에는 자치구의회를 두어서 다양한 시민들의 시정에 대한 의견을 수렴하는 역할을 하도록 하고, 집행은 시정부 차원에서 책임 있게 조정하고 기획하는 것이 바람직할 수도 있다.

요컨대, 사회혁신에 입각한 주민자치정책을 입안하는 것이 필요하고 이를 위해서는 제도역량과 시민사회역량(자치역량)을 함양하는 목표를 가지고 정책을 입안해야 할 것이다.

3. 서울시의 혁신동, 서울형 주민자치 모델에 나타난 협치적 주민자치정책

도시의 경우는 주민자치정책이 용이하지 않다. 도시란 공간이 원자화된 개인이 이웃과의 소통 없이 직주가 분리된 상태에서 생활을 하고 있기 때문이다. 즉, 농촌에서는 마을공동체를 통하여 서로 이웃 간에 협력하면서 생산활동을 하는 직주가 일체가 된 공간이지만 도시란 공간은 직장과 거주생활의 영역이 분리되어 굳이 거주공간에서 이웃과 소통하려 하지 않는 경향이 있기 때문이다.

그래서 서울시와 같이 시민사회를 건강하게 세우려는 시민활동가 출신의 단체장이 시정의 책임을 맡고서 서울시와 같은 대도시에 마을공동체 만들기 사업을 하려는 아주 혁신적인 시도를 한 셈이다. 3명이 모여서 모임을 만들고 5명이 모여서 부모커뮤니티를 만들어서 시민사회의 사회적 자본(social capital)을 위한 씨앗뿌리기 전략을 추진하였던 것이다. 그것이 마을공동체지원센터를 만들어서 마을공동체를 만드는 사업과 모임을 지원하였던 것이다.

한편 서울시로서도 딜레마를 안고 있었던 것이 공동체사업을 할 때 기존에 존재하던 관변단체들을 어떻게 할 것인가라는 문제였다. 마을공동체사업을 처음 시작할 때는 각자도생(各自圖生)하는 방식이었다면 민선6기에는 주민자치위원회나 관변단체들과 협력하거나 읍·면·동의 주민참여공간에 직접 함께하는 방향으로 전환한 것으로 볼 수 있다.

그래서 나온 것이 혁신동사업이라고 할 수 있다. 혁신동사업은 행정측에 해당하는 동사무소의 조직개편을 통하여 마을복지와 공동체사업을 담당하는 사무와 직원을 할당하여 동기능을 혁신적으로 바꾸어서 복지사각지대의 문제를 해소하는 정책을 제시한 것이다. 그리하여 도시자치의 씨앗으로 뿌렸던 마을공동체들과 동사무소의 인력과 조직이 협력하여 지역의 복지문제를 해결하려는 혁신적인 시도를 한 것이다. 즉, 복지전달체계에서 늘 문제가 되었던 것은 이론적으로는 복지공동체가 근린복지의 문제를 해결해 주어야 하는 데 정작 한국의 현실에서는 복지공동체 자체가 그다지 존재하지 않는다는 한계상황에 직면해 있었던 것이다.

이 한계상황을 돌파하기 위하여 복지국가의 모델을 강화하여 행정이 복지공동체를 만드는 사업과 인력을 직접 제공하는 것을 제시한 셈이다. 이를 시민사회의 관점에서는 '관치적 복지전달체계'의 강화이지 않는가라는 비판이 가능하다.

또 서울시는 한 단계 더 나아가서 서울형 주민자치 모델을 제시하여 주민자치회를 혁신하고자 하는 정책을 제시하였다. 즉, 서울형 주민자치회를 보면 혁신적인 내용들이 다소 포함되어 있다. 즉, 주민자치회는 주민총회를 개최하고[11] 주민자치회는 마을자치계획안을 수립하는 권한을 부여하고 있다.[12] 여기서 주목할 점은 주민참여예산제도와 주민자치회를 연계하여 종합적으로 전권한성을 가질 수 있는 위상을 확보해주고 있는 점이다.

주민총회는 자치계획안을 결정하고 이 결정된 것은 14일 이내에 시장(또는 구청장)에게 제출하도록 되어 있다. 그리고 시장은 주민의 공론인 자치계획안을 원활히 실행될 수 있도록 행·재정적 지원과 협력을 해야 하고 이행계획에 대한 검토결과를 30일 이내에 주민자치회에 통보하도록 되어 있다.

그리고 주민자치회는 시장이 통보한 결과를 참고하여 마을자치계획을 확정 의결하고 이를 공개하도록 하고 있다.

요컨대, 주민자치정책은 주민자치공동체나 근린구역자치관리만으로 그쳐서는 안 된다. 주민자치 영역과 행정관리 영역은 상호 협치할 수 있는 접점이 있어야 한다. 그 접점을 서울시의 사례와 같이 직접 서울시(자치구)와 주민자치회가 접점을 가질 것인가, 아니면 주민자치회의 협의체 혹은 연합체가 서울시와 접점을 가지면서 상호 소통과 협력을 하도록 할 것인가는 주민자치정책의 계층구조 설계에서 다시 한 번 검토가 필요하다.

---

11) 주민총회는 주민인구의 0.5% 이상 참석하여 연 1회 개최하도록 되어 있다.

12) 자치계획안에는 주민자치회 운영계획, 마을발전 및 활성화계획, 읍·면·동 행정사무 수탁 및 추진계획, 주민자치센터 운영계획, 분과별 사업계획, 읍·면·동에 배정된 주민참여예산에 대한 편성안, 그 밖의 주민자치 및 마을공동체 활성화를 위한 계획 등을 주민의 의견과 요구를 수렴하여 만들도록 되어 있다.

일본의 경우에는 도시정부는 직접 정내회나 자치회와 접촉하지 않는다. 정내회나 자치회의 협의체 혹은 연합체와 접점을 가지면서 협치할 수 있는 이슈들을 논의하는 것이다. 이것은 주민자치 영역에 대한 행정의 불개입이란 절제를 지키고 있는 것으로 이해된다.

한국의 주민자치정책의 재설계에서 주민자치의 협의체 혹은 연합체를 조직하게 하고 이들과 지방정부가 거버넌스를 형성하여 협치하고 행정의 역할과 자치의 역할을 구분하고 분담하여 지나친 국가행정개입주의를 탈피하여 보다 지방민주주의가 꽃피울 수 있는 단초를 마련하길 기대해 본다.

제 5 절 결 론

주민자치정책은 대표적인 정책실패의 사례이다. 정책목표가 풀뿌리자치의 활성화와 민주적 참여의식의 고양이지만 이것이 가능할 수 있는 정책대상 구역이 제대로 설계되어야 하나 읍・면・동에 주민자치위원회를 두거나 주민자치회를 두는 것으로 '풀뿌리자치'가 활성화될 수 없었던 것이다.

정책수단의 측면에서도 풀뿌리자치의 활성화와 민주적 참여의식의 고양을 위해서는 먼저 풀뿌리에 해당하는 마을공동체를 활성화시키고, 마을공동체의 운영방식이 민주적이 되도록 제도설계를 해주어야 하나, 지금까지의 주민자치정책은 마을공동체는 논외였던 것이고 운영방식도 여전히 관료적 통제 하에 두는 방식에 머물렀던 것이다.

정작 마을공동체에 해당하는 통리나 반의 경우에는 준행정공무원이라고 하는 통・리장이나 반장을 두고 행정관리를 위한 위탁사무를 부여하는 것이었지 주민자치를 위한 사무를 자치적으로 처리하기 위한 주민자치 권한을 부여하는 것은 아니었다. 다시 말해 주민자치권을 지방자치단체의 권한에서 분권(decentralization)하여 시민사회의 자율적 권한을 보장해주는 법률적 제도적 보장이 없었다는 것이다. 즉, 제도적 보장이 없는 주민자치는 한국과 같은 국권설의 헌법해석을 하는 나라에서 불가능한 것이다.

주민자치 공백기는 물론이고 주민자치위원회 정책 전개 시기나 주민자치회 정책 전개 시기에도 정책목표에 부합하는 정책수단이나 정책도구를 준비하지 못했다. 주민자치정책의 목적에 부합하는 정책수단이나 도구를 준비하기 위해서는 먼저 행정개혁을 통하여 국권설에 입각한 정책담당자의 행정철학을 바꾸어서 지방권설에 입각한 마인드를 가지도록 해주어야 한다. 즉, 정책입안자의 인식과 사고방식이 바뀌지 않으면 주민자치정책을 제자리에서 돌고 있지 않을까 한다.

눈을 높이 들어서 주권자의 정치참여와 일상적 민주주의가 활성화되어 사회적 통합이 잘 이루어진 북유럽이나 서구 유럽의 선례들을 분석해 볼 필요가 있다. 즉, 사회민주주의(social democracy)의 국가들인 스웨덴, 핀란드, 노르웨이, 덴마크 등은 높은 사회적 참여와 일상적 주민참여를 하고 있고 강한 시민적 권리의식과 사회적 협력과 연대에 기반한 특징을 가지고 있다고 한다. 이들 국가에서는 낮은 경제적 불평등과 높은 정부신뢰, 낮은 범죄율, 높은 세금순응, 높은 수준의 건강과 복지를 유지한다고 한다. 또 독일이나 프랑스, 오스트리아 등의 시장사회주의(social market)의 국가들에서도 중앙정치에 시민들이 정치참여가 강하고 강한 국가이지만 시민적 덕성과 강한 사회적 연대를 가지고 있어서 사회적 불평등이나 범죄율이 낮다고 한다(장수찬, 2018: 13).

반면 영국이나 미국, 아일랜드와 같은 자유주의 국가(liberal states)에서는 자원봉사나 기부를 강조하고 사적공간에서의 결사체를 활성화하지만 개인주의와 경쟁이 강조되어 높은 부의 불평등, 높은 범죄율, 낮은 세금순응도, 낮은 수준의 건강복지라는 사회적 결과를 초래하고 있다. 또 스페인이나 이탈리아, 그리스 등과 같은 지중해 연안국가들은 낮은 정부신뢰, 낮은 사회적 참여, 정당의 과두정치화, 정치의 대중추수주의(大衆追隨主義)로 인해, 높은 부의 불평등과 높은 범죄율은 물론 사회적 갈등이 증폭되고 낮은 대인신뢰와 낮은 세금순응을 보인다고 한다.

한국이 어떤 국가의 유형으로 갈 것인가라는 선택은 주민자치정책의 설계를 어떻게 할 것인가과 관련이 있는 것으로 판단된다. 지금까지 관치적 주민자치정책에 갇혀있었다면 주민주권에 입각한 헌법개헌을 통하여 풀뿌리주민자치공간에 지방민주주의가 생활화될 수 있도록 정책설계를 해야 할 것이다.

참고문헌

김병국(2018). 일본 오타루시의 계층별 정내회 활동상황. 『대한민국주민자치대상 일본홋가이도해외연수 자료집』. (사)한국자치학회.

김영배(2018). 『마을민주주의시대 마을공화국』. 백산출판사.

김찬동(2015). 『주민자치의 이해』. 충남대학교출판문화원.

______(2017). 『주민자치제도의 재설계』. 궁미디어.

이기우(2018). 주민자치회 법제화의 여부와 방법. 『주민자치활성화를 위한 법제도개선방안토론회 자료집』. 대통령소속자치분권위원회.

이형용 · 김찬동 · 박홍순 · 송창석 · 윤진호 · 미우라히로키 외(2018). 거버넌스형 지방정부조직과 운영모색. 『거버넌스국가신서2』. 도서출판 휴머니즘.

장수찬(2018). 주민자치회 입법의 필요성과 일상의 민주주의 효과. 『주민자치활성화를 위한 법제도개선방안토론회 자료집』. 대통령소속자치분권위원회.

전상직(2018) 주민자치회 시범실시 표준조례분석. 『월간주민자치』, Vol.82. (사)한국자치학회.

조석주 · 안영훈(2014). 『읍 · 면자치도입방안』. 한국지방행정연구원.

최창호(1983). 『한국지방행정의 재인식』. 삼영사.

최창호 · 강형기(2014). 『지방자치학』. 삼영사.

국회특별위원회 헌법 개정안(2017).

문재인대통령제안 헌법 개정안(2018).

제5장 주민자치 법제도화 방향

김필두(한국지방행정연구원)

제 1 절 한국 주민자치 관련 입법

국어사전(교학사, 2006)에 의하면, "법이란 사회의 질서를 유지하기 위한 국가적인 규율"이라고 정의하고 있다. 일본의 법학자 도미이 마사아키라(富井政章)는 "법이란 인류가 공동생활을 유지하는 데 필수불가결한 도구이다"라고 법에 대한 정의를 내렸다(富井政章, 1911). 인터넷 백과사전인 위키백과사전에 의하면, "법은 인류공동생활에서 사회를 유지하고 통제하는 하나의 수단"이라고 정의하고 있다.

사회적 동물이라는 속성을 가진 인간은 지상에 출현한 이후, 약육강식의 대자연 속에서 생존하기 위하여 본능적으로 한곳에 모여서 집단을 이루며 살아왔다. 처음 가족 단위로 출발한 집단은 씨족사회로 발전하고 부족사회로 그 규모가 확대되어 갔다. 사람의 수가 늘어남에 따라서 개인 간, 씨족 간, 부족 간 등 다양하고 복잡한 대인관계와 사회관계가 형성되고 이들 관계 속에서 발생할 수 있는 여러 가지 갈등이나 분쟁을 사정에 방지하거나 사후에 해결하여 안전하고 평화롭게 생활할 수 있도록 할 수 있는 사회 질서를 바로잡을 수 있는 사회적 규범이 필요하게 되었다. 이러한 사회 질서를 유지하기 위한 사회적 규범에는 종교, 도덕, 법 등이 있다. 인구 수가 적고 사회가 비교적 복잡하지 않았던 시대에는 종교나 도덕만 가지고도 충분히 사회 질서를 유지할 수 있었지만 개인과 개인, 집단과 집단 간의 이해관계가 복잡해 지면서 종교나 도덕과 같이 인간의 양심에 주로 호소하는 규범만 가지고는 사회구성원의 안전과 평화를 보장하기가 어렵게 되었다. 이에 일정한 질서를 지킬 것을 명령하고 그것에 따르지 않을 경우에는 가슴에 손을 대고 뉘우치게 하는 데 그치지 않고 한 걸음 더 나아가 합의된 권력기관이 사회적인 일탈행위를 하는 개인이나 집단에 대하여 강제적이고 물리적으로 제재를 가할 수 있는 규범이 필요하게 되었으니 이러한 강제 규범으로 탄생한 것이 법이다.

법은 사람의 행동을 사회가 기대하는 일정한 모습에 합치하도록 강제적으로 통제하는 수단으로서의 역할을 담당한다. 이러한 법은 국가권력을 배경으로 하여 만들어지기 때문에 정치와의 관계가 깊으며 정치권력은 법에서 그 합법성이나 정당성의 근거를 찾게 된다. 그래서 현대 국가를 법에 의해서 지배를 받는다는 의미의 법치국가라고 칭하기도 한다. 민주주의를 표방하고 있는 국가에서 정부의 정당성은 얼마나 많은 국민의 지지를 받느냐에 달려 있다. 국민의 지지는 대개 선거를 통하여 표현되는데 국민 다수의 지지를 잃게 된 정당은 국민 다수의 지지를 얻게 된 다른 정당에 정권을 넘겨주어야 한다. 따라서 법을 근거로 하여 국가를 통치하는 정부는 국민의 지지를 확보하고 정권의 정당성을 확보하기 위하여 시대와 환경의 변화에 따라서 국민의 자유, 복지, 행복 등을 보장하고 국민이 원하는 방향으로 기존의 법을 개정하거나 새로운 법을 제정하여야 한다.

법은 사회 정의를 구현하는 수단이다. 정의는 법을 통하여 우선적으로 실현시켜야 될 사회적 가치이다. 법은 사회생활에 질서를 가져다주는 것이므로, 예를 들면 범죄사회의 규율이 법으로서 인정을 받지 못하는 것은 그것이 정의의 실현을 목적으로 한 것이 아니기 때문이다. 아리스토텔레스(Aristoteles)는 개인 상호 간의 매매와 손해 및 배상 또는 범죄와 형벌의 균형을 찾아내는 평균적 정의, 사회의 일원으로서 개인이 사회 때문에 져야 할 의무에 관한 일반적 정의, 개인의 능력이나 공적에 따라 사회가 보답해야 할 일에 관한 배분적 정의 등으로 정의를 구분하여 설명하고 있다.

우리나라의 경우 법령은 헌법, 법률, 자치법규(조례, 규칙) 등으로 구분된다. 이상의 법령 체계를 나타내면 다음의 <표 5-1>과 같다.

표 5-1 법률의 구성체계

<table>
<tr><th colspan="2">법 령</th><th>제정 및 개정의 주체</th><th>예 시</th></tr>
<tr><td colspan="2">헌법</td><td>국민</td><td></td></tr>
<tr><td colspan="2">법률</td><td>국회</td><td>지방자치법, 주민자치법</td></tr>
<tr><td colspan="2">명령</td><td>대통령/국무총리/행정각부 장관</td><td>지방자치법 시행령, 지방공무원 임용령</td></tr>
<tr><td rowspan="2">자치
법규</td><td>조례</td><td>지방의회</td><td>부산광역시 남구 주민자치회 설치 및 운영조례</td></tr>
<tr><td>규칙</td><td>지방자치단체장</td><td>부산광역시 남구 주민자치회 설치 및 운영규칙</td></tr>
</table>

1. 주민자치 지원을 위한 근거 법률

주민자치를 지원하는 법적 근거는 헌법과 지방자치법에서 찾을 수 있다. 헌법 제117조 제1항에서는 "지방자치단체는 주민의 복리에 관한 사무를 처리하고 재산을 관리하며, 법령의 범위 안에서 자치에 관한 규정을 제정할 수 있다"고 규정하고 있어서 주민자치에 관한 규정을 제정할 수 있는 여지를 만들어 놓았다. 지방자치법 제8조 제1항에서는 "지방자치단체는 그 사무를 처리할 때 주민의 편의와 복리증진을 위하여 노력하여야 한다"고 규정하여 주민자치를 지원하기 위한 근거를 마련하였다. 이 규정에 따라서 지방자치법 시행령 제8조의 별표 1에서는 읍·면·동사무소의 주민자치센터의 설치·운영을 지원하는 업무는 시·도 사무이고 읍·면·동사무소의 주민자치센터를 설치·운영하는 업무는 시·군·자치구 사무라고 규정하고 있어서 시·도와 시·군·구가 주민자치를 지원하여야 한다고 명문화시키고 있다.

지방자치법 제8조를 근거로 하여 각각의 시·군·구에서는 '주민자치센터 설치와 운영에 관한 조례'를 제정하고 있다. 이 조례가 실질적으로 주민자치를 지원하고 주민자치센터의 설치와 운영을 위한 법적 근거가 되고 있다.

제18대 국회에서 2010년 「지방행정체제개편에 관한 특별법」을 제정하여 주민자치회의 설치를 위한 법적 근거를 마련하였다. 특별법에서는 "풀뿌리자치의 활성화 및 주민의 민주적 참여의식 고양을 목적으로 주민자치회 설치・운영한다"고 규정하고 있다. 특별법의 제20조(설치)는 "읍・면・동에 해당 행정구역 주민으로 구성되는 주민자치회를 둘 수 있다"고 규정하여 설치근거를 마련하였다. 특별법의 제21조(기능)는 "주민자치회의 기능을 주민화합 및 발전, 법령・조례・규칙이 정하는 바에 따라 지방자치단체 사무의 일부를 위임 또는 위탁한 사무의 수행"으로 규정하였다. 이 법은 2013년에는 「지방분권 및 지방행정체제개편에 관한 특별법」으로 대체되었다.

※ 지방분권 및 지방행정체제개편에 관한 특별법 중 주민자치회 설치의 근거 조항

제27조(주민자치회의 설치) 풀뿌리자치의 활성화와 민주적 참여의식 고양을 위하여 읍・면・동에 해당 행정구역의 주민으로 구성되는 주민자치회를 둘 수 있다.

제28조(주민자치회의 기능) ① 제27조에 따라 주민자치회가 설치되는 경우 관계 법령, 조례 또는 규칙으로 정하는 바에 따라 지방자치단체 사무의 일부를 주민자치회에 위임 또는 위탁할 수 있다.

② 주민자치회는 다음 각 호의 업무를 수행한다.

1. 주민자치회 구역 내의 주민화합 및 발전을 위한 사항
2. 지방자치단체가 위임 또는 위탁하는 사무의 처리에 관한 사항
3. 그 밖에 관계 법령, 조례 또는 규칙으로 위임 또는 위탁한 사항

제29조(주민자치회의 구성 등) ① 주민자치회의 위원은 조례로 정하는 바에 따라 지방자치단체의 장이 위촉한다.

② 제1항에 따라 위촉된 위원은 그 직무를 수행할 때에는 지역사회에 대한 봉사자로서 정치적 중립을 지켜야 하며 권한을 남용하여서는 아니 된다.

③ 주민자치회의 설치 시기, 구성, 재정 등 주민자치회의 설치 및 운영에 필요한 사항은 따로 법률로 정한다.

④ 행정안전부장관은 주민자치회의 설치 및 운영에 참고하기 위하여 주민자치회를 시범적으로 설치・운영할 수 있으며, 이를 위한 행정적・재정적 지원을 할 수 있다.

2. 주민자치 관련 법률의 제정에 관한 두 가지 논의

주민자치회의 근거법을 제정하는 문제와 관련하여 다양한 논의들이 있다. 이러한 논의들은 크게 독립법률인 주민자치(회)법을 제정하자는 의견과 지방자치법을 개정하여 주민자치에 관한 규정을 신설하자는 주장이다.

첫째, 주민자치에 관한 단독 입법의 제정이다.

「지방분권 및 지방행정체제개편에 관한 특별법」 제29조 제3항은 "주민자치회의 설치 시기, 구성, 재정 등 주민자치회의 설치 및 운영에 필요한 사항은 따로 법률로 정한다"고 규정하고 있다. 그러나 특별법의 규정에 따라서 주민자치회에 관한 특별법이든 일반법이든 제정이 되어야 하지만 주민자치회법은 제정이 되지 않고 임시 조례(주민자치회 시범실시 및 설치 · 운영에 관한 조례)만 제정하여 주민자치회 시범실시 지역에만 적용하고 있다. 2010년에 제정된 「지방행정체제개편에 관한 특별법」이 2013년에 「지방분권 및 지방행정체제개편에 관한 특별법」으로 대체되었으니, 거의 7년 동안 법적 뒷받침 없이 임시조례로만 주민자치회가 구성 · 운영되고 있다. 특별법이 제정된 후 8년 가까이 시범실시를 하였으니 시범실시의 결과를 바탕으로 관련법이 제정되어야 할 것이라고 생각된다. 더군다나 문재인 정부의 핵심 정책과제인 읍 · 면 · 동 주민센터의 공공서비스 플랫폼화를 위하여 주민자치회의 지위와 역할을 강화하고자 하는 시점에서 주민자치회에 관한 입법은 필요하다고 판단된다.

주민자치회법에는 주민자치회가 추구하고자 하는 목표와 가치가 명확하게 담겨 있어야 할 것이다. 주민자치회의 목적은 주민이 모여서 자치를 하는 것이다. 현행 행정안전부의 「주민자치회 시범실시 및 설치 · 운영에 관한 표준조례안」 제1조에는 "… 풀뿌리자치의 활성화와 민주적 참여의식 고양을 위하여 … 주민자치회를 설치한다"고 규정하고 있다. 주민자치회의 목적은 '주민이 자치'하는 것이므로 주민자치회법에는 "… 주민자치를 위하여 … 주민자치회를 설치한다"고 규정하는 것이 바람직하다. 조례는 「주민자치회의 설치 · 운영에 관한 조례」로 하더라도 주민자치회법은 「주민자치특별법」 혹은 「주민자치회특별법」 등으로 주민자치를 포괄하는 법으로 제정하는 것이 바람직할 것이다. 우리나라의 조례는 법률의 범위 안에서 제정하여야 하므로 조례제정의 재량권을 주기 위해서는 주민자치회법의 범위를 포괄적으로 규정하여야 한다.

주민이 자치를 하기 위해서는 주민이 자기결정권을 가져야 한다. 자기결정권(自己決定權)이란 국가권력으로부터 간섭 없이 일정한 사적 사항에 관하여 스스로 결정할 수 있는 자의적 권리를 의미한다. 자기결정권의 근거로는 헌법 제10조(모든 국민은 인간으로서의 존엄과 가치를 가지며, 행복을 추구할 권리를 가진다. 국가는 개인이 가지는 불가침의 기본적 인권을 확인하고 이를 보장할 의무를 진다)가 보장하고 있는 개인의 인격권과 행복추구권에 전제된 개인의 자기운명결정권을 들 수 있다. 자기결정권은 사람들이 외부의 영향과 간섭 없이 스스로 동기부여되고 스스로 결정한다는 것이다. 여기에서 인간의 동기는 개인 스스로 완전히 내적 통제(예: 흥미, 호기심)가 되었을 때 가장 높으며, 내적인 이유가 전혀 없이 순전히 외적인 통제(예: 강제, 강요)에 의해서 행동하게 되었을 때 제일 낮다고 한다. 자기결정이론은 사람들이 자신의 내적인 측면들 이외에도 다른 사람들이나 집단들과 연관을 가지려고 하는 경향성을 가지고 있다고 한다. 따라서 개인들의 자기결정성은 집단이나 공동체에 동화되려는 동률성(harmony)과 자율성(autonomy)을 모두 포함한다고 할 수 있다.

자기결정성은 자율성, 유능성, 관계성 등의 기본적인 욕구가 충족이 될 때 증가된다고 본다. 자율성(autonomy)은 외부의 환경으로부터 압박 혹은 강요받지 않으며 개인의 선택을 통해 자신의 행동이나 조절을 할 수 있는 상태에서 자신들이 추구하는 것이 무엇인지에 대하여 개인들이 자유롭게 선택할 수 있는 것을 말한다. 자율성은 외부의 영향력에 의존하지 않는 개념인 독립성과는 다른 개념으로 보고 있다. 독립성의 반대인 의존성은 타인에게 의지한다는 것이지만, 자율성의 반대인 타율성은 타인에게 통제되거나 조종당하는 것이다.

유능성(competence)은 자신이 능력 있는 존재이기를 원하고 기회가 될 때마다 자신의 능력을 향상시키기를 원하는 것이다. 이러한 자신이 유능한 존재임을 인식받고자 하는 욕구인 유능성은 개인 혼자서는 획득하기는 어려우며 사회적 환경과 상호 작용할 기회가 주어질 때 충족된다. 즉, 유능함을 표현하기 위해서는 사회와의 상호작용이 필요하기 때문에 타인 혹은 집단과의 상호작용이 필요하며 긍정적인 피드백과 자율성의 지지는 개인이 받는 유능성의 욕구를 충족시키며, 결과적으로 내재 동기를 증진시키는 효과를 가져온다.

관계성(relatedness)은 타인과 안정적 교제나 관계에서의 조화를 이루는 것에서 느끼는 안정성을 의미한다. 관계성은 타인에게 무언가를 얻거나 사회적인 지위 등을 획득하기 위한 것이 아니며 주위 사람들과 의미있는 관계를 형성하여 집단이나 공동체로부터 소외되는 일이 없이 안정적으로 살아가고자 하는 욕구이다.

주민자치회는 주민이 자치를 할 수 있는 기반이 되는 조직기구를 말한다. 여기서 주민은 읍·면·동(마을)이라는 공동체 안에서 이웃과 더불어 협력하면서 자기결정권을 행사할 수 있는 자율성, 유능성, 관계성 등을 두루 갖추고 있는 것이 바람직할 것이다. 따라서 주민자치회법에는 자치를 할 수 있는 역량을 갖춘 주민을 발굴하고 영입하는 것을 적극적으로 지원하여야 하며, 교육 등을 통하여 주민이 자치할 수 있는 역량(자율성, 유능성, 관계성)을 갖출 수 있도록 지원하는 규정이 포함되어야 할 것이다. 현행 행정안전부의 「주민자치회 시범실시 및 설치·운영에 관한 표준조례안」 제2조(정의)에는 주민자치회와 주민자치회 위원의 개념만 간단하게 정의하고 있다. 가장 중요한 주민자치의 주체인 주민에 관한 내용이 누락되어 있다. 주민자치회법에는 주민의 개념과 범위, 주민의 권리와 책무 등에 관한 조항이 반드시 포함되어야 할 것이다. 다만, 주민자치회법에서의 주민은 지방자치법 제12조(주민의 자격: 지방자치단체의 구역 안에 주소를 가진 자는 그 지방자치단체의 주민이 된다)에서 규정하고 있는 주민보다는 좀 더 범위가 넓고 포괄적이어야 할 것이다. 「지방분권 및 지방행정체제개편에 관한 특별법」이나 「주민자치회 시범실시 및 설치·운영에 관한 표준조례안」(표준조례안 제19조에는 "주민자치회의 위원은 명예직으로 한다"고 간단하게 규정되어 있음) 모두 주민과 주민자치회 위원의 법적 지위와 위상에 관한 규정이 미비되어 있다. 주민자치회법에는 주민, 특히 주민자치위원의 법적 지위와 위상, 읍·면·동장과의 관계 등에 대하여 명확한 규정을 하는 것이 필요하다.

지방자치권은 국가가 위임하거나 허용한 일정한 범위 내에서 지방정부가 갖는 자치권을 말한다. 주민자치권은 주민자치법에서 허용하는 범위 내에서 주민이 자치활동을 수행할 수 있는 권한을 말한다. 이러한 자치권에는 자치입법권, 자치행정권, 자치재정권 등이 포함된다. 주민자치회는 주민자치회의 존립목적을 실현하기 위하여 자치입법권을 가져야 한다. 지방정부의 자치입법권은 국가의 입법권에 대응하는 표현으로서 이 권한에 의하여 정립된 법을 자주법이라고 한다. 자주법의 형식에 관하여 헌법은 '자치에 관한 규정'이라고만 규정하고 있어서 그 내용은 법률에 의하여 결정되는데 지방자치법과 교육자치법에서는 자주법의 형식으로 조례와 규칙 두 가지를 인정하고 있다. 그렇다면 주민자치회의 자치입법권은 조례와 규칙의 하위에 속하는 주민자치회 운영규정, 정관 등을 자율적으로 제정하는 것을 말한다. 좀 더 적극적으로는 지방정부가 주민자치에 관한 조례를 주민자치 활동을 강화하고 지원하는 방향으로 제정할 수 있도록 영향력을 행사하는 것까지 포함된다고 할 수 있다. 따라서 주민자치회법에는 지역(마을)과 주민의 특성에 맞는 효율적인 주민자치 활동을 수행하기 위하여 조례나 규칙에서 정하고 있는 조항을 위반하지 않는 범위 안에서 규정이나 정관을 주민자치회가 자율적으로 제정할 수 있도록 하는 것이 필요하다.

지방정부의 자치행정권은 지방정부가 자기의 사무를 원칙적으로 중앙정부의 간섭을 받지 않고 자주적으로 처리할 수 있는 권능을 말한다. 넓은 의미의 자치행정권에는 자치조직권, 자치인사권, 자치사무권 등이 포함된다. 주민자치회의 자치행정권에는 주민자치회 조직과 기구의 자율적인 구성권, 자주적인 인사권, 주민자치회 사무의 자기결정권 등이 포함된다. 현행 행정안전부의 「주민자치회 시범실시 및 설치 · 운영에 관한 표준조례안」에는 주민자치회의 자치행정권한(조직과 기구의 구성권, 인사권, 주민자치회 사무의 결정권)이 거의 없는 것으로 되어 있다. 지방정부의 의회에서 정한 조례의 범위 안에서 주민자치회는 수동적으로 활동하는 것으로 되어 있다. 다시 말하면, 주민자치회의 모델(시범실시에서는 협력형 모델을 채택하고 있으나, 전국적으로 확산될 경우에도 협력형 모델이 유력함), 주민자치회의 기관구성, 주민자치위원의 자격 요건과 임기, 주민자치회의 기능 등을 모두 조례에서 규정하도록 하고 있다. 심지어 문재인 정부의 마을자치 활성화 계획이나 서울시의 서울형 주민자치회 시범사업에서는 주민자치회 간사, 주민자치 지원관 등을 행정(국가 혹은 지방정부)에서 직접 공모하여 배치하는 안을 준비하고 있어서 주민자치회의 자치인사권을 침해할 수 있는 여지를 가지고 있다. 따라서 주민자치회법에서는 주민자치회의 자치행정권한(조직과 기구의 구성권, 인사권, 주민자치회 사무의 결정권)을 부여하는 조항이 포함되어야 할 것이다. 우선, 주민자치회의 세 가지 기본 모델(협력형, 통합형, 주민조직형)을 중심으로 제3의 모델이 포함된 다수의 모델 중에서 지방정부(시·군·구)가 주민과 합의 과정을 거쳐서 주민이 원하고 지역의 실정에 적합한 주민자치회 모델을 선택할 수 있도록 주민자치회법에 규정하는 것이 필요하다. 또한 자치조직권과 자치인사권을 주민자치회에 부여하는 방안을 주민자치회법에 담는 것이 바람직할 것이다. 자치조직권은 지방정부가 행정기구·정원·사무분담 등 자기의 조직을 자주적으로 정하는 권능을 말한다. 영국과 미국계 국가에서는 광범한 자치조직권이 인정되나, 대륙계 국가 특히 프랑스에서는 제한된 자치조직권이 부여되고 있다. 현행 행정안전부의 「주민자치회 시범실시 및 설치·운영에 관한 표준조례안」 제9조에는 주민자치회 위원 구성 및 선출방법 등에 관하여 필요한 세부적인 사항은 위원선정위원회에서 결정한다고 규정되어 있다. 상설조직이 아닌 위원선정위원회에 너무 많은 권한을 주고 있으며, 주민자치회의 자치조직권을 침해할 우려가 있기 때문에 위원선정위원회에서는 주민자치회 위원 후보자 추천권한만 부여하고 주민자치회 위원의 구성 및 선출방법 등은 주민자치회에 부여하는 것이 바람직할 것이다. 현행 행정안전부의 「주민자치회 시범실시 및 설치·운영에 관한 표준조례안」에는 지방분권 및 지방행정체제개편에 관한 특별법 제28조의 규정에 근거하여 주민자치회의 사무로 협의업무(읍·면·동 행정기능 중 주민생활과 밀접한 관련이 있는 업무에 대한 협의), 수탁업무(읍·면·동 행정기능 중 주민자치센터의 운영 등 주민의 권리·의무와 직접 관련되지 아니하는 업무의 수탁 처리), 주민자치업무(마을 축제, 마을신문·소식지 발간, 기타 각종 교육 활동, 행사 등 순수 근린자치 영역에서 주민자치회 유지를 위해 수행하는 주민자치업무) 등을 규정하고 있다. 그러나 이러한 사무(업무)를 어떠한 기준으로, 어떠한 절차를 거쳐서, 누가 결정하는지에 대한 규정은 누락되어 있다. 따라서 주민자치법에서는 사무(업무)의 범위, 결정 절차, 읍·면·동과 주민자치회 간의 역할 분담 등에 관한 내용을 규정하는 것이 바람직할 것이다.

지방자치재정권은 지방정부가 자치행정수행을 위해 자치권에 기초하여 자주적으로 그 재원을 조달하고 관리하는 권능을 말한다. 자치재정권이 없을 경우 실질적인 지방자치의 실현은 불가능하나, 현실적으로 완전한 재정적 자주성이 실현된 국가는 거의 없다. 그러나 현행 행정안전부의 「주민자치회 시범실시 및 설치·운영에 관한 표준조례안」에는 3대 자치권 중의 하나이며 주민자치 활동의 가장 중요한 요소인 자치재정권에 관한 조항이 보이지 않는다. 다만, 「지방분권 및 지방행정체제개편에 관한 특별법」 제29조 제4항에 "행정안전부장관은 주민자치회의 설치 및 운영에 참고하기 위하여 주민자치회를 시범적으로 설치·운영할 수 있으며, 이를 위한 행정적·재정적 지원을 할 수 있다"고 규정되어 있으며, 「주민자치회 시범실시 및 설치·운영에 관한 표준조례안」 제21조(지방자치단체의 지원)에는 "시장·군수·구청장은 주민자치회가 읍·면·동 주민을 위한 공공사업을 추진하거나 제5조의 사무를 수행하는 경우 행정적·재정적 지원을 할 수 있다"고 규정되어 있다. 주민자치회에 대한 국가나 지방정부의 포괄적인 재정지원은 규정하고 있지만, 주민자치를 위한 재원을 확보하는 방법 등에 대한 규정은 누락되어 있다. 따라서 주민자치회법에는 주민자치재원의 유형(주민자치기금, 고향세, 기부금 등)과 범위, 확보방법, 중앙정부와 지방정부의 지원방안 등이 포괄적으로 제시되어야 할 것이다.

헌법 제10조가 정하고 있는 행복추구권의 실현을 위하여 필수불가결한 자기결정권은 이성적이고 책임감 있는 사람의 자기의 행동에 대한 결정이나 선택을 존중하되 그에 대한 책임은 스스로 부담함을 전제로 하는 자기책임의 원리가 함께 적용된다. 자기책임의 원리는 인간의 자유와 유책성, 그리고 인간의 존엄성을 반영한 것으로 민법에서 규정하고 있는 과실책임의 원칙과 통한다. 과실책임(negligence)은 사고나 피해가 발생하였을 때 가해자의 과실에 근거해 책임을 지우는 것이다. 여기서 과실은 고의가 결여되어 있고 합리적인 사람을 기준으로 해서 부주의가 있는 것을 말한다.

「지방분권 및 지방행정체제개편에 관한 특별법」이나 「주민자치회 시범실시 및 설치·운영에 관한 표준조례안」 모두 주민자치의 활성화에 좀 더 큰 비중을 두고 주민자치회의 권한을 부각시키고 강조하는 경향이 있다. 주민자치회 운영지침이나 주민자치역량강화 교육 등에서도 주민자치위원의 권한과 역할을 부각시켜서 강조하고 있어서 일부 주민자치회 위원은 주민자치회에 무한한 권능이 부여되어 있는 것으로 오해하기도 한다. 그러나 주민자치 활동을 위한 다양한 자치권도 이른바 시민사회나 지역공동체 내에서 주어지는 약속된 자치권이기 때문에 무제한으로 부여할 수는 없다. 주민자치회의 자치권은 주민이나 지역사회 내의 다양한 공동체의 자치권과 조화를 이루어야 할 것이다. 즉, 주민과 외부 공동체의 의사를 존중하고 약속을 지키고 주민의 생활권에 부당하게 간섭하지 않는 범위 내에서만 인정될 수 있는 자치권이다. 주민자치회가 이러한 주민이나 지역사회와의 조화를 깨뜨려서 주민이나 지역사회에 피해나 손해를 입히게 되는 경우에는 피해나 손해에 대해서 적절한 보상이나 배상의 책임을 져야 할 것이다. 그러나 주민자치회가 책임을 지는 것은 주민자치회 혹은 주민자치회 위원에게 책임있는 사유(고의 또는 과실)로 인한 행위를 통하여 피해 혹은 손해가 생긴 경우에 한하고, 주민자치회 또는 주민자치회 위원의 행위에서 비롯되지 않은 경우에는 책임을 지지 않는 것이 원칙이다.

「주민자치회 시범실시 및 설치·운영에 관한 표준조례안」 제16조는 "주민자치회의 위원은 주민자치회 운영에 대해 주민들의 의견을 수렴하기 위하여 노력하여야 하며, 주민자치회 운영과 관련한 각종 교육, 연수 등에 적극 참여하여야 한다"는 선언적인 의무만을 규정하고 있으며, 제17조는 주민자치회 위원의 정치적인 중립을 규정하고 있다. 따라서 주민자치회법에는 주민자치회나 위원의 과실에 대한 책임과 손해 등에 대한 보상이나 배상 의무도 규정하는 것이 바람직할 것이다.

둘째, 지방자치법을 개정하여 주민자치의 근거 조항을 신설하자는 주장이다. 지방자치발전위원회에서는 주민자치회의 설치와 운영에 관한 법률의 제정을 제안하였으나 입법화에는 이르지 못하였다. 이 법과 유사한 법률안으로 마을공동체 기본법이 의원입법을 통하여 제안되었고, 지역공동체지원법이 행정안전부를 통하여 국회에 제출되었지만 모두 국회의 문턱을 넘지 못하고 좌절되었다. 주민자치에 관한 단독 입법이 난항을 거듭하자 행정안전부는 지방자치법의 개정을 통하여 주민자치회의 법적 근거를 구하려고 하였다. 이에 따라서 최근 정부는 지방자치법을 전면 개정하면서 주민자치회의 근거 규정을 지방자치법에 신설하였다.

현재 정부에서 입법예고하고 있는 지방자치법 개정안에 포함되어 있는 주민자치 관련 조항은 단순히 주민자치회의 구성과 운영에 관한 조항만 신설되어 있다. 법이 실효성을 가지기 위해서는 논리성, 타당성, 합목적성 등을 갖추어야 한다. 따

> ※ 지방자치법상 주민자치 근거 조항 신설
>
> 제13조의3(주민자치회) ① 주민은 풀뿌리자치의 활성화를 위하여 자율적인 규약으로 읍·면·동별 해당 행정구역 주민으로 구성된 주민자치회를 조직 및 운영할 수 있으며, 필요한 경우 생활권을 기반으로 하는 지역 내 주민자치회 분회를 설치할 수 있다.
>
> ② 제1항에 따라 조직된 주민자치회는 지역 내 주민대표성을 반영할 수 있도록 구성되어야 하며, 지방자치단체의 장은 주민자치회가 선정한 위원을 위촉한다.
>
> ③ 제2항에 따라 위촉된 위원은 명예직으로 하고, 주민자치회에는 대표자로서 주민자치회장을 둔다.
>
> ④ 주민자치회는 그 명의 또는 대표의 명의로 특정 정당 또는 특정인을 지지·반대하는 등의 정치활동을 하여서는 아니 된다.
>
> ⑤ 주민자치회는 다음 각 호의 사무를 수행한다.
>
> 1. 주민자치회 구역 내의 주민화합 및 발전, 공동체 형성 등을 위한 사항
> 2. 읍·면·동의 행정기능 중 주민생활과 밀접한 사무의 협의에 관한 사항
> 3. 지방자치단체가 위탁하는 사무의 처리에 관한 사항
> 4. 지역발전과 주민의 복리증진에 관한 사항
> 5. 그 밖에 관계 법령 또는 조례·규칙으로 위탁한 사항
>
> ⑥ 제5항 각 호의 사무를 수행하기 위한 계획을 수립할 때에는 지역주민의 의견수렴을 거쳐야 한다.
>
> ⑦ 주민자치회는 안정적인 자체재원의 확보를 위하여 노력하여야 하며, 이를 위하여 국가나 지방자치단체는 주민자치회의 설치 및 운영, 제5항에 따른 사무 수행 등에 필요한 행정적·재정적 지원을 할 수 있다.
>
> ⑧ 주민자치회는 지역발전, 공동체 형성 및 주민의 복리증진 등을 위하여 다른 주민자치회와 연계하여 주민자치협의체를 구성할 수 있다.
>
> ⑨ 그 밖에 주민자치회의 구성, 운영, 위원의 선정방법 및 사무 수행 등에 필요한 사항은 해당 지방자치단체의 조례로 정한다.

라서 지방자치법을 개정할 때에는 주민자치회 설치의 필요성과 당위성에 관한 논리 체계를 갖추는 것이 필요하다.

현 지방자치법 제1조는 "이 법은 … 국가와 지방자치단체 사이의 기본적인 관계를 정함으로써 …"라고 하여 국가와 지방 간의 관계규정이 지방자치법의 목적이라는 것을 명시하고 있다. 주민주권론에 입각하여 지방자치의 주체가 주민이므로 주민자치에 관한 사항도 당연히 지방자치법에 포함되어야 한다. 따라서 "풀뿌리 민

주주의의 실현을 위하여 공동체의 육성과 주민자치의 활성화"를 지방자치법 제1조에 추가하여 지방자치법의 목적에 주민자치 활성화를 포함시켜야 한다.

제2장 주민편과 관련하여, 주민자치회의 회원이 될 수 있는 주민의 개념을 "지방자치단체의 구역 안에 주소를 가진 자는 그 지방자치단체의 주민이 된다"고 규정된 지방자치법 제12조를 개정하여 주소지로 등록되어 있지 않는 사람, 장기체류 외국인 주민, 출향인사, 직장 소재지 등을 고려하여 그 범위를 넓히는 것이 필요하다. 주민자치에 관한 개념 정의, 지역공동체의 육성과 주민자치의 활성화 등에 관한 규정도 신설되어야 한다. 또한 주민자치 활동이 지역사회와 공공의 이익을 위한 활동이라는 것을 명시하여 주민자치회의 사무위임, 공무담당권, 주민자치회 위원의 직장에서의 공가 처리, 공상 처리 등이 가능하도록 법적 근거가 될 수 있도록 지방자치법에 관련 조항을 신설하는 것이 필요하다.

제7장 재무편에는 지역공동체 육성과 주민자치 활성화에 대한 국가와 지방자치단체의 재정적 지원 조항을 신설하는 것이 바람직하며, 기타 주민자치회의 구성과 운영, 국가와 지방자치단체의 행·재정적 지원과 관련된 법조문을 신설하는 것이 필요하다.

법과 조례를 근거로 하여 행정적으로 주민자치를 지원하기 위하여 지방자치단체에서는 조직기구를 설치하고 관련 인력을 배치하고 있다. 주민자치 활성화에 가장 앞장서고 있는 서울특별시의 경우 시장 직속으로 마을공동체 담당관실을 설치하여 주민자치를 적극적으로 지원하고 있으며, 행정과의 행정협력팀에서도 주민자치위원회의 활동을 지원하기 위한 역량강화교육과 인센티브를 제공하기 위한 평가를 실시하고있다. 시·군·구 차원에서는 자치행정과 혹은 주민자치과(지역에 따라서는 평생교육과, 새마을과 등에서도 주민자치 지원업무를 담당하기도 함)에서 주민자치를 지원하기 위한 담당을 설치하고 직원을 배치하고 있다.

3. 주민자치 관련 조례

조례는 지방정부가 지방의회를 통하여 법률이 정하는 일정한 범위 안에서 그 지방자치 활동과 지방자치 사무수행에 필요한 법규를 스스로 제정할 수 있는 권능인 자치입법권의 수단을 말한다. 조례의 법적 근거는 다음과 같다.

> ※ 자치입법의 법적 근거
> - 헌법 제117조 제1항: "법령의 범위" 안에서 자치에 관한 규정을 제정
> - 지방자치법 제22조: 자치단체의 조례 제정권
> - 지방자치법 제23조: 자치단체장의 규칙 제정권
> - 지방교육자치에 관한 법률 제25조: 교육감의 교육규칙 제정권

이러한 조례를 지방정부가 제정할 때, 준수해야 할 조건은 다음과 같다.

> ※ 조례 제정 시의 준수 요건(지방자치법 제22조)
> - 법령의 범위 안
> - 자치단체의 소관사무(자치사무 + 위임사무)에 관한 사항: 지방자치법 제9조
> - 법률의 위임이 필요(주민의 권리 제헌, 의무 부과, 벌칙 제정): 지방자치법 제22조
> - 상위 자치단체 조례에 위반되지 않는 범위: 지방자치법 제24조
> - 집행기관과 의결기관 간 권한 분리 및 배분 원칙

광역자치단체 단위의 주민자치 관련 조례로는 인천광역시 주민자치센터 지원에 관한 조례, 광주광역시의 광주광역시 주민자치센터 지원 조례, 세종특별자치시의 세종특별자치시 주민자치센터 설치 및 운영 조례, 제주특별자치도의 제주특별자치도 주민자치센터 설치·운영 조례 등이 있다.

기초자치단체인 시·군·구에서는 2000년 이후 '주민자치센터의 설치와 운영에 관한 조례'를 제정하여 주민자치센터와 주민자치위원회의 설치와 운영에 관한 근거로 삼고 있다. 지방자치법 시행령 제8조 별표에 의하면, 주민자치센터의 설치와 운영을 지원하는 것은 시·도의 사무이고, 주민자치센터의 설치와 운영은 시·군·구의 사무라고 규정하고 있다. 이러한 지방자치법을 근거로 하여 제정된 주민자치센터의 설치와 운영에 관한 조례에서 주민자치 활동에 관한 실질적인 정책결정권자는 시장·군수·구청장으로부터 권한을 위임받은 읍·면·동장이 가지게 된다. 따라서 주민자치는 주민자치위원회가 주체가 되어야 한다는 기본 원칙과는 다르게 조례가 제정되고 운영되었다. 주민자치위원회의 활동이 활발해 지고 경험

이 축적되어 주민자치위원회가 주도하는 우수사례들이 증가하고 있으며, 주민자치의 기본 원칙과 현실에 적합한 새로운 주민자치 기구가 필요하다는 요구에 따라서 정부는 주민자치회를 설계하고 그 주민자치회의 근거가 되는 조례를 마련하였다. 기존 주민자치센터 조례와 새로운 주민자치회의 조례의 주요 사항들을 비교해 보면 다음의 <표 5-2>와 같다.

표 5-2 주민자치센터 조례와 주민자치회 조례의 주요 사항 비교

구 분	주민자치센터 조례	주민자치회 조례
지위	대표성에 관한 규정 없음. 다만, 「지방자치법」 제8조 및 동법 시행령 제8조(주민자치센터의 구성과 운영은 시·군·구청장의 사무)에 의거(제1조)	주민자치회란 주민의 대표로 구성되어 주민자치회 위원이란 주민을 대표하는 주민자치회의 구성원(제2조)
역할	• 시장은 자치센터가 필요한 시설과 프로그램 설치(제6조) • 자치센터의 시설 및 프로그램 운영은 동장이 한다(제7조) • 위원회는 … 심의(제5조, 제16조) 1. 자치센터의 시설 설치 및 운영 2. 주민의 문화·복지·편익증진 3. 주민의 자치 활동 강화 4. 지역공동체 형성 5. 기타 자치센터의 운영	주민자치회는 업무를 수행(제5조, 제8조) 1. 동 행정기능 중 주민생활과 밀접한 관련이 있는 업무에 대한 협의 2. 동 행정기능 중 주민자치회에 위탁하여 처리하는 것이 바람직하다고 판단되는 업무의 수탁 처리 3. 주민자치센터 프로그램 운영·관리에 관한 사항 4. 그 밖의 각종 교육활동, 행사 등 순수 근린자치 영역의 주민자치업무

제 2 절 한국의 주민자치 실천기구

1. 주민자치센터의 설치와 운영

1) 주민자치센터의 설치 배경

우리나라 읍·면·동 수준에서 주민자치를 실시할 수 있는 기구로는 주민자치센터가 있다. 주민자치센터는 1998년 작고 효율적인 정부의 실현을 위하여 김대중

정부가 추진한 ‘새정부 100대 국정개혁과제’ 중의 하나인 읍 · 면 · 동 기능전환 정책의 산물로 탄생하게 되었다.

주민자치센터의 출발점은 읍 · 면 · 동의 기능전환이다. 읍 · 면 · 동의 기능전환은 IMF라는 국가적 위기 상황을 극복하기 위하여 공공 부문의 구조조정에서 시작되었다. 읍 · 면 · 동의 인력과 조직을 대폭 축소하는 구조조정을 실시하게 됨에 따라서 읍 · 면 · 동 기능에 대한 조정도 불가피하게 되었다.

2) 읍 · 면 · 동의 기능전환

읍 · 면 · 동을 기능전환하려는 목적은 크게 두 가지로 나눌 수 있는데, 첫째는 현재, 행정의 비능률을 초래하고 있는 3~4단계로 되어 있는 지방행정계층을 축소 · 조정한다는 의미에서 최일선 행정계층인 읍 · 면 · 동의 행정기관으로서의 지위를 없앤다는 것이고, 둘째는 본격적인 지방자치시대로 들어섬에 따라 주민자치를 실현시킬 수 있는 장을 마련하기 위해서이다.

(1) 읍 · 면 · 동 기능전환의 필요성

읍 · 면 · 동 기능전환의 필요성은 첫째, 일선 지방행정체제의 합리적인 조정이다. 우리나라의 지방행정계층구조는 2개의 자치계층과 1~2개의 비자치 행정계층 등 모두 3~4개의 계층으로 이루어진 다층제를 채택하고 있다. 행정계층이 다단계로 존재하기 때문에 의사결정의 시간이 지연되고 지방자치단체와 주민 간의 거리가 멀어지고 중간계층이 단순한 중계기능만을 수행하는 여러 가지 문제점을 내포하고 있다. 이들 문제점을 해소하고 효율적인 행정수행을 위해서는 일선지방행정체제의 개선이 필요하다. 행정계층을 여러 단계로 나누게 되면 행정구역의 범위가 좁아져서 주민에 대한 접근성을 높이고 전문적인 행정서비스를 제공하기가 쉽지만 정책을 결정하고 집행하는 과정에서 여러 단계의 계층을 거쳐야 하기 때문에 시의 적절한 정책실시의 기회를 놓칠 수 있으며, 많은 비용과 시간이 소요되기 때문에 효율적인 정책수행이 어렵게 된다. 또한 여러 단계의 행정계층을 거치는 동안 정책의 본질이 왜곡되거나 변질될 수 있으며 주민의 의사가 신속하게 상위기관에까지 전달되어 정책에 반영되기가 어렵다는 지적이 있다(임석회, 1995). 또한 행정계층 수가 많을수록 문서를 주고받는 데 소요되는 단계가 늘어날 수밖에 없다. 이에 따라 서류의 작성과 전달, 보관 등에 많은 인력과 공간이 필요하게 되고 이에 따라 막대한 시간과 노력, 비용 등이 들게 된다.[1] 현재 기초자치단체인 자치구 아래에 행정계층인 동이 있으며, 군 아래에는 읍 또는 면이, 시 아래에는 행정구－동 혹은 동・읍・면이 있다. 따라서 기초자치단체와 주민 사이에는 1개 혹은 2개의 행정계층이 있다. 이로 인하여 주민의 의사나 요구사항은 동・읍・면 혹은 행정구를 거쳐서 기초자치단체로 전달되기 때문에 신속한 의사전달이 이루어지지 못하고 주민과 기초자치단체의 관계가 간접적으로 이루어지고 있다.

행정계층구조가 다단계로 형성되면 일부 행정계층은 상부계층의 지시나 명령을 단순하게 하부계층에 전달하는 중계기관의 역할만을 수행하는 경우가 많다. 주민과 직접적으로 대면관계에 있는 읍・면・동의 경우에도 국가나 상부계층인 시・군・구의 시책, 지시나 명령 등을 그대로 주민들에게 전달하는 기능을 주로 수행하고 있다. 따라서 행정시책을 추진하는 데 시간과 인력자원만 낭비할 뿐 큰 도움을 주지 못하고 있다. 현행 법령상 광역지방자치단체와 기초자치단체 간의 기능과 사무배분이 명확하게 구분되어 있지 않기 때문에 동일한 행정기능이나 사무를 두 자치계층에서 동시에 관장하는 경우가 많다.[2] 따라서 행정책임의 소재가 불명확하여 책임행정의 구현이 어렵게 되고, 상위계층에서는 하위계층에 권한은 이양하지 않고 업무만 이양하여 업무책임을 지우는 경향이 많다. 특히 직접적으로 주민을 대면하는 최일선 행정기관인 읍・면・동의 경우는 이중, 삼중으로 상위계층의 지시와 감독에 시달려서 본연의 대민 행정서비스 업무가 소홀하게 다루어지고 있는 실정이다.[3]

---

1) 실제로 우리나라 행정기관에서 한 가지 문서를 처리하기 위해서는 접수－분류－배분－사전 공람－처리지시－기안－결재－시행문－발송의뢰－문서통제－발송－기안문회송－편철 및 보존 등의 13개의 단계를 거쳐야 한다. 서울대학교 행정대학원 행정조사연구소, “지방행정체제의 계층구조 및 관할구역에 관한 연구”, 1980, p.24.

2) 지방자치법 시행령 별표1에는 「아동보호조치」사무, 「노인복지시설의 설치・운영 및 지원」사무, 아동상담소의 설치・운영」사무 등 22개의 노인・아동・심신장해자・청소년 및 부녀복지 관련 사무 중 16개의 사무가 시・도와 시・군・자치구의 중복사무로 나타나고 있다.

3) 김익식, “지방행정구역의 개편방향과 전략”, 나라정책연구회 편, 『한국형 지방자치의 청사진』(서

둘째, 주민자치의 여건조성이다. 1980년대 민주화운동을 계기로 해서 민선 자치단체장이 출범한 이후 우리나라는 본격적인 지방자치 시대에 들어섰다고 할 수 있다. 따라서 지방화 시대에는 그 지방의 주인인 주민을 위한 민주적인 행정이 실시되어야 하고, 이 주민중심의 행정체제를 통하여 주민참여가 활성화되어야 할 것이다. 주민참여의 활성화는 지역의 공동체인 커뮤니티 형성을 통하여 달성될 수 있다. 주민중심의 행정은 고객중심의 행정, 고객지향행정 등으로 표현할 수 있다. 국민에 대한 배려와 봉사가 행정의 궁극적인 목표라고 할 수 있기 때문에, 지방화 시대에는 지역주민을 최고의 고객으로 모시고 최상의 서비스를 제공하는 것이 지방자치단체의 당연한 의무이다. 지금까지의 지방행정조직은 주민들의 위한 주민중심의 민주적인 조직구조가 아니고, 중앙의 하부조직으로 중앙의 경제발전정책을 효과적으로 추진할 수 있는 관리지향적인 조직구조를 가지고 있었다. 따라서 행정의 목표는 국가정책의 능률적인 수행이었고 지역주민의 의견수렴이나 지역주민의 편의를 도모하기 위하여 행정의 목표가 설정되지는 않았다. 따라서 민주화 시대와 지방자치 시대를 맞이하여 주민이 주체가 되고 주민이 원하는 바를 해결해 줄 수 있는 방향으로의 조직개편이 필요하다.[4)]

또한 주민의 생활수준이 점차적으로 향상되어 가고 주민들의 의식수준이 높아져 감에 따라서 주민들의 관심사는 생활의 질을 향상시키는 방향으로 변화되어 가고 있으며, 국가 혹은 지방자치단체에 이와 관련된 각종 서비스를 적극적으로 요구하게 되었다. 따라서 행정도 주민의 문화적인 욕구, 삶의 질을 향상시키고 편안하고 즐겁게 여가를 즐기고 싶다는 욕구 등을 해결해 주는 방향으로 기능전환을 하여야 할 때가 되었다고 생각된다. 즉, 지금까지 각종 규제조치를 통한 인·허가, 증명, 신고 등의 사무와 국가시책 홍보, 지도·단속 등의 수단으로만 이용되던 읍·면·동을 비롯한 각종 행정기관이 앞으로는 주민의 교양수준 향상을 위한 시민대학 개설, 시민의 생활편익을 위한 물가정보, 취업, 주식, 부동산 등 각종 생활정보를 제공하는 정보서비스센터, 체육과 레이크레이션을 위한 장소와 기회를 제

울: 길벗, 1995), p.548.

4) 1998년 5월 30일부터 6월 8일까지 읍·면·동 공무원과 지방행정 관련 교수, 연구원 500명을 대상으로 실시한 설문조사 결과, 총 응답자의 67%가 현재의 읍·면·동을 시대 변화에 적합한 새로운 체제로 기능전환하여야 한다고 답하였다.

공해 주는 문화체육시설, 각종 자격증을 취득하여 주민이 부업에 나설 수 있게 해주는 부업교육시설 등을 통하여 주민중심의 다양한 기능을 수행하는 주민을 위한 행정기관으로 변신하여야 한다는 것이다.[5] 또한 현재 걸음마 수준에 있는 지방자치를 활성화하여 선진국 수준으로 높이기 위해서는 지방자치의 뿌리에 해당되는 지역의 자생적 자치조직의 육성이 필수적이라고 할 수 있다. 따라서 이러한 지방의 자생적 자치조직이 활성화될 수 있는 토양을 조성하는 일을 할 수 있는 조직으로 현재의 읍·면·동 행정조직체계가 탈바꿈하여야 할 것이다.

셋째, 지역주민과 지역의 자치조직을 중심으로 한 지역민주주의를 실현하고 지역주민의 적극적인 참여를 통한 지역공동체를 구축하기 위해서는 지역중심의 커뮤니티 형성이 필요하다. 그 이유는 커뮤니티를 통해서만이 지역의 문화·복지시설과 프로그램을 주민 스스로가 운영하는 것이 가능하기 때문이다. 커뮤니티란 지역을 기본적인 단위로 하여 지역주민들이 공동의 이해관계를 가지고 함께 살아가는 일종의 근린집단적 성격을 가진 것이라고 할 수 있다.

그러나 보는 시각이나 관점에 따라서 그 정의가 조금씩 달라지기도 하고 있는데,[6] 주민자치센터의 구축을 염두에 두고 살펴본다면 매키버(R. M. MacIver)의 견해가 타당한 것으로 판단되므로 그의 견해를 소개하겠다. 초기에 매키버는 커뮤니티를 두 가지 측면에서 정의하고 있는데(Hallman, 1987), 첫째는 지역성이라는 측면에서 사람들이 공동생활을 영위하고 있는 지역이라는 카테고리를 상정하고 그 안에서의 생활체계를 커뮤니티 요소로 삼았다. 두 번째는 공동성이라는 측면에서

---

5) 민선단체장 출범 이후에 읍·면·동의 기능이 새롭게 전환되는 추세를 발견할 수 있다. 그 대표적인 사례들은 다음과 같다.

- 문화취미강좌 개설사례: 서울시 성동구 산하 17개 동사무소, 송파구 산하 8개 동사무소, 노원구 산하 24개 동사무소, 성북구 산하 4개 동사무소, 광명시 광명5동사무소, 성남시 수정구 등
- 직업소개사례: 서울시 전역, 수원시 권선구 세류2동 등
- 재활용센터: 송파구 등
- 복지센터 활용사례: 서울시, 인천시 남구, 전주시(폐쇄 동사무소 시설) 등

또한 설문조사 결과, 전체 응답자의 70%가 현재 읍·면·동의 기능이 단순행정업무의 수행보다는 주민중심의 서비스 제공쪽으로 전환되어야 한다고 답하였다.

6) 힐러리(G. A. Hillery)는 1950년대까지 영국과 미국 사회학자들의 커뮤니티에 대한 94편의 연구논문을 분석한 결과, 커뮤니티에 대한 정의가 매우 다양하다는 것을 발견하였다; G. A. Hillery (1955). *Definition of Community*, Rural Sociology, Vol.20.

사람들이 더불어 생활해 나가는 것을 커뮤니티의 요소로 보았다. 그러나 1910년대부터 지역성과 공동성을 바탕으로 한 커뮤니티가 붕괴됨에 따라서 매키버는 공동성 대신에 공동체 의식이라는 개념을 사용하였다. 따라서 커뮤니티에는 지역공동체의 토대가 되는 지역성과 공동체 의식이 있어야 한다고 주장하고 있는데, 여기서 지역성이라는 것은 ① 사회적 유사성, ② 공통된 사회적 표현, ③ 공통된 전통, ④ 공통된 습관, ⑤ 공속감 등을 말하는 것이다. 공동체 의식이라는 것은 ① 우리의식(we－feel), ② 역할의식(role－feeling), ③ 의존의식(depended－feeling) 등을 의미한다. 우리의식(we－feel)은 분할할 수 없는 통일체에 함께 참가하고 있다고 하는 공유의 감정이라고 할 수 있다. 이것은 구성원의 공동이해에 관심을 가지고 있거나 집단생활을 영위하고 있는 곳이라면 어디라도 존재하는 것인데, 그러한 이해관계에 대한 관심이 지역사회, 지역생활 등에 관한 것인 경우에 우리의식은 가장 확실한 형태로 나타난다. 우리 마을이 비난을 받는다든지, 외부로부터 위협을 받을 때, 마음속으로부터 끓어오르는 것이 이와 같은 우리의식이라는 감정이다. 이러한 감정을 통하여 사람들은 자신이 속한 사회와 떨어질 수 없는 깊은 연관관계를 가지게 된다. 역할의식(role－feeling)은 지위나 소속 부서에 대한 감정이다. 각 개인은 상호 교환이 이루어지는 사회적 장면에서 수행하여야 하는 역할, 자기 자신이 개인적으로 수행하여야 하는 기능 등이 있다는 것을 느끼게 되는데 이것이 역할의식이다. 사회화된 개인에게 있어서 역할의식은 커뮤니티 전체 속의 자신이 구성원으로 속해 있다는 사실을 정확하게 일깨워 주는 수단이 된다. 의존의식(depended－feeling)은 개인이 커뮤니티에 의존하고 있다는 것을 의식하고 있다는 것을 의미한다. 이것은 물질적인 의존은 물론이고 심리적인 의존도 포함되어 있다. 현대 사회에 들어와서 개인의 고립에 따른 고독과 불안이 현저하게 나타나고 있는데, 커뮤니티는 이러한 고독과 불안으로부터의 피난장소가 된다. 일정한 지역에 생활근거를 가지고 있는 주민이 공통된 가치와 이익을 위하여 자발적으로 참여하고 서로 비용이나 역할 등을 분담하면서 더불어 살아가는 커뮤니티는 구성원들 사이의 밀접한 인간관계가 중요한 특징을 이루고 있다. 이러한 공동체적 사회를 구성하기 위해서는 몇 가지 조건이 필요한데, 구체적으로는 지리적 영역, 사회적 상호작용, 공동유대감 등을 들 수 있다(정하성 외, 1995). 지리적 영역은 주민들의 정신적인 연계가 이루어질 수 있는 공동의 생활터전을 구축하는 데 반드시 필요한 공간적 단위라고 할 수 있다. 이러한 공간적 단위는 주민 간의 상호 교류가 가능한 근접성, 문화의 단일성, 생활의 통합성 등을 지니고 있어야 한다. 최근 교통·통신이 발달되어 있기 때문에 지역사회의 지리적 영역이 광역화되어 가고 있다. 그러나 일방적인 커뮤니케이션이 이루어지는 대중사회와는 달리 커뮤니티는 상호 간의 커뮤니케이션을 전제로 하여 형성되고 있으므로 교통·통신이 발달되었다고 해서 광역화되는 것은 아니다. 지역주민 간의 상호 교류가 이루어질 수 있는 지리적 영역을 공유하기 위해서는 같은 공간 내에 생활근거지를 가지고 있는 주민들간의 공통된 생활문화와 환경이 존재하여야 한다. 공통된 생활환경은 비슷한 생활욕구에서 나타나는데, 그 환경을 지배하는 문화권 또는 공동생활권을 형성하는 것이 지리적 영역이다. 일정한 지리적 영역 내에서 함께 생활하는 주민들 간의 상호 교류작용을 통하여 커뮤니티가 형성된다. 따라서 같은 생활권 내에 살고 있으면서도 상호 교류가 단절되어 있고, 공동관심사나 유대감이 형성되지 않으면 커뮤니티는 구축되지 않는다. 구성원 개개인의 상호 교류를 통하여 본래의 자기 본성을 수정해 가고 문화를 습득하여 안정된 자아를 형성하는 것이 인간의 사회화 과정이다. 따라서 커뮤니티는 이러한 사회화 과정을 통하여 형성된다. 커뮤니티는 일정한 지역에서 거주하는 주민들이 서로 서로를 이해하고 동류의식을 가질 때, 비로소 구축된다고 할 수 있다. 이러한 것은 태어나면서부터 가지게 되는 혈연 또는 지연 등에 의해서 형성되는 공동체 의식이 아닌 상호 교류를 통하여 이해관계를 공유하는 것을 의미한다. 이러한 상호 공감대는 우리의식, 소속감, 공동체 의식 등의 형태로 나타난다.

(2) 읍·면·동 기능전환의 방향

현재 학계 등에서 논의되고 있는 읍·면·동 기능전환의 기본 방향은 크게 동의 사무 및 인력을 대폭 줄이고 규모가 작은 동을 통·폐합하자는 과소동 통·폐합안, 현재 3계층 혹은 4계층으로 구성되어 있는 지방행정계층을 2계층으로 축소하여 자치계층과 행정계층을 일치시키자는 목적으로 일선 행정계층인 읍·면·동을 완전히 폐지시키자는 읍·면·동 폐지안, 행정계층으로서의 읍·면·동은 폐지시키되, 기존의 읍・면・동사무소 시설을 새로운 지방화・민주화의 흐름에 적합한 기능을 보강한 주민자치센터로 전환하는 안 등 세 가지가 있다.

과소동의 통・폐합안은 현재 각 자치단체별로 독자적으로 추진되고 있으며, 읍・면・동이라는 일선 행정계층을 그대로 존속시키고 다만 규모만을 줄이자는 안이므로 지방행정구조개혁의 효과가 미미할 것으로 판단되어 논의에서 제외하기로 하였다. 따라서 이 글에서는 읍・면・동사무소의 폐지방안과 읍・면・동사무소의 주민자치센터로의 전환방안을 분석하여 양 안의 장・단점을 비교・검토하여 보다 효율적인 읍・면・동 기능전환의 방향을 모색하려고 하였다.

① 읍・면・동사무소의 폐지방안

읍・면・동사무소의 폐지방안은 읍・면・동이라는 하나의 행정계층구조를 완전히 폐지하여 현재 3단계인 행정계층을 2단계로 축소하는 동시에 자치계층과 행정계층을 2계층으로 통일시키는 것을 말한다. 다만, 주소지, 우편연락 등 주민들의 편의를 위하여 명칭이나 지번 등은 계속 존속시키는 방안이다.

읍・면・동사무소가 폐쇄됨에 따라서 사무소시설 및 부속시설은 매각하게 되고, 읍・면・동의 사무에 대해서는 사무의 성격에 따라 기초자치단체인 시・군・구로 이관되거나, 폐지 혹은 민간이양 등의 조치를 취하게 된다. 이를 간단한 그림으로 나타내면 다음의 [그림 5-1]과 같다.

그림 5-1 읍・면・동의 폐지방향

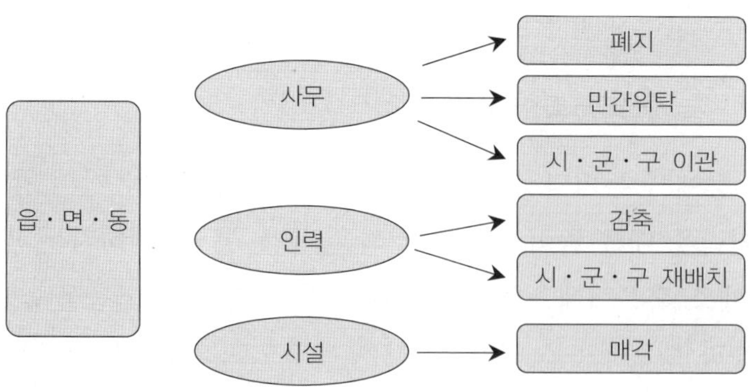

읍·면·동사무소의 폐지에 따라 기존에 읍·면·동사무소에서 시행하고 있던 각종 사무에 대한 전면적인 조정이 필요하게 된 바, 읍·면·동사무소의 전체 사무를 폐지 가능한 사무, 민간위탁이 가능한 사무, 시·군 혹은 자치구로 이관이 가능한 사무 등 세 종류로 분류하였다. 첫째, 폐지 가능한 읍·면·동의 사무는 행정인력을 낭비하는 사무, 행정의 실효성이 없는 사무, 기타 전시성, 주민 동원성 사무 등이다. 읍·면·동사무소가 없어질 경우, 폐지가 가능한 사무로 총무, 인사관리, 예산회계관리, 기획검사, 통·반조직운영 등이 속하는 기관유지 사무를 들 수 있다.

둘째, 민간위탁이 가능한 사무이다. 읍·면·동의 사무를 민간에 이양 또는 위탁의 기준은 민간업체가 처리하는 것이 경제적인 사무, 민간업체가 처리하는 것이 행정서비스의 질을 제고시킬 수 있는 사무, 기술적인 행정 사무, 반복적인 통계·조사 사무 등이다. 민간에 위탁이 가능한 사무로는 지역내총생산 추계자료 조사, 광공업통계조사, 인구주택총조사 등 행정통계 사무와 쓰레기봉투 및 대형폐기물 스티커관리, 무단투기 쓰레기수거·처리, 정화조 청소관리 등 청소·환경 사무, 무허가건축물 철거 등 건축 사무, 도로유지관리, 결빙도로제설작업, 하천 관리 등 사무, 상하수도 유지관리 사무 등 건축·건설·도시관리와 관련된 사무를 들 수 있다.

셋째, 시·군 또는 자치구 이관사무이다. 시·군 또는 자치구 등 상급자치단체에 이관하여야 하는 사무는 폐지가 가능한 사무와 민간위탁이 가능한 사무를 제외한 나머지 사무이다.

읍·면·동사무소가 폐지되고 사무가 조정되면, 이에 따라 읍·면·동사무소 근무 공무원의 재배치를 실시하여야 한다. 사무폐지 혹은 사무의 민간위탁 등이 추진되면, 해당 공무원의 감축이 불가피할 것이고, 사무폐지 혹은 사무의 민간위탁 이외의 업무를 담당한 공무원은 담당업무와 함께 시·군 또는 자치구로 재배치될 것이다. 이때 시·군 또는 자치구에서 동일한 사무를 취급하던 기존의 시·군 또는 자치구 공무원이 있기 때문에, 이들과 읍·면·동에서 재배치된 공무원과의 중복으로 인하여 추가적인 인력 감축이 예상된다.

읍·면·동사무소의 건물과 부대시설 등은 매각하여 시·군 또는 자치구의 재정수입으로 처리한다. 읍·면·동사무소를 폐쇄함으로써 얻을 수 있는 효과로는 첫째, 결재라인을 형성하고 있던 읍·면·동을 폐지하여 지방행정계층을 3계층에서 2계층으로 축소할 수 있다는 것이다. 이를 통하여 행정사무의 처리시간을 단축시킬 수 있고, 각종 행정서식과 서류 등을 줄일 수 있게 된다.

둘째, 읍·면·동의 사무 중 일부를 폐지하거나 민간위탁함으로써 사업비와 인건비 등을 절약하는 경제적 효과를 거둘 수 있는 동시에 공무원 수의 감축을 가져올 수 있다. 전국 평균 동인 경북 경산시 서부동의 경우, 1997년 기관유지사무비는 1억 2천 8백 6십만 원이고, 총인건비 4억 2천 2백만 천 원 중 기관유지사무의 폐지로 인한 인건비 절감액은 약 7천 2백만 원으로 추산된다. 따라서 총예산 절감액은 약 2억 원에 이를 것으로 예상된다.[7] 우리나라 총 동수는 2,293개이므로 모든 동이 폐지되었을 경우, 국가 전체적인 예산 절감액은 약 4천 6백억 원에 이를 것으로 추산된다. 또한 사무폐지 혹은 사무의 민간위탁 등으로 인한 감축이 예상되는 공무원 수는 전체 동 공무원 수의 57.2%인 약 2만 2천 3백여 명으로 예상된다. 또한 규제완화와 민원서류 간소화 조치로 인한 민원서류 발급비용의 절감 및 인력감축이 예상되는 바, 전체 증명민원서류의 대부분(85%)을 차지하고 있는 연간 약 6백 90억 원에 이르는 주민등록등·초본, 인감증명 등의 발급비용이 절감될 것으로 추정된다.[8] 아울러서 민원서류 발급 관련 공무원도 상당수 감축될 것으로 예상된다.

셋째, 기존의 읍·면·동사무소 시설을 매각·처분하여 시·군 또는 자치구 본청의 재정수입을 올릴 수 있다. 동의 경우, 서울특별시의 평균 1개 동, 광역시의 평균 4개 동, 일반시의 평균 3개 동, 행정구가 있는 거대시의 평균 2개 동 등 10개 동의 평균 동사무소 재산평가액은 1997년 말 현재 7억 4천만 원(과세표준액)으로 추산되고 있다. 따라서 전국 2,300여 개의 동사무소를 처분하였을 경우, 약 1,702

7) 경산시 서부동의 예산: 총액 16억 2천 496만 원
  - 인건비: 4억 216만 원, 기관운영관서경비: 6천 2만 원
    경상적 경비: 6천 860만 원, 자체사업예산: 6천 7백만 원
    시배정사업예산: 10억 2천 718만 원
  - 기관유지사무비 = 기관운영관서경비 + 경상적 경비
  ※ 시 또는 구로 사무이관 후의 자체조정으로 인한 추가 감축으로 인한 인건비, 사업비의 감축분은 계산에서 제외.

8) 전국 평균 동인 경산시 서부동의 경우
  - 1997년 1년 간 증명민원발급건수: 16만 6천 8백 건
  - 증명서류당 평균 수수료: 180원

조 원의 재산수익이 시・구로 귀속될 것으로 추산된다.[9)]

넷째, 시・군・구 등 기초자치단체가 읍・면・동에 내린 행정지시와 그와 관련된 공문(영구보존문서현황보고, 지방행정동향보고, 주민등록발급상황보고 등)이 상당수 감소되고, 단지 경유기관으로만 읍・면・동을 경유하고 최종적으로는 시・군・구에서 처리하는 각종 민원서류(건축신고, 인장업신고 등, 음반 및 비디오 관련, 전염병예방 등)를 시・군・구에서 직접 접수받게 되므로 시간과 인력 등이 절약될 수 있으며, 한 가지 사무처리를 위하여 여러 기관을 방문해야 하는 민원인의 불편을 덜어 줄 수 있게 된다.

읍・면・동을 폐지하였을 때 제기될 수 있는 문제점에 관해서는 많은 논의가 있는데, 그 중에 대표적인 것 몇 가지를 들면, 첫째, 주민과 시・군・구 등 기초자치단체 사이의 교량 역할의 부재로 주민의 행정참여와 자치단체의 주민의사를 행정에 반영하는 기능이 저하될 것을 우려하는 주장이 제기되고 있다. 그러나 읍・면・동 행정사무의 3분의 2 정도가 시・군 또는 자치구 등 기초자치단체의 위임사무 혹은 행정지시에 의한 사무이고 자체사무 혹은 고유사무의 비중이 그다지 크지 않기 때문에 동이 직접 정책을 수립하는 경우는 거의 없다고 보아야 할 것이다. 또한 읍・면・동은 주민에게 책임지는 것이 아니고 기초자치단체에게 책임을 지는 주민을 위한 행정이라기보다는 행정을 위한 행정, 즉 보조적 행정이기 때문에 직접적으로 주민의 입장을 고려한 행정수행이 어렵다. 따라서 주민의 의사반영기능이라면, 읍・면・동보다는 오히려 시・군・구가 보다 적합하리라고 판단된다.

둘째, 읍・면・동사무소를 이용하던 주민이 시・군청 또는 구청을 이용하게 되

---

9) 서울시 은평구 불광3동: 10억 8천 5백만 원(대지－10억 원, 건물－8천 5백만 원)
대전시 서구 월평1동: 6억 7천 9백만 원(대지－1억 8천 2백만 원, 건물－4억 9천 7백만 원)
대구시 달서구 본동: 4억 1천 1백만 원(대지－2억 6천 7백만 원, 건물－1억 4천 4백만 원)
울산시 남구 신정2동: 5억 9천만 원(대지－4억 8천 7백만 원, 건물－1억 3백만 원)
광주시 서구 화정1동: 6억 3천만 원(대지－3억 8천만 원, 건물－2억 5천만 원)
창원시 봉림동: 22억 3천 2백만 원(대지－16억 7천 4백만 원, 건물－5억 5천 8백만 원)
안동시 태화동: 2억 원(대지－1억 7천만 원, 건물－3천만 원)
속초시 금호동: 8억 3천 8백만 원(대지－6억 4천 2백만 원, 건물－1억 9천 6백만 원)
청주시 상당구 내덕동: 4억 9천 8백만 원(대지－3억 9천 8백만 원, 건물－1억 원)
수원시 팔달구 지동: 2억 4천 1백만 원(대지－1억 2천 6백만 원, 건물－1억 1천 5백만 원)
자료: 행정자치부(1998). 「읍・면・동기능전환 연찬회」 보고자료.

면, 주민의 행정기관 이용거리가 멀어져서 주민에게 불편을 초래한다는 지적이 있다. 그러나 교통·통신 발달, FAX 민원 활용, 지역정보화 추진 등으로 이러한 문제점은 충분히 극복할 수 있을 것이다.

셋째, 읍·면·동사무소의 기존 사무의 절반 이상이 시·군 또는 자치구에 이관되면, 시·군 또는 자치구의 업무량 증가와 더불어 재배치된 동의 공무원 등으로 인한 직원 수의 증가로 인하여 시·군청이나 구청이 비대해 질 것이라는 우려가 있다. 그러나 읍·면·동 사무와 중복되는 시·군 또는 자치구의 사무를 자체적으로 조정하여 직원 수 및 업무량을 줄일 수 있고, 민간위탁이나 민간이양을 촉진하고, 전자주민카드제의 실시, 각종 규제완화, 지방행정정보화의 적극 추진 등을 통하여 지방행정의 조정이 가능할 것이다.

넷째, 읍·면·동사무소의 건물 등 자산을 처분할 때, 현재의 IMF 불황기에 공공자산의 매각이 생각처럼 쉽지 않을 것이며 국민의 재산인 읍·면·동사무소 등을 시·군청 또는 구청이 임의로 처분하는 데 대한 주민들의 반발을 예상할 수 있다. 그러나 자산 매각을 통하여 자치단체의 재정을 확충할 수 있는 효과가 크므로 충분히 설득이 가능할 것이다.

다섯째, 읍·면·동의 폐지와 더불어 수반되는 사무의 폐지 및 민간이양 등으로 인한 공무원의 감축이 불가피하므로 읍·면·동 공무원의 반발을 예상할 수 있다. 그러나 읍·면·동사무소의 폐지는 공무원 인력의 수급조절과 재배치 등에 관한 중·장기적이고 종합적인 인력계획의 수립을 전제로 하는 것이기 때문에 무조건적인 감축은 있을 수 없고, 기초자치단체 공무원의 자연감소와 시대 변화에 따라서 새롭게 발생하는 행정수요를 위한 배치전환 등 다각적인 방안이 모색되어야 할 것으로 생각된다.

② 주민자치센터 전환방안

주민자치센터 전환방안은 급격한 읍·면·동사무소의 폐지는 주민들과 행정체제에 많은 혼란을 가져다 줄 우려가 있기 때문에 점진적으로 읍·면·동 행정체제를 개편하려는 것이다. 따라서 주민자치센터 전환방안의 핵심은 기존의 읍·면·동사무소를 폐쇄하지 않고 기능을 전환하여 활용하자는 것이다.

읍·면·동의 주민자치센터 전환방안의 중요한 내용은 다음과 같다.

첫째, 현재 3계층 혹은 4계층으로 되어 있는 행정계층을 2계층으로 축소하여 행정사무처리를 위한 시간과 인력을 절약하여 효율적인 행정수행체제를 구축하고, 현재 불일치되고 있는 자치계층과 행정계층을 2계층으로 통일하자는 것이다. 이때 주소지, 우편연락 등 주민들의 편의를 위하여 명칭이나 지번 등은 계속 존속시키도록 한다.

둘째, 기존 읍·면·동사무소의 시설 등은 (가칭)주민자치센터 시설로 활용한다는 것이다. 주민자치센터에서는 기존의 읍·면·동 사무 중 주민생활과 직접적인 관련이 있는 사무만을 계속 존치시키고, 나머지 사무는 기초자치단체인 시·군 또는 자치구로 이관, 폐지 혹은 민간이양시킨다.

주민자치센터에는 지역의 특성에 따라서 관할 구역을 정하고, 사회복지 관련 사무 등 주민생활과 직접적으로 관련이 있는 사무 외에 정보서비스, 주민편익, 사회교육 등 시대상황에 맞는 새로운 기능을 추가하여 주민중심의 지방자치를 실현하자는 것이다.

그림 5-2 주민자치센터 전환의 방향

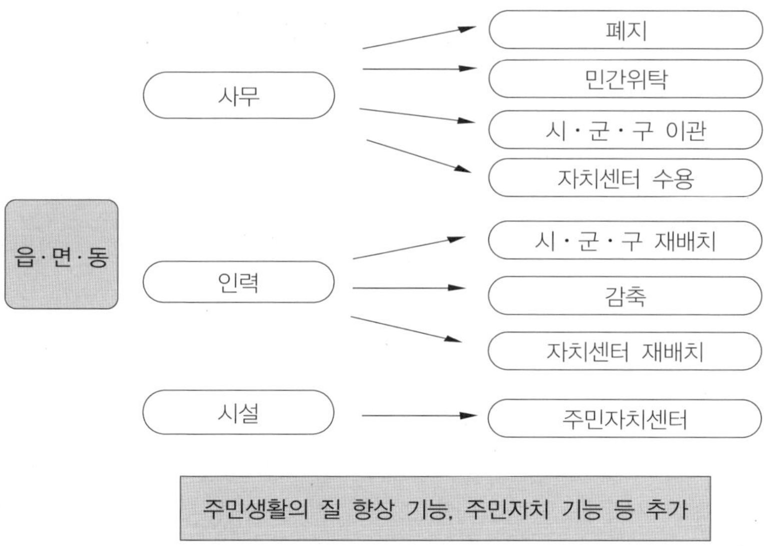

읍·면·동의 주민자치센터 전환안 방향은 [그림 5-2]와 같다.

폐지가 가능한 사무는 총무, 인사관리, 예산회계관리, 기획검사, 통·반조직운영 등이 속하는 기관유지사무가 이에 해당된다. 민간위탁이 가능한 사무로는 지역내총생산 추계자료 조사, 광공업통계조사, 인구주택총조사 등 행정통계 관련 사무와 쓰레기봉투 및 대형폐기물 스티커 관리, 무단투기 쓰레기수거·처리, 정화조 청소관리 등 청소·환경 사무, 건축물 철거 등 건축 사무, 도로유지관리, 결빙도로제설작업, 하천 관리 등과 관련된 사무, 상하수도 유지관리 사무 등 건축·건설·도시관리와 관련된 사무 등을 들 수 있다. 주민자치센터에서 계속하여 수행하여야 하는 지역주민과 관련된 사무는 생보자·저소득층·불우이웃보호, 아동·노인·장애인·모자·부녀복지 등 사회복지 관련 사무, 국민운동단체, 생활체육, 문화·공보 관련 사무 등 사회진흥 등과 관련된 사무이다. 시·군청 또는 구청으로 이관하여야 하는 사무는 폐지가 가능한 사무와 민간위탁이 가능한 사무, 존치사무 등을 제외한 나머지 사무이다. 주민자치센터에 새롭게 추가되어야 하는 기능으로는 주민생활의 질 향상을 위한 추가 기능으로 부업교육, 교양강좌, 건강·레크레이션 강습 등을 위한 시민대학과 예식장, 농수산물직판장 등 주민편익시설, 컴퓨터를 통한 물가정보, 주식정보, 차표예약 등 생활정보제공시설 등을 들 수 있다. 또한 주민자치 실현을 위한 기능을 추가할 수 있는데, 그 대표적인 예로는 청년회, 부녀회, 조기축구회 등 지역자생조직의 모임장소 및 연락사무소 등의 시설을 들 수 있다.

사회복지사무 등 존치사무 수행을 위한 잔류인력을 제외하고 나머지 인력은 일단 시·군청 또는 구청에 재배치된다. 이들 중 폐지사무와 민간이양 혹은 민간위탁사무에 해당되는 인력은 감축이 불가피하며 시·군청 또는 구청에 이관되는 사무를 담당하고 있는 읍·면·동 공무원도 이들과 중복된 사무를 처리하는 시·군청 또는 구청 내에서 근무하는 공무원과의 사무조정을 통하여 추가로 감축될 것으로 예상된다.

주민자치센터 전환방안의 효과는 3계층 내지 4계층인 행정계층을 2계층으로 축소하여 자치계층과 일치시킬 수 있다는 것이다. 동의 경우, 동 사무의 일부를 폐지하고, 위탁 가능한 사무를 민간위탁함으로써 전체 동 공무원 수의 54%인 2만 1천명의 공무원을 감축시킬 수 있게 된다. 기관유지사무의 폐지(12.9%), 사무의 민간위탁(20.1%)으로 총 사무 중 33% 가 축소될 것으로 예상된다. 동의 경우, 기관유지사무의 폐지(12.9%)로 연간 1조 5천억 원의 예산이 절감될 것으로 추정된다. 또한 총 225건의 동사무소 비치 장부와 대장 중 137건(47.5%)이 폐지될 것으로 예상된다. 주민자치센터 내에 시민대학, 주민편익시설, 생활정보실 등을 설치함으로써 주민의 실생활에 직접적으로 도움이 되는 서비스를 제공할 수 있게 된다. 또한 청년회 등 주민자치조직이 활성화될 수 있게 적극적으로 지원하고 동기를 부여함으로써 주민중심의 지방자치를 활성화시킬 수 있다.

읍 · 면 · 동사무소를 주민자치센터로 전환하였을 때, 예상할 수 있는 문제점은 첫째, 읍 · 면 · 동 사무의 일부를 민원행정사무소 등에서 계속 유지하여 행정계층구조의 개편효과가 반감될 것을 우려하는 주장이다. 그러나 민원행정사무소는 결재라인이 아니고 시 · 군청이나 자치구청 업무의 보조기관이고, 읍 · 면 · 동 기능전환의 궁극적인 목표는 주민자치의 실현에 있으므로 주민자치센터 역시 주민 스스로가 관리하도록 하는 것이 최종 목표라고 할 수 있다. 따라서 민원행정사무소에 공무원을 배치하는 것은 일시적인 조치이고 장기적으로는 주민자치센터를 주민의 손에 맡길 것이므로 특별한 문제가 없을 것으로 판단된다.

둘째, 읍 · 면 · 동 사무의 이관으로 인해 시 · 군과 자치구의 업무가 늘어나고 읍 · 면 · 동 근무 공무원의 절반 이상이 시 · 군이나 자치구 본청으로 전입하게 됨으로써 시 · 군이나 자치구의 기구가 지나치게 비대화해질 것이라는 우려가 있을 수 있다. 그러나 지방행정전산화, 규제완화와 민영화 촉진 등을 통한 사무량의 축소, 지방공무원 인력의 자연감소(연간 약 3.4%) 등을 감안한 인력조정 등을 통하여 본청의 비대화를 충분히 조절할 수 있을 것이다.

셋째, 주민의 행정기관 이용거리가 멀어져서 주민에게 불편을 초래할 우려가 있다는 것인데, 주민자치센터가 부분적으로 행정과의 가교 역할을 수행하기 때문에 큰 불편은 없을 것으로 판단된다.

③ 대안으로서의 주민자치센터

읍 · 면 · 동사무소의 폐지방안과 주민자치센터 전환방안을 비교 · 평가해 볼 때, 폐지안은 결재라인을 형성하고 있던 읍 · 면 · 동을 폐지하여 지방행정계층을 3계층에서 2계층으로 축소할 수 있으며, 이를 통하여 행정사무의 처리시간을 단축시킬 수 있고, 각종 행정서식과 서류 등을 줄일 수 있게 된다는 점, 그리고 읍・면・동의 사무 중 일부를 폐지하거나 민간위탁함으로써 사업비와 인건비 등을 절약하는 경제적 효과를 거둘 수 있는 동시에 공무원 수의 감축을 가져 올 수 있다는 점, 기존의 읍・면・동사무소 시설을 매각・처분하여 시・군 또는 자치구 본청의 재정수입을 올릴 수 있다는 점 등에서 효과가 크다고 할 수 있다. 또한 주민의 입장에서 시・군・구와 읍・면・동사무소에서 이중적으로 처리하던 사무, 인・허가와 관리감독으로 나누어서 시・군・구와 읍・면・동에서 제각기 처리하던 같은 내용의 사무 등을 시・군・구에서 일괄적으로 처리하여 민원인의 부담과 불편을 덜어줄 수 있다는 장점도 가지고 있다.

그러나 행정의 능률성만을 강조한 면이 있으며, 행정의 수요자이며 고객인 주민의 입장에 대한 고려가 부족한 면이 있다. 또한 인력감축에 대한 읍・면・동 공무원의 반발과 읍・면・동사무소 폐쇄에 따른 박탈감 내지 상실감 등으로 인한 주민의 반발이 우려되며, 급격한 상황 변화로 인한 혼란이 예상된다.

주민자치센터 전환안은 행정계층 축소조정, 인력감축 등 행정의 능률성 제고라는 측면에서는 폐지안과 비슷한 효과를 가져오지만 지방화 시대에 맞는 주민중심 행정의 실현이라는 측면에서 주민의 편익과 복지 등 주민의 삶의 질을 높이는 기능을 추가하고 지역의 자생조직의 활성화를 도와 주민자치기능을 강화할 수 있는 기능을 추가하였다는 점에서 폐지안보다 바람직한 안으로 판단된다.

사회・경제적 환경 변화에 따라서 읍・면・동의 행정체제도 변화되어야 한다는 사실은 분명하지만, 그 변화의 방향이 수요자이자 주인인 주민의 입장을 고려한 것이어야 할 것이다. 즉, 주민에게 가능한 한 불편과 피해를 덜 주고 좀 더 많은 이익이 돌아가는 방향으로 읍・면・동의 기능전환이 추진되어야 할 것이다. 따라서 주민들의 생활에 직접적인 영향을 미치고 이용횟수가 많은 민원사무, 사회복지사무 등은 그대로 읍・면・동에서 처리하여 주민이 평소처럼 일처리를 할 수 있도록 편의를 도모해 준다는 점에서도 주민자치센터 기능전환방안이 읍・면・동의 폐지방안보다 유용할 것이라고 판단된다. 또한 읍・면・동의 폐지와 같은 갑작스런 변화에는 주민들이 쉽게 적응하기 어렵기 때문에 심한 반발과 반대가 예상된다. 따라서 점진적인 변화를 추구하는 주민자치센터 설치방안은 주민들이 이해하고 적응할 수 있는 여유를 제공해 줄 수 있다는 점에서 폐지방안보다 바람직할 것이다. 전문가를 대상으로 한 설문조사 결과에도 주민자치센터로의 기능전환에 응답자의 67%가 찬성하였다.

읍·면·동의 폐지안과 주민자치센터로의 전환안을 간단하게 비교해 보면, 다음의 <표 5-3>과 같다.

표 5-3 읍·면·동사무소 폐지안과 주민자치센터 전환안의 비교

구 분	공통점	차이점	
		읍·면·동사무소 폐지안	주민자치센터 전환안
방법	• 기관유지사무의 폐지 • 청소환경사무 등 민간위탁	• 사무소 건물 등의 매각 • 사무와 더불어 사무소의 전면 폐지	• 사무소 건물 등을 주민자치회관으로 활용 • 기존 사무 일부 존치 • 새로운 기능 추가
효과	• 예산 절감 • 공무원 감축 • 시·군·구와 읍·면·동의 중복사무 등의 통합을 통한 행정능률 제고와 주민불편 해소	• 행정계층 축소	• 주민생활의 질 향상 관련 기능을 추가로 주민중심의 주민자치 실현 • 갑작스런 체제변혁보다는 점진적인 체제전환을 통하여 예상되는 반발을 최소화하고 변화된 체제를 이해하고 쉽게 적응할 수 있는 시간적 여유 제공

※ 정부와 정치권을 중심으로 한 읍·면·동 개편계획일지

- 행정개혁위원회, 3계층을 2계층으로 축소(읍·면·동 폐지) 건의(1989.7)
- 세계화추진위원회, 읍·면·동 기능전환방안 제시(1996.3)
- 새정치국민회의, 정기국회정책자료 읍·면·동 폐지 내지 축소(1996.9)
- 내무부, 읍·면·동 기능전환방안 대통령직 인수위원회 업무보고(1998.1)
- 신 정부 100대과제 중 중점 추진과제「읍·면·동 기능전환」(1998.2)
- 행정자치부, 한국지방행정연구원에「읍·면·동 기능전환」연구의뢰(1998.2)
- 행정자치부, 대통령 업무보고(1998.3)
- 기획예산위원회, 읍·면·동 폐지 발표(1998.4)
- 행정자치부,「동주민자치센터」시범실시계획 발표(1998.12)
- 행정자치부, 278개 동을「동주민자치센터」시범실시 동으로 선정(1999.1)
- 「동주민자치센터」시범실시 및 평가(1999.7~12)
- 동주민자치센터 전국 확대 실시 및 읍과 면 지역의 시범사업 실시(2000.7 이후)

3) 주민자치센터의 설치 근거

주민자치센터는 그 설립과 운영에 관하여 법적인 근거를 가지고 있는 자치기구이다. 상위법인 헌법 제117조 제1항에서 “지방자치단체는 주민의 복리에 관한 사무를 처리하고 재산을 관리하며, 법령의 범위 안에서 자치에 관한 규정을 제정할 수 있다”고 하여 주민자치에 대한 법적 근거 역할을 하고 있다.

지방자치법 제8조 제1항에서 지방자치단체는 그 사무를 처리함에 있어서 주민의 편의 및 복리 증진을 위하여 노력하여야 한다고 규정하고 있으며, 2000년 7월 1일 동법 시행령 제8조 별표 1－타에서 ‘읍 · 면 · 동사무소의 주민자치센터 설치 · 운영에 관한 사무’를 자치단체 사무로 추가하여 ‘읍 · 면 · 동사무소의 주민자치센터 설치 · 운영 지원’을 시 · 도, 시 · 군 · 구의 사무로 지정하였다. 동 조항에 의거하여 자치법규인 조례를 제정하여 ‘주민자치센터’를 설립 · 운영하고 있다. 주민자치센터는 1998년 작고 효율적인 정부의 실현을 위하여 김대중 정부가 추진한 ‘새정부 100대 국정개혁과제’ 중의 하나인 읍 · 면 · 동 기능전환정책의 일환으로 추진되었다. 이후 1999년에 중앙정부가 일부 동을 대상으로 시범사업을 벌이고 2000년에 전국 동으로 주민자치센터 설치를 확대하였다. 특히 2000년부터 읍 · 면은 선택적으로 주민자치센터를 설치할 수 있도록 유도하였다.

읍 · 면 · 동 기능전환 정책의 추진목적은 첫째, 읍 · 면 · 동사무소의 인력과 사무의 시 · 군 · 구청 이관에 의한 신속한 행정의 수행과 중복행정의 방지에 따른 행정의 효율성을 제고하고 주민의 행정서비스 향상 등을 통하여 행정기능을 강화시키는 것이다. 둘째, 사무와 인력의 시 · 군 · 구청 이관에 따른 읍 · 면 · 동사무소의 여유공간에 주민자치센터를 설치하여 주민의 문화 · 복지, 편익시설 등으로 꾸며 주민의 삶의 질을 향상시키고 주민자치 활동의 장, 지역공동체 형성의 구심체로서의 역할을 제고하는 것이다(행정자치부, 1999: 3－4).

그림 5-3 읍·면·동 기능전환 체계도

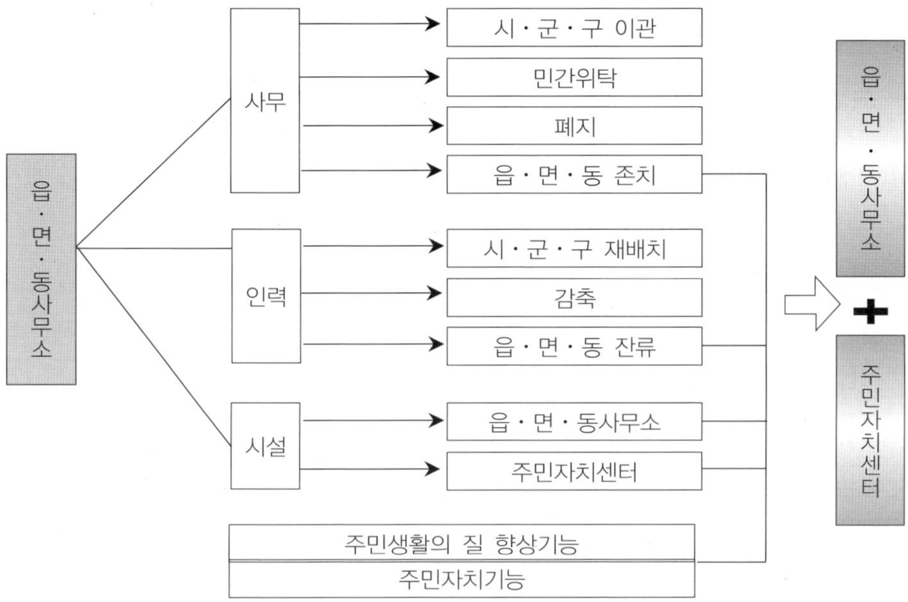

4) 주민자치센터의 추진 경과

1999년에 중앙정부가 일부 동을 대상으로 시범사업을 추진하고, 2000년에 전국 동으로 주민자치센터 설치를 확대하게 되었으며, 2000년부터 읍·면은 선택적으로 주민자치센터를 설치할 수 있도록 유도하였다. 주민자치센터의 추진 과정은 다음과 같다.

- 동 기능전환 시범실시: 94시·구, 278개 동(1999.7~12)
  시·구 본청과 동 간 사무·인력 재배치, 주민자치센터 운영 등
- 시범실시결과 종합평가(1999.11~12)
  평가결과를 분석, 도출된 문제점의 보완·개선(2000.1~2)
- 동 기능전환 확대시행지침 및 읍·면 기능전환 시범실시 지침시달(2000.3.6)
- 동 기능전환 확대: 자치구 및 일반시 1,655개 동(2000.7~9월 중)
- 읍·면 기능전환 시범실시: 35개 읍·면(2000.7~9월 중)

농촌지역의 특성을 감안, 도시지역 동과 차별화 시범실시결과 정밀분석 후 2001년 전체 읍·면에 확대 적용

5) 주민자치센터의 본질

정부에서 추진하고 있는 주민자치센터의 개념은 외국의 '커뮤니티 센터'에서 찾아볼 수 있다. 커뮤니티(community)란 "일정한 지역의 주민들이 사회·경제·문화적인 연대의식 속에서 공통적으로 구축하는 가치와 제도를 위하여 자발적인 참여와 협력 하에 더불어 살아가는 집단"을 의미하는 것으로서 지역성과 공동체 의식을 토대로 지역주민들이 공동의 이해관계를 가지고 함께 살아가는 일종의 근린집단이다. 여기서 지역성이란 사회적 유사성, 공통된 사회적 표현, 공통된 전통, 공통된 관습과 소속감을 의미하며 공동체 의식이란 우리의식(we-feeling), 역할의식(role-feeling), 의존의식(depended-feeling) 등을 의미한다(김필두 외, 1999: 12-13).

주민자치센터는 "지역주민들이 생활정보를 교환하고, 여가선용 및 생활의 지혜를 배우는 등 공동생활을 즐길 수 있는 주민활동의 장 또는 공간"을 말한다(우관명, 2003: 21). 이러한 모임을 통해 지역사회(community) 의식을 증진시킬 수 있을 뿐만 아니라 주민들이 직접 지역문제에 관심을 갖고 해결하게 되어 지방자치 기반을 확립할 수 있게 된다는 점에서 우리나라에서는 외국의 '커뮤니티 센터'를 '주민자치센터'라고 칭하고 있다.

이와 같이 주민자치센터란 지역주민들이 공동생활을 하는 주민활동의 장소를 말하며, 문화생활·생활정보 교환·여가 선용·생활의 지혜를 배우는 집회의 장소라고 볼 수 있다. 주민자치센터의 명칭에 관해 많은 논의가 있었으나 학문적인 논의나 보고서, 공공문서, 관련 법령 등에서 개념적이고 대표적인 용어로 '주민자치센터'라는 용어를 사용하기로 하였다. 특히 주민자치센터를 영조물로 바라보는 것이 우리나라 주민자치센터에 관한 제 규정들의 입장이다(김필두 외, 1999: 15-16). 현재 우리나라 주민자치센터를 보다 넓은 개념으로 이해하여 '지역주민이 중심이 된 자치조직'으로서 주민들이 중심이 된 커뮤니티로 바라볼 수 있다.

6) 주민자치센터의 조직과 기능

'주민자치센터'는 해당 읍 · 면 · 동 주민이 이용할 수 있도록 읍 · 면 · 동사무소에 설치된 각종 문화 · 복지 · 편익시설과 프로그램을 총칭한다. 주민자치센터의 운영에 관한 사항을 심의하거나 결정하기 위하여 읍 · 면 · 동에 주민자치위원회를 설치하였다. 주민자치위원은 위원장, 부위원장 각 1인을 포함하여 30인 이내로 구성하되, 3인 이내의 고문을 별도로 둘 수 있다. 당해 읍 · 면 · 동에 소재하는 각급 학교, 통장대표, 주민자치위원회 및 교육 · 언론 · 문화 · 예술 기타 시민 · 사회단체에서 추천하는 하는 자, 공개모집 방법에 의하여 선출된 후보자 중에서 자치위원 선정위원회에서 선출하고 읍 · 면 · 동장이 위촉한다. 다만, 자치위원을 위촉함에 있어서 교육계 · 언론계, 문화 · 예술계, 과학계, 경제계, 직능단체, 일반주민 등 각계 각층이 균형있게 참여할 수 있도록 위촉하고, 공개모집 방법에 의해 1/3 이상을 위촉하되 어느 한 계층에 소속된 위원이 전체 위원의 1/3을 초과해서는 아니 되며, 특히 여성위원의 참여를 적극 장려하여 전체위원의 1/3 이상이 되도록 하고 있다.

주민자치센터는 다음과 같은 주민자치기능 및 주민을 위한 문화 · 복지 · 편익기능 및 주민자치기능을 수행한다. 기능을 세분하면, 지역문제 토론, 마을환경 꾸미기, 자율방재활동 등 주민자치기능, 지역문화행사, 전시회, 생활체육 등 문화여가기능, 건강증진, 마을문고, 청소년 공부방 등 지역복지기능, 회의장, 알뜰매장, 생활정보제공 등 주민편익기능, 평생교육, 교육강좌, 청소년 교실 등 시민교육기능, 내 집 앞 청소하기, 불우이웃돕기, 청소년 지도 등 지역사회진흥기능 등이 있다.

7) 주민자치센터의 설치와 운영 실태

(1) 주민자치센터 설치 실태

주민자치센터는 2단계에 걸쳐서 설치되었다. 1단계는 1999년 7월 278개 동을 대상으로 한 시범사업이 실시되었고, 시범사업이 끝난 2000년 7월부터 전국의 일반시와 자치구(94개 시 · 구, 1,655개 동)에 확대 설치되었다. 2단계는 2000년 7월 31개 읍 · 면을 대상으로 한 시범사업에 이어서 2001년 7월부터 138개 시 · 군의

1,858개 읍·면·동으로 확대 실시하게 되었다. 다음의 <표 5-4>는 전국 읍·면·동의 주민자치센터 설치 현황이다.

(2) 주민자치 활동 실태

주민자치센터 설치와 운영에 관한 조례를 근거로 하여 주민자치센터는 주민자치위원회가 주축이 되어서 운영하고 있다.

주민자치가 주민이 자신이 살고 있는 지역 내의 문제를 스스로의 의사와 책임으로 처리하는 것이라고 할 수 있다. 주민자치 활동의 핵심은 참여라고 할 수 있다.

표 5-4 주민자치센터 설치 현황(2007년 말 현재)

(단위: 개소, %)

구 분	읍·면·동 수	주민자치센터 설치 대상			주민자치센터 설치 실적		
		계	1단계	2단계	계	1단계	2단계
계	3,588	3,588	1,694	1,894 (896)	2,532 (70.6)	1,685 (99.5)	847 (44.7)
서울	522	522	522		519	519	
부산	226	226	221	5	226	221	5
대구	143	143	134	9	134	132	2
인천	141	141	121	20	141	121	20
광주	91	91	91		91	91	
대전	80	80	80		80	80	
울산	58	58	46	12	58	46	12
경기	532	532	318	214	456	314	142
강원	193	193	26	167	74	26	48
충북	153	153	30	123	129	30	99
충남	211	211		211	98		98
전북	244	244	33	211	147	33	114
전남	299	299	26	273	138	26	112
경북	338	338		338	54		54
경남	314	314	15	299	153	15	138
제주	43	43	31	12	34	31	3

자료: 행정안전부 내부자료(2008).

현재는 읍·면·동 단위에서 주민이 직접 지역의 문제를 찾아내고(의제설정), 주민들의 힘을 모아서 스스로 문제의 해결방안을 모색하는 것을 주민자치 활동으로 보고 있다. 그러한 읍·면·동 차원의 주민자치 활동은 크게 행정안전부에서 주도적으로 추진하고 있는 읍·면·동 이하 단위의 '살기 좋은 지역만들기' 사업과 읍·면·동 주민자치센터를 중심으로 이루어지고 있는 주민자치 활동으로 나눌 수 있다.

① '살기 좋은 지역만들기' 사업

'살기 좋은 지역만들기'란 지역별로 가지고 있는 개성과 부존자원을 활용하여 아름답고 쾌적하고 특색있는 도시와 농산어촌을 자치단체, 주민, 시민단체 등이 협력하여 재설계, 재창조하는 활동을 말한다(행정안전부, 2007a: 35－36).

우리나라는 세계적으로 유래가 없는 급속한 산업화와 도시화를 겪으면서 도시와 농어촌은 물질주의적 양적팽창과 환경파괴적 개발로 인해 다량의 문제군(群)이 발생하고 있다. 도시로의 급격한 인구집중과 함께 획일적 생활환경과 척박한 문화여건, 생태환경 파괴 등으로 도시문제가 심화되고 있으며, 농어촌은 인구유출, 고령화의 급속한 진전으로 지역사회의 유지 자체가 곤란한 실정이다.

도시와 농어촌의 삶의 질 수준을 업그레이드하기 위해서는 '균형발전 개념의 확대'와 체계화가 필요한데, 수도권과 지방의 균형, 도시와 농촌의 상생, 개발과 환경의 조화, 성장과 복지의 병행, 세계화와 지방화의 융합이 중요하고, 향후 국민소득 2~3만 달러 시대와 지식·창조형사회로 이행하면서 '삶의 질'을 우선하는 가치관·행동·정책패러다임으로의 대전환이 요구된다. 삶의 질 중심의 정책패러다임은 정부주도에서 탈피하여 지역의 주체인 동시에 정책수혜자인 주민들이 사업기획과 집행의 전 단계에 자발적 참여를 기본으로 하는 접근하는 것이 바람직하다. 따라서 '살기 좋은 지역만들기' 사업은 지역사회 주민이 자발적으로 참여하고 주도하는 새로운 시스템으로 도시와 농촌을 품격 높은 삶의 질을 갖춘 살고 싶은 지역사회로 재창조하고자 하는 주민자치 활동의 하나이다.

행정안전부에서는 살기 좋은 지역의 기본모델을 개발하고, 국가균형발전위원회와 관계부처, 전문가 등으로 선정위원회를 구성·심사하여, 우수 지역을 선정하였다. 선정된 지역에 대하여는 중앙정부(농림축산식품부, 문화체육관광부, 국토교통부 등)의 정책들을 패키지화하여 지원하고, 추가적으로 행·재정적인 인센티브를 부여한다.

② 주민자치센터의 주민자치사업

읍·면·동 주민자치센터에서 지역공동체 형성, 지역주민의 문화여가 선용, 지역복지 증진, 주민편익 도모, 주민의 교육수준 향상, 지역사회 진흥 등을 위한 다양한 프로그램을 운영하고 있다. 주민자치센터의 프로그램은 해당 읍·면·동 주민의 의견조사를 실시하여 주민들이 원하는 프로그램의 내용을 확인한 후, 주민자치위원회에서 선정하고 자체적으로 운영하고 있다.

표 5-5 읍·면·동 주민자치센터의 주민자치사업 내용

유 형	주민자치사업의 내용
지역공동체	재활용품수집, 마을청소, 자원봉사, 마을문고, 자연보호 순찰대, 자율방범대 등
문화여가	주부노래방, 서예교실, 꽃꽂이교실, 에어로빅, 스포츠댄스, 탁구교실, 헬스교실 등
지역복지	청소년 공부방(독서실), 탁아방, 한방진료, 단전호흡, 수맥강좌, 독거노인 무료빨래방, 사랑의 빵 나누기, 소년소녀가장돕기 등
주민편익	주민회의장, 시민사랑방, 동아리모임, 알뜰매장, 인터넷방 등
시민교육	영어, 일어, 인터넷교실, 미용기술, 지역문화재 탐방 등
지역사회진흥	지역축제, 지역문화 알리기, 지역특산품매장, 시민공원 조성 등

8) 주민자치센터 운영의 문제점

(1) 주민자치위원회의 문제점

주민자치위원회의 문제점은 첫째, 주민자치위원의 대표성에 관한 문제점이다. 주민자치센터의 설치와 운영에 관한 조례에는 주민자치위원은 주민의 대표라고 명시되어 있지만, 읍·면·동장이 위촉하는 주민자치위원은 주민이 직접 선출한 대표도 아니고, 직능별 대표도 아닌 애매모호한 지역유지 집단으로 대부분 새마을, 바르게 살기 등 2~3개 행정지원조직과 겸직하고 있는 실정이다. 따라서 주민자치위원은 주민의 대표성을 가지기에는 미흡한 측면이 있다.

둘째, 주민자치위원의 구성이다. 조례에는 “봉사정신이 투철하거나 자치회관의 운영에 필요한 전문지식을 갖춘 자를 위원으로 위촉하여야 한다”고 규정하고 있으나, 실제로는 지역유지중심으로 구성되어 있다.

셋째, 주민자치위원의 주민자치 활동 역량이다. 대부분의 주민자치위원들은 지역사회에서 음식점 등을 운영하는 자영업 종사자이므로 행정업무처리 등에 필요한 역량이 부족하다. 또한 생업에 종사하다 보니 적극적으로 주민자치 활동에 참여할 수 있는 시간적인 여유가 없어서 월례회의에 참석하는 것이 주민자치 활동의 전부라고 해도 과언이 아니다. 따라서 주민자치 활동 계획수립을 포함한 대부분의 활동은 읍・면・동 담당 공무원이 주도하고 있는 실정이다.

넷째, 주민자치 활동의 기반문제이다. 주민자치 활동의 법적 근거는 각 시・군・구 주민자치센터 설치 및 운영 조례에 두고 있다. 주민자치위원회의 활동을 뒷바침할 수 있는 법적인 근거 규정이 없기 때문에 성격이 애매모호한 반관・반민 조직이라서 자치 활동에 많은 제약이 따르고 있다. 공직선거법에서는 어떤 경우에는 행정기관의 활동으로, 어떤 경우에는 민간조직의 활동으로 애매하게 해석하고 있고 있다.

(2) 주민자치센터의 프로그램 운영상 문제점

대부분의 주민자치센터는 지역유형에 관계없는 천편일률적인 프로그램이 운영되고 있다. 담당 공무원과 주민자치위원의 프로그램 기획 전문성 미흡과 지역자원 및 지역욕구에 대한 조사가 미흡하여 기존의 프로그램이나 다른지역의 프로그램을 그대로 모방하여 실시하는 경향이 강하다. 서울시 S구의 경우, 관내 14개 동 중 12개 동이 요가교실을 운영하고 있다. 또한 문화여가 프로그램의 비중이 지나치게 높다는 것도 문제점으로 지적되고 있다. 서울시의 경우, 전체 프로그램의 50% 이상이 문화여가 프로그램인 것으로 나타나고 있다.

이용계층이 여성(전업주부)에 편중되어 있는 것도 문제점이다. 상근 실무인력이 확보되지 않아서 읍・면・동 주민자치센터 담당 공무원이 프로그램을 관리하기 때문에 공무원의 근무시간인 평일 낮시간(9~18시)에 집중적으로 프로그램이 편성・운영되고, 취약시간(공휴일・야간・새벽)대에 프로그램이 운영되지 않아서 이용계층의 대다수가 여성 특히 전업주부인 것으로 나타났다.

또한 주민자치센터의 시설이 협소하고 노후하여 다양한 프로그램의 개설이 어려운 것도 문제점으로 지적되고 있다. 대부분의 읍·면·동 시설이 열악하지만, 공간적 한계를 극복할 수 있는 지역 내 각종 시설(학교 등) 연계사업이 저조하여 주민들의 다양한 수요를 반영하고 주민자치기능을 활성화할 수 있는 프로그램의 개설에 어려움을 겪고 있다.

(3) 정책적 연계망

주민자치센터는 주민생활지원서비스 전달체계와 밀접하게 연계되어 있으나, 주민생활지원과나 담당과는 별도로 주민자치센터는 시·군·구의 자치행정과나 주민자치과에 소속이 되어 있어서 정책적인 연계가 이루어지지 않고 있다. 특히 주민생활지원서비스 전달체계상 민관협력조직으로 읍·면·동의 주민자치센터가 매우 유용하지만, 거의 연계되어 활동하지 않는다.

아파트부녀회, 새마을부녀회, 리(理)개발위원회 등 주민자치센터와 유사한 활동을 하는 다수의 단체들이 있지만, 제각기 독자적으로 활동하여 활동의 중복과 자원의 낭비를 가져오고 있다.

주민자치위원회는 읍·면·동 단위에서 주민이 직접 지역의 문제를 찾아내고(의제설정), 주민들의 힘을 모아서 스스로 문제의 해결방안을 모색하는 주민자치활동을 추진하고 있다.

2. 주민자치회의 설치와 운영

1) 주민자치회의 성립 배경과 경과

지난 2010년 10월에 제정·시행된 「지방행정체제개편에 관한 특별법」에서는 “풀뿌리자치의 활성화와 민주적 참여의식 고양을 위하여 읍·면·동에 해당 행정구역의 주민으로 구성되는 주민자치회를 둘 수 있다”고 규정하였고, “주민자치회가 설치되는 경우, 읍·면·동의 행정기능을 지방자치단체가 직접 수행하되, 관계 법령, 조례 또는 규칙으로 정하는 바에 따라 지방자치단체 사무의 일부를 주민자치회에 위임 또는 위탁할 수 있다"고 규정하고 있다.

정부는 2011년 2월 16일 지방행정체제개편 특별법의 규정을 구체적으로 실천하기 위하여 대통령 직속으로 지방행정체제개편추진위원회를 발족하였다. 위원회는 구역분과위원회, 기능분과위원회, 근린자치분과위원회 등 3개 분과위원회로 구성되어 있다. 그 중 읍·면·동 단위 주민자치의 구체화하기 위하여 활동하고 있는 분과위원회가 근린자치분과위원회인데, 근린자치분과위원회는 주민자치회의 모형정립을 위하여 한국지방자치학회에 연구용역과제를 위탁하였다. 연구를 위탁받은 한국지방자치학회에서는 약한 준지방자치단체형(2개), 강한 준지방자치단체형, 지방자치단체형 등 4개의 주민자치회 모형을 제시하고 있다. 근린자치분과위원회에서는 4개의 모형과 관련된 의견 수렴을 위하여 전국 4개 권역에서 토론회를 개최하였다. 토론회의 결과를 바탕으로 해서 2개의 준지방자치단체 모형을 중심으로 실행 가능한 제3의 주민자치회의 모형을 만들기 위하여 보다 심층적이고 구체적인 실증적인 연구를 추진하였다. 그 결과, 통합형, 협력형, 주민조직형 등 세 가지 주민자치회 모델을 확정하였다.

박근혜 정부가 출범하면서 지방자치의 통합적인 발전방안을 모색하기 위하여 지방행정체제개편위원회와 지방분권추진위원회가 통합되어 지방자치발전위원회가 출범하였다. 이를 위하여 2013년 5월 28일 지방행정체제개편에 관한 특별법을 모태로 하는 「지방분권 및 지방행정체제개편에 관한 특별법」이 제정·공포되었다. 이 법에는 지방행정체제개편에 관한 특별법에서 규정하고 있던 주민자치회의 설치와 운영에 관한 규정을 그대로 승계하고 있다.

안전행정부(현 행정안전부)에서는 2013년 7월부터 2014년 12월까지 준비기간을 포함하여 1년 6개월 동안 공모를 통하여 31개 읍·면·동을 선발하여 협력형을 중심으로 1단계 주민자치회 시범사업을 실시하고 있다. 이어서 2016년 1월부터 2016년 12월까지 1년 동안 1단계 시범사업을 실시한 31개 읍·면·동에 신규로 18개 읍·면·동을 추가로 선발하여, 총 49개 읍·면·동을 대상으로 협력형을 중심으로 2단계 주민자치회 시범사업을 실시하고 있다. 시범사업이 완료된 2017년 이후에는 3단계 시범사업이 추진되고 있는데, 3단계는 각 시·도가 주관하여 자율적으로 실시하고 있다. 2019년 주민자치회로 전환할 것을 준비하고 있는 시범 읍·면·동을 포함하여 2018년 말 현재 총 260개의 읍·면·동이 주민자치회 시범사업에 참여하고 있다. 행정안전부는 시범사업의 실시 결과를 분석하여 주민자치회의 표준조례안을 확정하여 전국에 전파하고, 지방자치법 개정을 포함한 주민자치회의 구성과 운영에 관한 법률의 제정 등 입법화에 노력하고 있다(행정안전부, 2018).

2) 주민자치회 설치의 필요성

주민자치회 설치의 필요성으로 첫째, 주민자치를 강화해야 한다는 요구가 학계와 주민자치위원회 등을 중심으로 확산되고 있다는 점을 들 수 있다. 시·군·구 통합, 도시화의 진전 등으로 지역공동체 의식이 약화되고, 지역공동체 의식이 약화됨에 따라서 주민들이 지역사회에 무관심하게 되고 지역사회의 각종 활동에의 주민 참여율이 저조하게 되었다. 이상의 문제점을 인식하고, 민선 지방자치 실시 이후, 학계·시민단체 및 지방자치단체에서 주민자치 강화를 위한 제도적 보완책을 요구하게 되었다. 민선 지방자치가 부활된 1995년 이후 학계와 시민단체를 중심으로 읍·면·동 주민자치 강화의 필요성을 꾸준히 제기하였다.

둘째, 주민중심의 근린자치 활성화에 대한 요구이다. 주민의 지역에 대한 소속감과 주민화합 및 지역 발전을 위한 자발적인 노력이 필요하다는 인식이 널리 확산되었다. 과거 행정기관의 동원에 의한 소극적·제한적인 참여를 탈피하고, 지역 내 직능조직·단체 등과 연계관계를 구축여 주민화합과 지역사회 발전을 위한 자발적인 참여와 봉사가 활성화되어야 한다는 인식이 널리 확산되었다.

셋째, 행정과 주민 간 협력을 통하여 보다 주민중심적인 행정기능을 수행하는 민관협력적 거버넌스가 활성화되어야 한다는 요구가 많아지게 되었다. 지방자치단체와 주민 간 유기적인 협력관계의 확대를 통하여 현장중심의 행정서비스의 제공이 가능하기 때문이다. 또한 능동적인 주민의 참여를 통해 지방행정체제 개편에 따른 행정권역의 광역화로 인한 행정서비스 사각지대의 발생을 방지하고 행정의 민주성을 보완하는 것이 필요하다.

넷째, 기존 주민자치센터의 한계와 문제점들을 보완하는 조치가 필요하다. 1999년부터 읍·면·동에 '주민자치센터'를 설치하였으나, 자치기능 강화 측면보다는 문화·복지기능 강화 측면이 컸다. 대부분의 '주민자치센터'가 행정기관 주도로 운영되고 있으며, 주민에게 자치 주체로서의 권한과 책임이 부여되지 않았다. 특히 주민자치위원의 지역대표성, 자치역량, 적극적 활동의지 부족으로 주민자치의 구심점 역할 수행에는 한계가 있었다(지방자치발전위원회, 2014).

3) 주민자치회 모델의 개발과 적용

(1) 모델 개발의 경과

대통령 직속 지방행정체제개편위원회에서는 주민자치회 모델안을 개발하였다(2011.5~2012.6). 주민자치회 모델 개발에 관한 연구용역을 추진한 결과, 주민자치회의 지위와 기능, 읍·면·동사무소와의 관계 등을 기준으로 하여 협력형, 통합형, 주민조직형 등 세 개 모델안을 도출하였다.

현장방문, 토론회, 위원회 논의 결과에 기초하여 협력형, 통합형, 주민조직형 등 세 개 모델을 확정하고, 세 개 모형을 모두 시범실시 대상으로 하였다. 다만, 현행법과 배치되어 특별법의 개정이 필요한 통합형, 주민조직형 등의 모델은 법령 제·개정 후 추진하기로 하였다. 이를 위해, 근린자치분과에 「특별법 개정 T/F」를 구성·운영하게 되었다.

당초에 지방행정체제개편위원회에서는 세 개 모델을 모두 시범실시 대상으로 제시하였으나, 논의 과정을 통하여 협력형 모델을 우선 시범실시하기로 결정하고, 통합형과 주민조직형은 현행법 배치로 특별법을 개정한 후에 실시하기로 하였다. 특별법 개정이 장기화할 경우, 협력형 모델의 시범실시 과정에서 통합형과 주민조직형 중 실행 가능한 요소를 반영하여 시범실시하는 방안도 제기되었다.

지방행정체제개편위원회에서는 주민자치회 시범실시의 기본 방향을 결정하여 안전행정부(현 행정안전부)에 통보하는 동시에 안전행정부(현 행정안전부)와의 역할 분담안을 제시하였다. 지방행정체제개편위원회의 안에 따르면, 안전행정부는 주민자치회에 대한 행·재정 지원과 홍보·교육을 담당하고, 지방행정체제개편추진위원회에서는 주민자치회 시범실시에 대한 모니터링, 평가와 법률 제정안을 마련하는 역할을 담당하도록 하였다. 지방행정체제개편위원회에서는 통합형・주민조직형 시범실시를 위한 특별법 개정(안)을 마련하여 "의원입법"으로 추진하였으나, 제1기 위원회 종료 등으로 중단었다.

안전행정부에서는 지역주민과 주민자치 담당공무원의 선호도가 가장 높은 협력형 주민자치회 시범실시를 추진하였다. 전체 읍・면・동 3,483개 중 선호도에 관한 응답을 한 3,233개 읍・면・동 중 3,028개(93.6%) 읍・면・동에서 협력형을 선

표 5-6 주민자치회 시범실시 지역의 조례 특성

구 분	대상지역		지방자치단체별 조례 특성
1	서울	성동구 마장동	표준조례안 준용
2		은평구 역촌동	표준조례안 준용
3	부산	연제구 연산1동	과태료 조항(제25조) 규정
4		동래구 안락2동	표준조례안 준용
5	대구	수성구 고산2동	표준조례안 준용
6	인천	연수구 연수2동	표준조례안 준용
7	광주	광산구 운남동	인구비례 위원정수 설정
			분과위원회 명시
8		북구 임동	한시조례 규정
			간사실비 규정 삭제
			선정위원회 구성 명시
9		남구 봉선1동	시행규칙 제정
10	대전	동구 가양2동	표준조례안 준용
11	울산	북구 농소3동	추천위원회로 선정위원회 기능 수행 대체
12	경기	수원시 행궁동	동장이 지역대표위원 추천(10명 이내 위촉)
			감사 2명(증 1명)
			시행규칙 제정
13		수원시 송죽동	동장이 지역대표위원 추천(10명 이내 위촉)
			감사 2명(증 1명)
			시행규칙 제정
14		오산시 세마동	표준조례안 준용
15		부천시 송내1동	표준조례안 준용
16		김포시 양촌읍	표준조례안 준용

17	강원	고성군 간성읍	표준조례안 준용
18		인제군 인제읍	표준조례안 준용
19	충북	진천군 진천읍	표준조례안 준용
20	충남	천안시 원성1동	표준조례안 준용
21		아산시 탕정면	표준조례안 준용
22		예산시 대흥면	표준조례안 준용
23		논산시 벌곡면	표준조례안 준용
24	전북	완주군 고산면	표준조례안 준용
25		군산시 옥산면	표준조례안 준용
26	전남	순천시 중앙동	표준조례안 준용
27		목포시 신흥동	위원선정 시 지역대표 추천단체를 자생조직으로 함.
28	경북	안동시 강남동	표준조례안 준용
29	경남	창원시 용지동	모든 주민자치위원 공개모집
30		거창군 북상면	표준조례안 준용
31	세종	부강면	표준조례안 준용

호하였다. 통합형은 100개(3.1%), 주민조직형은 105개(3.3%) 읍・면・동에서 선호한다고 응답하였다.

안전행정부는 협력형 모델을 중심으로 시범실시를 본격적으로 추진하였다. 제1차(2013.7~2014.12)로 지방자치단체의 추진의지와 수행 능력 등을 고려하여 전국 3,400여 개, 읍・면・동(신청 166개) 중 총 31개 시범지역 선정하였다(경기 5, 충남 4, 광주 3, 기타 19, 읍 4곳, 면 7곳, 동 20곳). 주민자치회 시범실시 대상 31개 전 지역 조례제정, 지역 별 약 1억 원 정도의 교부세를 지원하였다. 시범실시 대상 읍・면・동이 소속된 시・군・구에서는 주민자치회 본격실시를 위한 조례 제・개정안을 마련하였다.

주민자치회 모형의 기본 요소(방향)는 첫째, 주민대표(주민자치회 위원)의 선출 시, 지역대표성, 자발성, 전문성 등을 확보한다. 둘째, 주민자치회의 기능을 포괄적으로 규정함으로써 주민자치회 활동의 다양성을 보장하고, 지역공동체 형성, 행정지원기능, 기타 수익 사업 등의 다양한 활동이 가능하도록 주민자치회의 기능을 포괄적으로 규정한다. 셋째, 주민자치회 설치의 자율성을 확보하고, 모델은 주민자치회 설치의 기본 방향 제시, 구체적 사항은 지역 특성을 반영할 수 있도록 한다

등이다.

(2) 협력형

협력형은 현행 주민자치센터와 주민자치위원회 제도를 보완·발전시킨 점진적인 형태로 읍·면·동사무소와 주민자치회가 병렬적으로 설치되는 모습이다. 즉, 읍·면·동사무소는 존치하고 현행 기능을 수행하게 되며, 주민자치회는 현재의 주민자치위원회에서 수행하던 주민자치기능을 중점적으로 수행하면서 특별법의 규정에 따라서 시·군·구 또는 읍·면·동으로부터 위탁받은 사무를 처리하고, 읍·면·동 행정기능 중 주민생활과 밀접한 관련이 있는 사항에 대한 협의·심의할 수 있다.

그림 5-4 협력형 주민자치회 모델(안)

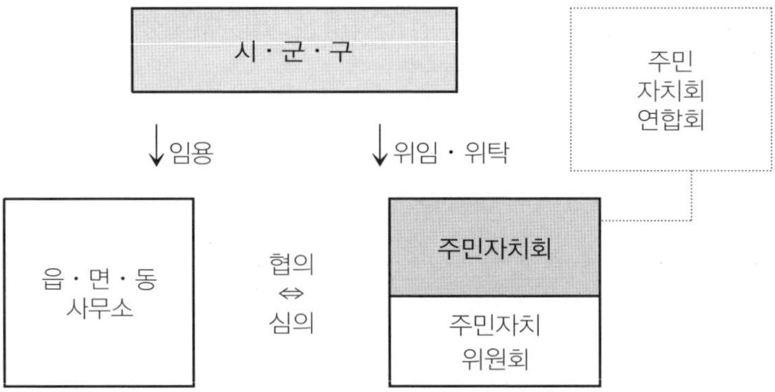

(3) 통합형

통합형은 의결기구(주민자치위원회)와 집행기구(기존 읍·면·동사무소)로 구성된다. 기존의 주민자치위원은 읍·면·동장이 위촉하므로 주민자치위원회가 읍·면·동의 자문기구역할을 하였으나, 통합형에서는 읍·면·동 행정기구가 주민자치회의 사무국 역할을 하게 된다. 통합형에서는 시·군·구청장이 사무기구 소속 공무원의 인사권을 갖게 되나, 사무기구의 장(기존 읍·면·동장에 해당됨)

그림 5-5 **통합형 주민자치회 모델(안)**

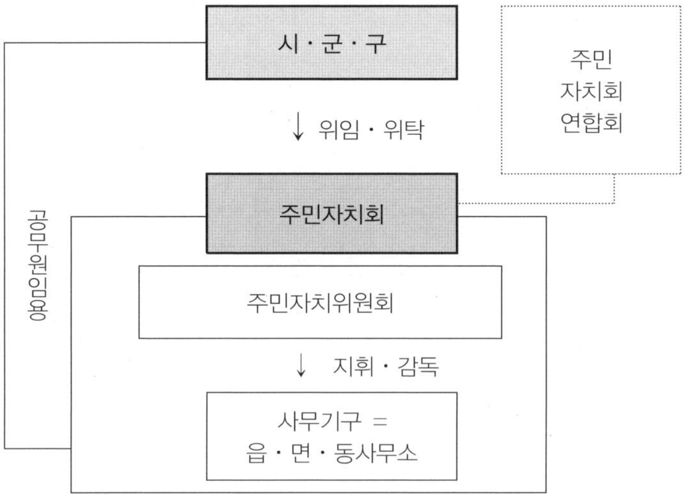

을 임용할 때는 주민자치위원회와 협의를 거치도록 하고 있다. 통합형에서는 주민자치위원장이 사무국 소속의 공무원에 대한 지휘 · 감독권을 가진다.

통합형은 지방자치 선진국과 같은 완전한 주민중심의 주민자치회까지 가는 과도기적 단계로 협력형과 주민주도형의 중간적인 권한과 책임을 가지고 있다.

(4) 주민조직형

주민조직형은 주민대표인 주민자치위원회가 주민자치와 관련된 의사결정권과 집행권을 모두 가진다. 교통 · 통신의 발달과 정부의 각종 규제완화 조치로 인하여 상대적으로 대민 서비스 기능이 약화된 현재의 읍 · 면 · 동사무소를 폐지하고, 순수한 주민중심의 근린자치 요람이 되는 주민자치회를 설치하는 것이 주민조직형이다.

주민자치위원회의 운영 지원을 위하여 유급사무원 또는 자원봉사자로 구성되는 사무기구를 둘 수 있고, 필요하다면 지방자치단체에 공무원 파견의 요청이 가능하도록 하고 있다.

그림 5-6 주민조직형 주민자치회 모델(안)

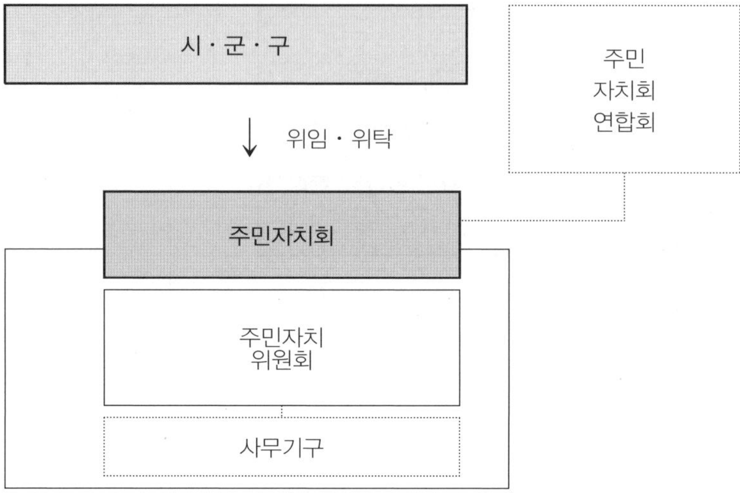

일선 행정기관으로 주민과 가장 가까운 거리에서 호흡하던 읍 · 면 · 동사무소가 폐지될 경우, 주민이 시 · 군 · 구로 찾아가서 민원을 처리하는 불편이 야기될 수도 있으나, 사회복지 등 주민생활서비스의 일부를 위탁 받아서 주민자치회가 처리하게 되므로, 서비스 사각지대와 주민 불편이 최소화할 방안이 모색되어야 할 것이다.

지금까지 설명한 새로운 주민자치회의 세 가지 모델 비교하면 <표 5-7>과 같다. 주민자치위원들은 2년 임기(연임 가능)의 무보수 명예직 봉사자(회의참석 등에 따른 수당 지급)로 20~30명의 범위 내에서 조례로 규정토록 하고 있다. 위원의 자격 요건은 당해 읍 · 면 · 동에 주민등록이 되어 있는 주민이거나 지역 내 소재한 사업장 또는 단체 근무자들로 하였으며, 선출방식이나 구성 비율의 결정, 선거관리 등 위원 선출 관리를 위해 읍 · 면 · 동 단위로 9명 내외의 '위원선정위원회'를 구성 · 운영토록 하였다. 선출방식은 지역대표와 일반주민, 직능대표 등 분야별로 아래와 같이 달리할 수 있도록 했는데, 공개모집으로 선출된 위원이 주민자치위원회 전체를 구성할 수 없도록 제한함과 동시에 성 · 연령 · 소득수준 등을 고려하여 계층별로 균형 있게 구성하도록 다음과 같이 규정하고 있다. 주민자치위원의 선출도 기존의 읍 · 면 · 동장의 임명 방식에서 시 · 군 · 구청장의 위촉방식으로 변

표 5-7 주민자치회 세 가지 모델의 비교

구 분	통합형	협력형	주민조직형
구성	주민자치위원, 공무원	주민자치위원	
권한	• 주민자치기능 및 행정지원기능 수행 • 읍·면·동 행정기능 수행	• 주민자치기능 및 행정지원기능 수행 • 일부 읍·면·동 행정기능 협의·심의	• 주민자치기능 및 행정지원기능 수행
주민자치위원의 역할	• 주민자치기능 및 읍·면·동 행정기능에 대한 결정(의결기능)	• 주민자치기능 결정 및 집행 • 행정기능협의·심의	• 주민자치기능 결정 및 집행
읍·면·동 사무소	주민자치회 사무기구로 전환	존치(행정기능 유지)	읍·면·동 행정기능을 지방자치단체 직접 수행
지방자치단체와의 관계	시·군·구의 하부 행정기관 성격	• 읍·면·동과 연계·협력(협의·심의사항에 대한 이행요구 등)	• 시·군·구와 연계·협력(주민의견 제출 등)
사무기구	공무원	주민(공무원 파견 요청 가능)	

경하였다.

설치 단위는 읍·면·동 단위로 1개로 하는 것을 원칙으로 하되, 농어촌지역의 특수한 사정을 고려하여 예외적으로 분회를 둘 수 있도록 하였다. 주민자치위원회의 운영을 지원하기 위하여 유급사무원 또는 자원봉사자를 둘 수 있도록 했으며, 필요시 지방자치단체에 공무원 파견 요청도 가능토록 하였다.

주민자치회의 기능은 기존에 주민자치센터에서 수행하던 마을강좌, 마을만들기, 마을 행사 등 주민자치기능과 시·군·구 혹은 읍·면·동의 위탁사무처리기능 등이다.

4) 주민자치회 모델의 개요

(1) 기본 방향

주민자치회는 기존 주민자치위원회 제도를 보완·발전한 형태로 읍·면·동사무소와 주민자치회가 병렬적으로 설치된다. 읍·면·동사무소는 존치하고 현행 기능을 그대로 수행한다. 주민자치회는 주민자치기능, 위임·위탁사무 처리기능과 읍 · 면 · 동 행정기능 중 주민생활과 밀접한 관련이 있는 지역개발, 생활안전, 복지, 금전적 부담, 편의시설 운영 등에 관한 사항에 대한 협의 · 심의기능 등을 수행한다. 주민자치회와 읍 · 면 · 동사무소와의 관계는 기존 주민자치위원회와 읍 · 면 · 동사무소와의 관계, 역할 등과 유사하나, 읍 · 면 · 동 행정기능에 대한 협의 · 심의권을 부여하여 권한을 강화하고 선출방식을 변경하여 주민대표성을 확보하기 위하여 노력한다.

(2) 설치 단위

주민자치회는 기존 제도와의 정책적 연계 및 새로운 제도의 조기정착을 도모하고 운영상 효율성을 확보하기 위해서 읍 · 면 · 동 단위로 1개의 주민자치회를 설치하는 것을 원칙으로 한다. 다만, 섬, 산간지역 등 인구가 적고 산재한 지역, 지리적으로 교통 · 통신이 불편한 지역 등과 같은 특별한 경우에는 예외적으로 분회를 둘 수 있도록 하였다. 분회의 설치, 구성 및 운영 등에 관한 사항은 개별 주민자치회 관련 조례에서 결정한다.

(3) 구 성

① 주민자치회

주민자치회는 주민대표로 구성되는 주민협의체이다(국정시책 100대 과제 제74번 과제). 주민자치회 위원의 정수는 20~30명의 범위 안에서 조례로 규정한다. 다만, 인구규모가 적은 지역의 경우 20명 이하로도 구성이 가능하다. 읍 · 면 · 동별로 인구편차가 심하나, 주민대표기구로서 주민참여를 확대하고 합리적인 의사결정이 가능하도록 상 · 하한선을 제시하는 것도 바람직할 것이다. 현재 통 · 리 · 반은 인구, 면적, 지리적 조건 및 역사적 전통과 문화계승 등을 고려하여 결정되었음을 감안하고 주민의 대표성 확보를 위해 읍 · 면 · 동의 평균 통 · 리 수(24개)에 기초하여 규모를 결정하는 방안도 고려할 수 있다.

주민자치회 위원의 자격 요건은 당해 읍 · 면 · 동에 주민등록이 되어 있는 주민, 당해 읍 · 면 · 동 지역 내에 소재한 사업장 또는 단체 근무자(직능대표에 포함함으로써 전문가 확보와 지역소재 사업장과의 원만한 관계 형성에 유리) 등으로 한다.

주민자치회의 결격사유는 공직선거법 제19조(피선거권이 없는 자)를 준용한다. 주민자치회 위원의 선출 관리를 위해 읍·면·동 단위로 9명 내외의 '위원선정위원회'를 구성·운영한다. 주민자치회 위원선정위원회는 시·군·구청장, 시·군·구의회 의장, 시·군·구 교육장, 당해 읍·면·동 주민자치회의 장 등의 추천을 받아 구성하되, 교육장은 학교운영위원 또는 학교장 등 교육 관련자로 추천 범위를 제한한다. 주민자치회 위원선정위원회의 구성, 심의기준 및 방법 등 주민자치회 위원선출과 관련된 구체적 사항은 지방자치단체가 자율적으로 결정하도록 조례에 위임한다. 선출방식 및 선출방식별 구성 비율, 선거관리 등 위원선출을 위한 세부사항은 위원선정위원회에서 결정한다.

주민자치회 위원의 선출은 주민대표성, 지역대표성, 전문성, 자발성 등을 확보하기 위하여 다양한 방식을 활용한다. 공개모집 방식으로 선출된 위원이 주민자치위원회 전체를 구성할 수 없도록 제한하고, 성, 연령, 소득수준 등을 고려하여 계층별로 균형 있게 구성하도록 규정한다.

주민자치회 위원은 지역대표, 주민대표, 직능대표 등으로 구분하여 선출한다.

㉠ 지역대표: 지역대표는 주민총회 또는 통·리장 호선방식 중 하나를 선택하는 방안을 제시하였다. 주민총회 선출방식은 위원선정위원회의 주관으로 읍·면·동 주민총회에서 선출하는 방식이다. 통·리장 호선방식은 도시형과 농촌형으로 구분할 수 있다. 도시형은 통장 중 호선 또는 순번제로 선출하는 방식이다. 통장은 반장 중에서 호선으로 선출하고, 반장은 주민총회 등 주민대표성을 확보할 수 있는 방식으로 선출하는 방안을 제안하였다. 농촌형은 이장 중 호선 또는 순번제로 선출한다. 이장은 주민직선 등으로 선출하는 방안을 제시하였다. 현재 이장을 직선방식으로 선출하는 지역이 많으므로 이러한 이장 직선방식을 확대 적용하는 것이다.

㉡ 주민대표: 주민대표는 일반주민을 대상으로 공개모집하는 방식이다. 공개모집에 응모한 주민 중에서 추첨으로 주민자치회 위원을 서출하거나 위원선정위원회에서 선정하는 방식을 제안하였다. 현재 제주특별자치도에서는 추첨방식을 채택하고 있다.

㉢ 직능대표: 직능대표는 전문가, 지역사회단체 대표, NGO 대표, 직능단체 대

표 등을 공개모집한 후에 위원선정위원회에서 선출하도록 하는 방식이다. 주민참여를 확대하기 위하여 1차로 위원선정위원회의 서류심사를 거친 후 주민이 직접 심사하는 공개 오디션을 통해 최종 선정하는 방식도 가능할 것이다.

㉣ 주민자치회 위원 예비후보: 주민자치회 위원의 사퇴 등에 따른 공석이 발생을 할 경우에 대비하여 공개모집 된 후보 중 5인 이하의 예비후보를 선정하는 방안이다. 지역대표의 경우 결원 발생 시 해당 지역에 국한하여 지역대표 선출방식을 준용하여 재선출하는 방안도 가능할 것이다.

주민자치회 위원의 위촉은 시·군·구 조례로 정하는 바에 따라 지방자치단체장이 위촉하는 것을 원칙으로 한다.

주민자치회 위원의 지위는 무보수 명예직의 봉사자(회의참석 등에 따른 수당지급)로 하는 것을 원칙으로 시·군·구의 조례에서 정한다.

주민자치회 위원의 임기는 2년으로 하고 연임이 가능하게 하는 것을 원칙으로 하되 구체적인 사항은 시·군·구의 조례로 정한다.

주민자치회 위원의 해임 사유는 조례에서 규정된 주민자치회 위원의 결격사유에 해당되거나, 관계규정 위반, 부정비리 연루, 직무태만 등이다. 주민자치회 위원의 해임 절차는 재적위원 1/3 이상의 발의와 재적위원 2/3 이상의 의결로 결정하되, 위촉권자인 시·군·구청장이 주민자치회의 결정을 수용하여 집행하는 것을 원칙으로 한다.

주민자치회 위원의 궐위 시 보임 절차는 위원의 잔여 임기가 6개월 이상일 경우에 한해서 지역대표의 경우는 재선출하고, 이외의 경우는 예비후보 중 상위 순위자로 위촉하는 것을 원칙으로 한다. 보임된 위원의 임기는 궐위 위원의 잔여 임기로 하며, 구체적인 사항은 조례 혹은 규칙으로 정할 수 있다.

주민자치회 위원은 주민자치회 활동과 관련하여 소속 또는 지지정당의 표방을 금지하는 등 정치적 중립을 유지하여야 한다.

주민자치회는 효율적인 주민자치 활동을 위하여 하부기관을 둘 수 있다. 임원회, 분과위원회, 분회 또는 지회 등 하부기관의 구성은 지역의 특성을 반영하여 시·군·구의 조례로 정한다.

주민자치회의 회의 운영과 관련하여 회의 종류, 회의개최 시기, 개최 요건, 의사결정 방식 등 회의의 구성과 운영에 필요한 구체적인 사항은 시·군·구의 조례로 정한다. 주민의 의견수렴이 필요하다고 판단되는 경우 주민 전체 또는 일부를 대상으로 주민총회 소집 또는 문서회람 방식 등을 활용하는 것도 가능할 것이다.

② 사무기구

주민자치회의 결정사항에 대한 집행은 주민자치위원이 직접 수행하되, 주민자치회 운영을 지원하기 위해서 필요한 경우에는 사무국을 설치하고 전담 유급사무직원 또는 자원봉사자를 둘 수 있다. 주민자치회 사무처리 지원을 위해 지방자치단체에 공무원 파견을 요청할 수 있으며, 이 경우 지방자치단체는 최대한 협조하도록 조례에 명문의 규정을 두어야 한다.

(4) 주민자치회의 운영

① 기 능

주민자치회의 기능은 크게 협의·심의기능, 주민자치기능, 위임·위탁사무 처리기능 등으로 구분할 수 있다.

㉠ 협의·심의기능: 현재 읍·면·동 주민센터에서 수행하고 있는 행정기능 중 주민생활과 밀접한 관련이 있는 지역개발, 생활안전, 복지, 금전적 부담, 편의시설 운영 등에 관한 사항, 예를 들면 중장기 읍·면·동 발전계획의 수립·집행·평가, 지역공동체 특성화사업, 소규모 마을만들기 사업 등 수행, 주민자치센터 관리·운영, 마을 주민자치 활동 운영·지원 등에 대하여 주민자치회는 읍·면·동장과 협의·심의할 권한을 가지고 있다. 읍·면·동장은 주민자치회의 협의·심의한 결과를 참고로 하여 읍·면·동의 행정사무를 집행하여야 한다.

㉡ 주민자치기능: 주민자치회가 행정의 도움 없이 자기 비용으로 직접 기획하고 집행하고 평가하는 사업을 의미한다. 지방분권 및 지방행정체제개편에 관한 특별법 제28조 제2항 제1호에서 주민자치회는 "주민자치회 구역 내의 주민화합 및 발전을 위한 사항"을 자치적으로 의결하여 처리할 수 있다고 규정하고 있다. 주민자치회의 자치기능에 관한 구체적인 사항은 시·군·구의 조례와 규칙 등에서 정할 수 있다.

㉢ 위임 · 위탁사무 처리기능: 지방분권 및 지방행정체제개편에 관한 특별법 제28조 제1항에는 “주민자치회가 설치되는 경우 관계 법령, 조례 또는 규칙으로 정하는 바에 따라 지방자치단체 사무의 일부를 주민자치회에 위임 또는 위탁할 수 있다”고 규정되어 있다. 또한 동조 제2항 제2호와 제3호는 “지방자치단체가 위임 또는 위탁하는 사무의 처리에 관한 사항과 그 밖에 관계 법령, 조례 또는 규칙으로 위임 또는 위탁한 사항”을 주민자치회가 처리할 수 있다고 규정하고 있다. 그러나 현실적으로 위임사무는 대체로 상부 행정기관이 하부 행정기관에 특정 사무에 관한 책임과 권한을 이양하는 것이기 때문에 행정기관이 아닌 주민조직인 주민자치회가 원칙적으로 위임사무를 처리하는 것이 불가능하다. 따라서 주민자치회는 위탁사무만 수행이 가능한 것으로 해석할 수 있다.

② 재정 및 감사

주민자치회의 재원은 자체재원, 의존재원, 기타 재원으로 구분할 수 있다.

㉠ 자체재원: 회비, 자체 수익사업 · 위탁사업 수입, 사용료 등

㉡ 의존재원: 사업보조금, 운영보조금 등

㉢ 기타 재원: 주민 또는 기업의 기부금품 등

주민자치회의 수입과 지출에 관한 회계처리 및 감사의 기준과 절차는 시 · 군 · 구의 조례와 규칙 등에서 자체적으로 규정을 마련할 수 있다.

③ 교육훈련

국가 및 지방자치단체는 주민자치위원과 주민의 자치역량강화 및 상호 교류를 위해 교육과 연수 기회를 제공할 것을 법과 조례에 명시하는 것이 필요하다. 주민자치회 위원의 역량을 강화하기 위하여 매년 일정시간 이상 의무적으로 주민자치회의 운영과 주민자치사업의 계획 및 추진 등에 관한 교육을 실시하는 것이 필요하다.

④ 하부조직 및 연합조직 구성

주민자치회의 하부조직으로 통 · 리 단위에 지회 또는 분회를 설치할 수 있다는

규정을 조례와 규칙에서 정할 수 있다. 필요한 경우에는 분회 또는 지회가 설치되는 통·리 단위에도 주민총회를 구성하여 운영할 수 있다. 주민총회 운영에 관한 사항은 읍·면·동 단위 주민총회 자체 규정을 준용하며, 자체 규정이 없는 경우 별도 규정을 제정하여 운영할 수 있다.

주민자치회 연합회는 법령상 시·군·구 단위의 임의단체로 규정하여 선택적으로 설치할 수 있다. 주민자치회 연합조직의 구성과 운영은 지방자치단체와 힘의 균형을 이루고 협력적 파트너십 형성에 유리한 측면이 있으나, 지방의회의 견제와 충돌 가능성을 고려하여 자체적으로 필요에 따라 설치할 수 있도록 하여야 한다.

⑤ 다른 기관과의 관계

주민자치회와 지방자치단체와의 관계와 관련하여 지방자치단체는 주민자치회에 재정 및 주민자치에 대한 정보, 기술 등을 지원할 수 있다. 위탁사무는 대등한 관계에서 계약 등에 따라 위탁하고 시·군·구청장이 회계감사를 실시하도록 한다.

주민자치회가 새롭게 출범하는 경우, 기존 주민자치위원회와 역할·기능이 중첩되므로, 기존 주민자치위원회는 폐지하고 새로 구성되는 주민자치회가 권리·의무를 승계하는 것으로 한다. 기존의 주민자치센터는 주민자치회의 자치 활동과 지역공동체 형성 등을 위한 공간으로 활용할 수 있다.

(5) 주민자치회의 기능

주민자치회의 조직과 운영은 세 가지 모형이 대체로 유사하지만, 주민자치회의 기능은 세 가지 유형별로 약간의 차이가 있기 때문에 유형별로 기능을 제시하였다.

① 협력형

협력형은 읍·면·동장과 주민자치회의 대등한 협력기능에 초점을 맞추었다. 주민자치회의 주된 기능은 주민자치기능에 대한 의결·집행기능, 읍·면·동의 행정기능 중 주민화합 및 발전에 관한 사항에 대한 협의·심의(자문)기능 등으로 나눌 수 있다.

㉠ 주민자치회의 기능

- 주민자치기능: 주민화합 및 발전에 관한 사항 수행

  예: 마을강좌－인문학 강의, 마을사업－마을만들기, 마을행사－마을축제 등의 주관

- 민관협력기능: 읍·면·동 행정기능 중 주민화합 및 발전에 관한 사항에 대한 협의·심의

  예: 읍·면·동 발전계획·지역발전계획 수립, 지역공동체 특성화 사업 등

㉡ 행정의 기능

- 법령, 조례, 규칙 등에 의한 지방자치단체의 위탁사무를 주민자치회와 협의하여 결정
- 주민자치회 활동에 대한 행·재정적인 지원

② 통합형

협력형이 주민자치기능과 행정기능이 이원화되는 시스템이라면, 통합형은 주민자치기능과 행정기능이 일원화되는 형태이다. 주민자치회는 주민자치 및 읍·면·동 행정기능에 대한 의결기능을 담당하고, 읍·면·동장은 집행기능을 담당하게 된다. 따라서 읍·면·동은 주민자치회의 사무국의 기능을 수행하게 된다.

③ 주민조직형

주민조직형은 조선 시대처럼 읍·면·동을 주민이 자치적으로 운영하는 시스템이다. 행정공무원은 시·군·구 등으로 옮겨가고 읍·면·동 주민센터에는 주민자치회가 남아서 주민자치기능과 행정서비스 제공기능 모두에 대한 의결과 집행기능을 주민자치회가 수행한다.

표 5-8 주민자치회 기능 비교

<table>
<tr><th colspan="2">구 분</th><th>통합형</th><th>협력형</th><th>주민조직형</th></tr>
<tr><td rowspan="3">읍・면・동
행정기능</td><td>고유행정사무</td><td>○</td><td>×</td><td>×</td></tr>
<tr><td>협의・심의 대상 사무</td><td>○*</td><td>○**</td><td>×</td></tr>
<tr><td>위임・위탁 대상 사무</td><td>○</td><td>○***</td><td>○***</td></tr>
<tr><td colspan="2">주민자치기능</td><td>○</td><td>○</td><td>○</td></tr>
<tr><td colspan="2">시・군・구의 위임・위탁사무 처리기능</td><td>○</td><td>○***</td><td>○***</td></tr>
</table>

* 주민자치회 직접수행.
** 주민자치회 협의・심의 후 읍・면・동사무소에서 수행.
*** 주민자치회의 위임사무 직접 수행 여부는 추후 입법 과정에서 구체화 필요.

표 5-9 주민자치회 역할 비교

<table>
<tr><th rowspan="3">구 분</th><th colspan="2">주민자치기능</th><th colspan="3">행정(지원)기능</th></tr>
<tr><th rowspan="2">순수
주민자치사업</th><th colspan="3">현 읍・면・동 행정기능</th><th rowspan="2">위임・
위탁사무*</th></tr>
<tr><th>주민생활 관련
행정서비스</th><th>위탁사무</th><th>기타 사무</th></tr>
<tr><td>통합형</td><td colspan="2">○위원회 의결</td><td colspan="3">○시・군・구 또는 읍・면・동과 협의</td></tr>
<tr><td>협력형</td><td>○자치회
의결・집행</td><td>○자치회
협의・심의</td><td>○
위탁</td><td>■</td><td>○
위탁</td></tr>
<tr><td>주민
조직형</td><td>○자치회
의결・집행</td><td>△자치회 의견제출</td><td>○
위탁</td><td>■</td><td>○
위탁</td></tr>
</table>

* 시・군・구 사무 중 위임・위탁사무임.

5) 주민자치회 시범실시

(1) 주민자치회 시범실시의 목적

주민자치회 시범실시의 추진 목적은 첫째, 주민자치회의 성공적인 모델을 창출하고 주민자치회를 널리 홍보하여 자발적・점진적인 전국 확산을 유도하기 위해서이다.

둘째, 주민자치회의 모형에 대한 검토 및 개선방안의 도출을 위해서이다. 시범실시 대상인 협력형의 타당성, 적합성 등을 분석하고, 협력형과 다른 모형(통합형, 주민조직형)과의 비교 검토가 필요하기 때문이다.

셋째, 주민자치회 위원과 주민의 주민자치역량과 주민자치회 운영 능력을 분석하고 평가하기 위해서이다.

넷째, 특별법의 규정에 따라서 (가칭)주민자치회의 구성과 운영에 관한 법률 제정의 필요성 등에 관한 기초 자료를 확보하기 위해서이다.

(2) 주민자치회 시범실시 개요

① 실시기간

㉠ 1단계(2013.7~2014.12): 전국 읍・면・동 전체를 대상으로 공개모집하여 166개의 읍・면・동을 신청하였고, 지방자치단체의 수행 능력과 추진의지 등을 고려하여 31개 읍・면・동을 1단계 시범지역으로 선정하였다(경기 5, 충남 4, 광주 3, 기타 19, 읍 4곳, 면 7곳, 동 20곳).

표 5-10 주민자치회 1단계 시범실시 대상지역 선정 결과

	광역자치단체 시・도	선정 수	지원 수	전체 수	기초자치단체 시・군・구	읍・면・동
1	서울특별시	2	5	423	성동구	마장동
2					은평구	역촌동
3	부산광역시	2	10	214	연제구	연산1동
4					동래구	안락2동
5	대구광역시	1	4	139	수성구	고산2동
6	인천광역시	1	12	146	연수구	연수2동
7	광주광역시	3	33	94	광산구	운남동
8					북구	임동
9					남구	봉선1동
10	대전광역시	1	1	77	동구	가양2동
11	울산광역시	1	2	56	북구	농소3동
12	경기도	5	38	547	수원시	행궁동
13						송죽동
14					오산시	세마동
15					부천시	송내1동
16					김포시	양촌읍

17	강원도	2	4	193	고성군	간성읍
18					인제군	인제읍
19	충청북도	1	3	153	진천군	진천읍
20	충청남도	4	24	205	천안시	원성1동
21					논산시	벌곡면
22					아산시	탕정면
23					예산군	대흥면
24	전라북도	2	9	241	완주군	고산면
25					군산시	옥산면
26	전라남도	2	10	296	순천시	중앙동
27					목포시	신흥동
28	경상북도	1	7	331	안동시	강남동
29	경상남도	2	2	318	창원시	용지동
30					거창군	북상면
31	세종특별시	1	–	11	–	부강면

* 제주도 제외.

ⓛ 2단계(2015.10~2016.12): 1단계 31개 읍·면·동은 2단계에도 계속 실시하고, 추가로 18개 읍·면·동이 시범실시에 참여하여 총 49개 읍·면·동이 2단계 시범실시에 참여하였다. 시범실시지역 읍·면·동이 소속된 시·군·구에서는 주민자치회의 본격적인 실시를 위해 법령 및 조례 제·개정안을 마련하였다.

표 5-11 주민자치회 2단계 시범실시 대상지역

시·도	시·군·구	읍·면·동	시·도	시·군·구	읍·면·동
서울(4)	성동구	마장동	경기(12)	시흥시	대야동
	은평구	역촌동		시흥시	정왕1동
	중랑구	면목본동		남양주시	평내동
				수원시	광교1동
	중랑구	망우본동		고양시	창릉동
				고양시	풍산동
부산(4)	연제구	연산1동		파주시	운정2동
	동래구	안락2동	강원(4)	고성군	간성읍
	영도구	청학1동		인제군	인제읍
	북 구	금곡동		춘천시	근화동

대구(1)	수성구	고산2동
인천(2)	연수구	연수2동
	연수구	송도2동
광주(5)	광산구	운남동
	북구	임동
	남구	봉선1동
	서구	금호1동
	서구	풍암동
대전(1)	동구	가양2동
울산(1)	북구	농소3동
세종(1)		부강면
경기(12)	수원시	행궁동
	수원시	송죽동
	오산시	세마동
	부천시	송내1동
	김포시	양촌읍

	춘천시	퇴계동
충북(1)	진천군	진천읍
충남(5)	천안시	원성1동
	논산시	벌곡면
	아산시	탕정면
	예산군	대흥면
	아산시	배방읍
전북(2)	완주군	고산면
	군산시	옥산면
전남(3)	순천시	중앙동
	목포시	신흥동
	목포시	삼향동
경북(1)	안동시	강남동
경남(2)	창원시	용지동
	거창군	북상면

② 시범실시 모형(협력형)의 특징

시범실시 모형인 협력형은 읍·면·동과 주민자치회가 공존하며 협력하는 구조를 가지고 있다. 읍·면·동사무소는 그대로 존치하고 현행 기능을 수행한다. 현 주민자치위원회와 읍·면·동사무소의 관계에서 읍·면·동 행정기능에 대한 협의·심의권을 부여하여 주민자치회의 권한을 강화하였다.

주민자치위원의 설치 단위는 읍·면·동 단위로 1개의 주민자치회를 설치하도록 하였는데, 이는 현행 제도와의 정책적 연계 및 조기정착을 도모하고 운영상 효율성을 확보하기 위한 조치이다.

주민자치회 위원의 선출방식은 주민대표성, 지역대표성, 전문성, 자발성 등을 확보하기 위하여 다양한 방식을 활용하도록 하였다. 공개모집 방식으로 선출된 위원이 주민자치위원회 전체를 구성할 수 없도록 제한하는 한편, 성·연령·소득수준 등을 고려하여 계층별로 균형 있게 구성하도록 조례로 규정하도록 하였다.

주민자치회 회의개최 시기, 개최 요건, 의사결정 방식 등 회의운영에 필요한 구체적인 사항은 지방자치단체의 조례로 규정하도록 하였다.

주민자치회는 현행 읍·면·동사무소의 행정기능 중 주민생활과 밀접한 관련이 있는 지역개발, 생활안전, 복지, 금전적 부담, 편의시설 운영 등에 관한 사항 등에 대한 협의·심의 권한을 가지며, 주민화합 및 발전을 위한 사항 등 주민자치기능과 위탁사무 등을 직접 수행할 수 있는 권한을 가진다.

협력형 모델의 주민자치회기능을 2개의 기본 모형과 5개의 선택모형으로 나누고, 2개의 기본 모형은 의무적으로 적용하도록 규정하고 있다(<표 5-12> 참조).

표 5-12 주민자치회기능

구 분		주요 기능
기본 모형	지역복지형	지역 내 복지재원 배분의 구심체 역할수행으로 복지공동체 활성화
	안전마을형	생활안전 강화 및 안전관리 네트워크의 구심체 역할 수행
선택모형	마을기업형	주민자치회중심의 수익사업 추진 및 자생역량강화
	도심창조형	소규모 동네 재생사업을 통해 살기 좋은 동네 만들기 추진
	평생교육형	지역 특성에 맞는 평생 교육 프로그램을 주도적으로 운영
	지역자원형	지역자원을 활용한 지역축제 개최로 지역 브랜드 가치 창출
	다문화어울림형	다문화인의 지역사회 정착 및 공동체 형성을 위한 네트워크 구축

당초 지방행정체제개편추진위원회에서 제시한 주민자치회 시범실시 모델은 집행부서인 행정자치부(현 행정안전부)에서 지방자치 현장의 역량 등을 고려하여 일부 수정 보완하였다. 행정자치부 시범실시 모형의 특징은 지방행정개편추진위원회(이하 '행개위') 모델에 없던 협의기능 추가, 행개위 모델에 있던 주민자치회원의 가입과 탈퇴, 권리와 의무사항이 없음, 행개위 모델에 있던 사무기구, 하부조직, 연합회 등에 관한 사항이 없음, 위원선정위원회 구성이 시·군·구 중심에서 읍·면·동 중심으로 전환, 행개위 모델에 있던 공무원 파견에 관한 사항이 없음, 행개위 모델에 없던 읍·면·동장의 의견제출권 추가 등이다.

표 5-13 주민자치회 협력형 모델(지방행정체제개편추진위원회)과 시범실시 모형과의 비교

구 분	지방행정체제개편추진위원회	행정자치부(시범실시)
주민자치회의 권한	사무의 의결과 집행	사무의 수행
주민자치회의 사무	1. 주민화합 및 발전을 위한 사항 2. 지방자치단체가 위탁하는 사무의 처리에 관한 사항 3. 그 밖에 법령, 조례 또는 규칙으로 규정하고 있는 사항	1. 읍・면・동 행정기능 중 주민생활과 밀접한 관련이 있는 업무에 대한 협의 2. 읍・면・동 행정기능 중 주민자치회에 위탁하여 처리하는 것이 바람직하다고 판단되는 업무의 수탁 처리 3. 기타 각종 교육 활동, 행사 등 순수 근린자치 영역의 주민자치업무
주민자치회의 회원	가입과 탈퇴, 권리와 의무	없음
주민자치회의 기관	주민자치위원회: 주민자치회 위원으로 구성	주민자치회 위원
	사무기구: 유급직원 또는 자원봉사자	없음
	하부조직: 통・리 단위	없음
	연합회: 시・군・구 단위	없음
위원선정위원회	1. 시・군・구청장 추천 2. 시・군・구의회의장 추천 3. 시・군・구교육지원청장 추천 4. 당해 읍・면・동 주민자치회장 추천	1. 읍・면・동장 추천 2. 이・통장연합회 추천 3. 해당 지역대표연합단체 추천
공무원 파견	시・군・구 직원의 파견	없음
읍・면・동장의 의견제출권	없음	있음

(3) 주민자치회 시범실시의 성과 및 문제점

① 주민자치회 시범실시의 주요 성과

주민자치회 시범실시가 시작된 2013년 7월부터 2014년 9월까지 약 1년 6개월간의 주민자치회의 활동을 평가해 볼 때, 주민, 주민자치회 위원, 공무원 모두가 3.0 이상으로 주민자치회의 시범실시에 대하여 잘 인지하고 있으며, 주민자치회와 종전의 주민자치위원회의 활동 간에 차이가 있고 변화가 있는 것으로 인식하고 있는 것으로 나타났다. 또한 주민자치회의 시범실시 이전과 비교하여 마을의 발전 정도와 주민들의 주민자치에 대한 관심도도 증가한 것으로 인식하고 있으나 그 정도는 크지 않은 것으로 나타났다.

표 5-14 주민자치회 시범실시 주요 성과표 1

구 분	응답자 신분		
	주 민 (N=161)	공무원 (N=92)	주민자치회 위원 (N=75)
주민자치회 시범실시 인지도	3.40	3.92	4.29
주민자치회와 주민자치위원회 활동의 차이 및 변화 인지도	3.50	3.60	4.05
주민자치회 시범실시 이후 마을 발전 찬성도	3.36	3.37	3.73
주민 관심제고와 참여 정도	3.31	3.31	3.63

자료: 지방행정체제개편위원회(1994).

주민자치회 시범실시에 대한 전반적인 인지도에서는 주민자치회 위원이 가장 높고 공무원, 주민의 순서로 나타났다(관심제고와 참여 정도는 공무원보다 주민이 높음).

향후 주민자치회의 실시모델로 시범실시 중인 협력형이 적합한가에 대한 질문에는 모두 긍정적으로 인식하고 있으며 인식의 정도는 주민<공무원<주민자치회 위원 순으로 나타났다. "현재의 주민자치회 위원들이 마을의 지도자로 적합한가"에 대한 질문과 "현재 주민자치회가 하는 일이 지역 발전에 큰 도움이 되고 있는가"에 대한 질문 모두에서 응답자들은 모두 긍정적으로 인식은 하고 있으나 찬성의 정도는 그다지 높지 않은 것으로 나타났다. "주민자치회의 효율적 운영을 위해 사무조직(사무국)과 상근직 유급사무원의 필요성"에 대한 질문에서 주민들은 다소

표 5-15 주민자치회 시범실시 주요 성과표 2

구 분	응답자 신분		
	주 민 (N=161)	공무원 (N=92)	주민자치회 위원 (N=75)
주민자치회 실시모델로서 협력형의 적합성	3.50	3.75	3.91
주민자치회 위원들의 지도자로서의 적합성	3.33	3.41	3.56
주민자치회 사업의 마을 발전 기여 정도	3.47	3.57	3.81
효율적 운영 위한 사무조직(사무국)의 필요성	3.63	4.01	4.40
상근직 유급사무원의 필요성	3.44	4.06	4.52

자료: 지방행정체제개편위원회(1994).

긍정적인 인식을 보인 반면, 공무원과 주민자치회 위원들은 매우 긍정적인 인식을 갖고 있는 것으로 나타났다.

주민자치회 시범실시 이후 특히 개선된 사항(수정)으로 주민, 공무원, 주민자치회 위원 모두 1순위로 주민들 간의 대화와 소통이라고 응답하였다. 주민은 프로그램(2순위)와 불우이웃 돕기 등 복지사업(3순위) 등을, 공무원은 행정과의 소통(2순위)과 마을기업 등 마을만들기 사업(3순위) 등을, 주민자치회 위원은 행정과의 소통(2순위)과 마을의 안전(3순위) 등을 각각 선택하고 있었다. 하지만 기타 의견에 "개선된 것이 전혀 없다"는 내용 등도 포함되어 있다. 위원은 평균 3.79개, 주민은 2.58개, 공무원은 2.46개의 개선사항이 있다고 인식하고 있는 것으로 나타났다.

시범실시의 주요 성과를 정리해 보면, 첫째, 주민자치회에 대한 인식의 제고 측면에서 주민자치회 시범실시에 대한 홍보와 주민자치회의 위원 공모에 대한 홍보를 통하여 일반주민의 주민자치회에 대한 인식을 높였다. 주민자치회 시범실시의 조례 입법화 과정에서 특별법에 나타난 주민자치의 기본 방향 등을 지방의회 의원

표 5-16 주민자치회 시범실시 주요 성과

구 분	응답자 신분		
	주 민 (N=161)	공무원 (N=92)	주민자치회 위원 (N=75)
주민들 간의 대화와 소통	64(15.4)	51(22.6)	47(16.5)
마을의 안전	43(10.4)	24(10.6)	40(14.1)
쓰레기 무단투기 감소	34(8.2)	3(1.3)	15(5.3)
불우이웃 돕기 등 복지사업	56(13.5)	28(12.4)	37(13.0)
행정과의 소통	33(8.0)	35(15.5)	39(13.7)
마을기업 등 마을만들기 사업	38(9.2)	27(11.9)	23(8.1)
환경개선	43(10.4)	14(6.2)	19(6.7)
마을축제	39(9.4)	20(8.8)	27(9.5)
프로그램(강좌)	61(14.7)	21(9.3)	34(12.0)
기타	4(1.0)	3(1.3)	3(1.0)
합계	415(2.58) (100.0)	226(2.46) (100.0)	284(3.79) (100.0)

자료: 지방행정체제개편위원회(1994).

들이 인식하게 되었다.

둘째, 제도적 차원에서 주민자치회의 법적 근거(지방분권 및 지방행정체제개편에 관한 특별법)가 마련되고, 주민자치회 위원의 위촉권자가 읍·면·동장에서 시·군·구청장으로 상향 조정되는 등 주민자치회 위원의 위상이 제고되었다. 읍·면·동과 주민자치회의 명확한 역할 분담을 통하여 주민자치회의 기능(주민자치기능, 협의기능, 위탁 기능 등)을 명확하게 규정하고, 지역주민의 읍·면·동(장)에 대한 신뢰도 향상되었으며, 협의사무와 위탁사무를 통하여 지방행정에서 주민과 행정 간 공동생산이 활성화되는 등 민관협력이 체계화되었다. 주민자치회의 시범실시로 주민과 행정 간 협업에서 주민에 대한 지방자치단체 권한의 분배에 대한 대략적 준거점이 도출되었다. 제한적이더라도 지역의 문제에 대한 결정 권한을 부여함으로써, 주민들의 관심과 참여동기를 제고하였고, 지역에 대한 주민들의 자원봉사 의지의 고양시켰다.

셋째, 운영적 차원에서의 주민자치회의 법적 지위 등의 명확화에 대한 필요성, 주민자치회 재정의 성격과 자율성의 확대, 지방자치법 개정 등과 같은 법령상 주요 미비점 등이 시범실시를 통하여 확인되었다. 주민자치회의 운영을 위한 주민과 읍·면·동 공무원을 대상으로 하는 주민자치 교육의 필요성에 대한 공감대가 형성되었다. 주민자치회 시범실시 대상지역으로 선정되어 소득사업 등 사업 분야가 확대됨에 따라 주민자치회의 재정수입 범위가 확대되고, 주민자치회의 재정적 독립에 대한 주민의 욕구가 증가되었다.

② 주민자치회 시범실시의 문제점(한계)

첫째, 주민자치회의 구성과 운영방법의 문제점(한계)이다. 주민자치회 위원선정위원회의 구성과 관련하여 시·군·구 단위로 구성하는 경우, 읍·면·동의 사정에 어두운 인재로 구성될 수 있으며, 읍·면·동 단위로 구성하는 경우, 인적 자원의 부족으로 주민자치위원과 차별성이 없다는 문제점이 제기되었다. 구성방법과 관련하여 주민자치회와 지역 내 자생단체 등에 대해 수직적 위계를 두는 인식이 강하여 주민자치회를 지역단체 중 대표 조직으로 인식하는 경향이 강하여, 주민자치위원 선정위원을 자생단체에서 위촉하여 구성하는 데 반감이 있었다. 위원선정위원의 추천권자인 시・군・구청장, 시・군・구의회의장, 교육장 등의 정치적 중립성 확보에 한계가 지적되었다. 위원선정위원회의 구성은 동네 사람으로 주민자치회 위원 후보와 오랜 세월 서로 알던 사이인 경우가 대부분이고, 이에 따라 ① 위원선정위원회의 운영내용이 유출되어 이에 따른 갈등이 발생하며, ② 위원선출에서 탈락한 사람들은 자존심에 상처를 입게 되었다. 선정위원회에서 선정위원이 소속된 단체별로 나누어 먹기식으로 위원을 위촉하는 경향도 있었다. 주민자치회 위원의 결원 충원 시마다 위원선정위원회를 1회성으로 운영하는 것은 무보수의 위원선정위원회 소집에 한계가 있었다.

둘째, 주민자치회 구성의 문제점(한계)이다. 단체장이 정치적 목적으로 지역대표, 주민대표, 직능대표 등의 구분 없이 자기 사람중심으로 위촉하다 보니 무자격자가 추천되는 경우도 있었다. 주거지 또는 사업장이 해당 읍・면・동에 소재하고 있어야 하나, 사업장 소재지에 대한 개념 정의(현재 사업자 등록지 기준)가 미흡하여 혼선이 있었다. 개인의 경우, 해당 읍・면・동에 거주하는 주민으로 한정하고 있는데, 인구가 적은 농어촌의 경우에는 의원 후보 인력 자원이 부족하였다. 위원선출방법과 관련하여 위원에 대해 잘 알지 못하는 시・군・구청에서 서류를 중심으로 위촉함에 따라, ① 주민자치회 회의 미참석, ② 개인의 정치적・사업적 목적 추구 등의 문제점이 노정되었다. 인적 자원의 부족 등으로 지역대표, 주민대표, 직능대표 등의 구분에 따라서 균형있게 선출하기 어렵고, 실제 시범실시에서는 지역대표와 주민대표의 구분이 되지 않으며 서류상에서만 형식적으로 구분하고 있었다. 위원의 위촉과 해촉의 경우, 당사자의 의사와 관계없이 시장・군수・구청장의 정치적 목적에 따라 위원으로 위촉되어 활동에 소극적인 사례가 발생하였다. 주민자치회 위원의 선출방식은 공모, 추대, 직선 등의 방법을 권유하고 있지만, 현실에서는 주로 읍・면・동장과 지역단체로부터의 추천에 의존하고 있었다. 본인의 의사를 확인하지 않고 일방적으로 추천하여 위촉함으로써 위촉을 거부하거나 조기 사퇴하는 사례가 발생하기도 하였다. 주민자치회의 회장의 선출 방법, 임기 등에 대한 명백한 규정이 없다.

셋째, 주민자치회 운영의 문제점이다. 주민자치회 위원 중 대부분은 주민자치회에 대한 인식이 미흡하고, 사업추진역량과 행정 절차에 대한 이해가 부족한 것으로 나타났다. 주민자치회 위원의 수는 20~30명 수준이나 주민자치회에 대한 인식 및 책임성 결여, 역량미비 등으로 소수의 주민자치회 위원(위원장, 간사 등)을 중심으로 운영되고 있는 실정이다. 주민자치회 위원의 회의 미참석(대부분의 지역에서 지각·조퇴 없이 회의에 처음부터 끝까지 참석하는 인원은 약 6명임)이 가장 큰 문제점으로 대부분의 지역에서 지적되었다. 주민자치회 위원 중 일부는 잘못된 권위의식을 갖고 있었다. 주민자치회 위원에 대한 교육은 1회성이고, 교육내용은 원론적이고 총론적이며, 실질적인 주민자치회의 운영과 사업수행을 위한 내용이 결여되어 있다는 지적도 있었다. 주민자치회 위원의 생업종사에 따른 회의 미참석 또는 수입감소 등의 문제가 지적되었다. 주민자치회 위원은 무보수 명예직(수당지급)으로 주민자치회 활동 시 생업에 종사하지 못함으로써 수입이 감소하고, 그에 따라 활동에 소극일 수밖에 없는 점이 지적되었다. 행정에 관한 주민자치위원의 인식과 역량에 한계가 노정되었다. 주민자치회 위원이 행정 절차에 미숙하여 읍·면·동의 정상적인 사무처리 절차를 주민자치회 활동의 제약 요인으로 인식하고 있었다. 주민자치회 위원은 목표 지향적 인식을 가지고 있으며, 읍·면·동은 절차의 완결성, 즉 과정중심적 인식을 가지고 있어 이에 따른 갈등이 발생하였다. 주민자치회 위원의 권한과 책임에도 한계가 있었다. 협력형 모델에서 주민자치회는 읍·면·동의 자문역할의 수준에 머물고 있었다. 주민자치회의 협의·심의 결과는 읍·면·동장에게 구속력을 갖지 못하기 때문에 실질적인 의사결정권한, 사업과 예산의 집행권한 등은 읍·면·동장이 가지고 있다(주민자치회 예산, 특히 행정안전부의 특별교부세 규모만큼 주민자치회에 예산이 지원되지 않은 경우가 많음).

넷째, 주민자치회 사무기구(사무국)의 문제점이다. 조례상에는 사무국의 설치에 관한 규정이 없다. 주민자치회의 행정 능력이 매우 미비하므로 예산·회계 등 대부분의 행정업무를 읍·면·동의 공무원이 수행하고 있으므로, 전문적인 능력을 갖춘 사무국의 운영이 절실하다. 주민자치회에서 어떤 일을 할 것인가를 스스로 결정해야 하나, 현재까지 사업기획 및 추진은 읍·면·동장 등 공무원 조직에 크게 의존하고 있으며, 이에 따라, 읍·면·동에서 실무를 대행함으로써 행정기관의 업무량은 증대되고, 주민자치회의 기능은 축소되는 점이 지적되었다. 유급사무원 채용에도 한계가 있었다. 주민자치회와 읍·면·동의 협력을 위해 상근 유급사무원의 채용이 초창기에 특히 필요하며, 상근 유급사무원이 채용되지 못한 읍·면·동의 경우 위원들이 주민자치회 사업의 행정 절차에 대한 이해부족, 이에 따라 주민자치회를 지원하는 읍·면·동의 업무량 증가 및 주민자치회와 읍·면·동 간 갈등이 발생하였다. 주민자치회 시범사업 예산에 대한 이해의 부족으로 유급사무원의 인건비에 대한 부담을 크게 갖고 있어 유급사무원의 채용의 필요성을 인식하면서도 실제 충분한 역량을 갖춘 유급사무원을 채용하지 못하고 있다. 주민자치회의 전문성 확보 및 주민자치회 위원의 부담을 경감하기 위한 중간조직의 설치·운영의 필요성이 강조된다. 예산 및 회계에 대한 전문성 확보의 한계는 지원조직의 설치필요성을 더욱 강조하고 있다.

다섯째, 주민자치회 수행 기능의 문제점이다. 특별법상에는 주민의 대표라고 포괄적으로 규정되어 있지만, 주민자치회 위원의 법적 신분은 권한과 연관되어 있는데, 권한 범위가 불분명하다. 지역 내 다른 단체와 비교할 때, 다양한 주민단체와 모임 등을 이끌수 있는 법적인 신분 규정이 되어 있지 않다. 이전의 주민자치위원회 또는 주민자치센터의 운영과 차이가 없으며, 일부 주민자치회 위원도 주민자치위원회 운영과의 차이를 인식하지 못한다. 주민자치회의 주요 기능인 협의기능, 위탁사무의 수행기능, 주민자치사무 수행기능 등의 범위와 내용 등에 대한 규정이 없다.

여섯째, 주민자치회 재원확보의 문제점(한계)이다. 주민자치회 시범사업에서 중앙정부와 자치단체의 재정재원에 대한 의존경향이 크다. 2014년 주민자치회 시범실시 지역의 평균 예산은 1.53억 원으로, 재원은 주로 시·군·구로부터의 보조금(83%)과 자체예산(17%)으로 구분된다. 주민자치회 시범실시에 따른 예산 지원은 정상적인 예산의 관·항·목을 지정하는 데 한계가 있으며, 이에 따라 지역마다 예산이 소극적으로 집행되며, 시설비에 한정하여 집행하는 사례가 가장 많고, 예산의 편성과 집행에 대한 지방자치단체의 간섭이 많다(주민자치회에 실질적인 예산회계 권한이 없음). 주민자치회 위원의 활동예산이 부족하여 위원의 출장수당 신설을 포함한 각종 수당의 상향 조정이 필요하다. 경제활동을 하는 위원들(특히 자영업 종사 위원)의 경우, 회의나 주민자치 활동을 인하여 발생하는 경제적 손실을 보전해 주는 조치가 필요할 것이다. 예산·회계업무를 수행해야 할 전문적인 능력을 갖춘 유급사무원은 예산의 부족으로 전문가의 대우를 받지 못하고 최저 임금적용 또는 시간제 근로자로 대우 받고 있다.

일곱째, 주민자치회와 읍·면·동 관계의 문제점(한계)이다. 시범실시를 통하여 주민자치회와 읍·면·동 간의 적절한 기능배분이 실패하였다. 읍·면·동사무에 대해 협의·심의 기능을 수행하는 데 한계가 발생하여 결과적으로 읍·면·동장으로부터 간접적인 지휘·통제를 받는다. 예산·회계 등 특정한 사무에 대해 주민자치회 위원의 역량이 부족하여 공무원과 대등한 관계를 설정하는 데 한계가 발생한다. 주민자치회의 행정 능력이 매우 취약하여 예산·회계 등 대부분의 행정업무를 읍·면·동의 공무원이 수행한다. 예산의 관·항·목과 예산의 전용 및 이용에 대한 이해가 부족하여 예산의 집행에 한계가 노정된다.

6) 주민자치회의 향후 추진방향

중앙정부(행정안전부) 차원의 주민자치회 시범사업은 2016년 2차 시범사업으로 마무리되었다고 할 수 있다. 2017년부터는 주민자치회의 도입과 운영에 관한 정부의 정책이 새로운 전환기를 맞이했다고 할 수 있다. 문재인 정부의 핵심 국정과제인 '자치분권과 균형발전'의 최종적인 목적은 주민들의 삶의 질 향상과 공동체의 가치회복에 있다고 할 수 있다. 이에 따라서 국정시책 100대 과제와 자치분권중장기계획 등에서 주민이 중심이 되는 주민자치의 활성화를 핵심 정책과제로 제시하였다.

행정안전부는 이를 위해 2018년을 주민자치형 공공서비스 추진의 도입기로 정하고 지방자치단체에 주민자치형 공공서비스 구축을 위한 목표와 추진방향을 제시하고 있다. 주민자치형 공공서비스의 단계별 추진사항을 그림으로 표시하면 다음의 [그림 5-7]과 같다.

정부가 추진하고 있는 "주민자치형 공공서비스"란 복지 사각지대 해소를 위한 찾아가는 보건·복지서비스 확대, 정보통신 기술을 활용한 주민 서비스 개선, 주민자치 강화, 마을공동체 활성화, 지역주민중심의 공간 개선, 특성화된 다양한 마을모델 발굴 등 주민의 관점에서 읍·면·동의 기능을 개선함으로써 제공되는 공공

그림 5-7 주민자치형 공공서비스의 단계별 추진사항

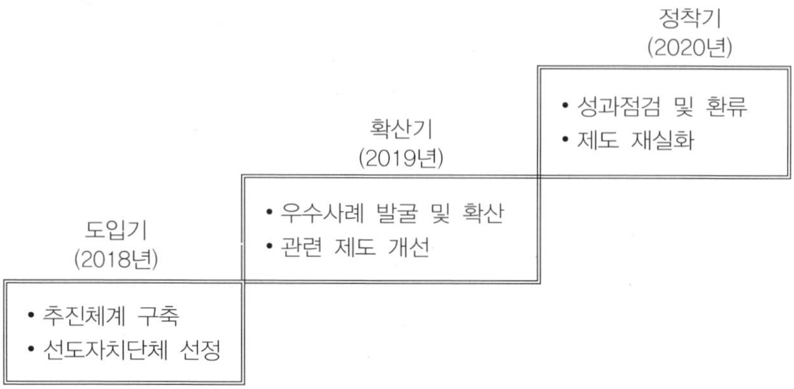

자료: 행정안전부(2018).

서비스를 말한다(주민자치형 공공서비스 추진단의 설치 및 운영에 관한 규정 제2조).

주민자치형 공공서비스의 추진 부서인 행정안전부에서는 시책의 효율적인 추진을 위하여 행정안전부 산하에 지방자치분권실장의 소속으로 주민자치형 공공서비스 추진단을 설치하였다.

주민자치형 공공서비스의 핵심체계는 주민대표로 구성된 주민협의체인 주민자치회를 중심으로 구성된다. 시・군・구 차원에서 설치된 주민자치형 공공서비스 추진팀이 읍・면・동을 지원하고, 읍・면・동 주민센터가 주민자치회와 함께 다양한 공공서비스 제공에 대한 계획, 결정, 집행 등을 협의하고 사업에 따라 주민대표기구가 공공서비스를 직접 제공하기도 하는 시스템을 구축한다.

그림 5-8 주민자치형 공공서비스 추진체계

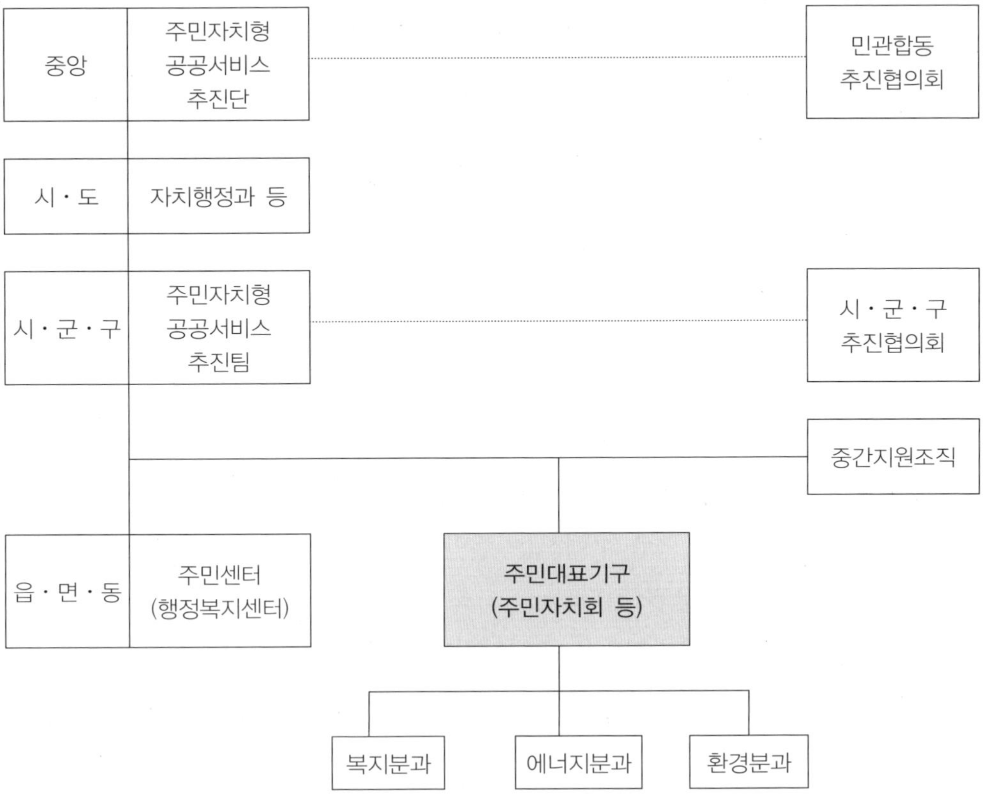

자료: 행정안전부(2018).

(1) 서울형 주민자치회 시범사업

서울특별시에서는 정부의 협력형 주민자치회 모델을 중심으로 독자적인 서울형 주민자치회 시범사업을 실시하고 있다.

서울형 주민자치회의 비전과 목표는 다음의 [그림 5-9]와 같다.

그림 5-9 **서울형 주민자치회의 비전과 목표**

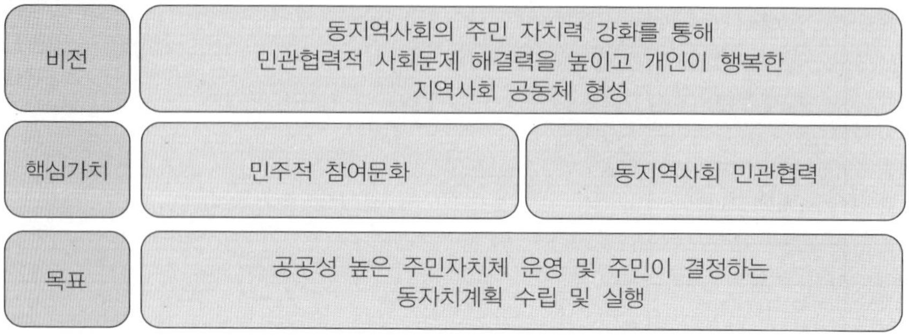

서울형 주민자치회는 최일선 행정구역인 동을 기본 단위로 해서 주민자치조직으로서 주민자치위원회를 대체하여 자치계획 수립 및 실행, 주민참여예산 편성, 자치회관 운영 등을 실질적으로 수행하는 주민조직으로 개념을 규정하였다. 서울형 주민자치회의 특징은 다음과 같다.

첫째, 자치계획이다. 자치계획은 주민자치회의 주요한 모든 사업 계획으로 주민자치회 운영, 마을계획, 위·수탁사무, 자치회관 운영, 참여예산 편성 등을 말한다. 이러한 자치계획은 주민자치회 각 분과위원회의 의결을 거쳐서 주민자치회에서 최종 결정하고, 주민총회에서 의결하고 승인받아 수행한다.

둘째, 주민총회이다. 주민총회는 주민자치회의 최고 의사결정기구로 원하는 주민 누구나 참여할 수 있으며, 자치계획을 최종적으로 결정한다.

셋째, 주민자치학교이다. 주민자치학교는 주민 누구나 주민자치회 사업의 취지와 주민자치회의 역할과 책임을 명확하게 이해하고 참여할 수 있는 주민자치역량 강화를 위한 교육기관이다. 주민자치학교 이수자 중 주민자치회 위원을 추첨하여 선정하도록 조례에 규정하고 있어서 주민자치학교의 이수는 주민자치회 위원의 필수적인 자격 요건이 되고 있다.

넷째, 주민자치회 분과위원회의 활동이다. 주민자치회 분과위원회는 자치계획 수립 및 실행을 위해 동의 주요한 과제에 따른 분과위원회를 주민자치회에 설치하고, 분과위원회에는 주민자치회 위원뿐만 아니라 관심 있는 주민은 누구라도 분과위원으로 참여가 가능하다.

다섯째, 주민자치회 확대회의이다. 확대회의는 필요에 따라 분과위원까지 확대하여 진행하는 회의로 주민자치회의 임원선출 등 주요 운영계획을 결정한다.

여섯째, 자치구 주민자치사업단이다. 자치구 주민자치사업단은 자치구 및 동의 민관협업을 촉진하고 사업이 취지에 맞게 안착할 수 있도록 지원하는 민간인력의 중간지원조직 역할을 수행한다.

일곱째, 동자치지원관이다. 동자치지원관은 자치구 주민자치사업단의 소속으로 주민이 스스로 주민자치사업을 수행할 수 있도록 주민자치회의 역량을 강화하고, 주민자치를 촉진하는 민간전문가 중에서 위촉한다.

이상의 서울형 주민자치회의 모형을 정리하면 다음의 [그림 5-10]과 같다.

그림 5-10 서울형 주민자치회의 모형

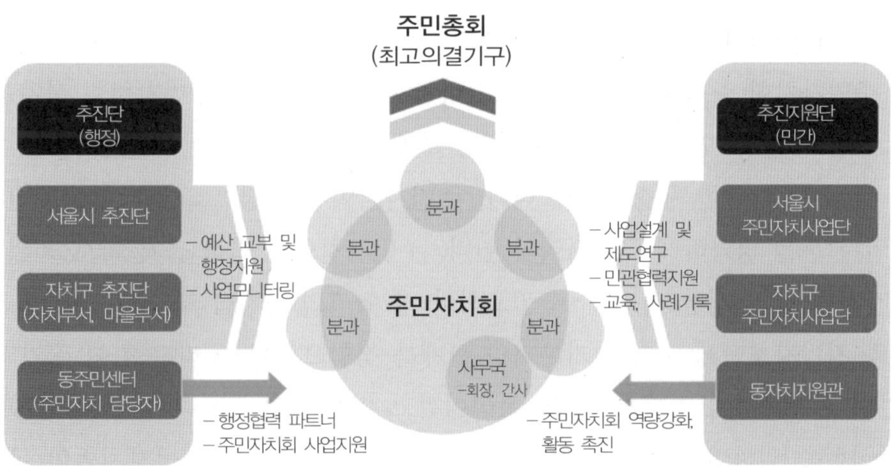

(2) 주민자치회의 향후 추진방향

중앙정부의 주민자치 시범사업이 사실상 마무리된 상태에서 서울특별시를 선두로 하여 각 지방자치단체에서는 본격적으로 기존의 주민자치위원회를 대체하기 위한 주민자치회 제도의 도입을 준비하고 있다.

주민자치회가 읍 · 면 · 동 지역사회에 성공적으로 정착되기 위해서는 첫째, 주민자치회의 위상이 강화되어야 한다. 그러기 위해서는 주민자치회와 읍 · 면 · 동, 주민자치회와 지방의회의 관계를 명확히 하는 것이 필요하다. 우선, 양자 사이에는 상호 보완관계가 형성되어야 한다. 읍 · 면 · 동사무소가 존치되고 있는 상태에서 민간기구로서 읍 · 면 · 동장과 상호 대등한 입장에서 행정업무와 주민자치업무를 협의하고 조정하는 것이 필요하다. 공문처리, 회계처리 등은 공무원이 지원하고, 주민자치위원회가 자체적으로 수행하는 주민자치사업의 결정권한과 집행권한은 민간위원에게 부여하는 것이 바람직하다. 지방의회와 상시적인 소통과 대화가 필요하다. 그 다음으로는 양자 간의 견제와 균형관계도 필요하다. 읍 · 면 · 동장은 근린 지역사회의 생활행정을 책임지는 기관장으로서의 권한을 가지고 있으므로, 주민자치회는 읍 · 면 · 동장이 주어진 권한을 주민을 위하여 정당하게 행사되는지에 대한 견제와 감시의 기능을 수행하여야 한다. 주민자치회는 읍 · 면 · 동장이 현장의 문제점이나 사정을 명확하게 파악할 수 있도록 다양한 정보를 제공하는 등 현장행정에 협력하여야 한다. 지방의회의 각종 회의 공개 요구, 회의에 참관, 소속 의원 주민자치회 출석을 요구하는 것도 바람직하다. 특별법, 주민자치회 설치와 운영에 관한 법률, 주민자치회 설치와 운영 조례 등에 주민자치회의 법적 성격, 행정과의 관계 등에 관한 규정이 필요하다. 주민자치회가 행정보조기관인지, 주민자치 조직인지 등을 명확하게 규정하여야 한다. 주민자치회의 법적 근거 확보를 위하여 지방자치법 등의 개정 및 보완이 필요하다. 현행 지방자치법 제1조는 "이 법은 … 국가와 지방자치단체 사이의 기본적인 관계를 정함으로써 …"라고 하여 국가와 지방 간의 관계규정이 지방자치법의 목적이라고 명시하였다. 따라서 '풀뿌리 민주주의의 실현을 위하여 공동체의 육성과 주민자치의 활성화'를 지방자치법의 목적에 포함시켜야 할 것이다. 제2장 주민편에 지역공동체의 육성과 주민자치의 활성화에 관련 규정을 신설(제13조의2 신설)하여야 하며, 제7장 재무편에 지역공동체 육성과 주민자치 활성화에 대한 국가와 지방자치단체의 재정적 지원 조항을 신설하는 것이 바람직할 것이다. 기타 주민자치회의 구성과 운영, 국가와 지방자치단체의 행 · 재정적 지원과 관련된 법령의 개정이 필요하다.

둘째, 주민총회이다. 주민주권주의에 입각하여 주민자치회 회원은 주민의 당연한 권리이자 의무가 되어야 한다. 따라서 주민은 자동적으로 주민자치회의 회원이 되어야 한다. 주민의 대표성 확보, 주민의 관심 유도를 통한 주민참여 확대 등을 위하여 주민 전체 회의로 주민 대표기구이자 주민의 최고 의사결정기구인 주민총회를 설치하는 것이 필요하다. 주민총회의 구성원은 해당 읍·면·동 지역에 주소를 두고 있는 주민(가구당 1명)과 해당 읍·면·동 지역에 주소를 두고 있는 사업체(업체당 1명), 출향인사(해당 지역 출신으로 주민자치회 또는 주민 총회의 승인을 얻어서 주민총회 회원의 자격으로 주민총회에 참석할 수 있음) 등이다. 주민총회는 시·군·구 설치 조례(주민총회의 설치와 운영에 관란 조례) 혹은 규칙을 근거로 설치한다. 주민자치회장이 주민총회의 의장이 되는 것이 원칙이지만, 지역에 따라서 주민의 직접 투표로 의장을 선출할 수 있도록 한다. 주민총회의 회의는 정기회의(연 1회 개최, 12월 전후)와 임시회의(주민자치회의 요구, 회원 50인 이상의 요구) 등으로 구분된다. 주민총회의 기능은 다음과 같다.

① 주민자치회의 1년 간 활동성과 보고

② 주민아이디어, 주민 건의사항 취합

③ 주민화합과 교류 및 소통의 마을잔치

④ 상시 참여민주주의의 실현

셋째, 주민자치회의 기능의 강화이다. 주민자치회의 역할을 효율적으로 수행하기 위해서는 주민자치회의 법적 성격과 위원 법적 신분, 주민자치사업의 성격 등을 명확히 규정하여야 한다. 주민자치회는 정치성을 배제한 순수한 민간조직이고, 주민자치회에 정당 관계자는 관여할 수 없도록 법과 조례에 규정하여야 한다. 주민자치회의 역할을 구체적으로 열거하여 공직선거법 등의 규제를 받지 않도록 하여야 하며, 주민자치회의 효율적인 역할(기능) 수행을 위하여 주민자치회의 권한과 책임을 명확하게 규정하는 것이 필요하다. 주민자치회에 법이 허용하는 최대한의 자치입법권, 자치조직권, 자치행정권, 자치재정권 등을 보장하여야 한다.

첫째, 자치입법권의 보장이다. 주민자치회의 효율적인 운영을 위한 시행규칙, 시행세칙 등을 제정하여야 하며, 여기에는 주민자치회의 자치사무, 위임·위탁사무 등의 구분, 구체적인 내용, 수행방법 등을 구체적으로 명시하여야 한다.

둘째, 자치조직권의 보장이다. 주민자치회는 조직기구의 구성과 관련하여 자기 선택권을 가져야 한다. 국가 혹은 시·도에서 주민자치위원회의 정원, 임기, 위촉 및 해촉방법 등을 구체적으로 제시는 것은 주민자치의 기본 취지에 어긋나는 것이다. 따라서 주민자치회의 유형(협력형, 통합형, 주민조직형)을 시·군·구별로 자유롭게 선택하도록 하는 것이 바람직할 것이다. 사무국의 설치와 전담 유급사무원의 채용 등에 관한 규정을 각각의 시·군·구별 조례에 담아야 할 것이다.

셋째, 자치행정권의 확보이다. 실질적인 주민자치회의 의사결정권한, 특히 사업의 기획과 집행 및 평가 권한, 예산의 편성과 집행권한 등이 주민자치회의 권한임을 명시하여야 한다. 읍·면·동장은 주민자치회의 요구에 따라서 주민자치회의 활동을 지원하는 역할을 담당하도록 명문으로 규정하여야 한다. 주민자치회의 주요 기능의 구체적인 내용, 수행 주체, 행정과 지역단체와의 역할 분담, 지원 및 참여방안, 수행방법 등을 조례에 명시하는 것도 필요하다.

넷째, 자치재정권의 확보이다. 주민자치회의 재정 확보를 위하여 기금의 조성이나 기부금품의 모집이 가능하도록 근거규정을 지방자치법 등에 명시하는 것이 필요하다. 이를 위하여 공직선거법의 규제를 완화하여 주민자치회의 자체재원인 수강료 수입, 자체사업 수익금, 기부금 등을 장학금, 불우이웃돕기 등에 주민자치회 명의로 실시할 수 있도록 하여야 한다. 그러기 위해서 수강료 수입, 바자회 등 자체사업수익금, 기부금 등 자체재원의 활용범위, 내용, 방법 등을 조례에 명확하게 규정하는 것이 필요하다. 주민자치회의 실질적인 예산·회계 등의 책임은 주민자치회장으로 하여야 한다. 이를 위해서 전문성을 가진 민간인 유급사무원의 고용이 필요하다.

다섯째, 주민자치회 위원의 책임의식을 제고하여야 한다. 주민자치사업에 대한 법적, 도덕적 책임을 조례 등에 명시하는 것이 필요하다. 그러기 위해서는 주민자치회 위원의 윤리강령 등을 제정하는 것도 바람직할 것이다.

여섯째, 주민의 적극적인 참여와 관심의 유도가 필요하다. 주민자치회 위원 공모, 주민자치사업 등에 대한 홍보를 강화하여야 한다. 그러기 위해서는 지역언론 등을 활용하고, 각급 학교와 종교기관, 지역 NGO 단체, 자원봉사단체, 국민운동단체 등에 적극적인 참여를 위한 협조를 요청하는 것도 필요하다. 지역 유지가 아닌 일반주민들도 주민자치회 위원이 될 수 있도록 주민자치회 진입장벽을 낮추어야 한다. 주민이 원하고 지역사회에 필요한 사업을 발굴하기 위한 주민의견을 적극적으로 반영하기 위하여 주민설문조사, 주민토론회, 마을총회, SNS, 카톡, 온라인 토론방 등을 적극적으로 활용하여 상시적 참여를 위한 공론의 장을 마련하는 것이 필요하다. 이상의 내용을 토대로 하여 주민자치회의 추진체계를 만들어 보면 다음의 [그림 5-11]과 같다.

주민자치회는 지방자치단체가 아니고 시 · 군 · 구의 하부행정기구로서 일정부분 기능과 역할을 수행해야 한다는 태생적 한계 내에서 읍 · 면 · 동 주거 단위에서 마을자치 활성화와 근린자치 실질화의 달성이라는 목표를 가지고 있다. 이상의 목표를 달성하기 위해서는 주민자치회가 마을의 대표적인 주민자치조직으로서의 지위를 가져야 하고, 대표적인 주민자치조직으로서의 역할을 효율적으로 수행하기 위한 자치권의 확보가 필요하다.

그림 5-11 주민자치회의 추진체계

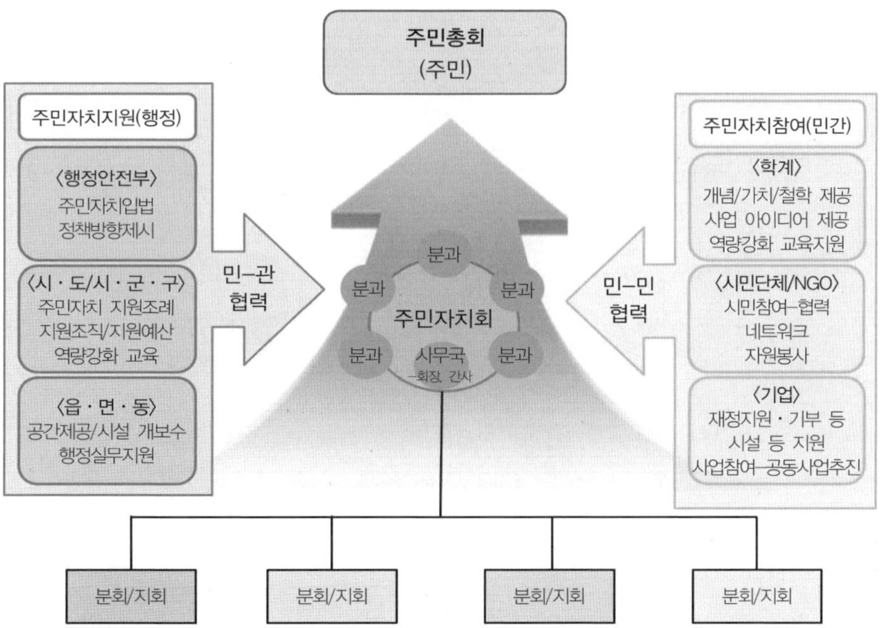

주민자치회가 실질적이고 대표적인 주민협의체가 되기 위해서는 지역사회의 다양한 단체나 모임들이 적극적으로 주민자치회의 사업에 참여할 수 있는 조직기구를 구성해야 한다. 이들 다양한 단체들이 참여하여 주민생활과 밀접한 사업을 추진하기 위해서는 분과위원회의 활성화와 분과위원회중심의 주민자치회의 운영이 활성화되어야 할 것이다.

분과위원회를 중심으로 지역사회 내의 다양한 주민단체와 사회단체들이 협력적 네트워크를 구축하는 것이 필요하다. 예를 들면, 지역복지분과위원회의 경우, 대학의 복지학과 교수, 지역복지관, 마을금고 등 금융기관, 복지회관, 기업체, 자활기업, 봉사단체 등이 함께 참여하여 지역의 복지문제에 대하여 협의하고 긴급한 과제를 채택하여 주민자치회에 상정하여 최종적으로 결정하는 방식이다. 이상의 논의한 주민자치회의 바람직한 기구를 그림으로 표시하면 다음의 [그림 5−12]와 같다.

그림 5−12 주민자치회의 조직기구

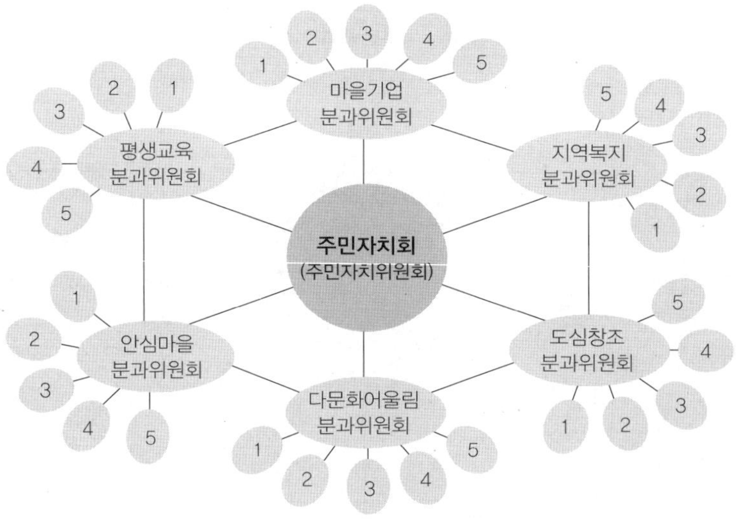

참고문헌

교학사(2006). 『새국어사전』.

김필두(2013). 읍면동의 근린자치기능 강화방안. 한국지방행정연구원.

온라인행정학사전(2018). 『지방자치역사론』. http://www.kapa21.or.kr/epadic

임석회(1995). 공간조직의 관점에서 본 한국행정구역의 문제와 개편방향. 서울대학교 행정대학원 박사논문.

정우열(2016). 한국 지방자치제도의 발달과정에 관한 연구. 『한국행정사학지』. 한국행정사학회.

정하성 외(1995). 『지역사회개발론』. 서울: 백산출판사.

지방자치발전위원회(2014). 주민자치회 시범실시 모니터링 및 성과분석.

행정자치부(1999). 읍면동사무소 기능전환 기본계획.

富井政章(1911). 『民法原論』. 有斐閣.

Hallman, Howard W.(1987). *Neighborhoods*. London: Sage.

제6장

주민자치 유형별 모형검토

김주원(강원연구원)

제 1 절 주민자치 모델 검토와 역사

1. 주민자치 모델에 대한 문제인식

6 · 29 선언 이후, 1987년 헌법 개정은 민주적 정권 이양을 위한 대통령 5년 단임 직선제에 치중하였다. 따라서 풀뿌리 민주주의의 상징인, 지방자치는 헌법 개정 과정에서 소홀하게 취급되었다. 더군다나 야당 분당과 국회의원선거법 개정에 정치권과 국민들의 관심이 쏠리면서 지방자치법 개정도 계속 미루어지게 되었다. 1988년 제7차 지방자치법 개정에서 지방자치의 목적을 지방균형 발전과 대한민국 민주주의 발전에 두고 있었다(강원도의회, 2017: 56－57). 그러나 아직까지 지방자치는 지방 간 격차 심화와 중앙집권으로 비정상적으로 운영되고 있다.

지방자치 정상화를 위해서는 지방분권형 헌법 개정이 불가피하다. 국회 내에서 문재인 정부 출범과 더불어 제출된 지방분권형 헌법 개정의 합의가 불발되고 지금까지 방향도 잡지 못하고 있다. 지방분권형 헌법 개정이 어렵다면 유일하게 지방자치를 정상화시킬 수 있는 방안은 단체자치에서 주민자치로 정책전환이다. 지방자치의 정상화는 지금의 단체자치의 한계를 극복하여 주민자치가 잘 정착될 수 있는 방향을 제도화하고 주민들의 주민자치참여가 활성화될 때 가능하다. 주민이 참여하고 의사결정권을 갖는 주민자치 모델이 만들어지고 정착되어야 한다.

지방자치 실시를 위해 단식까지 했던 DJ가 대통령으로 당선되면서 풀뿌리지방자치를 활성화하기 위해 주민자치와 관련한 제도화가 추진되어 왔다. 당시 IMF로 공무원 구조조정 차원에서 읍·면·동별로 주민자치위원회를 두어 읍·면·동사무소의 유휴공간을 활용하여 다양한 프로그램이 추진되어 왔다. 당시는 새로운 모델로 추진되어 신선한 충격을 주었다고 볼 수 있다. 그렇지만 시범사업으로 전국적으로 확산되는 데는 한계가 있었다. 그 이후 각 정권별로 주민자치 모델과 관련하여 큰 변화는 없었다.

그 후 박근혜 정부가 지방자치발전종합계획을 수립하면서 지방자치 정상화를 위한 시범사업으로 주민자치회가 만들어졌다. 2010년 10월 제정된 「지방행정체제개편에 관한 특별법」(이하 '특별법')에 근거를 두고, 풀뿌리자치의 활성화와 민주적 참여의식 고양을 위해 읍·면·동 단위 주민으로 구성되는 새로운 형태의 주민자치조직을 만들려고 했다.[1] 이 법에서 주민자치회가 설치되면 주민화합 및 발전을 위한 자체 사업뿐만 아니라 관계 법령, 조례 또는 규칙에 따라 지방자치단체 사무의 일부를 위임·위탁받아 수행할 수 있음을 밝히고 있었다(제21조). 또한 주민자치회 위원은 조례에 정하는 바에 따라 기초자치단체장이 위촉하고, 주민자치회 설치시기, 구성, 재정 등에 관한 사항은 따로 법률로 정하는 것으로 규정하고 있었다(제22조). 한편 특별법 부칙 제4조는 정부가 주민자치회 시범사업을 실시할 수 있고, 그에 따른 행·재정적 지원을 할 수 있도록 정하고 있다.

2011년 2월 대통령 직속으로 출범한 '지방행정체제개편특별위원회' 산하 근린자

---

1) 국회는 2013년 5월 「지방행정체제개편에 관한 특별법」을 종전의 「지방분권촉진에 관한 특별법」과 통합하여 「지방분권 및 지방행정체제개편에 관한 특별법」으로 개정하였다. 「지방행정체제 개편에 관한 특별법」의 제20조에서 제21조까지 논의되었던 읍·면·동 주민자치회에 관한 사항은 「지방분권 및 지방행정체제개편에 관한 특별법」 제27조에서 제29조까지 약간의 수정과 함께 거의 그대로 계승되었다.

치분과위원회는 2012년 5월 주민자치회의 지위 · 기능 등을 고려해 '협력형', '통합형', '주민조직형'의 세 가지 주민자치회 모형을 도출하게 되었다. 이러한 모형들은 2012년 6월 개편위원회가 마련한 '지방행정체제 개편 기본계획' 추진사항에 포함되었다. 하지만 2012년 6월 법제처와 안전행정부(현 행정안전부)는 '통합형', '주민조직형'의 경우 현행 법령에 위반되어 시범실시가 불가하다는 검토의견을 제출하였다.[2] 이에 따라 근린자치 분과위원회는 세 가지 모형 모두 시범실시가 가능한 방향으로 특별법 개정을 추진하되, 특별법 개정 없이 시범실시가 가능한 '협력형'을 우선 시범실시하는 데 의견을 모은 후, 제21차 본위원회에서 '주민자치 시범실시 기본 방향'을 의결하였다. 이후 2013년 3월 안전행정부(현 행정안전부)는 '협력형'을 일부 수정해 시범실시계획을 수립하고, 5월 초까지 공모를 거쳐 전국 31개 읍 · 면 · 동을 선정해 시범사업을 진행한 바 있다.

이번 문재인 정부는 지방자치와 관련한 근본적인 변화를 시도하였다. 국회 내 여야의 합의 불발로 무산되었지만 문재인 대통령이 발의한 헌법 제9장 제121조에는 "지방정부의 자치권은 주민으로부터 나온다. 주민은 지방정부를 조직하고 운영하는 데 참여할 권리를 가진다"고 명시하여 지역적 주체인 주민에 의한 자기통치를 실현하는 주민주권을 보장하고 있다(주민주권론). 그리고 제121조 제4항에서 "국가와 지방정부 간, 지방정부 상호 간 사무의 배분은 주민에게 가까운 지방정부가 우선 한다"는 '보충성의 원리[3]'를 제시하고 있다.

그동안 한국 사회는 '주민주권론'과 '보충성의 원칙'을 철저히 실행하지 않음으로써, 지역주민의 ① 주권자로서의 권리를 충분히 보장해 주지 않았을 뿐만 아니라, ② 지역주민들의 국가재원에 대한 선택권(자원 배분권리)을 제한하고 있으며,

---

2) 2012년 6월 21일 법제처는 통합형과 주민자치형에 포함된 내용 중 주민자치회가 지방자치단체 행정사무를 직접 수행하는 행정기관 성격을 갖도록 하는 사항, 읍 · 면 · 동사무소를 주민자치회 사무기구화하는 하는 사항, 읍 · 면 · 동 소관 사무의 변경, 읍 · 면 · 동장의 지휘 감독권자 변경에 관한 사항 등이 「지방자치법」 등 타 법률과 충돌해 특별법 부칙 제4조만을 근거로 주민자치회 세 가지 모형에 대한 시범실시가 어렵다는 검토의견을 제출하였다(지방행정체제개편위원회, 2012).

3) 중앙정부는 보다 작은 단위의 정부가 할 수 없는 사업들만 수행해야 하고, 사회정치적 이슈들은 가능한 분산 · 용해되어 해결될 수 있는 가장 직접적이고 지역적인 수준의 정부가 담당해야 한다는 원칙(principle of subsidiarity). 보충성의 원리는 EU의 a general principle of European Union law에 가장 잘 표현되어 있다. 1992년에 제정된 Treaty of Maastricht에 잘 나타나 있고, European Charter of Local Self-Government에 주요 요소들이 잘 명기되어 있다.

③ 주민들의 정치참여 기회를 제한하는 결과를 가져왔다. 그 결과 위에서 언급한 토크빌(Alexis de Tocqueville)이 기대했던 주민자치로 발생하는 긍정적 사회정치적 효과는 지극히 미미하게 일어났다(장수찬, 2018: 8).

2018년 지방자치의 날(10월 29일) 발표된 지방자치법 전면개정안에서는 주민자치의 개념을 처음 자치법안에 규정하고 있다. 주민자치 관련 단체와 주민자치 연구자들은 주민자치에 관한 단일법률안 제정을 주장해왔다. 그렇지만 단일법률안 제정은 헌법적 제약이 있어 지방분권형 헌법 개정없이는 어렵다고 볼 수 있다. 지방자치법 개정안에 좀 더 구체적인 주민자치 활성화를 위한 제도가 만들어지길 기대해 본다. 읍·면·동 주민자치회 설치문제는 우리 사회를 지배해왔던 단체자치 관점을 벗어나 주민자치를 뿌리내리기 위한 중요한 제도 실험의 의미를 갖는다. 주민자치의 모델을 설정하는 것은 근본적으로 읍·면·동에 자치권을 부여하느냐 하지 않느냐의 문제와 직결된다.

2. 주민자치회 모형별 차이점과 장·단점 논의

주민자치회 모형 중 협력형, 통합형, 주민조직형은 주민자치회에 어떤 권한을 주느냐와 관련된 것이었다. 현행 읍·면·동사무소의 존치 여부와도 관련된다. 주민자치회가 활성화되고 새롭게 역할을 하기 위해서는 행정조직과 동등한 지위를 갖거나 군 단위 인구과소지역의 경우 폐지를 염두에 둔다면 주민자치회는 지방의회에 버금가는 역할을 해야 할 수도 있다. 읍·면·동사무소의 장을 주민들이 직접 선출할 수도 있기 때문이다. 그렇지만 현실적으로 인구과소지역으로 군 단위 기초단체를 폐지한다고 하더라도 광역단체가 일정한 역할을 하는 것이 필요하다. 때문에 완전한 자치권을 부여하기보다 준자치권을 부여하는 것이 현실적인 대안이라고 생각된다. 이때 읍·면·동사무소의 장은 기초자치단체장이 임명하는 것이 아니라, 주민들이 직접 선출할 수도 있다.

다음의 <표 6-1>에서 알 수 있듯이 네 개의 모형은 점진적이고 혁신적인 대안을 제시했었으나 당시의 법률상 여러 가지 제약 요인들이 있어 정부부처 내 합의가 이루어지지 않아 결과적으로 협력형 형태만 운영될 수밖에 없었다. 더군다나 특별교부세 형태로 주민자치회 시범사업들이 진행되면서 실질적인 주민자치회의 정착과 발전이 이루어지지 못했던 것이 현실이다. 이상에서 설명한 네 가지 모형의 특징을 요약·정리하면 <표 6-1>에 나타난 것과 같다.

표 6-1 주민자치회 모형 비교

<table>
<tr><th colspan="2" rowspan="2">구 분</th><th colspan="3">지방행정체제개편위원회 모형</th><th>안전행정부
시범사업 모형</th></tr>
<tr><th>협력형</th><th>통합형</th><th>주민조직형</th><th>협력형</th></tr>
<tr><td colspan="2">주민자치회 성격</td><td>민간단체</td><td>행정기관</td><td>민간단체</td><td>민간단체</td></tr>
<tr><td colspan="2">주민자치회
기관구성</td><td>• 주민자치회
(전 주민으로 구성)
• 주민자치위원회
(주민대표로 구성)
• 사무기구(필요시
사무처리 지원)</td><td>• 주민자치회
(전 주민으로 구성)
• 주민자치위원회
(주민대표로 구성)
• 사무기구(집행)</td><td>• 주민자치회
(전 주민으로 구성)
• 주민자치위원회
(주민대표로 구성)
• 사무기구(필요시
사무처리 지원)</td><td>• 주민자치회
(주민대표로 구성)
• 사무기구
(필요시 사무
처리 지원)</td></tr>
<tr><td colspan="2">주민자치회
사무</td><td>• 주민화합·발전
(자체사무)
• 읍·면·동 행정
사무협의·심의
• 위임·위탁사무</td><td>• 읍·면·동 행정
기능 수행
• 주민화합·발전
• 위임·위탁사무</td><td>• 주민화합·발전
(자체사무)
• 위임·위탁사무
※ 읍·면·동 행정
기능 시·군·구
직접 수행</td><td>• 주민화합·발전
(자체사무)
• 읍·면·동 행정
사무협의·심의
• 위임·위탁사무</td></tr>
<tr><td colspan="2">주민자치위원회
역할</td><td>주민자치회 사무
결정·집행, 일부
읍·면·동 행정
기능 협의·심의</td><td>읍·면·동 행정기능
및 주민자치회 사무
의결</td><td>주민자치회 사무
결정·집행</td><td>주민자치회 사무
결정·집행, 일부
읍·면·동 행정
기능 협의·심의</td></tr>
<tr><td rowspan="2">사무
기구</td><td>구성</td><td>유급직원 또는 자원봉사자(지방자치단체에 공무원 파견 요청 가능)</td><td>공무원(지방자치단체장이 임용, 사무기구의 장은 주민자치회 협의를 거쳐 임용)</td><td>유급직원 또는 자원봉사자(지방자치단체에 공무원 파견 요청 가능)</td><td>자원봉사자
(유급직원은 지방자치단체 실정에 따라 자율 지원;
공무원 파견 불가)</td></tr>
<tr><td>역할</td><td>주민자치회
운영 지원</td><td>읍·면·동 행정기능
및 주민자치회 사무
집행</td><td>주민자치회
운영 지원</td><td>주민자치회
운영 지원</td></tr>
<tr><td colspan="2">읍·면·동
사무소</td><td>존치
(행정기능 유지)</td><td>주민자치회
사무기구화</td><td>폐지</td><td>존치
(행정기능 유지)</td></tr>
<tr><td colspan="2">주민자치회-
읍·면·동
사무소 관계</td><td>협의·심의</td><td>지휘·감독</td><td>관계 없음</td><td>협의·심의</td></tr>
</table>

자료: 지방행정체제개편위원회(2012: 210)와 안전행정부(2013: 17)를 수정·통합함.

1) 협력형(위원회)

읍 · 면 · 동에 행정계층이 유지되면서 정부와 지역사회 사이의 상호작용 접점이 비교적 낮은 수준에서 형성됨으로써 주민(대표)의 행정참여가 비교적 용이하다. 통합형 또는 주민조직형과는 달리 정부와 지역사회(시민사회)가 서로 다른 사회구성의 영역으로 존재하고, 각자의 자율적 원리가 유지되면서 수평적 관계 형성 또는 협력을 통해 국가와 사회 민주화의 성숙에 기여할 수 있다. 정부가 지역사회를 '위해서(for)' 봉사하는 개념을 넘어 지역사회와 '함께(with)' 공공서비스 또는 공적 가치를 생성한다는 '공동생산(co－production)'의 관점에서 유리하다. 현존하는 주민자치위원회 제도로부터 급격한 변화를 요구하지 않기 때문에 혼란을 최소화할 수 있다는 장점이 있다.

현실적으로 읍 · 면 · 동에서 주민이 영향을 미칠 수 있는 기능이나 사무가 많지 않은 상황에서 주민자치회의 행정참여가 큰 의미를 갖기 어렵다. 또한 기존의 주민자치위원회가 보여주듯이 주민자치회가 스스로 자립하지 못하고 행정에 의존할 가능성이 높다. 자발적 결사체적 성격을 띠는 주민자치회가 행정과 협력하여 의사결정을 내리게 되었을 때 전통적 대의민주제가 가정하는 정치적 책무성(political accountability)과 상충하는 측면이 있다.

2) 통합형

통합형의 경우 주민자치회위원회가 선거를 통해 구성될 때 영국의 패리쉬 카운실(Parish Council)과 같은 사실상의 동네 정부(neighborhood government) 형태를 띠게 되고 자치계층의 증가를 의미하게 된다. 읍 · 면 · 동 단위에 대의정부가 존재하게 되고, 선거를 통해 정치적 책임을 지는 주민자치위원과 전문 집행기구가 함께 일함으로써 대의민주적 책무성과 서비스전달의 전문성이 확보된다는 장점이 있다.

주민자치위원회가 선거가 아닌 다른 방식으로 구성될 때, 정치적 책무성을 갖지 않는 민간조직 아래 국가조직이 형성되는 형태를 띠면서 대의민주제의 정치적 책무성의 기본 원리가 무너지게 된다. 선거를 통해 동네 의회 형태의 주민자치위원회가 구성되는 경우 정당개입에 의한 읍・면・동의 중앙정치화 등 상당한 폐단과 혼란이 예상된다. 또한 상시적 전문가 집단인 기초자치단체와 읍・면・동 사무기구의 틈바구니에 끼면서 쌍방향적 영향에 의해 주민자치회가 유명무실해질 가능성을 배제하기 어렵다.

3) 주민조직형

자발적 결사체로서 주민자치회가 지역사회 문제해결뿐만 아니라 시・군・구와 상호작용할 수 있는 상당한 역량을 가지고 있음을 전제로 한 모형이다. 읍・면・동 행정계층이 사라지면서 정부의 공공서비스 생성 및 전달의 임무를 자발적 결사체인 주민조직에게 상당부분 위임・위탁하는 '결사체민주주의(associative democracy)' 제도 실험의 한 형태로 간주할 수 있다. 읍・면・동 행정계층이 사라지고 주민들 스스로 공공서비스 생성 및 전달에 책임을 지게 되면서 주민조직으로서의 자율적・독립적 역량을 키우고 공공선에 대한 주민 관심과 사회적 책임을 강화할 수 있다는 장점이 있다.

현재와 같은 수직적 계층구조 하에서 주민자치회가 정부로부터 자율성을 가진 주민조직이라기보다 정부와의 동형화(isomorphism) 과정을 거쳐 정부의 하위기구처럼 전락해버릴 가능성이 높다. 읍・면・동 규모가 서구 선진국의 기초자치단체만큼이나 큰 상황에서 하나의 자발적 결사체조직에게 지역사회의 다양한 공적 책무를 모두 맡긴다는 것은 상당한 위험부담을 수반한다. 많은 주민들이 주민자치회에 관심이 없는 상황에서 주민조직형을 도입했을 때, 이해관계를 가진 일부 주민들에 의한 제도의 오남용 가능성을 배제할 수 없다. 시・군・구에 주민자치회의 참여기제가 마련된다고 하더라도 읍・면・동 행정계층이 사라지는 경우 지역사회와 지방정부 사이에는 그만큼 물리적・심리적 거리감이 발생할 가능성이 높다.

3. 주민자치와 법제도 과정에서 도시와 농촌문제

주민자치회의 구성과 발전에 어려움이 따르는 것은 산업경제 발전에 따라 지역 간 인구이동이 많았기 때문이다. 지방자치를 통해 지역균형 발전이 이루어져야 하지만 실질적으로 국가 경제개발5개년계획과 추진은 경부축을 중심으로 한 발전으로 지역 간 불균형이 심화되었다. 사업 중에서도 농업이 가장 위축되게 되었고 읍·면지역에 살던 주민들이 도시지역으로 이동하면서 지역 간 격차가 심화되었다. 주민자치를 활성화하고 더 적극적인 대안이 만들어져야 하는 이유는 지역 격차의 심화에 따른 삶의 질을 어떻게 균등하게 보장할 수 있으냐에 문제와 관련된다. 도시는 인구가 몰리면서 도시문제가 발생했다. 또한 농촌은 농촌대로 인구과소화로 농촌문제가 심각하다.

1917년과 1930년에 도입된 읍·면제는 미군정시절을 거치고 1949년 지방자치법이 제정되면서 대한민국에서도 그대로 승계되었다. 1961년 군사쿠데타에 의해서 제정된 지방자치에 관한 임시조치법에 의해 기초지방자치단체로서 지위를 상실하였으나 지방자치법에는 여전히 읍·면이 기초지방자치단체로 남아 있었다. 1988년 지방자치법이 개정되면서 읍·면은 지방자치단체로서 지위를 완전히 상실하고 군의 행정구역으로 전환되었다. 시·군·자치구가 지방자치단체로 되었다.

1961년 지방자치법 임시조치법에 의한 군자치 도입과 읍·면자치의 폐지는 어디까지나 임시조치로서 잠정적인 성격을 가졌다. 지방자치법상으로는 여전히 시·읍·면이 기초지방자치단체로 남아 있었다. 1988년 지방자치법 개정으로 인하여 읍·면자치의 폐지는 확정되었다. 대신 시와 군, 자치구가 기초지방자치단체가 되었다. 1988년 4월 6일 지방자치법 개정으로 인하여 읍·면자치를 확정적으로 폐지하고 군자치를 유지하기까지 다양한 논쟁이 있었다.

논쟁의 이유는 읍·면(농촌)은 관할 면적이 넓고 동(도시)은 도시화로 인구가 많기 때문이다. 선거에서 인구 수는 선거구를 분할하고 결정하는 대표적인 지표다. 농촌·농업이 심각하게 위축되면서 지역대표성문제는 점점 더 정치쟁점으로 부각되고 있다. 결과적으로 농촌의 대표성을 어떻게 확보할 것인가는 선거구제 개편과 지방정치 발전의 최대 화두가 될 것이다.

1988년 지방자치법 개정 당시 야당인 평화민주당, 통일민주당, 신민주공당화당은 5월 18일에 5공청산과 악법철폐를 위한 공조를 합의하였고, 3당에서는 12월 9일과 12월 15일에 각각 지방선거법 개정안을 발의하였다. 평화민주당과 통일민주당은 기초지방자치단체를 시 · 군 · 읍 · 면으로 하되 동장을 직선하는 안으로 하자는 것으로 절충하였고, 신민주공화당에서는 기초자치단체를 시 · 군 · 구로 하되 읍 · 면 · 동장을 직선하는 것으로 하여 최종합의를 보았다(이상환, 1992: 25). 이에 따라 1989년 3월 4일 지방자치법 개정안이 발의되고 3월 15일 국회에서 통과되었으나 대통령의 거부권행사로 무산되었다. 1989년 12월 30일 의결된 지방자치법 개정안에 의하여 기초지방자치단체는 시 · 군 · 구로 유지되었고, 읍 · 면 · 동장 직선제는 폐지되고 시장 · 군수 · 구청장이 임명하는 것으로 되어 오늘에 이른다.

여기서 재검토해야 할 문제는 읍 · 면 농촌지역에 대한 문제다. 도시화율이 높아지면서 농촌지역 읍 · 면의 인구가 감소하면서 공동화되고 있어 문제가 점점 더 심각해지고 있다. 농촌문제는 오히려 정치적으로 해결해야 할 문제가 더 다양하게 많은데 정치적 대표성은 오히려 약화되고 있기 때문이다.

4. 기관구성 다양화와 주민자치문제

지방자치단체의 수요는 도시화, 수도권 인구집중으로 다양성이 존재함에도 종류에 대해서는 아직 명확하게 구분하지 않고 있다. 우리 지방자치사에서 1952년 딱 한 번 첫 지방자치를 시행하면서 기초단체장을 지방의회에서 간선으로 선출한 바 있다. 지방자치의 어떤 학설을 취하든 주민직선에 의한 지방의회의 구성이 지방자치제에 있어 필수 불가결한 요건인 데 비해, 단체장의 선출은 다양한 형태로 운영되고 있는 것이 세계 각국의 일반적 현상이다. 우리도 현행 헌법 제118조 제1항에 “지방자치단체에 의회를 둔다”는 지방의회와 지방자치단체와 관련한 규정은 두고 있지만 단체장의 선임방법에 대해서는 다양한 가능성이 열려있는 상황이다. 그렇지만 모든 자치단체에 강시장－약의회형의 기관분립(대립)형 정부조직 형태를 획일적으로 채택하고 있다. 지방고유사무가 많지 않기 때문에 획일적인 단체자치를 시행해 온 것으로 볼 수 있다. 그렇지만 이번 문재인 정부는 지방자치법 개정을 통해 기관구성의 다양화를 시도하고 있다.

기관구성의 다양화는 지역별 경제·사회적 차이를 제대로 반영하지 못하는 단점을 극복할 수 있게 될 것으로 기대된다. 지방의 다양한 특수한 여건, 행정수요, 자치역량 등을 고려하지 않고 중앙집권체제에서의 행정편의주의 발상을 그대로 적용하는 방식에서 벗어나 주민자치 활성화의 계기가 될 것으로 예상된다. 지방자치의 다양성에 관한 특례법이 있으나 지역의 욕구를 대변한 법제도는 아직 없었다. 경제자유구역법, 국가균형발전법, 도농복합시법, 서울특별시행정특례법, 세종특별자치도법, 제주도특별자치도법 등이 있었지만 기관구성 다양화에는 기여하지 못했다.

외국사례를 간단히 살펴보면 미국의 기관구성 형태와 유형은 시장(강·약)-의회형 기관구성 모형, 약시장-의회제형, 의회-책임행정관(city manager)제도 등이 있다. 이 중에서 미국 최초의 책임행정관제도의 도입은 1912년 사우스캐롤라이나의 섬터(Sumter)에서 채용되었으며, 이 제도가 성립 발전하는 데 가장 큰 영향을 준 요인들에는 ① 도시화의 성장, ② 사업과 회사의 아이디어, ③ 진보적 개혁주의, ④ 과학적 관리와 공행정운동 등이었다. 전국도시연맹의 창설과 섬터(Sumter)의 경험, 그리고 차일즈(Richard S. Childs)[4)]의 업적 등이 정착에 기여하였다. 가장 큰 특징은 지방자치단체의 행정에 정치적인 간섭을 배제하는 것이다. 의회에서 선임되는 책임행정관에게 모든 행정권한을 위임하는 기관구성 형태로 의회가 결정한 정책을 책임지고 능률적으로 집행하는 일을 담당하며 의회의 동의를 받아 행정부서장에 대한 임명, 파면 등의 인사권도 가지는 실제적인 행정의 총책임자로서의 기능을 수행하게 된다. 이 제도 하에서 지방의원의 선출은 의회의 구성에서 소수의 의원정수를 가지며, 의원선출방법에 있어서 대선거구제도와 비정당표방방식이 많이 채택된다. 보통 5~15명으로 구성되는 소규모 의회는 모든 의원의 책임성을 제고시키는 동시에 불필요한 논쟁을 줄이며, 높은 보수와 명성을 통해 능력 있는 인사들을 선출할 수 있게 한다는 점에서 대부분의 의회-책임행정관의 기관구성이 소의회제로 운영되고 있다. 주로 인구규모가 10,000명에서 25,000명 사이에 있

---

4) 미국 정치개혁가(1918~1977).

는 도시, 특히 교외의 동질적인 지역사회와 미국 남부의 선벨트(sun belt) 지역의 신생지역에 많다. 이 제도의 장점은 행정전문가에 의한 행정의 능률성과 행정에 대한 책임의 명확성을 들 수 있다. 이 제도의 반대론자는 강력한 정치적 지도력의 부재를 비판하고 있다. 최대 단점은 집행부가 간접적으로 임명되기 때문에 정치적 민감성이 약하고 지방의회의 선임이 절대 공정해야 성공할 수 있다는 점이다. 이 외에 시의회의 정책결정에 막대한 영향력을 행사하게 된다는 점도 단점으로 꼽힌다.

그리고 위원회제는 시장과 의회 간의 책임분리에서 오는 결점을 보완하기 위한 제도이다. 3~9명의 각 위원이 입법권과 집행권을 행사하고 그 중 한 사람이 시장을 겸하기도 한다.

통합형 기관구성은 영국에서 채택하는 방식으로 지방의회의 의장이 윤번제로 의회에서의 다수투표에 의해 선출되며, 의전적이고 상징적인 대표기능만을 수행할 뿐 단체장으로서의 실질적인 권한이 거의 없다. 한편 집행기관의 총책임자로서 의회에서 선임되는 수석행정관은 유급의 최고위직 행정관으로서 집행부서의 총괄책임, 집행부와 의회와의 연계 등의 기능을 수행하지만, 의회중심의 기관통합의 체제에서 미국의 책임행정관체제와 같은 독립적인 기관운영의 권한은 지니지 못하고 있다. 영국식 기관구성의 가장 큰 특징은 의회가 시정운영에 관한 모든 권한을 행사하고 위임하는 체제로 행정에 대한 궁극적인 책임을 진다는 점에서 뚜렷한 책임소재를 장점으로 하고 있다. 가장 큰 취약점은 강력한 리더십의 부재로 주민대응성이 취약하다는 점을 들 수 있다.

농촌·농업문제를 가장 잘 해결했다고 하는 프랑스 지방자치단체의 기관구성은 다양하다. 그렇지만 일률적으로 모든 지방자치단체에 통합된 조직 내에 의결기관(지방의회), 집행기관(의장과 집행위원회)을 배열하고 있는 의회통합형을 취하고 있다. 외형상 의원내각제도의 형상에 따라 의결기능과 집행기능을 사실상 한 기관에서 담당하는 기관통합 형태를 채택하며 내용상 두 기능을 대립시키고 있다. 프랑스 기관구성의 특징은 단체장의 강력한 정치적 리더십과 사무총국장을 비롯한 전문적인 행정관료의 임명, 그리고 다수 부의장(부단체장)이 소관 분야별로 상임위원회와 집행부서에 깊숙이 관여함으로써 지방의회와 집행기관의 관계를 긴밀하

표 6-2 프랑스의 지방분권구성 형태

<table>
<tr><th colspan="2">구 분</th><th>의회구성 투표방식</th><th>선거구역</th><th>의석배분방식</th></tr>
<tr><td rowspan="2">시・읍・면
(코뮌)의원</td><td>주민
3,500명
미만</td><td>• 정당명부
• 2단계 다수대표제
(2,500명 미만 시・읍・면은 개별적 후보 가능)</td><td>시・읍・면
군(아롱디스망)</td><td>비례대표제의
최고평균법</td></tr>
<tr><td>주민
3,500명
이상</td><td>• 정당명부
• 2단계 다수대표제(차단된 명부, 혼합명부 불가)</td><td>코뮌
군(아롱디스망)</td><td>비례대표제의
최고평균법</td></tr>
<tr><td colspan="2">도(데파르트망)의원</td><td>• 2단계 다수대표제</td><td>캉통</td><td>–</td></tr>
<tr><td colspan="2">지역(레지옹)의원</td><td>• 정당명부
• 2단계 비례대표제</td><td>지역(레지옹)</td><td>비례대표제의
최고평균법</td></tr>
</table>

자료: 배준구(2004).

게 하는 한편, 정책결정기능과 집행기능의 전문성과 효율성을 제고하는 특징을 가지고 있다. 프랑스 지방의회는 각급 자치단체별로 상이한 선거구제와 선출방법으로 구성된다.

외국의 기관구성의 다양성이 주는 시사점은 책임행정관제의 도입가능성도 검토해 볼 수 있다. 미국식 책임행정관제도는 현재 우리나라의 기관분리형 제도의 단점을 보완해주는 제도로 도입 시 강점이 있다고 생각된다. 전제조건은 소의회제를 비롯하여 중대선거구제와 정당참여의 배제 등이 함께 논의되어야 한다(정당공천제 폐지 등은 우선 기초자치단체부터 도입할 필요가 있음). 다만, 주민대응성을 강화하기 위한 대안모색이 필요하다(지방의회를 견제하기 위한 주민투표제, 주민소송제, 주민소환제 등 강화 필요함).

인구과소화지역의 기관구성 형태 변화도 필요하다. 면적은 넓은데 인구가 과소한 지역의 경우는 특별행정구역으로 편성하여 추진하는 것이 필요하다. 읍・면 농촌지역 자치권 보장문제와 기관구성 형태를 고민해야 한다. 300만 명 이상 도시 기관구성문제도 고민스러운 부분이다. 시・도 통합 필요, 구 단위 지방의회구성문제는 동 단위 주민자치회 도입과 관련하여 고민해야 할 부분이다.

더 혁신적인 대안으로 인구 2만 명 이하 자치단체의 경우, 주민들의 합의를 전제로 지방의회구성형 기관대립형보다는 책임행정관제 도입을 통해 국가가 직접 일정한 예산을 지원하고 자율적인 형태의 사업들을 다양하게 주민들이 구성하여 필요한 사업을 만들어 서비스될 수 있도록 하는 방안을 검토할 필요가 있다. 주민자치회 모델의 검토는 기관구성문제와 밀접하게 관련되어 있다. 자치권을 부여하는 문제와 연계하여 검토되어야 하기 때문이다.

현재 우리나라는 제도중심의 형식적 지방자치제를 운영해 오면서 주민참여가 부족한 지방자치제도가 운영되어왔다. 따라서 주민생활자치는 마을 단위 상향식 공모사업 추진 정도로 겨우 운영되고 있으며, 그것조차도 참여가 저조하여 지속가능성이 약하고 일부 마을에서만 성공적으로 운영되고 있는 실정이다. 바람직한 기관구성 형태를 만들어가기 위해서는 단기적으로 시범사업 운영이 필요하다고 생각된다(국무총리실 산하에 기관구성과 관련한 시범사업단을 만들어 부처 간 업무조정을 통한 청사진을 제시하고 시범사업을 추진하는 것이 필요함).

프랑스의 경우 지방자치단체 실험법(2003.8.1)을 제정하여 법률에 정한 조건 하에서 실험할 경우 지방자치단체 입법 및 규제조항을 예외하기도 했다. 그리고 프랑스의 경우 근린민주주의법(2002.2.27)을 제정함으로써 근린자치를 강화하기 위해 8만 명 이상인 코뮌(Commune)의 경우 지구위원회를 의무적으로 설치하여 지역 내 생활자치를 활성화하기 위한 자생적 조직의 활동을 보장한 바 있다. 지구위원회의 기능과 역사을 보면, 비영리조직으로 행정서비스는 제공하지 않으며 기초단체인 코뮌보다도 작은 단위의 지역문제를 취급하는 조직으로 비교적 오랜역사를 가지고 있다. 주민생활 속에서 발생하는 문제를 다루기 위하여 임의적으로 설립된 조직으로 지구위원회가 모여서 지구연합을 설립하기도 한다. 지구위원회는 주민과 코뮌 행정의 매개역할을 하고 행정과 협의하고 협력하는 단체로서 원칙적으로 정치적 중립을 유지해야 한다. 원칙적으로 공공행정서비스를 수행하지는 않지만 코뮌의 공적인 업무를 수탁받아서 보수를 받고 수행하기도 하는데, 코뮌으로부터 수탁받은 공공적 성격의 업무는 집없는 빈민들을 지원하는 사업이다(2002년 법제정 전에는 모든 코뮌에서 체계적으로 존재하지 않았고, 명칭도 코뮌마다 다양하였음). 이 경우, 지방의회에서 조직과 운영에 관한 규칙을 제정하고 결정하기도 한다(배준구, 2013: 312－314).

다음에서는 주민자치를 위한 새로운 제도설계의 근간이 되는 주민자치회 모형들을 소개하고 각 모형에 대한 찬반의 논점을 정리해봄으로써 주민자치회 정착을 위한 향후 방향을 모색하는 데 목적을 둔다.

제 2 절 새로운 대안으로서 지역 유형별 모형 방향 검토

1. 모형검토 시 쟁점사항 검토와 방향

단체자치를 시행하고 있는 우리나라에서 주민자치를 실행하는 것은 어려운 과제다. 국가 효율성이 강조되는 대한민국의 발전 과정 속에서 지방자치는 비효율적인 것으로 포장되어왔기 때문이다. 대통령중심제 국가인 우리나라는 국가사무를 중심으로 지방사무가 장식적으로 만들어져 운영되고 있는 상태에서 지방자치가 시행되었다. 때문에 헌법 개정을 통해 지방의 지위를 분명하게 하고 지방분권형 헌법 개정없이 현 지방자치를 정상화하기는 불가능하다. 이러한 상황에서라도 지방자치를 정상화하기 위해서는 주민자치를 활성화하는 것이 새로운 대안이다.

현재 정부 각 부처가 방대하게 많이 가지고 있는 권한, 즉 국가사무를 지방으로 이관하는 문제뿐만 아니라 자치단체 내부에서도 기득권을 가지고 있는 자치단체장, 지방의회 의원, 실과소 담당 공무원들, 이ㆍ통장협의회 등 다양한 기관들 간에 주민자치회 활성화는 현재 가지고 있는 일부 권한의 조정을 전제로 한다. 이 문제는 지방자치법 개정을 통해 법제도적으로 기관 간 이해관계의 조정 등이 이루어져야 한다. 다만, 읍ㆍ면ㆍ동별 지역여건이 다양하고 복잡하기 때문에 이와 관련한 조정을 통해 어떻게 지역에 뿌리내리게 할 것인가가 문제의 핵심이다.

주민자치회 설치문제는 다분히 행정계층의 관점에서 접근되어야 한다. 자치권이 없는 읍ㆍ면ㆍ동에 준자치권을 어떻게 부여하여 주민자치가 활성화될 수 있도록 하느냐가 전제되어 검토되어야 하기 때문이다. 단순히 기존 읍ㆍ면ㆍ동 행정조직을 주민자치조직으로 대체하는 편의적 발상으로는 근본적인 문제를 해결하기 어렵다. 주민자치회문제는 주민참여를 통해 대의민주제 병폐를 극복하고, 추락하고 있는 정부신뢰와 정당성을 회복하며, 현장중심의 행정서비스의 효과를 향상시키려는 종합적 관점에서 정부가 제도화해야 실현 가능한 방법이 만들어질 수 있다. 특히 주민자치회가 단체자치를 보완하는 '주민자치'에 관한 것이라면, 주민자치회를 설계할 때 정부는 "주민자치가 요구하는 질서는 무엇이고, 주민자치회는 어떻게 그러한 질서에 기여하는가?"라는 규범적 질문에 답할 수 있어야 한다.

규범적 관점에서 주민자치회 설치문제를 바라볼 때 조직의 형성(formation), 대표성(representation) 및 정치적 적용(political application) 측면에서 다음의 <표 6-3>과 같은 질문에 대한 답을 요구한다.

주민자치를 형성 과정 측면에서 볼 때 우리 사회는 아직 상당한 한계점을 가지고 있다. 시민사회 형성이나 사회적 자본 형성이 미약하기 때문이다. 도시와 농촌, 수도권과 비수도권 자치권 간 격차가 더 커지고 있다. 주거 형태에 따라 일반주택지와 대단위 아파트 간 주민자치 현실화 측면에서 여건도 상당히 다르다. 일반주

표 6-3 규범적 관점의 주민자치회 검토 기준과 이론

구 분	규범적 질문	관련 이론
형성 과정 측면	하나의 집합체(collectivity)로서 어떤 성격을 가져야 하는가?	• 시민사회(civil society) • 사회적 자본(social capital) • 시민공화주의(civic republicanism) • 결사체적 민주주의(associative democracy) 지역정부론
	누가 형성을 주도해야 하는가?	• 사회중심적(society-centered) 접근 vs. 제도주의(institutional) 접근
	누가 참여해야 하는가?	• 자발적(voluntaristic) vs. 의무적(obligatory)
대표성 측면	대표의 정당성 근거는 무엇인가?	• 대의민주제 vs. 참여민주주의 • 대표성의 근거
정치적 적용 측면	정부와의 관계(거버넌스)는 어떤 모습이 바람직한가?	• 거버넌스 이론 (예: hierarchical, co-, self-governance) • 정부간 관계론
	어떤 유형의 참여가 바람직한가?	• 참여의 유형 이론 (예: 조작, 파트너십, 위임된 권한, 시민통제)
	어떤 책임성(accountability)이 강조되어야 하는가?	• 법적·정치적 책무성 vs. 사회적 책무성 • 상향적 책무성 vs. 하향적 책무성

자료: 곽현근 발표자료 일부 수정.

택지도 단지화되어 개발된 곳과 자연부락 형태의 마을의 여건도 다르다. 누가 참여할 것인가? 누가 주도할 것인가? 어떤 집합체적 성격을 가져야 하느냐?에 대한 질문의 주어진 여건이 다른 지역현장의 특성에 따라 다르게 적용되어야 할 것이다.

주민들이 살고 있는 지역의 주거 형태, 지역산업적 특성에 따라 혹은 섬이냐 내륙이냐 혹은 농산어촌 등 다양한 현장의 특성을 고려해 주민자치 여건이 검토되어야 한다. 행정계층구조상 주민자치 적용 단위를 우리는 읍・면・동을 전제로 검토할 수밖에 없다. 주민참여는 자발적 참여가 중요하다. 그렇지만 제도적으로 공공부문의 지원생태 여건이 마련되어야 한다. 공적인 모든 정보와 예산을 정부와 자치단체가 독점하고 있는 상태에서 주민자치 지원생태 여건 마련 없이는 오히려 부작용만 더해질 가능성이 높다.

우리 사회는 군부집권, 중앙집권을 통해 경제 발전을 이루면서 생긴 구심력이 수도권 집중에서 볼 수 있는 것처럼 아직 강하게 작용하고 있다. 시민사회 구성이 미약한 상태에서 풀뿌리주민자치는 단체자치를 밀어낼 만큼 아직 마찰력을 만들어내지 못하고 있다. 주민들의 자발적 참여가 이루어질 수 있는 제도적 여건 마련이 필요하다.

주민대표성은 선거를 통해 권한을 위임받는 선출직과 다른 형태의 주민들 대표성을 확보하는 일과 관련되는데 직접선거를 통한 선출보다는 일정한 주민들의 추천을 받아 공모하는 형식이 바람직하다고 생각한다. 대표성의 근거없는 주민자치는 정당성을 확보하기 어렵기 때문이다.

정부와의 관계는 주민자치회의 기능과 역할을 어떻게 할 것인가라는 관점에서 중요하다. 공공기관조직 형태로 현재의 위원회형보다 다양한 형태를 주민자치조직으로 고려해야 한다. 거버넌스 구축 차원에서 검토해야 하지만 주민자치조직 내 구성원들은 더욱 다양한 조직의 기능을 검토해야 좀 더 지속가능한 발전이 가능해진다. 법제도적으로는 법인조직으로서 독립적 기능이 만들어져야 한다.

어떤 형태로 참여할 것인가는 주민대표기능으로서 주민들의 의견을 잘 수렴해서 주민들에게 봉사할 수 있는 조직의 기능이 활성화되어야 한다. 법제도적으로 이러한 여건이 만들어질 수 있도록 검토되어야 한다.

다음은 주민자치회 설계를 위한 정책수단에 대한 검토를 위한 좀 더 구체적인

표 6-4 주민자치회 설계를 위한 정책수단

제도적 수단 유형	내 용
권한수단	• 법령이 그들에게 특정한 행위를 하도록 지시하거나 권한을 부여하지 않고 있다고 믿는 경우 필요한 권한을 부여하는 것 • 정당한 권한을 가진 정부가 공동선을 위해 특정한 행동방식을 요구할 때 하위 공공기관 또는 정책대상은 거기에 순응하려는 동기를 가지고 있다는 가정에 근거
유인과 제재	• 가시적 보상에 기초를 두고 준 자발적 또는 준 강제적 행위를 유도하는 수단들 • 기관과 대상들이 사적 이익에 의해 동기가 부여된다는 가정에 근거
역량강화수단	• 정책과 관련된 행위를 취하는 데 필요한 훈련, 기술 지원, 교육, 정보의 제공 • 특정 대상집단 또는 공공기관 자체의 역량을 개발하고, 실천의 장애 요인을 제거하며 역량을 강화시켜주는 데 초점
장려수단	• 특정한 정책이 요구하는 활동에 대한 가치와 인식을 변화시키기 위한 수단 • 사람들이 이미지, 상징 또는 가치에 의해 동기가 부여된다는 가정에 근거
학습수단	• 특정 문제해결 과정 속에서 현장 공무원과 대상집단이 스스로 계획을 세우고 해결해가는 경험을 통해 교훈을 도출하고 전략을 수정해 나가도록 재량을 줌. • 목적 지향적 행위보다 발견(discovery)의 과정을 이끌어내는 데 초점을 둠.

자료: 곽현근 발표자료 일부 수정.

정책수단을 살펴보고자 한다(<표 6-4> 참조).

권한과 수단은 주민자치회의 주요 사무와 연관된다. 1988년 이후 획기적으로 개정된 지방자치법 개정안에서 자치법 제13조의3에서 주민자치회의 사무는 다음의 <표 6-5>와 같이 5개 호로 되어 있다.

이번 지방자치법 개정안의 가장 큰 특징은 주민자치회에 공동체 형성 등과 관련한 사항도 사무기능으로 보고 있다는 점이다. 그리고 각 자치단체가 조례로 구체적인 내용을 규정하여 운영하도록 하였다. 주민자치회에 주민생활중심으로 포

표 6-5 지방자치법상 주민자치회 주요 사무

각 호	주요 기능
1.	주민자치회 구역의 주민화합 및 발전, 공동체 형성 등을 위한 사항
2.	읍·면·동의 행정기능 중 주민생활과 밀접한 사무의 협의에 관한 사항
3.	지방자치단체가 위탁하는 사무의 처리에 관한 사항
4.	지역 발전과 주민의 복지증진에 관한 사항
5.	그 밖에 관계 법령 또는 조례 규칙으로 위탁한 사항

자료: 행정안전부(2019). 지방자치법 개정안 공고문 참고.

괄적인 사무기능을 부여하는 것으로 되어 있다. 세부사항은 자치단체의 조례로 제정하도록 되어 있다는 점은 지방자치 정신을 살리려는 의도로 볼 수 있지만 좀 더 구체적인 내용이 법제도로 보장될 수 있도록 만들어지길 기대했었다. 그렇지만 주민자치회의 사무기능을 포괄적으로 부여하고 있다는 점은 긍정적으로 평가된다.

자치단체별로 지역실정에 적합한 조례제정을 통해 유인책을 만들고 장려수단을 구체화하여 활성화될 수 있는 방안을 마련해야 한다. 이미 공동체와 관련해서는 많은 사업 프로그램들이 각 부처별로 추진되고 있다. 주민자치회가 사업을 추진할 수도 있게 되어 있기 때문에 이와 관련해서는 책임을 질 수 있도록 하는 방안도 함께 검토되어야 한다. 이러한 사업들이 보다 성과를 내고 주민들의 삶의 질이 바뀔 수 있도록 과정과 절차가 투명해야 하고 공론의 과정을 통해 중요한 내용 결정이 이루어져야 한다.

생활공동체중심으로 주민자치회가 읍・면 주민들의 삶의 질을 높일 수 있는 지역 특색을 살린 다양한 사업프로그램들이 추진될 수 있도록 해야 한다. 이러한 노력을 하려면 일정한 예산이 필요한데 이를 위해 주민자치회가 위탁사업 등을 추진할 수 있도록 주민자치회의 사무기능을 부여하고 있다는 점도 중요한 요소라고 생각된다.

시행착오가 불가피하겠지만 점진적으로 주민역량을 키워갈 수 있도록 지원체계를 구체적으로 만들어가야 한다. 특히 광역단체는 주민자치위원들의 교육과 지원체계를 잘 만들어 역량을 키워갈 수 있는 방안을 마련해야 한다. 기초단체들도 읍・면・동 주민자치협의체가 역할을 제대로 할 수 있도록 다양한 지원 프로그램을 만들어야 한다.

2. 모형검토 시 쟁점사항

1) 자치권 부여문제

자치권한을 어떻게 부여할 것인가는 지방자치 발전 측면에서 찬반양론이 가장 첨예한 부분일 수 있다. 우리나라는 한반도의 지정학적 특성 때문에 우리 역사 속에는 전쟁이 수도 없이 많이 있었다. 작은 나라지만 삼국 시대로부터 지역적 특성이 다른 역사성을 가지고 있기도 하다. 전쟁을 자주 겪으면서 국가의존성이 더 강했다. 물자와 인력을 동원해야 하는 전쟁은 중앙권력에 의해 기획되고 전쟁에서 승리한 권력은 전쟁복구로 다시 마을과 지방을 통제할 수밖에 없었다. 이러한 과정이 반복되면서 중앙과 지방이라는 이분법이 더 강화되게 되었다고 볼 수 있다.

지방자치를 연습하고 배울 수 있는 기회가 이러한 과정에서 약화될 수밖에 없었다. 일제를 거쳐 광복 이후 지금까지 6·25 전쟁은 우리가 경험한 가장 가슴 아픈 전쟁경험이었다. 남북대치로 인한 긴장과 군비경쟁은 우리의 일상생활에 많은 영향을 주었다. 군부장기집권 속에서 국가주도의 경제 발전은 경부축중심의 불균형 발전전략을 채택하여 지역 간 격차를 더 크게 하였다. 균형 발전을 위한 노력이 없었던 것은 아니지만 이미 기울어진 운동장에서 공정한 게임은 불가능한 상황이 되었다.

이러한 역사성과 국가사회적 문제점 위에서 중앙과 지방의 관계는 우리 지방자치에 막대한 영향을 미쳤다. 두레와 향약 등의 주민자치 원형이 있었지만 그것은 왕권중심의 국가에서 만들어진 임시방편의 자치대안에 불과하였다.

민주적 정권교체로 민주주의가 정착되어 가고 있지만 우리의 풀뿌리 민주주의는 빈약하다. 뿌리가 강해야 나무나 식물이 더 건강하게 성장할 수 있다. 도시는 인구가 너무 많아 비용이 많이 든다. 이러한 상황에서 중앙권력자들은 지방의 비효율성을 공격하였다. 지방자치를 도입하면서 효율성을 내세워 시·군 기초자치단체의 통합을 통한 도·농복합시가 탄생하였고 자치권의 구역을 넓히는 일에 치중하였다. 결과적으로 구역이 넓은 자치권은 주민참여와 관심을 이끌어내기에 한계가 있었다.

자치권은 자치권을 부여받은 법인격이 일정한 구역을 스스로 다스리는 권한의 범위를 말한다. 자치권은 국가의 통치권으로부터 전래된 것으로 헌법에 규정된 범위 내에서 허용되는 것으로 이해되어야 한다(임승빈, 2015: 7－8). 자치권은 자치단체가 가지고 있는 모든 권한이라는 점에서 분권개념과 다르다. 분권개념에서 논의되는 조례를 제정할 수 있는 자치입법권, 사무를 관장할 수 있는 자치행정권, 예산안을 수립하여 결정하고 집행할 수 있는 자치재정권, 아직 우리에게는 익숙하지 않지만 자치경찰제가 도입되게 되고 사법자치가 도입된다면 자치사법권이 추가될 수 있을 것으로 보인다. 그렇지만 자치단체 구성에 대해서 이번 자치법 개정에서 다양하게 할 수 있다는 내용을 담고 있기 때문에 자치권은 기관구성 형태에 따라 다양하게 나타날 수 있을 것으로 예상된다.

분권의 개념과 같이 자치권도 분권 정도에 따라 매우 다양한 형태를 지닐 뿐만 아니라 다차원적인 의미를 내포하고 있어 개념 정립이 어렵다. 더군다나 정치권, 지방자치단체, 그리고 학자들이 그 의미를 자신들의 이해관계에 맞추어 나름대로 해석하는 경향이 있기 때문에 혼란이 더 가중되는 측면이 있다. 예를 들면, 재정력이 높은 지방자치단체는 세원이양을 분권으로 이해하지만 재정력이 약한 지방자치단체는 중앙정부의 재정지원 강화를 분권으로 해석할 수 있다. 독재정권에 대한 경험이 있었던 우리나라를 포함한 개발도상국가의 경우는 분권은 좋은 정책, 집권은 나쁜 정책이라는 등식이 암묵적으로 받아들여지고 있기 때문에 자치권은 분권이라는 용어와 함께 혼란스럽게 사용될 수 있다. 반면에 미국을 포함한 많은 연방국가에서 분권은 종종 분리주의(secession)에 대응하여 선택되는 정치체제이기 때문에 이러한 국가들에서 자치권과 분권은 반드시 긍정적인 의미로만 인식되고 있지는 않을 것이다.

자치권과 분권의 개념은 정확하게 이해하기 위해서는 첫째, 그 다원성 때문에 다양한 정의가 존재하므로 각 국가의 분권수준을 측정하는 방식 또한 다양하다는 점, 둘째 자치권은 분권과 집권 정도에 따라 개념적 벤치마크를 제공하는 역할을 할뿐이고 국민들이 정치적으로 지향하는 바를 의미하는 절대적 선을 의미하는 것은 아니라는 점을 이해할 필요가 있다(배준식, 2011: 11−12).

지방분권은 중앙집권에 대응되는 개념으로 국가의 통치권과 행정권의 일부를 지방자치단체 위임 또는 부여하는 지방주민 또는 그 대표자의 의사와 책임 아래 행사하는 체제이다. 지방분권이 중앙과 지방의 권한 배분 관계에서 중앙의 행정권한이 지방자치단체로 이양된 정도를 의미한다는 것에는 별다른 이견이 없는 것으로 보인다. 소극적 의미에서 지방분권은 중앙에서 지방으로 단순히 권한이 이양된 상태를 의미하지만 적극적 의미로 보면 이양된 범위 내에서 권한을 행사하는 측면까지 포함하는 것으로 정의될 수 있다(한국정책학회, 2008: 8−9).

토플러(Alvin Toffler)조차도 "지방분권은 지난(持難)한 전쟁"이라고 규정했다. 자치권을 어떤 계층과 구역에 어떻게 할 것인가는 분권개념 정의와 같이 정하기 어렵고 어려운 문제다. 분권 차원에서 자치권의 개념 정의가 어려운 이유는 이해와 실천이 어렵기 때문이다. 분권과 자치권은 볼 수도 없고 만질 수도 없으니 머리로도 잘 파악이 안 된다. 전문가들도 이해하기 어려운 부분이 있는데 일반시민들이 이해하기는 더 어렵다. 우리가 지방자치를 실시해 성공한 경험이 부족하고 체질화되어 있지 않기 때문에 이해하기가 더 어렵다고 볼 수 있다. 분권을 통한 주민자치 실현은 어떤 구역과 규모 혹은 정도로 자치권을 부여하여 주민자치를 실천할 것이냐에 대한 것을 결정하는 것이기 때문에 어렵다. 더군다나 그 어려움은 분권에 반대하는 입장을 가진 중앙권력자들의 이해관계 때문이다. 중앙과 지역, 지역과 지역 간의 이해관계차이가 있고 지방의 입장에서 볼 때 중앙에 집중된 권한과 경제력, 인력의 힘을 독점하며 배타적 기득권을 유지하려는 국회, 정부, 중앙언론 등의 저항이 크기 때문이다.

2) 행정계층구조와 구역의 문제

우리나라 지방행정의 계층구조는 자치계층(특별시, 광역시 · 도, 시 · 군 · 구)와 행정계층(행정구 · 읍 · 면 · 동)으로 이원적 구조로 운영되고 있다. 따라서 행정계층은 기본적으로 3계층에서 5계층까지 다양하게 존재하고 있다. 지방자치제를 본격적으로 실시하면서 효율성 증진을 위해 기초자치단체 간 통합을 시도하여 도 · 농복합시가 탄생했고, 국민의 정부에서는 읍 · 면 · 동 기능전환을 통해 행정계층구조의 축소를 시도하였다. 그러나 이러한 시도에도 불구하고 행정계층 간 기능중복, 행정계층 다양화로 인한 거래비용의 증대, 기초자치계층과 주민과의 관계소원, 광역단체(시 · 도)는 중간 행정계층으로서 단순중계기관화라는 문제점을 초래하고 있다(이성복 · 임동진, 1999: 24−26). 이로 인해 행정업무처리 소요시간의 증가, 업무중복수행에 따른 비효율의 문제, 책임소재의 불명확화 등 여러 가지 문제가 파생되고 있다. 즉, 상위자치단체와 하위자치단체 간에 법령상, 직무상의 기능 및 사무배분이 명확히 구분되어 있지 않아서 동일한 행정기능 및 사무를 두 계층의 자치단체가 동시에 관장하는 경우가 많으며, 상위계층은 하위계층에 대한 권한은 이양하지 않고 책임만 부과하는 경향이 있다(김보현 · 김용래, 1983: 281－282).

이러한 계층구조상의 근본적인 문제는 자치계층인 시 · 도와 시 · 군은 오랜 중앙집권기간 동안 중앙의 의도를 지방에 충실히 집행해온 대표적인 지방행정기관이었다는 사실에서 기인한다(정정목, 1999: 172). 더구나 이러한 역사와 문화적 성향은 쉽게 사라지지 않음에도 불구하고 지방자치단체화함으로써 주민들의 실생활과 유리되어 왔다. 이러한 상황에서 지방자치제가 실시되면서 지방자치단체에 대한 정책(기획)기능의 강화가 요구되었으나 권한과 예산이 뒷받침되지 않은 상태에서 중앙에 의존과 예속은 불가피하였다. 왜냐하면 중앙정부는 자신들이 결정한 정책에 대해서만 신뢰할 수 있다는 독단에 빠졌고 지방자치제가 실시되었음에도 불구하고 지방자치단체를 통해 효율적으로 정책을 집행하기를 고집하였다. 이러한 경향을 드러내고 있는 것이 중앙정부의 지방자치단체에 대한 실적평가기능의 강화였고, 특별행정기관의 신설을 통한 집행의 효율화였다. 또 분권과 관련한 법률까지 제정하여 권한이양을 추진하였으나 이양실적이 저조할 수밖에 없었다. 따라서 행정계층구조상 비효율은 불가피하게 되었고 그 책임을 지방자치단체의 비효율로 치부하기에 이르렀다.

이 과정에서 중간계층인 시 · 도의 기능은 불가피하게 약화되는 문제점이 나타났다. 국가가 시 · 도를 거치지 않고 직접 기초자치단체와 직거래하거나 특별행정기관을 통해 집행되는 정책들이 늘어나게 되었다. 따라서 업무의 중복으로 책임소재가 불분명해지는 등 국가정책의 낭비 요인도 함께 만연되게 되었다.

이러한 업무 영역의 중복은 지방공공재생산의 비효율도 불가피하게 하였다. 자치단체들이 지방공공재를 적정한 규모로 생산하지 않은 가능성, 즉 지방공공재를 과잉생산하거나 과소생산할 가능성에 관하여는 티부(C. M. Tiebout)의 가설이 발표된 이래 널리 논의되어 왔던 문제다. 자치단체의 적정규모를 분석함에 있어 지방공공재 생산의 효율성이 대단히 중요한 기준이기 때문이다. 다른 조건이 동일하다고 가정할 때, 우리나라의 지방자치단체들이 지방공공재 생산의 효율성을 향상시키는 것은 다른 나라들에 비해 어렵다. 영역을 공유하는 광역 및 기초자치단체들이 있기 때문이고, 이는 불완전 소비자 이동성을 강화시키기 때문이다. 불완전 소비자 이동성이란 소비자(주민)들이 가격과 품질에 따라 다양하게 주거지를 선택하기보다는 우리나라에서 보듯 농촌에서 도시지역으로 일방적으로 이전하는 현상을 뜻한다. 특히 영역이 중첩되어 있기 때문에 광역 또는 시로 전입하지 않더라도 이들 영역에서 생산하는 지방공공재를 향유할 수 있다. 왕래가 보다 싸고 손쉽기 때문이다(정정목, 1992: 879-882). 우리나라에서 강화된 불완전 이동성은 지방공공재의 생산, 지방재정이 운영 및 의사결정에 비효율적 영향을 미친다. 지방공공재에 대한 동일한 선호를 가진 소비자들이 여러 개의 자치단체에 불균형하게 분포되어 있거나, 반대로 서로 다른 선호를 가진 소비자들이 비효율적으로 섞여 있다면 복수의 균형점이 형성된다. 따라서 지방공공재 생산의 효율성이 향상되기 어렵다. 이러한 경우, 기술적 · 경제적 효율성이 추구될 수 있는 조건이 원천적으로 훼손됨은 물론 정치비용의 증가와 지방재정 운영의 불확실성의 증대를 초래한다. 티부의 주장에 따르면, 분권화된 체제는 장기적으로 선호체계가 유사한 사람들끼리 모이기 때문에 정치적 의사결정 비용이 감소되리라는 것이었다. 이는 지방에서뿐만 아니라 중앙에서도 기대할 수 있는 것으로, 다운스(Anthony Downs)의 표현으로는 불확실성 때문에 합리적인 정부라면 분권을 해야 한다는 것과 같은 맥락이다. 그러나 지방자치제를 시행하더라도 불합리한 지방행정계층구조 하에서는 이 장점을 구현할 수 없다. 이미 우리나라 현재의 행정계층구조 하에서는 계층 간 갈등을 유발하는 구조로 되어 있다. 예를 들어, 도는 대등한 관계에 있는 광역시 및 타 도와 마찰 가능성이 있고, 관할 시 · 군과도 업무가 중복되어 있어 정치 및 행정비용이 낭비될 가능성이 매우 높다(이종수, 1996: 10; 박세정, 1993: 23; 이규환, 1993: 40). 그럼에도 불구하고 이를 조정할 수단은 확보되어 있지 않다. 따라서 지방분권을 추진하면서 기능배분과 재배분의 기준 설정을 명확하게 하여 중복업무 분야를 줄이기 위한 적극적인 대책이 필요하다.

특히 주민자치 활성화와 관련해서는 행정계층과 구역에 대한 조정이 불가피하다.

3) 행정계층구조와 관련한 이론의 변화

중앙－지방관계론(Governmental Relationship: IGR)의 전개 과정을 보면 크게 1950~1960년대, 1970~1980년대, 1990년대 이후의 시기로 나누어 볼 수 있다. 1950~1960년대에는 주로 규범론적 이론들이 제시되고 있다. 주로 중앙부처와 지방정부 간의 관계에 한정하여 지방정부를 중앙정부의 대리인으로 간주하느냐, 아니면 협조자로 간주하느냐는 수직적인 시각에서 논의되었다. 1970~1980년대에는 이러한 이원론적·수직적 관계를 크게 탈피하지 못하고 있지만 수평적인 관계모형에 중점이 주어지는 가운데, 지방정부의 독립성과 자율성 등이 강조되었다. 1990년대 이후에는 거버넌스(governance)와 네트워크이론의 영향을 받아 수평적·상호 의존적 특성이 심화되었다(한국행정연구원, 2000: 54).

이러한 이론적 변화에서 나타나는 일반적 경향은 점차 중앙과 지방과의 관계가 수직적인 관계에서 수평적인 상호 의존관계로 변화되고 있다는 점이다. 정부간관계론에서 지방정부를 대리인(agent)이냐, 협조자(partnership)냐, 아니면 제3의 관계로 보느냐에 따라 지방정부의 자율성은 상당히 달라진다(최영출, 2001: 9). 그러나 이러한 시대적 변화에도 불구하고 우리의 현실은 지방자치제가 실시된지 10년이 지난 현재까지 행정계층구조상 중앙과 지방의 관계는 수직적 통제관계에서 크게 벗어나지 않고 있다. 단지 대리인관계로 보고 있다. 따라서 행정계층 간 관계는 권력적 수단으로는 지도, 감독, 승인, 처분, 점검, 평가 등이 이루어지고, 비권력적 수단으로 조언, 권고, 보고(자료제출, 조사), 지원(재정, 정보제공, 기술), 조정, 협의 등이 이루어지고 있다(한국행정연구원, 2000: 8). 이러한 행정계층 간의 관계를 법령에 규정하여 관행적으로 수직적 관계가 형성되어 왔다. 상위계층일수록 하위계층에 통제를 강화하려는 욕구가 강했다. 때문에 법률보다도 대통령령이나 부령 등을 통해 중앙의 지방에 대한 통제를 강화해 왔다. 지방자치제를 실시하면서 이러한 통제관계에서 협력관계로 변화를 요청하고 있다. 그러나 대리인을 통한 수직적·통제관계의 역사성을 가지고 있어 수평적·협력관계로의 변화가 쉽게 이루어지기 어려운 행정계층구조의 특성을 가지고 있다. 이러한 맥락에서 행정계층구조상 사무배분문제는 행정계층 간 바람직한 기능과 역할을 설정하는 과제라는 점에서 상당히 중요하다.

관료제를 비판하는 학자들에 의하면, 베버(Max Weber)에 의해 제창된 관료제가 거대화되면서 역기능을 창출시켜 본래의 능률성을 오히려 저하시키고 있다고 지적하고 있다. 그리고 그들은 이러한 역기능과 병리적 현상에 의해 화석화된 관료제를 처방하기 위해서는 수직적으로 다층화된 관료제의 계층 수를 줄이고, 수평적 협력관계를 증진시키며 하위계층을 확대시켜 단층적 관료제로 구조개편을 해야 한다고 주장한다(Chandler, 1962: 59). 이렇게 함으로써 다층화에 따르는 의사소통의 왜곡현상을 해소시키고 수직적 계층문화의 역기능을 완화시키며, 하층구조의 상대적인 확대에 의해 고객지향적 행정을 보다 강화시켜나갈 수 있다는 것이다. 이러한 맥락에서 볼 때 지방자치계층구조가 현재의 3계층에서 2계층으로 축소 조정되어 단층화되면 관료제를 비판하는 학자들이 주장한 구조개편에 따르는 이점을 얻을 수 있게 된다. 즉, 의사소통 채널의 단순화와 개선으로 이에 소요되는 시간과 비용을 줄일 수 있으며 정보와 지시의 왜곡을 극소화함으로써 정책결정이 신속·정확히 이루어져 시의성(timing)과 적실성(relevance)을 충족시키게 되고, 더 나아가서는 지역주민의 욕구와 정서에 맞는, 그리고 행정서비스의 양과 질이 개선된 고객지향적 복지행정서비스를 제공할 수 있게 된다(이병철, 1995: 832−833). 그리고 지방분권 시대에 필연적으로 도래될 수밖에 없는 광역행정서비스의 제공도 보다 효율적으로 기능할 수 있게 된다.

현재 우리 나라의 지방행정구조는 대도시와 기타 지방을 구분하여 각각 3~4단계의 구조를 가지고 있다. 현재의 지방자치행정계층은 역사적 이유나 생활여건의 변화, 미래 지향적인 관점에서 조정이 필요하다. 역사적 관점에서 현재의 행정계층구조는 조선 말기와 일제 초기에 완성된 것으로 오늘날 우리의 사회경제적 여건과는 맞지 않는다. 생활여건의 변화에 따른 행정서비스의 수요측면에서 재조정이 필요하며 정보화에 따른 변화와 남북통일에 대비한 미래 지향적 행정구조의 체계구축이 필요하다.

자치행정계층이 많을수록 비효율이 발생한다. 광역과 기초단체의 단체장이 주민의 직접투표로 선출되어 의견과 정책이 상반될 경우 업무수행에 차질을 빚을 가능성이 높다. 광역단체가 기초단체의 상위기관으로서 기능도 하지 못하고, 기초단체들의 협의체 역할도 못해 위상이 애매모호하여 이에 대한 시정이 필요하다. 이러한 문제점을 인식하고 국민의 정부는 자치계층이 아닌 읍·면·동 기능을 전환하여 주민자치센터로 개편하고 행정계층구조를 줄이려는 노력이 있었다. 그러나 전국의 일률적으로 개편하면서 관할 구역이 넓은 농촌(읍·면)지역은 행정서비스가 더욱 부실해지는 문제점이 발생하였다. 전국을 획일적으로 개편하려는 정부의 노력은 농촌지역의 행정서비스 부실운영의 문제점을 파생시키고 있다(김주원, 2003: 150-151). 따라서 자치단체가 자율적으로 개편할 수 있는 방안을 마련하는 것이 바람직할 것으로 판단된다. 우리나라는 행정계층구조의 문제보다도 관할 구역의 문제가 더 심각하다. 지방분권은 광역자치단체에 대해서는 광역적인 사무를 기초자치단체에는 지역주민들의 생활과 밀접한 사무를 중심으로 운영하여야 주민참여가 유도되고 자치의 본래적 기능을 확보할 수 있다. 그러나 지역주민들의 생활과 밀접한 관계를 가지고 있는 교육과 경찰자치는 실질적으로 운영되고 있지 않으며, 주민들의 삶의 질과 밀접한 관련이 있는 복지사무는 국가사무로 분류되고 있는 실정이다.

제 3 절 거버넌스로 주민자치정책 모형검토와 공동체 역량강화

1. 제도적 관점에서 주민자치 검토

단체자치에서 주민자치로 전환은 국가사무의 지방사무화를 전제로 국가위임사무를 줄이고 주민들의 자발적이고 적극적인 참여를 전제로 한다. 그렇지만 우리는 주민자치 관련 제도화가 아직 부족한 실정이다. 지방고유사무가 많지 않은 상태에서 기존 단체자치 하에서 기득권을 가지고 있는 지방자치단체 내 이해관계를 가지고 있는 공무원, 지방의원, 이·통장협의회, 사회단체 등의 저항에 직면하고 있기 때문이다. 따라서 현재 우리 사회에서 사용되고 있는 주민자치에 관한 합의된 정의가 존재하지 않고 있다. 더욱이 학술적 논의뿐만 아니라 제도화 노력과 맞물려서도 많은 혼란이 야기되고 있다(곽현근, 2015: 283).

2014년 12월 대통령 직속의 지방자치발전위원회가 발표한 지방자치발전종합계획에서는 민선 지방자치 20주년을 맞이하여 성숙한 지방자치 발전을 위한 4대 정책과제 중의 하나로 '주민중심 생활자치 · 근린자치의 실현'을 채택하고, 그 실현을 위한 세부과제로 교육자치와 지방자치 연계 · 통합노력, 자치경찰제도 도입과 읍 · 면 · 동 주민자치회 도입, 주민직접참여제도 강화, 그리고 지방자치단체 간 관할 구역 경계조정 제도개선과 소규모 읍 · 면 · 동 통 · 폐합 등을 제시하였다(행정안전부, 2016).

또한 2016년 1월 26일자 행정자치부(현 행정안전부) 보도자료에 따르면, 정부는 지방정부 차원에서 새로운 '생활자치'를 구현해 나갈 것임을 표명하였다(http://www.mois.go.kr). 그렇지만 생활자치는 아직도 제도화되지 못한 상태이며 주민자치 관련 읍 · 면 · 동별 제도화도 취약한 실정이다.[5]

김필두 · 한부영(2016: 14－20)은 이전까지 '지방자치'의 구성 요소로 다루어진 '단체자치'와 '주민자치'를 '지방자치'와 '주민자치', '근린자치[6]'의 용어적 검토를 바탕으로 재해석하여 정책용어로서 '생활자치' 개념을 도출하고 있다.

기존의 '단체자치'는 중앙정부로부터의 권한 이양, 자치정부로서의 지방자치단체의 기관구성, 단체장의 권한, 단체장과 지방의회 간의 책임과 권한의 배분 등 지

5) 향후 지방자치법 개정을 통해 주민자치 관련 개념을 정립하고 그 법제도화 방안을 검토하고 있다.

6) 근린자치에 대한 그동안의 정의를 보면, 근린자치란 근린의 공간 단위를 매개로 해당 지역주민을 포함한 다양한 주체들이 자율성을 가지고 집합적 의사결정 또는 필요한 서비스 생산행위에 참여하는 것을 의미하며(소진광 외, 2011: 15). 지역사회의 주민들이 스스로 참여하여 지역사회문제에 대해 이야기를 나누면서 공감대를 형성하여 더 좋은 일을 만들어가는 것이고(김필두, 2013), 주거지 주변의 공간 단위를 매개로 해당 지역주민과 이해당사자들이 자율성을 가지고 지역문제 해결과 공공서비스를 위한 집합적 의사결정 과정과 생산행위에 참여하는 것이며(곽현근, 2011), 근린자치는 지역사회의 문제가 무엇인지를 발견하고 해결하기 위하여 주민 스스로 참여하여 문제를 해결해 나가는 과정을 의미한다(최용환, 2014).
종합해 보면, 근린자치는 근린이라는 단위공간의 한정을 중심으로 하여 다양한 주체들의 참여 여지를 두고 있으나, 결국 해당 단위공간의 주민들의 집합적 의사결정 과정을 중시하는 것으로 주민자치의 목적이 특정 거주지 주민들의 삶을 목표로 다양한 주체들이 참여하는 것임을 고려할 때, 주민자치와 구분되는 개념으로 정의하는 것에는 한계가 있다. 특히 그 집단의 대상범위만을 한정한 개념으로, 집단의 종류나 집단의사의 결정방법이나 결정사항에 대한 실행수단, 행정과의 관계에 대해서는 특정되지 않으며, 공간 이외의 설정에 있어 자유도가 높은 개념이다.

그림 6-1 지방자치, 주민자치, 근린자치, 생활자치의 연계관계

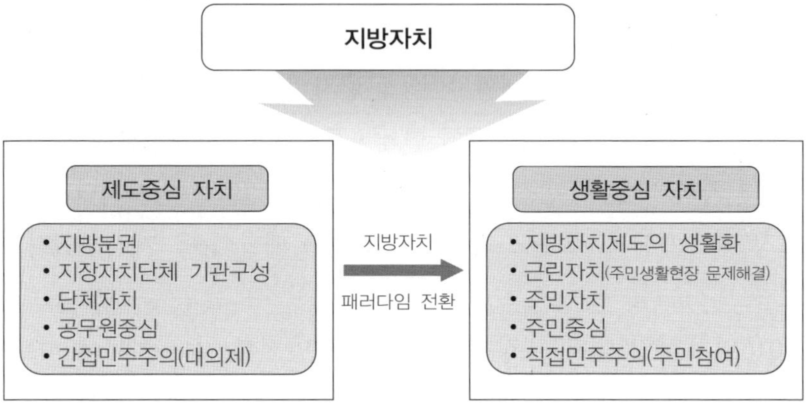

자료: 김필두 · 한부영(2016: 20).

방자치의 틀과 기반을 정비하는 '제도자치'로, 기존의 '주민자치'는 주민의 생활현장에서 주민들이 잘 알고 있는 생활주변(근린)의 문제점 등을 주민의 자발적인 참여를 통하여 발굴하고 주민이 주체가 되어 해결하기 위하여 지방자치제도를 생활화하는 '생활자치'로 대체하여 제시하고 있다.

이러한 생활자치 관점에서 주민자치는 행정구역과 인구 수 등이 고려되어야 한다. 인구과소화가 심각한 농촌지역과 인구가 많은 고층아파트 밀집 지역은 달라야 한다. 그런데 지금은 인구 수 기준으로 기초행정 단위가 구분되어 있어 읍 · 면 · 동 주민자치조직 운영은 모순이 많다. 1만 세대가 넘는 아파트단지도 있고, 서울면적의 3/4 크기의 홍천 내면도 있기 때문이다.

주민자치 활성화는 대의민주제의 단순한 투표참여의 의미를 넘어 지역의 문제해결을 위한 지역공동체 단위의 결사체적 참여가 요구된다. 그러한 결사체적 역량에 기반을 두고 지방정부의 정치행정 과정의 참여로까지 확대될 수 있어야 한다. 공간이 넓은 지역과 공간이 좁은 아파트 공동체를 똑같은 형태의 주민자치제를 운영한다면 분명 모순이 발생할 수밖에 없다. 면적이 넓은 농촌지역은 마을 단위와 면 단위가 조화를 이룰 수 있는 방안이 고민되어야 한다. 아파트 공동체나 일반주택지역이 밀집한 지역은 그 실정에 적합한 모델이 만들어져야 한다. 구 단위 자치

권 부여가 필요하냐의 문제제기가 있는 만큼 자치권을 부여하는 문제도 아파트 공동체가 밀집된 지역 동주민자치센터에 부여할 필요는 없다. 그렇지만 군 단위는 군 단위가 2만 명 이하로 감소되어 자치권 부여가 무의미한 경우 몇 개 군 단위를 통합하되, 읍·면 단위 통합 형태로 자치권을 부여하는 방안을 검토해 볼 수 있다.

한편 오늘날 지방자치 현실을 볼 때, 주민들이 정책을 직접 결정하고 책임지는 경우는 예외적이고, 대부분의 경우는 주민이 직접선거를 통하여 선출한 대표자에게 맡겨둔다. 문제는 이렇게 대표자에 의해서 정책이 결정되고 집행되는 경우도 주민자치라고 할 수 있는가에 대한 고민이 필요하다(김필두·류영아, 2008).

주권재민원칙에 의해서 대표자의 권력은 주민들로부터 위임된 것이라는 점, 주기적인 선거에 의해서 심판된다는 점, 직접적인 참여에 의해서 일상적으로 통제된다는 점 등에서 대표자에 의한 정책결정도 주민자치의 일환이라고 할 수 있다(김필두·김병국, 2011). 현실적 제약 때문에 간접적인 자치방식이 일반화되어 있긴 하지만 궁극적으로 이런 자치방식도 주민자치, 즉 주민들이 스스로 결정하고 책임지는 것이라고 할 수 있다(김필두·류영아, 2015: 17).

주민자치는 읍·면·동을 기준으로 마을별 공동체(local community) 총합이라고 본다면 자율형 주민자치보다는 마을자치 단위로 보는 것이 더 적합할 것으로 생각된다. 주민자치를 정책용어로 다룸에 있어서 주민들의 공동체적 활동과 역할을 중심으로 정리한 것이라 할 수 있다. 이는 자치(自治)의 개념 자체가 관치(官治)에 대응하여 다루어져 왔음을 상기할 때, 주민자치의 개념 정의를 관(행정)에 대응하는 주민의 역할관점에서 접근하였다는 점에서도 타당한 해석이라 할 수 있다.

다만, 주민자치에 대한 위 모형에서 재검토되어야 할 점은 마을 단위 사업은 상향식 공모제로 각 부처가 직접 관리하고 있다는 점이다. 자율성을 최대한 존중하여 운영되고 있지만 공모사업은 각 부처의 정책적 의도가 반영되어 기획되기 때문에 마을 혹은 주민자치 관점과 크게 다르다는 점이다. 즉, 대부분 마을 단위 사업은 현재 주민들 전체가 참여하여 의사결정과 사업집행이 이루어지는 것이 아니라 법인설립 혹은 조합을 통해 참여구성원들이 중심이 되어 운영되고 있다. 따라서 마을과 주민자치는 주민들 전체를 대상으로 참여가 전제된다는 점에서 다르다. 더 큰 문제점은 정부부처별 공모사업운영이 농촌지역에 집중되어 있으며, 농촌지역

표 6-6 지방자치, 주민자치, 마을자치 비교

구 분	지방자치	주민자치	마을자치
자치권	있음	없음	없음
관할 구역	있음	있음	있음(자치단체 내 포함)
국가와의 관계	수직적 관계 (위임)	수직적 관계	국가 내 최소 단위
구성원	선출직 정치인과 주민 (관내주소지)	임명직공무원과 주민	마을거주 주민 (관내주소지)
자치기관 구성형태	의회-집행부 기관대립형	최종서비스 행정기관	마을자율조직
대표자(선출방식)	도지사, 시장, 군수 등 (선거법에 의해 선거로 선출)	선출직에 의한 임명	이장, 혹은 위원장 (주민 직접 선출, 법규 없음)
조직	법률로 제정	법률로 제정	임의자율규정(법인)
재원	세금으로 충당	세금으로 충당	자발적 부담 혹은 보조금

내에서도 마을 간 격차가 점점 더 커지고 있다. 그리고 지역공동체 형성이 점점 파괴되고 있다는 점이다.

마을자치가 잘 이루어지는 곳이 잘사는 마을인 경우가 많다. 잘사는 마을들의 공통점은 ① 열정을 바탕으로 훌륭한 리더십이 작동되는 마을, ② 리더와 주민들 간 신뢰, 사회적 자본이 형성된 마을, ③ 주민들이 함께 작성한 마을 발전계획을 만들어 전략적으로 추진하는 마을, ④ 마을 유무형의 자원 활용을 위해 구체적 사업계획 추진이 적극적으로 이루어지는 마을, ⑤ 마을사업의 내용들이 투명하게 운영되는 마을, ⑥ 외부고객들을 잘 관리하고 체험관광 등이 유무형 자원을 서비스나 상품을 만들어가는 발전된 마을, ⑦ 지속가능한 사업을 발굴하여 마을의 브랜드로 키우는 마을 등 다양한 요소들이 있다.

주민자치도 마을자치와 원리가 동일하다. 마을사업을 잘하면 잘사는 마을이 되고 잘사는 마을엔 주민들 간의 화합이 잘 된다. 마을리더를 잘 뽑아 주민들과 화합하여 마을을 발전시킨다. 주민자치도 마을과 마을의 합에 의해 읍·면·동을 중심을 좀 더 넓은 지역에서 이루어진다는 점에서 다를 뿐 잘사는 행복한 지역을 만드는 원리는 동일하다.

2. 거버넌스 차원, 주민자치 제도화를 위한 기본 모형과 요소

주민자치회 도입문제는 현재의 단체자치에서 주민자치로 바꾸어 더 잘사는 지역을 만드는 데 있다. 사실 정부주도의 경제 발전이 지역 격차를 심화시켰다. 더군다나 도시와 농촌 간 격차 심화는 농촌·농업문제와 직결된다. 이 문제는 주민자치제도화와 관련해 여러 가지 문제를 고민하게 한다. 이 문제는 또한 전 세계적인 문제이기도 하다. 한방에 해결할 수 있다면 노벨경제학상감이라고 한다. 농촌·농업이 어렵게 된 이유는 먹거리가 현물시장에서 투기 대상이 되었기 때문이다. 인간이면 누구나 먹거리는 생존을 위해 필수이고 더 건강하고 행복하기 위해 매일 매번 먹어야 하는 중요한 일상생활이다. 때문에 가격탄력성이 높아 투기의 대상이 되었다. 투기의 대상이 되어 메이저 회사들이 증권시장에서 정확한 현장조사와 분석을 토대로 축적된 연구결과로 종자에서부터 식탁까지 전 과정을 통제한다. 결과적으로 종자에서부터 농식품 관련 자재가 이들 메이저 회사들에 의해 공급되면서 소농이 빈농으로 전락하게 되었다. 이들이 농산물 가격을 쥐락펴락하면서 전 세계적으로 농촌·농업이 어렵게 되고 있는 것이라고 볼 수 있다.

우리나라가 선진국으로 가려면 국민들에게 안정적이고 건강한 먹거리를 시장에 공급할 수 있는 체계를 만들어갈 수 있어야 한다. 이를 위해 소농들의 안정적인 소득보장과 건강한 먹거리 공급에 대한 자부심을 갖게 할 수 있도록 해야 한다. 이를 위해서는 시·군·단위 농산물품질인증제를 부활하여야 한다. 이를 통해 시·군 농업브랜드가 관리될 수 있도록 해야 한다. 시·군·단위로 차별성이 약할 경우 시·군명 다음 마을이나 읍·면 혹은 법인의 명칭 혹은 브랜드를 삽입하여 쓸 수 있도록 브랜드 관리가 되어야 한다. 무엇보다 국민들에 안심하고 먹을 수 있는 먹거리 안전관리 시스템을 만들어 시·군이 관리할 수 있도록 체계화해야 한다. 농산물에 대한 생산이력추적 시스템과 해썹(HACCP) 등을 통해 농산물가공에 대한 안정성을 확보할 수 있도록 체계적 관리를 시·군이 만들어가야 한다. 이러한 역량강화 과정을 통해 국내에 공급하는 것을 넘어 수출시장까지 공략할 수 있도록 만들어가야 한다. 이러한 체계가 구체화될 때 메이저 회사들의 농간에서 벗어날 수 있고 소농들도 경제적 소득을 보장받을 수 있다. 이러한 과정에서 일자리 창출이 지역 내에서 이루어질 수 있고 내생적 지역발전모델을 만들어갈 수 있다고 생각한다.

마을 단위 지원사업도 최소한 생계 유지가 가능하도록 하는 내셔널 미니멈(Natonal minimum)을 보장할 수 있는 방향으로 국가가 지역주민들의 삶의 질을 보장해야 한다. 그렇지만 지역은 브랜드로 살아남아야 한다. 지방은 브랜딩되어야 살아남을 수 있다. 지방의 브랜드의 성공은 진정성에 달려 있다. 브랜드는 공동체 정신이 살아나야 한다. 브랜딩은 결과가 아니라 과정이다. 농산물을 생산하는 과정이 우리 몸에 좋은 농산물을 생산하는 과정으로 인증되어야 한다. 이러한 발전이 주민자치를 통해 발전해가기 위해서는 거버넌스 이론과 연계한 고민이 필요하다.

표 6-7 사회적 특징들과 거버넌스 유형

		사회적 특징		
		다양성	복잡성	역동성
거버넌스 유형	협력 거버넌스 (co-governance)	**높음**	중간	중간
	계층적 거버넌스 (hierarchical - governance)	중간	**높음**	낮음
	자율 거버넌스 (self-governance)	중간	낮음	**높음**

자료: Kooiman(2003: 206).

사회적 특징을 쿠이만(J. Kooiman)은 다양성, 복잡성, 역동성의 정도에 따라 거버넌스의 유형을 협력적 거버넌스(co-governance), 계층적 거버넌스(hierarchical-governance), 자율 거버넌스(self-governance)로 나누었다. 이 기준으로 본다면 농촌지역은 다양성과 복잡성을 가지고 있기 때문에 협력적 계층적 거버넌스를 구축하는 것이 바람직하다. 도시지역은 역동성과 복잡성을 가지고 있기 때문에 자율적 거버넌스 구축에 초점을 맞추어 접근하는 것이 필요하다. 전국을 획일적으로 유형화하는 것보다 지역실정에 적합한 모형을 지역별로 선택하도록 하는 것이 필요하다. 그렇지만 인구가 많은 도시지역보다 농촌지역에서 농촌·농업문제를 스스로 해결해 나갈 수 있도록 주민역량을 키우기 위한 노력을 더 적극적으로 해야 한다. 그렇지만 지금 정부는 농촌·농업문제는 농림축산식품부와 각 부처별 공모사업을 통해 마을 단위로 추진되고 있다. 주민자치는 읍·면·동 단위로 행정안전부가 추진하고 있다. 각 부처별 이해관계가 다르기 때문에 마을자치인지 주민자치인지도 개념화되어 있지 못한 실정이다.

따라서 마을자치와 주민자치를 어떻게 통합하고 발전시켜나갈 것인가는 주민자치모형을 검토하는 데 있어 중요한 문제라고 볼 수 있다. 다음 <표 6-8>에서 거버넌스 유형과 상호작용 유형은 이러한 점에서 시사하는 점이 있다. 농촌지역은 인구감소와 고령화로 지역공동화가 심화되고 있어 인적 자원과 역량이 약하다. 자율적 조정에 의한 거버넌스 구축이 독립적 거버넌스에서 점차 협력과 계층으로 발전해가야 한다. 그 과정에서 협동적이고 권위적인 조정이 이루어져 실시간 조정이 이루어지고 갈등에 대한 선행적 조정이 이루어지는 과정으로 발전할 수 있어야 한다. 그렇지만 우리의 현실은 초창기의 거버넌스체계 기반 위에 발전해 나가야 하기 때문에 아직도 갈 길이 멀다고 할 수 있다. 그렇다고 관에만 의존하여 가게 된다면 지금보다 더 바람직한 형태로 발전하기는 어려울 것으로 판단된다. 지역

표 6-8 거버넌스 유형과 상호작용 유형 간 특징

거버넌스 양식 상호작용 유형	독립 거버넌스	협력 거버넌스	계층 거버넌스
자율적 조정 (Interferences)	후행적 조정 (feedback) 시민 거버넌스 초창기의 거버넌스		
협동적 조정 (Interplays)		실시간 조정 (feed-while) 파트너십 네트워크 거버넌스 시장 거버넌스	
권위적 조정 (Interventions)			선행적 조정 (feed-forward) 각종 분쟁조정위원회 계층 거버넌스

자료: Kooiman(2003: 224).

내 주민역량을 높여 거버넌스와 상호작용체계가 발전되어야 한다.

우리의 지방자치가 단체자치중심이기 때문에 주민자치로 패러다임을 전환하기 위해서는 시민사회와의 상호작용에 의해 발전되어야 하기 때문에 <표 6-8>과 같이 단계적인 접근이 필요하다. 그렇지만 도시지역에서 이미 다양한 실험이 이루어진 서울의 경우 상호작용의 유형이 좀 더 진전된 형태로 적용되어도 무리가 없을 수 있다. 그렇지만 농촌지역의 경우 상호작용의 유형이 단순하거나 복잡한 형태로 나타나기 때문에 시범사업 등을 통해 그 지역에 적합한 모형을 선택할 수 있도록 하는 것이 요구된다.

다음 [그림 6-2]는 이러한 차원에서 그 구성체계에 대해 읍·면·동 주민자치협의회의 구성단계에 대해 그림으로 정리해 보았다. 특히 [그림 6-2]에서 협의회 의사결정체계가 더 발전될 수 있는 방향성을 제시하고 있다. 현재 지방자치와 관련한 이해관계자들이 많아 읍·면·동별 주민자치 도입은 제도화를 통한 주민의 견수렴이 직접민주제에 버금가는 주민자치제도화가 이루어져야 한다. 이를 통해 자율적 혹은 협력적 거버넌스가 마련되고 합의적 관리형태의 주민자치제도가 만들

그림 6-2 주민자치회 거버넌스 구성체계

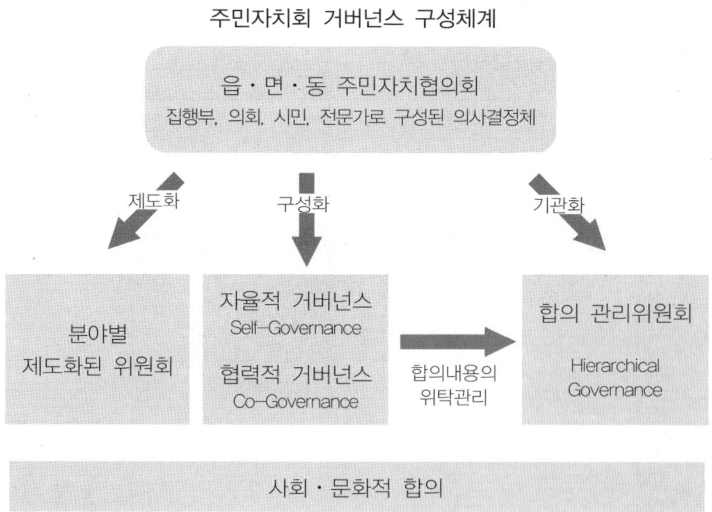

어져야 한다. 지역 격차가 커지면서 지역별 역량이 서로 다르기 때문이다.

3. 주민자치 공동체 역량강화

심리학자들은 오래 전부터 개인의 차이를 유발하는 특성에 관심을 가졌고, 조직론에서도 개인의 특질과 지적 능력에 대해 많은 논의가 이루어졌었다. 1973년 *American Psychologist*지에 발표된 맥클랜드(D. C. McClelland)의 연구부터 역량모델의 개발과 활용이라는 측면에서 본격적인 연구가 이루어지게 되었다. 당시 미국무성은 다양한 국가에 파견할 초급 외교관 선발에 관심을 가졌다. 보다 나은 채용 방식의 개발을 의뢰받은 맥클랜드는 상사, 동료 및 고객의 평가를 통해 높은 성과를 나타내는 사람들과 평균적인 성과를 나타내는 사람들을 분류하는 작업을 진행하였다. 이 작업을 통해 성과창출과 관련된 사고와 행동방식을 밝혀내어 과거와 유사한 상황에서 가장 성공적으로 성과를 창출할 수 있는 사람을 찾아내는 방법을 제시하였다.

우리나라에서 역량모델이 각광을 받기 시작한 것은 쿠퍼 외(Cooper et al., 1998) 역량이 알려진 1990년대 이후부터다. 1990년대 이후 역량모델이 본격적으로 부각되게 된 배경은 ① 1980년대 이후 경제 성장의 둔화로 인해 나타난 다양한 경영혁신과 인사혁신 프로그램의 등장, ② 연공중심의 임금제도에 대한 반성과 성과주의·능력주의에 대한 공감대 확산, ③ 인사행정의 패러다임 전환 등이다. 역량(competency 또는 competence)에 관한 기존의 연구에서는 역량에 대한 구체적이고 명쾌한 정의가 내려져 있지 않다. 인사관리 분야에서 주로 사용되는 역량의 보편적 개념은 "개인 혹은 조직의 성과에 중대한 영향을 미치는 관찰 가능하고 측정 가능한 개인의 성과창출행동"이라 할 수 있다(American Compensation Association, 1996: 3).

지역역량의 궁극적인 목적은 마을 혹은 주민자치사업을 통해 주민들의 삶의 질을 보장하는 데 있다. 이를 위해 지역에서 생산된 농수산물의 부가가치를 높이기 위한 가공, 어메니티 자원을 활용한 농어촌관광활성화 등을 위한 마을기업 혹은 주식회사를 만들어 일자리가 창출되어 인구가 늘어나게 되어야 한다. 도시지역도

생활자치를 통해 삶의 질이 높아질 수 있어야 한다. 경제적 소득측면뿐만 아니라 생활여건 개선도 마을역량강화를 통해 해결해야 할 분야이다. 지역역량은 개별마을들이 지역의 경제여건을 개선하고 주민의 삶의 질을 지속적으로 향상시킬 수 있는 원동력이다. 이는 어떻게 하면 공동체 의식을 가지고 있는 일정한 지역의 주민들이 지역을 발전시키기 위한 합의된 비전과 전략을 가지고 외부의 공공 부문의 지원을 받아 발전을 이끌 수 있느냐 하는 총체적인 능력이라고 할 수 있다. 어떤 특정한 개별지역이 지역의 한정된 자원과 조건을 가지고 지역 발전을 지속시킬 수 있는 힘을 의미한다. 이러한 역량은 고정된 것이 아니라, 내·외부의 환경조건에 따라 비전과 전략이 바뀌기 때문에 항상 새로운 균형으로 변화되어 가는 역동적인 성격을 띠며 개별지역은 지역의 역량을 증대시키기 위하여 지속적으로 다양한 지역개발정책을 수립·집행하게 된다. 지역역량을 결정짓는 요소로는 크게 산업경쟁력과 주민의 삶의 질로 대별할 수 있다. 산업경쟁력은 지역산업의 경제적 비교우위를 의미하고, 주민의 삶의 질 조건은 지역의 인적·물적 비교우위를 의미한다. 이 양자는 서로 밀접한 상관관계를 지니고 있다. 즉, 주민의 삶의 질 조건은 산업경쟁력을 증대시키는데 직·간접적인 영향을 줄뿐만 아니라, 산업경쟁력 강화는 곧 주민의 삶의 질 조건에 영향을 미치게 되는 바, 지역역량은 어느 한 요소에 의해서 결정되기보다는 양자의 상호작용에 의해 결정된다. 지역역량진단과 관련한 모델을 다음 [그림 6-3]과 같이 설정해 볼 수 있다. 역량진단을 통해 마을사업에 중요한 구성 요소라고 할 수 있는 마을 리더군, 마을주민, 그리고 마을자원에 대한 조사와 역량수준을 진단하여 리더군에 대해서는 맞춤형 교육을 실시하기 위한 기초 자료로 활용하도록 하는 것이다.

이 지역역량은 산업경쟁력과 주민의 삶의 질 수준을 제고시킴으로써 지역경쟁력을 증대시키는 한편, 지역경쟁력은 다시 지역역량을 증대시킴으로써 산업경쟁력과 주민의 삶의 질 수준을 제고시켜 지역발전을 가져오게 되는 누적적 순환 과정을 형성하는 것이다.

농촌지역 역량강화와 관련한 중요한 요소들을 모형으로 제시한다면 다음 [그림 6-3]과 같다. 마을공동체의 유형이 생활공동체와 경제공동체로 대별할 수 있는데 생활공동체라고 하더라도 경제적 자립 요소를 갖고 있어야 한다. 마을이 복합적이고 다양한 기능을 갖고 있기 때문에 이와 관련한 역량강화는 개별 농가들을 조직화하여 법인이나 조직으로 발전되어야 한다. 마을 단위의 역량을 모아 읍·면·동의 기능으로 통합하는 것과 같이 마을 단위의 사업역량을 모아 읍·면·동의 주민자치역량의 강화로 이어져야 한다. 이를 위해서는 현장활동가, 리더의 육성이 필요하다. 읍·면·단위 역량강화는 그 지역에 사는 주민들이 어떻게 잘살 수 있느냐를 스스로 고민하는 것에서 출발되어야 하고, 이를 해결하기 위한 노력을 어떻게 할 것인가와 연계된다. 이러한 활동이 만들어져가기 위해서는 읍·면·동 단위로 어떻게 더 잘사는 마을을 만들기 위해 누가 어떻게 역량을 강화해 갈 것인가에 대한 진단과 이를 해결하기 위한 계획을 구체적으로 만들어가는 것에서 출발해야 한다. 이를 위해서는 읍·면·동 단위 지역계획수립과 이를 실행하기 위한 실행계획을 매년 주민들의 의견수렴을 통해 만들어가는 절차와 과정이 세밀하게 주민자치회 주도로 만들어질 수 있어야 한다.

이를 위해 읍·면·동 지역이 가지고 있는 유무형의 자원조사, 마을주민들이

그림 6-3 농어촌마을 역량진단 모델 구상

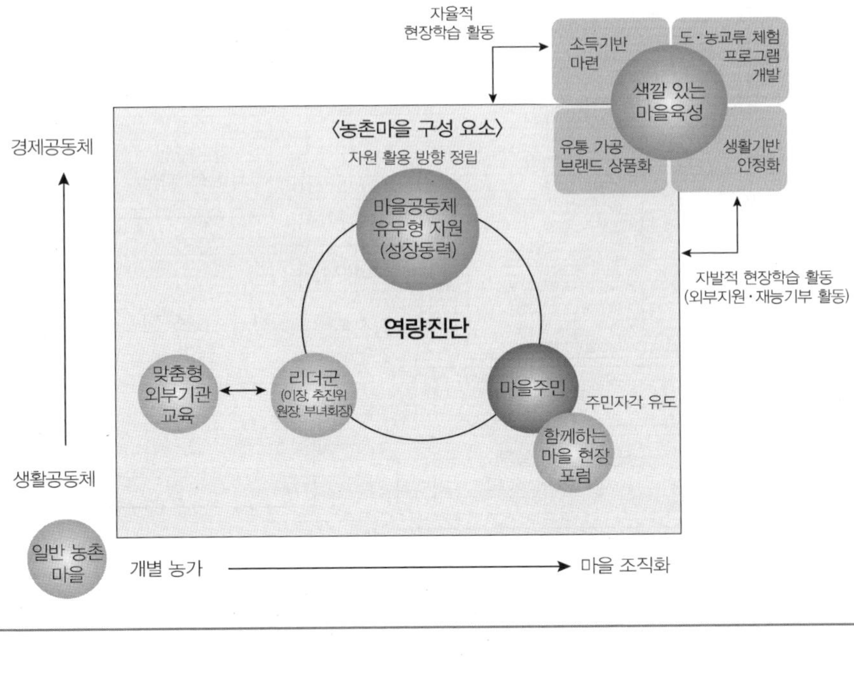

바라는 삶의 질의 방향 등이 구체적으로 읍·면·동 지역계획안에 만들어져 주민들의 더 다양한 의견들이 제시되어야 한다.

마을역량강화의 주도적 역할을 '주민자치회'가 주도하도록 법제도화를 통한 지원생태계 구축이 필요하다. 사실상 읍·면·동 단위 마을역량강화를 주도할 수 있는 것은 헌신적인 특정 마을지도자 또는 활동가, 주민들이 주도적으로 설립한 협동조합, 사회복지관 같은 준공공조직, 종교단체 등 다양한 주체가 될 수 있다. 하지만 현재 국가수준에서 논의되고 있는 읍·면·동 단위 주민자치회의 제도화는 읍·면·동 단위 마을역량강화의 주도적 역할을 주민자치회에 맡기겠다는 의지를 반영하는 것이다.

주민자치회는 자신의 조직역량을 활용해 주민들이 사는 장소 또는 관심사를 중심으로 주민들의 조직화 또는 결속적 네트워크를 만드는 것을 지원할 뿐만 아니라 주민자치회 활동을 통해 위원들의 리더십을 향상시키고 나아가 마을지도자를 발굴

그림 6-4 주민자치회 주도의 읍·면·동 마을역량강화 기본 모형

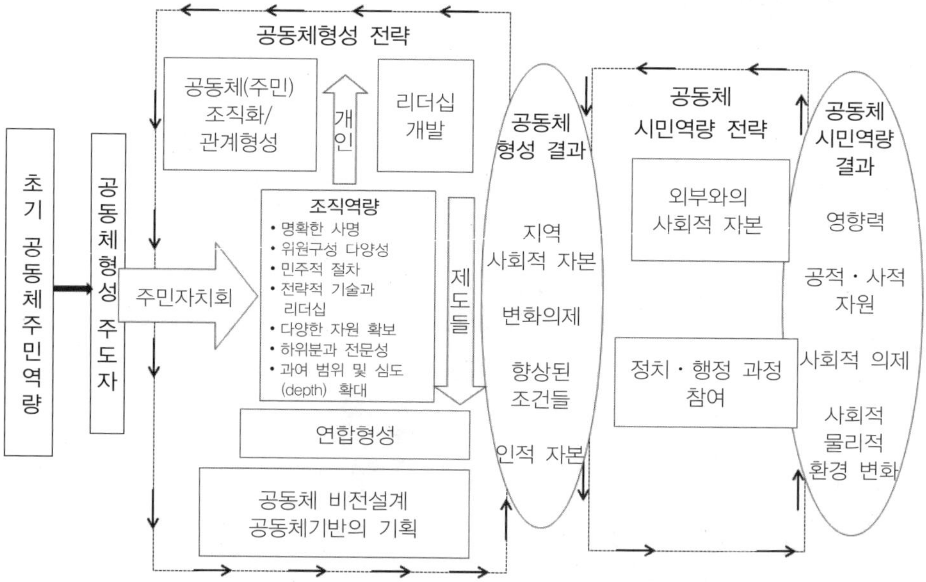

자료: 곽현근 교수 발표자료[Saegert(2006)의 모형, 주민자치회의 성격]를 고려하여 수정함.

하고 지원하는 역할을 수행할 수 있다. 또한 주민자치회는 기존의 주민조직 또는 제도들의 연합 또는 수평적 네트워크, 형성을 통해 가교적 사회적 자본 형성에 기여할 수 있으며 나아가 읍·면·동 단위의 공동체의 미래상을 함께 설계하고 구체적인 마을계획을 수립하고 주도해나가는 역할을 수행할 수 있다. 이러한 공동체역량을 기반으로 주민자치회는 공동체 대표조직으로서 외부의 자원을 유치하거나 정치·행정 과정에 참여하면서 공동체의 필요 또는 욕구를 행정의제에 반영하거나 함께 해결해 나가는 협력적 거버넌스의 참여 주체로서의 역할을 수행할 것이다.

주민자치회라는 지역공동체 주축조직이 공동체형성 전략과 공동체시민역량 전략을 구사하기 위해서는 주민자치회의 조직역량이 무엇보다 중요하다는 것을 보여주고 있다. 조직역량은 "한 조직이 건전한 관리, 강력한 거버넌스, 그리고 결과를 달성하기 위해 지속적으로 반복되는 헌신의 결합을 통해 자신의 사명을 충족시키는 조직의 능력"을 의미한다.

제 4 절 지역 특성과 설치 단위를 고려한 주민자치회 모형

1. 농촌형

1) 농촌 현실과 특징

읍·면과 같은 농촌지역의 경우 최하위 행정구역으로서 리 단위의 공동체 의식이 뿌리내리고 있고, 대표성을 갖는 리더십이 존재할 가능성이 높다. 읍·면·단위는 동일생활권 내 역사와 문화를 주민들이 공유하고 있는 공간이다. 직접적인 생활은 마을단위로 이루어지지만 초등은 기본이고 중등교육을 읍·면 단위로 받아 주민들 간 역사와 문화를 공유하며 살고 있다. 역사적으로 향약이나 계 같은 자치조직의 경험이 있고, 새마을운동과 같이 비록 외부주도형이고 하향적 개혁이었지만 적극적인 조직 활동을 한 경험도 가지고 있다(임도빈, 2004). 특히 도시지역의 통장과는 다르게 주민들로부터 지지를 확보한 사람을 선거를 통해 이장을 선출하고 있어 주민대표성을 띠고 있을 뿐만 아니라 이장을 통해 '리'라는 지리적 단위가 읍·면 행정과 잘 연결되는 점을 무시할 수 없는 상황이다.

그렇지만 마을을 대표하는 이장중심의 지역공동체 속성과 주민조직화의 장점에도 불구하고 다양한 문제점도 있다. 대부분의 마을에서 준행정기관의 성격을 띠는 '리'를 대표하는 이장이 영농회장을 겸하고, 수년 내지 수십 년 간 재임하는 경우가 많아지면서 이장 권력의 중심성이 강화되고 마을공동체의 권력 질서가 굳게 뿌리를 내리게 되었다. 일반적으로 마을별로 15인 이내의 위원으로 구성되는 '개발위원회'가 조직되어 해당 부락의 발전을 논의하게 되는데, 형식적으로는 마을주민의 대의기구 역할을 하지만 실제로는 위원장을 겸직하는 이장의 업무를 합리화시켜주는 역할을 수행한다. 마을에서 일어나는 중요한 의사결정과 관련해 주민주권 원리에 의해 각자의 발언권과 투표권이 중시되는 것이 아니고, 이장을 비롯한 마을 어른들의 사전 조정이나 공평한 분배 등이 의사결정의 지배적인 유형을 이루고 있다. 민주적인 절차가 결정이 무시되는 경우가 많고 마을을 대표하지만 마을주민들의 의사를 대변하기보다 사적인 관계로 마을업무가 이루어지는 경우가 많다.

도시지역과 차별화되는 농촌지역의 특수한 여건을 고려할 때, 리 단위의 결속적 사회적 자본을 존중하고 읍·면 단위에서는 리 단위 결속력의 수평적 연합을 이끌어냄으로써 정부와의 상호작용이 가능하게 만드는 바람직한 모델이 요구된다. 현재 진행되는 주민자치회 논의를 리 단위까지 연장함으로써 이장중심의 마을체제를 좀 더 민주적인 주민조직으로 탈바꿈하고, 기존의 다양한 마을 조직들을 통합하고 체계화할 수 있는 기회로 사용할 수 있을 것이다. 주민자치회의 활성화와 정착은 마을자치를 기반으로 검토되어야 한다. 읍·면 주민총회라는 상징적인 대상이 있다고 하더라도 주민들 모두가 참여하는 총회가 상시 운영될 수 없기 때문에 마을주민들의 의견이 마을이장을 통해 주민자치회에 잘 전달될 수 있도록 체계가 만들어져야 한다.

정부자료에 따르면, 2016년 12월 말 기준[7] 행정구역상 221개 읍이 있으며, 이

7) 2018년 현재는 전국에 226개로 읍 지역이 5개 증가하였다. 2017년에 충청남도 홍성군 홍북면이 홍북읍으로 승격되었고, 용인시 모현읍과 이동읍, 대구 달성군 유가읍, 울산 울주군 청량읍 등이

표 6-9	전국 221개 읍 인구규모별 현황(2016년 말 기준)

인구 수	1만 명 미만	1만 명 이상 2만 명 미만	2만 명 이상 3만 명 미만	3만 명 이상 4만 명 미만	4만 명 이상
읍 수	68	65	44	17	27

가운데 가장 인구가 많은 읍은 경기도 남양주시 화도읍으로 104,816명이며, 읍 공무원은 88명이다. 전국에서 가장 인구가 적은 읍지역은 강원도 영월군 상동읍 1,161명이며, 읍 공무원은 13명이다. 전국 221개 읍 가운데 인구 1만 명 미만인 곳은 전체의 약 30%, 이외에 읍 지역은 최근 도시개발로 인한 산업단지와 학교, 아파트 단지 등이 조성되면서 급속하게 인구가 증가하고 있는 지역도 있어 농촌형 주민자치회로 접근하는 데 한계가 있다.

2016년 말 기준 전국에는 1,192개의 면이 있으며, 전국 면 지역 가운데 가장 인구가 많은 곳은 전남 순천시 해룡면으로 46,994명으로 조사되었고, 2018년 인구 5만 명을 넘어선 것으로 알려져 있다. 전국 1,192개 면 가운데 인구가 1만 명 이상인 곳은 총 72개 지역이며, 면 지역 인구가 1,000명이 안 되는 곳은 33개 지역으로 나타났다. 1,000명 미만 면 지역 가운데 7개 면은 비무장지대 주변으로 인구가 거주하지 않은 곳이다. 면 지역 가운데 인구가 500명 미만인 곳은 모두 3곳으로 경기도 연천군 중면 223명, 파주시 진동면 172명, 전국에서 인구가 가장 적은 면은 강원도 철원군 근북면으로 109명이 거주하는 것으로 나타났다. 전국 1,192개 면 가운데 인구 5천 명 미만인 지역이 전체의 78%에 달하며, 인구 3천 명 미만인 면 지역은 전체의 48%로 이들 지역을 농촌형 주민자치회 구성의 핵심 대상지역으로 접근할 필요가 있다.

전국 읍·면별로 인구규모의 편차가 매우 크고, 지역별 여건이 상이하기 때문에 주민자치회의 참여규모를 한정하지 않고 최소 참여인원은 제시하되, 전체 참여규모는 지역에서 자율적으로 결정하도록 탄력적으로 접근해야 한다.

승격되어 읍 지역이 증가하였다.

표 6-10 전국 1,192개 면 인구규모별 현황(2016년 말 기준)

인구 수	주민 미거주	3천 명 미만	3천 명 이상 5천 명 미만	5천 명 이상 1만 명 미만	1만 명 이상 2만 명 미만	2만 명 이상
면 수	7	573	362	178	57	15

※ 주민 미거주 면(7): 경기도 파주시 장단면·진서면, 강원도 철원군 근동면·원동면·원남면·임남면, 고성군 수동면.

※ 면사무소 없는 면(10): 경기도 파주시 군내면·장단면·진동면·진서면, 강원도 철원군 근북면·근동면·원동면·원남면·임남면, 강원도 고성군 수동면.

2) 농촌형 주민자치회와 주요 구성 요소

(1) 마을과 주민자치회

리 단위의 마을자치회와 읍·면 단위의 주민자치회 제도화의 논리를 고려하여 농촌지역에 적용되는 주민자치회와 정부와의 관계 모형을 구성해보면 다음 [그림 6-5]와 같다. 마을이 읍·면별로 산재되어 많이 있기 때문에 마을을 대표하는 이장과 주민자치회를 어떻게 연계하여 발전될 수 있을까를 고민하는 것이 중요한 요소다. 이미 마을을 대표하는 이장[8]은 정부조직기능의 최말단에서 마을을 대표하는 기능을 수행 중에 있다. 이장은 마을의 대표이자 행정전달자로서 이중적 성격을 갖고 있다. 과거에도 모급형태로 마을을 대표하는 이장에게 주민들이 일정한 분담형태로 마을일을 보는 이장이 있었다. 행정전달자로서 이장제가 제도화되면서 마을의 대표기능보다 오히려 행정의 보조자로서 이장의 역할과 기능이 지속적으로 강화되고 있다. 더군다나 읍·면별, 시·군별 이·통장협의회가 만들어지고 전국적으로 통합되면서 마을의 대표기능이 더 약화되고 있는 측면이 강해졌다고 볼 수 있다. 마을마다 이장선출방식이 다양하게 변화되면서 주민대표성이 약화되는 측면도 있다고 볼 수 있다.

결과적으로 대표성을 살리는 노력이 이장이나 주민자치위원이나 주민들을 마을

---

8) 법령상 마을이장은 지방자치법 제4조2의 제5항에 따르면, 행정 동·리에 지방자치단체의 조례로 정하는 바에 따라 하부조직을 둘 수 있으며, 이 법률에 기초하여 지방자치단체들은 리·통·반 설치 및 운영조례를 제정하여 리·통·반장을 임명하게 되어 있다. 2017년 말 기준으로 이·통장은 9만 3천여 명에 달하며 이들에 지급되는 수당은 행정안전부 예산편성지침에 따라 매월 일정활동비와 명절보너스와 회의비 등이 지급되고 있다.

그림 6-5 읍 · 면 단위 주민자치회 모형

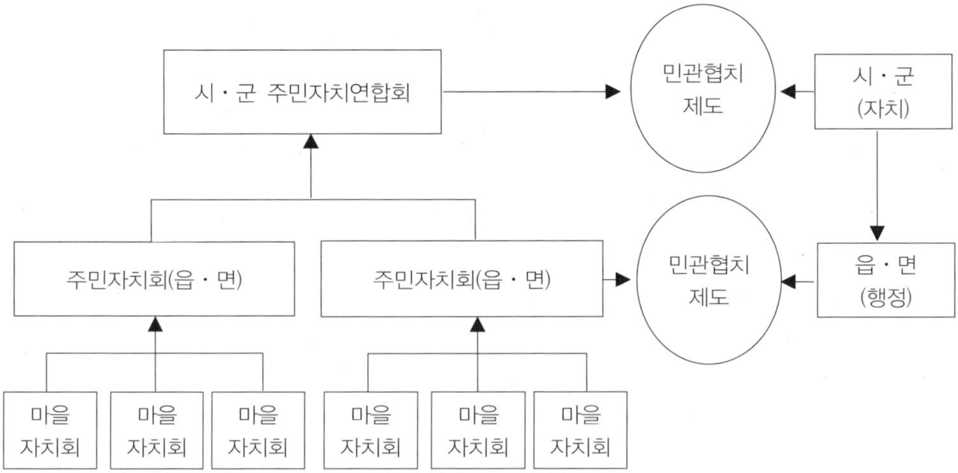

단위 혹은 읍 · 면 단위로 어떻게 잘 기능하게 할 것인가는 좀 더 세밀한 법제도화를 통해 만들어가야 한다. 각각의 기능이 훼손되지 않고 주민자치회와 갈등이 일어나지 않도록 방향을 잡아야 한다. 이를 위해서는 마을이장은 마을을 대표하는 기능에 충실하도록 하고 이 · 통장협의회 등을 통한 집단적 이익을 대변하는 것이 아니라 마을을 대표하고 서비스하는 기능에 충실하도록 운영되어야 한다. 반면 주민자치회는 아직 통합적인 기능이 취약하고 그 뿌리가 제도화되어 있지 못한 상황이기 때문에 시 · 군연합회 기능을 강화하여 제도화될 수 있도록 해야 한다. 주민자치회는 마을 단위가 아니라 읍 · 면 단위로 작동될 수 있도록 기능을 강화해야 한다.

[그림 6-5]는 읍 · 면의 하위 단위(리)에서 마을자치회가 형성되고, 이들의 수평적 연합을 통해 읍 · 면 단위의 주민자치회가 구성되며, 각각의 면 주민자치회는 행정(정부)을 대표하는 읍 · 면장과 함께 협력적 거버넌스(민관협치)를 위한 제도적 장치에 참여하게 됨을 보여준다. 또한 이들 면 주민자치회들은 다시 수평적 연합을 통해 기초자치단체 수준에서 설계된 주민자치연합회에 참여할 수 있는 대표를 낼 수 있게 된다. 여기서 좀 더 신중하게 검토되어야 할 부분이 이 · 통장협의회

와 주민자치연합회에 어떻게 기능과 역할을 부여할 것인가의 문제다. 주민자치연합회가 만들어진다면 이·통장협의회와 통합조정이 불가피하다. 시·군자치단체가 어떻게 의견수렴창구를 일원화할 것인가를 고민해야 한다. 다음 읍·면주민자치회 모델은 읍·면장과 주민자치회의 관계를 수평적 관계로 가정하고 예시하였다. 여기서 기관구성의 형태를 어떻게 하느냐에 따라 주민자치회와 읍·면사무소와의 관계는 달라질 수 있다.

점차 거버넌스 형태가 주민역량강화에 따라 달라진다면 주민자치회가 집행기능에 대한 것을 함께 추진하는 것도 가능해질 수 있다고 본다. 그렇지만 읍·면 단위의 사회구조 변화로 볼 때 자치권을 부여하는 형태로 발전하기에는 일정한 한계가 있을 것으로 보인다. 과거 산업이 농업중심으로 인구가 많았을 때에는 가능했을 것이지만 인구소멸이 걱정되는 상황에서 주민자치회에 자치권을 부여하는 것은 우리 현실여건에서 아직은 무리라고 볼 수 있다. 읍·면 중에서도 지역경제를 활성화하고 지역의 문제를 스스로 해결할 수 있는 역량을 강화하기 위해 필요하다면 준자치권을 부여하여 점진적으로 발전모델을 만들어가는 노력은 필요하다. 마을단위로 성공적으로 마을사업을 추진하여 잘사는 마을로 발전하여 인구가 늘어나고 농촌·농업문제를 스스로 해결하고 성과를 내고 있는 마을도 있기 때문이다. 읍·면을 인구만 가지고 판단할 것이 아니라 그 지역 내에 지도자와 주민들이 어떤 역량을 만들어 더 잘사는 마을을 만들 수 있느냐에 대한 고민이 필요하다. 이를 위해서는 역량강화를 위한 교육이 필요하다.

[그림 6-5]에서 리 단위 마을자치회와 읍·면·동 단위 주민자치회의 수직적 연결을 통해 주민조직의 서로 다른 규모에서의 수평적 연합을 모색하는 것은 하나의 위계조직 안에서 하향식 수직적 구조를 가진 정부조직의 영향으로부터 주민(마을)자치회의 자율성을 보호하기 위한 것이다. 서머빌(Somerville, 2011)에 따르면, 하위규모의 자율적 마을자치가 상위 계층구조의 영향을 받지 않기 위해서는 하위규모 지역공동체(주민조직)의 개별역량을 강화할 필요가 있을 뿐만 아니라 상위규모에 위치한 정부의 힘과 대칭되는(symmetrical) 지역공동체(주민조직)의 집합적 역량을 형성하는 것이 필요하다. 즉, 정부로부터 독립적 마을자치 또는 정부와 대등한 협력적 거버넌스 구축을 위해서는 하위 지역공동체 간 수평적 연합(federation)

을 형성하고, 상위규모 수준에서 대표를 세움으로써 상위규모의 정부와 대등한 관계를 형성하는 것이 요구된다. 결과적으로 상위규모에서는 하위규모 지역공동체들의 연합조직과 상위정부가 상호작용하는 형태의 협력적 거버넌스가 형성되도록 제도를 설계할 필요가 있다.

(2) 주민자치회 내 읍・면사무소와 분과회의

인구가 과소하지만 읍・면 단위로 다양한 이해관계를 가지고 있는 계층과 사회단체들이 있기 때문에 이들의 의견이 잘 수렴되어 주민자치회로 일원화되어 발전되기 위해서는 분과별 위원회를 두어 분과별 위원회에서 논의된 내용이 주민자치회의 의제로 채택되어 자치단체와 협의될 수 있는 방안이 마련되어야 한다. 그리고 공동체로서 읍・면이 주민역량을 높여 스스로 지역의 문제를 해결할 수 있는 방향을 만들어 점진적으로 발전할 수 있도록 지원하여야 한다.

여기에서 검토되어야 할 것은 읍・면장을 직접 선출하는 자치권을 부여하지 않는다고 하더라도 공모방식을 통해 주민들이 역량 있는 읍・면장을 뽑아 올 수 있도록 하는 방안을 검토할 필요가 있다. 뿐만 아니라 농촌지역이 활력을 갖게 하기

그림 6-6 읍・면 주민자치 모델

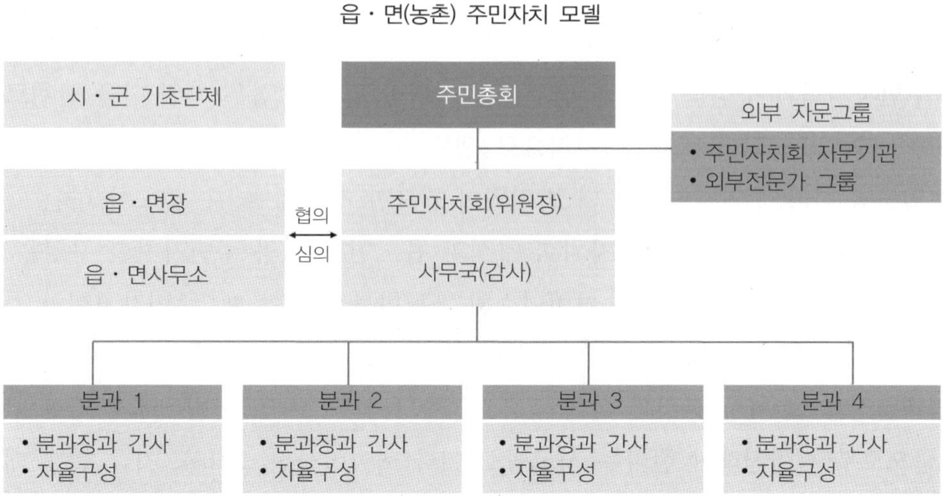

위해서는 농촌 읍·면 단위별로 지역개발사업이 더 성과를 낼 수 있도록 해야 한다. 저출산고령화로 인구구조나 여러 가지 변화가 많은 상황에서 지역이 경쟁력을 갖기 위해서는 주민자치회의 역할도 중요하지만 읍·면장이 얼마나 열정을 가지고 주민자치회와 함께 다양한 프로그램을 개발하여 주민들에게 필요한 사업이나 서비스를 할 수 있느냐가 읍·면지역 발전을 좌우할 수 있기 때문이다.

이를 위해서는 주민들의 의견이 최대한 잘 수렴된 지역개발계획을 기반으로 비전과 전략이 잘 만들어져야 하고 이를 통해 지역의 문제를 매년 스스로 해결해 나갈 수 있는 방안을 만들고, 중장기적인 발전계획을 주민들이 인지하고 있을 때 주민참여와 공동생산(coproduction) 형태의 선순환구조가 만들어질 수 있다.

주민자치회는 읍·면을 대표하고 읍·면사무소와의 관계를 어떻게 설정할 것인가는 주민자치회의 역할과 기능에서 중요한 요소다. 읍·면 농촌의 기능을 단순한 서비스의 전달자로서가 아니라 농업을 어떻게 발전시키고 농업인들의 소득과 권한을 어떻게 보장할 수 있게 할 것인가를 고민해야 한다. 읍·면에는 그렇지만 농업인만 있는 것이 아니라 다양한 이해관계 단체들이 있기 때문에 이들의 다양한 욕구가 반영될 수 있도록 하기 위해서는 분과별 활동이 활발하게 이루어져야 한다. 주민자치회의 위원들만 조직하는 것이 아니라 다양한 분과활동들이 매년 주기적으로 역할을 할 수 있도록 읍·면장과 주민자치회가 역할을 해야 한다.

(3) 보충성의 원칙이 보장되는 주민자치회 기능과 위원구성

주민자치회의 구성을 읍·면 단위뿐만 아니라 필요할 경우 하위 마을 단위로도 구성할 수 있게 되어 있다. 섬지역으로 생활권이 분리된 경우로 한정하여 운영될 수 있도록 하고 주민자치회가 더 발전되어 필요한 경우에 둘 수 있도록 하는 것으로 이해된다. 리 단위의 마을자치회 구성과 읍·면 단위의 주민자치회 구성을 통해 주민자치회 활동과 협력적 거버넌스의 제도화를 추진할 때, 주민자치회의 기능과 역할은 보충성(subsidiarity)의 원칙을 따르도록 할 필요가 있다. 보충성 원칙은 "정책결정은 그 형성 과정과 실행의 유효성을 유지할 수 있는 범위에서 가장 낮은 수준으로부터 실천해야 한다는 사고방식"이다(네이버사전, 2018). 지금 현재 대부분의 농촌 기초자치단체는 대부분 국가사무비중이 높기 때문에 읍·면보다 본

그림 6-7 농촌형 주민자치회 구성 프로세스

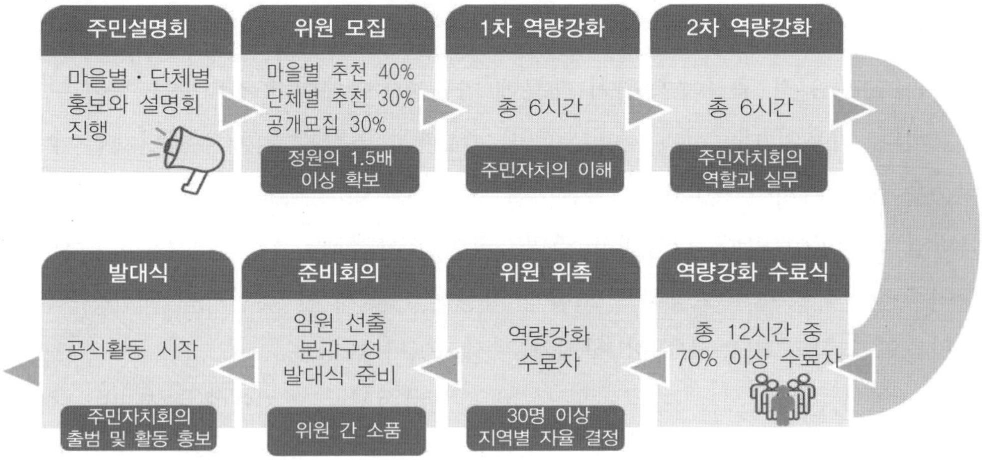

자료: 행정안전부(2018). 농촌형 주민자치 활성화방안 정책포럼 발표자료.

청에서 중요한 업무와 권한을 가지고 있기 때문에 주민자치회가 활성화되며, 그 결정과 권한을 가능한 읍·면 현장중심으로 작동될 수 있도록 해야 한다. 지방자치의 맥락에서 보충성의 원리는 주민과 가장 가까운 기초정부에 우선적으로 충분한 자치권을 부여하고 상위정부에게는 기초정부를 보충하는 권한만 부여하는 것을 의미한다. 어떻게 읍·면 현장중심으로 이러한 보충성의 원칙이 잘 수행될 수 있느냐는 주민자치회의 보충성의 원칙을 주민자치회 제도화에 적용할 때 고민해야 할 부분이다.

거버넌스 체계와 역량이 강화된다면 이 보충성의 원칙이 작동되어 지역현장 서비스와 사업 프로그램 활성화가 이루어질 수 있게 될 것으로 예상된다. 농촌형 읍·면 단위의 주민자치회의 제도화와 관련해 주목해야 할 것은 농촌의 성격상 사회적 자본이 부족할 가능성이 높다는 것이다. 위치가 시골이 될수록 인구 단위들 사이의 물리적 거리가 멀어지면서 서로 다른 유형의 사람들 사이의 접촉 확률이 감소하게 된다. 저출산·고령화는 더 농촌사회를 어렵게 하고 있다. 급속한 농촌인구 감소는 남아 있는 주민들의 결속적 사회적 자본을 강화하는 요인으로 작용하는 반면, 이웃한 마을과 관계되는 가교적 사회적 자본의 약화를 가져올 가능성이 크다. 읍·면 단위에서의 주민자치회의 중요한 역할은 읍·면이 갖는 규모의 경제 측면에서의 장점을 충분히 살리면서 농촌지역의 가교적 사회적 자본 형성과 활용에 비중이 두어져야 한다. 이를 위해서는 위원구성 과정과 절차가 중요하다. 도시지역과 달리 인적 구성이 약하기 때문에 마을별·단체별 추진비중을 높이는 것이 필요하다. 마을의 대표성과 사회단체의 이해관계 조정을 위한 분과단체별 추천의 비중을 높이는 것이 필요하다. 농촌마을 단위로는 이미 마을사업을 추진하면서 교육받았던 경험이 많다. 그렇지만 주민자치회의 사전교육은 꼭 필요하지만 어떻게 참여주민들의 역할을 보장하고 보람과 자긍심을 갖게 할 것인가에 대한 주민자치위원들의 역할과 기능에 대한 설계가 보장되어야 한다.

읍·면 농촌지역에는 귀농·귀촌인이 증가하면서 농촌지역에 긍정적인 역할을 하는 경우도 많이 생겨나고 있다. 전문성을 갖춘 귀농·귀촌인들이 지역에서 보람을 찾을 수 있도록 기회를 보장해야 한다. 다양한 형태의 주민자치위원들이 주민자치회에서 제역할을 하려면 외부전문가들과 함께 만들어가는 방식도 고려해야 한다. 자문위원단의 역할과 기능도 주민자치회의 방향성을 제시하는 데 중요한 역할을 할 수 있도록 기획되어야 한다. [그림 6-7]은 이러한 과정과 절차를 잘 설명하고 있다.

(4) 모형검토 주요 요소로서 중장기 계획과 통합적 기능 보완 강화

마을사업 단위를 마을로 지원하는 사업과 읍·면을 중심으로 지원하는 사업을 구별하여 운영할 필요가 있지만 주민자치회 기능을 보완할 수 있다면 읍·면 단위로 지역개발사업에 대한 결정이나 통합 운영 등을 추진하여야 한다. 실제로 마을단위사업은 소규모 단위(1~2억 원), 다양한 사업에서 대단위 수준(60~70억 원), 농림축산식품부가 주관하는 종합개발사업이 있다. 국토교통부 도시재생사업도 대단위 사업이다. 이러한 사업들이 지역에 미치는 영향이 큰데 실질적으로 면 단위에 대한 종합적인 계획을 통해 사업이 추진되는 것이 아니라, 공모 형태로 추진되면서 생활 관련 기초적인 여건 측면에서 마을별 격차가 커지고 있다. 이를 해결하는 방법은 주민자치회의 활성화다. 준자치권을 부여하여 마을 간 네트워크 협력, 읍·면 지역 브랜드 만들기 등이 주민자치회를 통해 이루어질 수 있어야 한다. 현재 읍·면 내 마을들의 사업을 보면 경제공동체사업(특정 법인, 마을기업, 사회적 기업 등)과 생활공동체사업(행정구역 내 주민 전체를 대상으로 하는 사업)이 혼용되어 운영되면서 나타나는 비효율성이 큰 상태이다. 기존의 마을공동체는 농촌중심지 체계상의 위계 및 기능과 무관하게 추진될 뿐 아니라 도로 및 시가지 정비 등 H/W 중심으로 추진되어 활성화에 한계가 있어 왔다. 기초생활 기반 확충중심의 개발을 배후지역에 대한 경제·문화·복지 공동체 중심지 및 도·농교류의 거점 개발로 전환하는 것이 필요하게 되었다.[9)]

도로정비 등 H/W 중심의 투자에서 주민참여를 강화한 S/W 중심으로 전환해 주민이 체감할 수 있도록 개편하는 것이 필요하다. 사업내용은 농촌중심지에 의료·교육·복지·문화·경제 등 중심기능의 활성화, 네트워크를 통한 배후마을에 서비스 제공 등이다.

방문진료, 이동도서관, 이동영화관 등의 찾아가는 서비스 방식으로 개선하여 배후마을 주민들의 보건 및 문화생활 증진 등의 다양한 창의적인 사업 발굴이 이루

그림 6-8 읍·면 주민자치회 마을공동체 사업의 정책방향 변화

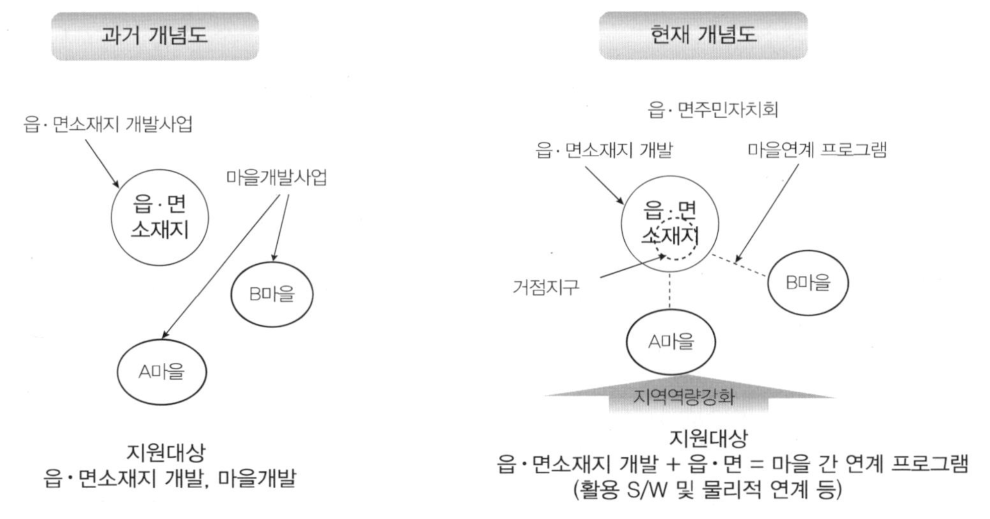

9) 농림축산식품부 일반농산어촌개발사업 설명회자료(2013.12) 및 사업개편 의견수렴을 위한 워크숍 자료(2013.11) 정리.

어져야 한다. 읍·면과 배후마을 간 일자리 연계 프로그램, 로컬푸드 관련 시설 및 프로그램 등 일자리 창출사업 및 지역경제 활력 등도 함께 검토되어야 한다. 이러한 내용을 전체적인 그림으로 표시하면 [그림 6-8]과 같다.

읍·면 주민자치회는 현재 시범사업을 확대하여 제도적 개선을 추진하고 있으나 아직 기존의 주민자치위원회중심의 기능에서 크게 다르지 않은 형태로 추진되고 있어 마을공동체사업과 연계성 확대를 통해 기능을 재정립해야 한다. 농촌중심지와 배후농촌과의 연계성 확보로 마을공동체사업의 당면한 규모의 경제를 확보하기 위해 지역개발사업 단위를 읍·면으로 정하여 배후마을들이 연결될 수 있도록 해야 한다.

농촌중심지는 문화·복지, 교육·의료, 행정 서비스의 거점 기능을, 배후마을은 농식품의 생산공간으로서 주거·휴식, 휴양·체험, 친환경 공간의 기능을 상호 보완적으로 수행할 수 있도록 조정되어야 한다.

농촌지역의 읍·면 단위 가교적 사회적 자본 형성 및 공동체 비전 및 전략의 설

그림 6-9 읍·면 주민자치회와 배후농촌마을의 상호 보완적 기능

그림 6-10 농촌지역의 읍·면 공동체 역량강화 모형 제시

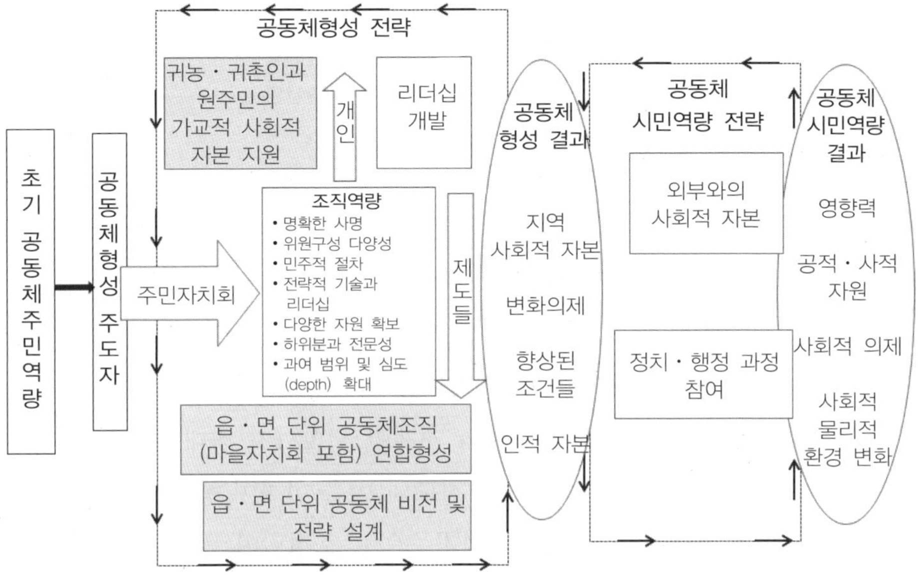

자료: 곽현근(2014) 발표자료 재정리.

계를 주도해가는 주민자치회중심의 마을역량강화 모형을 형상화하면 [그림 6-10]과 같다. 도시형과 농촌형이 다른 점은 농촌지역은 마을 수가 많고 주거 형태나 지역특성이 서로 다르다는 점이다.

농촌형 주민자치회는 기존 읍·면 단위 각 사회단체 리더그룹을 중심으로 이루어졌던 의사결정구조를 주민들 전체의 의견이 잘 반영되고 지역을 위한 것으로 방향을 전환하는 것이 필요하다. 즉, 리더그룹과 지역의 새로운 활력을 불어넣을 신규참여자들 간 조화를 통해, 토론과 합의의 문화를 만들어나가는 것이 중요한 과제다. 이를 위해는 과정과 절차을 중시하는 마을민주주의가 지역 내에 정착될 수 있어야 한다. 이를 위해서는 주민자치위원회가 지역발전로드맵을 만들어가기 위한 노력을 기울여야 한다. 각각의 이해관계가 첨예할 수 있기 때문에 이를 통합하기 위해서는 주민총회형 읍·면지역발전계획을 수립하여 이를 토대로 단기적 실행계획, 중장기적 발전계획이 만들어져야 한다. 특히 농촌지역은 농업쇠퇴로 지역이 활력을 잃어가고 있기 때문에 이 계획을 토대로 예산배분과 공모사업 도전 등이 주민자치회중심으로 만들어져 갈 수 있도록 해야 한다.

2. 도시형

1) 도시지역의 현실과 특징

농촌사회의 '리'와는 다르게 도시지역의 '통'과 '반'은 행정기관의 이해에 의해서 획일적으로 구성되고 유지되고 있다. 도시지역에서는 동행정의 효율적 수행을 위해 동의 구역을 몇 개로 '통'으로 분류하고, 통은 다시 '반'으로 분류한다. 원래 20가구에서 40가구 정도로 구성되는 '반'은 건축물을 중심으로 인위적이며 강제적으로 조직되는 것으로 중앙의 행정이 국민의 개개인 생활까지 최대한 침투하기 위한 행정편의주의로 만들어진 것이다. 4~7개 정도의 반을 합하여 통할하는 단위로 '통'을 두는데 반과 마찬가지로 보통 건물을 기준으로 조직되며, 통에는 동장이 임명하는 통장을 두어 동행정과의 중간 연결 고리 역할을 수행하게 한다. 도시의 경우, 동 행정에 대한 주민 관심이 극히 저조하고 동원행정과 전시행정 등의 특징이 두드러지게 나타나는 과정에서 행정편의 관점에서 통장의 역할이 중요하게 받아들여진다. 주민의 의사나 대표성과는 무관하게 행정편의를 위해 위촉되는 경향이 있다. 도시지역의 경우, 통장의 위촉방법은 자치구마다 차이가 있다. 최근 공개모집을 통해 통장을 위촉하는 경우도 있지만 대부분 동장의 추천에 의하여 구청장이나 시장이 임명하는 경우가 많다. 선진국의 경우 도시지역 내 반과 유사한 조직은 존재하지 않는다.

농촌과는 다르게 도시의 경우 행정동의 통·반을 단위로 인위적으로 주민조직을 설치하고 동 단위에서 연합하는 모형은 행정편의적인 발상에 지나지 않는다고 본다. 농촌지역의 행정적 영역인 리 단위가 자연스럽게 하나의 공동체를 형성하는 단위가 될 수 있지만, 도시의 경우 같은 장소에 우연히 모여 살게 되면서 사람들 사이의 상호관계가 명확히 설정되지 않은 상태에서 통과 반과 같은 행정구역을 절대시하고 해당 구역을 중심으로 주민자치회와 같은 제도를 설치하여 주민들의 국지적 상호작용과 화합을 촉진시킨다는 것은 설득력이 떨어진다. 통·반 제도와는 무관하게 발전되어온 도시의 대표적 주거 형태인 아파트단지의 경우 주민투표를 통해 구성되는 아파트입주자 대표자회의 주도로 아파트 단위의 의제를 중심으로 주민참여를 이끌어내면서 주민의 조직화와 문제해결을 이끌어낼 수 있다는 점에서 농촌지역의 마을자치회와 유사한 역할을 기대할 수 있다.

동사무소 하위 단위에서의 아파트입주자 대표회 주도의 마을공동체 사례 발굴과 확산 노력은 도시지역에서의 풀뿌리주민자치의 기반을 마련하는 중요한 전략이 될 수 있다. 이러한 사업발굴과 운영은 동 단위 주민자치회와의 제도적 연계성도 모색되어야 한다. 다만, 아파트단지와 같이 경계가 상대적으로 분명하고 주민들의 정체성과도 연관되는 공간 단위가 아닌 행정편의에 의한 통과 반 단위로 주민자치 조직을 제도화하는 것은 시대착오적인 발상으로 판단된다.

표 6-11 전국 동 인구규모별 현황(2017년 말 기준)

인구 수	1만 명 미만	1만 명 이상 2만 명 미만	2만 명 이상 3만 명 미만	3만 명 이상 4만 명 미만	4만 명 이상 7만 명 미만	7만 명 이상
동 수	464	691	540	254	134	7

도시지역은 상대적으로 농촌에 비해 인구가 많다. 시설이나 프로그램 운영의 효율성이 높다. 이용대상층도 시장기능에서 수용 가능한 것들이 중복적으로 운영되는 것은 공공 영역의 시장기능과 충돌이 발생할 가능성이 크다. 따라서 공공성을 어떻게 확보하고 지킬 것인가에 대한 고민에서 도시형 주민자치 활성화방안이 검토되어야 한다.

2) 서울시 주민자치회 시범사업 추진 주요 내용과 도시형 주민자치 시사점

2017년 2월 서울시에서는 행정안전부 시범사업의 성과와 한계를 종합적으로 검토하여 주민참여예산과 마을계획 업무 등 실질적으로 주민들에게 권한과 업무가 부여될 수 있도록 서울형 주민자치사업을 구상하고, 주민자치 활성화 시범사업 계획을 수립하여 추진하고 있다. 2017년 1단계 시범사업 대상지역으로 성동구, 성북

표 6-12 서울시 주민자치회 시범사업의 특징

내 용	주민자치위원회	행정자치부 시범사업 (2014~2016년 1, 2차 시범사업)	서울형 주민자치회 시범사업
명칭	주민자치위원회	주민자치회	주민자치회
위원 인원	25명	50명 이내	50명 이내
선정방식	추첨 후 동장 위촉	선정위원회 선정	주민자치학교 이수 후 추첨을 통하여 선정
위원구성 비율	비율 없음	여성 비율 40%	40대 이하 15% 특정 성 60% 미만
위촉	동장	구청장	구청장
권한	자치회관 운영 동 행정 협의 권한	행정사무 위수탁 행정사무 협의권	행정사무 위수탁권 행정사무 협의권 자치계획 수립권 서울시 참여예산 사업선정권
주민총회	없음	없음	도입(연 1회)
분과구성	도입	도입	도입 (일반주민도 참가 가능)
지원체계	없음	없음	자치구 주민자치사업단 동 주민자치지원관

자료: 서울시마을공동체종합지원센터(2017).

구, 도봉구, 금천구의 4개 자치구 26개 동을 선정하고, 2019년에는 61개 전체 동으로 확산하는 것을 목표로 진행하고 있다. 서울시 주민자치회 시범사업의 특징은 <표 6-12>와 같다.

서울시의 시범사업 설계가 행정안전부의 시범사업과 다른 점은 주민자치회원의 역량촉진을 위한 지원체계로서 동 자치지원관과 이들이 소속된 주민자치시범사업단을 두고 있다는 점이다.

2017년 7월부터 성동구가 주민자치회 구성·운영에 관한 조례를 개정하는 것을 시작으로 12월까지 1차 시범대상 자치구인 성북구, 도봉구, 금천구의 조례 제정이 완료되고, 시범대상인 4개 자치구 26개 동에 대하여 주민자치회 위원을 공개추첨하고 위촉을 완료되었다(동평균 위원 수 45.4명). 서울시 주민자치회 시범사업의 경우 안정적인 안착을 위해 서울시의 주민주도 마을계획수립 경험이 있는 마을계획단 시행 동을 우선 대상으로 공모하고 있다. 서울시의 '찾아가는 동주민센터'의 일환으로 시작된 '주민주도 마을계획'은 2015년 7월에 4개 구 14개 동에서 출발하여 2016년 7월 13개 구 35개 동으로 확대되었고, 최근까지 사업이 확대되어 왔다. 주민들은 동 단위 마을계획단에 참여하여 동 단위 마을의제 발굴, 공적 의사결정 참여, 민관협력을 통한 문제해결 과정을 경험하며 주민자치를 실현해 나가는 경험을 쌓게 된다. 마을계획은 18개월의 기간 동안 '마을계획단 구성 – 마을계획 수립 및 결정 – 마을계획 실행 – 마을계획 평가'의 과정을 거치며 진행되는 데 구체적인 진행 절차는 다음 [그림 6–11]과 같다.

그림 6–11 서울시 주민자치회 시범사업의 추진체계

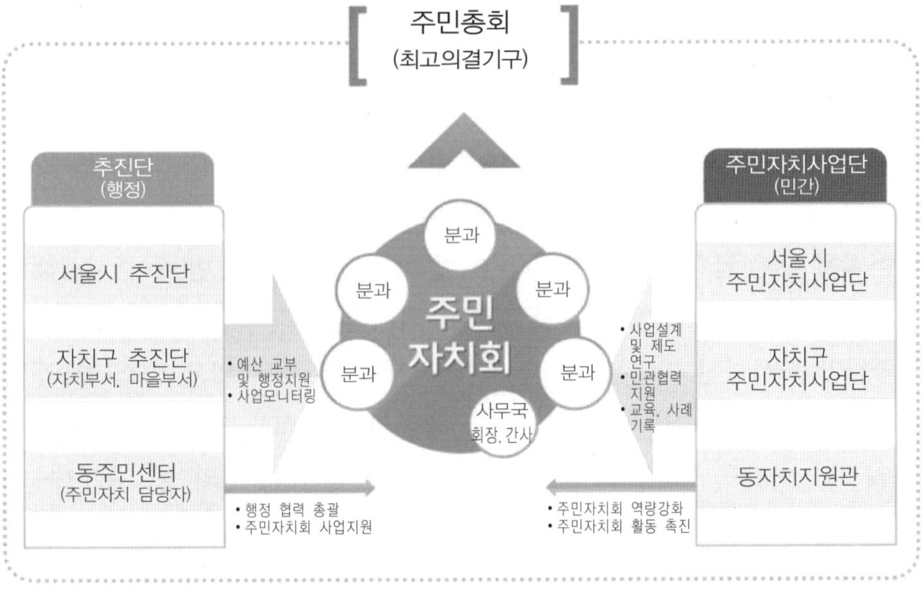

자료: 서울시마을공동체종합지원센터(2017).

3) 도시형 유형에 대한 검토

도시는 농촌에 비해 관할 구역이 작고 인구가 밀집되어 있다. 특히 공동주택단지가 농촌에 비해 많다는 점이 특징이라고 볼 수 있다. 리 단위의 마을자치회와 읍·면 단위의 주민자치회 제도화의 논리를 고려하여 농촌지역에 적용되는 주민

그림 6-12 동 단위 주민자치회 모형

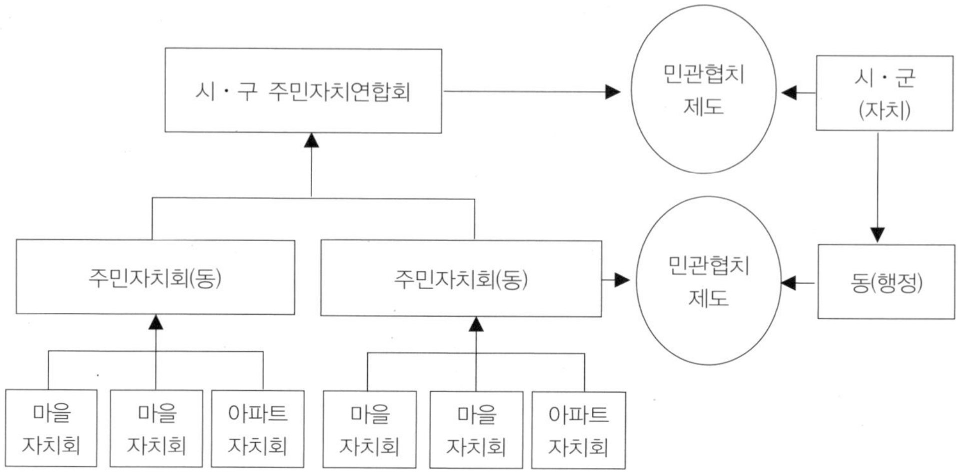

자치회와 정부와의 관계 모형을 구성해보면 [그림 6-12]와 같다. 도시형에서 고민해야 할 내용은 아파트지구와 일반 동지역에 주민참여를 유도하는 생활자치 활동을 어떻게 할 것인가에 대한 문제다. 이미 서울시가 많은 고민 속에 시행해온 여러 가지 제도들이 유용하게 활용될 것으로 기대된다.

그렇지만 도시형 동지역은 도·농복합시 지역 내 동도 있고 중소도시의 경우 농촌적 특성을 가지고 있는 경우도 있다. 농촌지역에 비해 지역여건의 편차가 크지는 않지만 아파트 이외에도 대학중심의 동, 산업단지중심의 동, 군부대중심의 동, 시장기능중심의 동, 역중심의 동 등 다양한 유형의 도시지역 특성을 가지고 있기 때문에 도시형 주민자치 활성화도 지역 특성을 고려한 주민들의 관심과 참여 등이 함께 고민되어야 할 것으로 추정된다. 도시지역도 농촌지역과 같은 형태로 동장과 동사무소 관계는 동일할 것으로 보인다.

도시지역 주민자치회의 경우는 [그림 6-13]의 읍·면·동 마을역량강화 모형의 기본 모형을 중심으로 접근하되 특정 행정동이 처한 상황에 따라 차별화되는 공동체형성 전략 또는 시민역량형성 전략을 전개해나갈 수 있을 것이다.

그림 6-13 읍·면·동 마을역량강화 모형

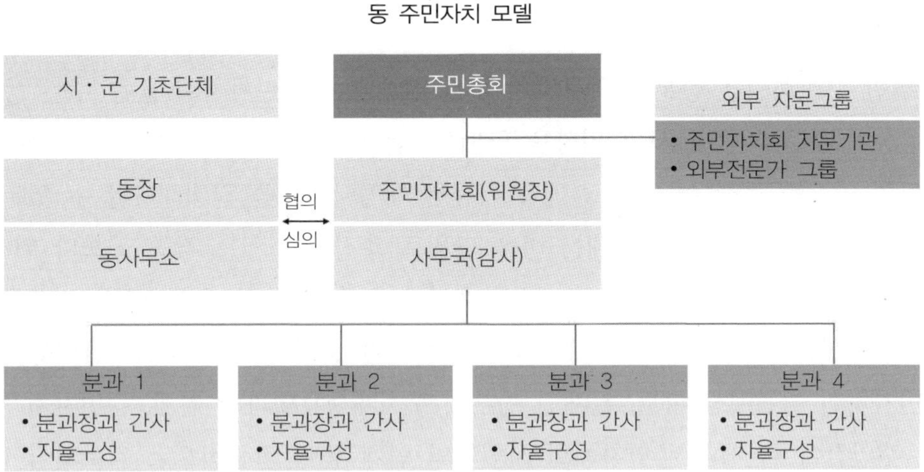

3. 주민자치회 유형 제도화 종합

주민자치는 주민들의 생활 속에서 이웃한 주민들이 더 잘살 수 있는 방안을 스스로 고민하고 결정하는 과정과 관련되기 때문에 선거를 통한 정치인들의 대표성과는 달라야 한다. 주민 스스로 참여하고 스스로 해결할 수 있는 일들을 만들어가는 과정이 중요하기 때문이다. 따라서 이와 관련한 제도적 환경을 만들어가는 것이 중요하다. 실제 주민대표로서 주민자치위원들의 경우 지역공동체 활동을 통해 주민들과 함께 지역 혹은 마을의 문제를 함께 해결하는 게 중요하다. 그렇지만 기득권을 가지고 있는 이해관계자들과 충돌이나 갈등이 일어나지 않도록 기획되어야 한다. 이를 위해서는 주민자치위원 모집이 가능한 대표성을 가질 수 있도록 사회단체 추천, 이·통장협의회 추천, 교육 관련기관 혹은 학부모회 추천 등 다양한 통로로 공개적으로 모집되어야 한다. 모집만이 아니라 지역여건에 맞게 선정위원회의 역할과 기능 정비, 무작위추첨 등의 객관적 절차 등도 이루어져야 한다. 사전교육이수를 통해 역량 있는 사람들이 주민자치위원으로 구성되는 것도 바람직하지만 주민자치위원이 정치인이 아니라 자발적 참여에 의미를 부여한다면 주민자치위원

구성 후 이들의 역할과 기능에 대해서는 이들을 지원할 수 있는 다양한 홍보와 교육 프로그램을 통해 역할과 기능을 부여할 수 있도록 하는 것이 바람직하다고 생각된다.

일반 주민회원을 충분히 확보하지 못한 상태에서 주민자치회가 읍·면·동 지역공동체 주축조직으로서의 위상을 확보하기는 어렵다. 따라서 기존의 다양한 제도와의 연계를 통해 어느 정도 예측 가능한 재정사업들을 전개해나갈 수 있는 환경조성이 필요하다. 이를 위해는 마을 단위로 추진되고 있는 각종 공모나 위수탁사업을 읍·면 주민자치회가 참여하여 운영할 수 있도록 하여 자생력을 갖도록 하는 것이 필요하다. 각 부처가 추진하는 마을관련 사업 예산의 통합기금화를 통한 주민자치회 지원예산 확보, 문재인 정부의 도시재생뉴딜과의 연계, 주민자치세 활용, 주민참여예산제와 주민자치회 사업과의 연계 등이 집중적으로 검토되어야 한다. 마을 단위로도 추진하고 읍·면 단위 주민자치회가 각각 할 수 있도록 기획하되 읍·면 전체를 대상으로 하는 사업은 사업규모를 좀 더 크게 하는 것이 필요하다. 장기적 관점에서 주민자치회 스스로 재정적인 자립 기반을 갖도록 다양한 재원조달의 방안이 마련되어야 하는데, 주민자치회의 사무국 운영이나 위원들의 활동 등이 자생적으로 보장되기 위해서는 위수탁사업발굴, 공모사업(마을 단위사업, 주민참여예산제)이 다양하게 만들어져 읍·면 주민자치회 간 경쟁이 이루어질 수 있도록 해야 한다. 주민자치회의 역할과 기능이 강화되기 위해서는 지방정부 행정조직상 마을만들기와 주민자치회 사업을 종합적으로 지원하는 독립부서를 설치하여야 한다. 광역단체는 최소한 과 단위(3개 담당 이상, 권역별 관리)가 필요하고 중간지원조직을 설립하여 지원할 수 있는 방안도 함께 고민되어야 한다. 기초단체에도 과 단위 이상 조직을 설치하여 읍·면·동을 실제로 지원할 수 있어야 한다. 그리고 우수공무원의 주민자치 현장배치와 성과에 대한 철저한 보상체계를 구축하는 것뿐만 아니라 주민자치 또는 마을공동체 활동가들을 계약직 공무원으로 채용해 주민자치사업을 전문적으로 지원하면서 주민과의 지속가능한 관계를 형성해나가는 방안도 고려할 필요가 있다.

주민자치회가 활성화되기 위해서는 단순히 주민자치회라는 주민조직에만 초점을 두는 법제화가 아니라 풀뿌리주민자치의 생태계 조성에 초점이 맞추어져야 한다. 이러한 생태계 조성을 위해서는 마을만들기, 주민참여예산제와 같은 기존 제도들뿐만 아니라 현재 행정안전부가 추진 중인 지역공동체활성화기본법이 만들어져 연계되어야 한다.

주민자치회가 바람직한 방향으로 현장에 뿌리내리기 위해서는 법제화가 중요하다. 지방자치법에 주민자치 개념과 사무범위를 제시한 것도 진일보한 정부의 선택이다. 그리고 지방정부가 조례를 정해 구체적인 주민자치제도를 구성하도록 제도화되었다는 점도 주민자치 정신을 존중하고 있다는 점에서 긍정적으로 본다. 지방자치가 정상화되고 주민자치가 활성화되기 위해서는 풀뿌리주민자치 생태계 조성이라는 큰 프레임 속에서 기초자치단체 주도의 다양한 주민자치회 제도실험이 적극적으로 추진되도록 사회적 분위기를 만들어가야 한다.

참고문헌

강원도의회(2017). 『강원의정60년사』. 강원: 강원문화사.

고세훈(2000). 영국 중앙-지방정부 관계의 조정기제. 『한국정치학회보』, 제34집 제3호.

곽현근(2015). 주민자치 개념화를 통한 모형 설계와 제도화 방향. 『한국행정학보』, 49(3): 279-302.

______(2017). 지방자치 원리로서의 '주민자치' 재해석을 통한 생활자치 개념화와 제도모형 구성. 『현대사회와 행정』, 27(2): 1-29.

______(2014). 주민자치회 시범사업의 문제점과 개선방안. 『미래복지국가구현과 지역상생전략』. 한국지방자치학회 동계학술대회 논문집. 659-681.

김보현 · 김용래(1983). 『지방행정의 이론과 실제』. 서울: 법문사.

김주원(2003). 문화 · 복지프로그램에 대한 지역주민 인식분석: 강원도 주민자치센터를 중심으로. 『한국지방자치학회보』, 제15권 제1호(통권41호).

______(2014). 지방분권과 강원도. 『강원연구원 기획과제 정책보고서』.

______(1998) 지방자치단체의 구조조정과 기능 활성화 방안. 『강원광장』, Vol.33. 강원발전연구원.

김필두 · 류영아(2008). 『읍면동 중심의 주민자치강화방안』. 한국지방행정연구원.

김필두 · 한부영(2016). 『생활자치의 개념과 접근방법에 관한 연구』. 한국지방행정연구원.

박세정(1993). 지방행정조직관리의 과제와 방향. 『지방재정』. 3월호.
배준구(2013). 프랑스의 지방분권 이후 근린자치와 특징. 『한국프랑스학논집』. 제81집.
배준식 외(2011). 『재정분권 강화를 위한 합리적 세제개편방안』. 서울연구원정책보고서.
서울시마을공동체종합지원센터(2017). 2017년 서울형 주민자치회 시범사업 총론 PT.
안전행정부(2013). 『읍면동 주민자치회 시범실시 컨설팅단 전체 회의 및 관계자 합동 워크샵 자료집』.
이규환(1993). 지방자치단체의 행정계층구조의 소고. 『자치행정』, 통권 58호 1월호.
이병철(1995). 2000년대를 대비한 행정개혁의 평가와 방향에 관한 연구: 지방자치계층구조와 행정구역개편을 중심으로. 『한국행정학보』, 제29권 제3호.
이성복 · 임동진(1999). 한국지방정부의 계층구조조정에 대한 공무원과 시민간의 의식분석: 안양시를 중심으로. 『한국지방자치학회보』, 제27권 제3호.
이승종(2014). 『지방자치쟁점』. 서울: 박영사.
이종수(1996). 지방자치계층 행정계층구조, 축소개편되어야 한다. 『지방자치』, 4월호.
임승빈(2015). 『지방자치론』. 서울: 법문사.
전국 시장 · 군수 · 구청장협의회(2002). 『중앙－지방간 사무재배분원칙의 정립과 지방이양 대상권한 및 사무발굴을 위한 연구』.
정수찬(2018). 주민자치회 입법의 필요성과 일상의 민주주의 효과. 『주민자치 활성 화를 위한 법제도 개선방안 토론회』. 대통령소속 자치분권위원회 정책토론회 자료집.
정부혁신지방분권위원회(2003). 참여정부의 지방분권 비전과 추진방향. 『국정과제회의 토의자료』.
정정목(1992). 시 · 군의 자치단체화와 티이보우모형. 『한국행정학보』, 제26권 제3호.
______(1999). 지방행정 계층구조의 개편에 관한 연구. 『韓世政策』, 제6권 제2호 통권 47호.
지방행정체제개편추진위원회(2012). 『대한민국 백년대계를 위한 지방행정체제 개편 정책 자료집』.
최영출(2001). 지방정부의 자치권강화를 위한 외부조건: 중앙－지방 파트너쉽 형성. 『지방 민주주의의 위기: 도전과 과제』. 2001년도 한국정치학회 지방정치워크 자료.
최창호(1983). 『한국지방행정의 재인식』. 서울: 삼영사.
한국행정연구원(2002). 『광역자치단체와 특별지방행정기관간 기능 조정방안』.
______(2000). 『정부간 관여』.
행정안전부(2018). 『농촌형 주민자치 활성화 방안 정책포럼(12월 13일) 발표자료』.
행정자치부(2002). 『법령상 사무 전수조사를 통한 지방이양대상사무발굴연구』.
American Compensation Association(1996). *Raising the Bar: Using Competencies to*

Enhance Employee Performance. Arizona: American Compensation Association.

Chandler, A. D.(1962). *Strategy and Structure*. Cambridge, Mass: The MIT Press.

Cooper, Scott et al.(1998). *A Brief Overview of Department and Application to Public and Private Sectors*. Ottawa: Public Service Commission of Canada.

Kooiman, J.(2003). *Governing as governance*. London: Sage.

McClelland, D. C.(1973). Testing for Competency rather than for Intelligence. *American Psychologist*, 28(1).

Somerville, P.(2008). Prospects for Local Co−governance. *Local Government Studies*, 34(1): 61−79.

제7장

주민자치 활성화 사례와 국내 시사점

김순은(서울대학교 행정대학원)

제1절 시 · 군 · 구별

1. 주민자치의 실시지역

1999년 주민자치센터의 설립과 2013년 주민자치회의 시범실시 이후 주민자치에 관한 관심이 점차 커지기 시작하였다. 1999년 김대중 정부는 행정조직 읍·면·동의 행정기능을 축소하고 주민의 자치기능을 확대하면서 주민자치위원회를 설치하였다. 그런데 주민자치위원회는 복지·문화 프로그램에 한정되고 주민자치센터의 관리와 운영에 관한 자문기구에 한정되면서 소기의 목적을 거두지 못했다.

2010년 "지방행정체제 개편에 관한 특별법"이 제정됨에 따라 주민자치를 활성화할 수 있는 주민자치회를 설치할 근거가 마련되었다. 주민자치회는 기존의 주민자치위원회의 문제점을 크게 개선한 것이 주요한 특징이다(김순은, 2014). 주민자치회의 법적 근거가 마련되었고 자문기구에서 주민자치기구로 법적 지위가 높아졌다. 주민자치위원회의 주민대표성이 취약했지만 문재인 정부는 주민대표성의 강화에 초점을 두고 있다.

주민자치회의 기능이 종전 주민자치센터의 운영사항에 한정되었던 것을 주민생활과 관련된 사항의 협의와 심의, 주민화합 및 발전사무, 지방정부의 위임 및 위탁사무로 확대되었다. 주민자치회의 위원을 시장 · 군수 · 구청장이 위촉하고 기능의 범위에 지방정부의 위탁 및 위임사무가 포함됨으로써 주민자치회는 시 · 군 · 구별로 커다란 차이를 보이고 있다. 주민자치에 관심을 가진 단체장이 있는 지역과 그렇지 않은 지역의 주민자치의 모습을 커다란 차이를 보인다. 주민자치회의 대표적인 지역은 서울특별시 은평구, 성북구, 서대문구, 동대문구 등이다.

이 글에서는 충청남도 논산시와 당진시의 사례를 소개한다. 주민자치는 정부가 추진하는 읍 · 면 · 동 단위의 주민자치회와 마을 단위의 마을자치로 크게 대분하여 논의할 수 있다. 읍 · 면 · 동 단위의 주민자치는 2010년 이후 추진된 주민자치의 모형이며, 마을자치는 그 이전부터 마을 단위로 자생적으로 구축되어 발전된 형태라고 할 수 있다. 논산시는 후자를 발전시킨 좋은 사례이다.

2. 논산시의 사례

1) 마을자치회 조례의 제정

논산시는 행정안전부가 초점을 맞추고 있는 읍 · 면 · 동 단위의 주민자치회보다 마을 단위의 자치회에 초점을 두고 전국 최초로 마을자치의 활성화를 위한 조례를 제정하였다. 2018년 3월 30일 '동고동락 마을자치회 설치 및 운영조례'를 제정하여 행정 리별로 동고동락 마을자치회를 구성하였다. 2018년 7월 총 489개소 중 473개소 구성을 완료하였다.

논산시는 2018년 마을자치회에 예산을 지원하는 사업을 개시하였다. 2017년 기준으로 주민세 5억 1,000만 원을 포함한 총 12억 원의 예산을 마을자치회에 분배하여 마을자치회가 예산 집행을 추진하였다.

2018년 8월에 공모사업을 공고하였으며, 9월에 두 차례에 걸쳐 해당 마을자치회를 선정하였다. 선정된 마을자치회는 교육을 거쳐 해당 예산을 집행하였다. 현재 총 375개소의 마을자치회가 주민세를 예산으로 환원하여 사용하고 있다.

이와 같은 사업에 기초하여 논산시는 2018년 7월 주민자치형 공공서비스 선도 자치단체에 선정되었다. 그 결과 공무원 33명이 증원되었으며 동고동락 마을자치 사업을 추진하기 위한 전담인력을 배치할 예정이다.

2) 마을자치회 조례의 주요 내용

2018년 3월 30일 논산시의 '동고동락 마을자치회' 조례가 제정되었다. '논산시 동고동락 마을자치회 설치 및 운영조례'는 총 14개의 조항으로 구성되어 있으며 주요한 내용은 다음과 같다.

(1) 목 적

논산시 조례제정은 사람중심 공동체의 조성을 목적으로 한다. 제1조에 따르면, "이 조례는 논산시 주민의 자치권의 직접행사, 행복추구권 실현, 그리고 숙의민주주의를 바탕으로 하는 사람중심 공동체 조성을 목적으로 한다"고 명시되어 있다.

(2) 정 의

조례에서는 마을과 '동고동락 마을자치회'의 정의를 규정하고 있다. '마을'이란 주민이 일상생활을 영위하면서 경제 · 문화 · 환경 등을 공유하는, 일반적으로 행정리 단위의 공간적 · 사회적 범위를 의미하며, '동고동락 마을자치회'는 마을주민을 그 구성원으로 하여 지역공동체의 인적 · 물적 자원을 활용하여 주민자치권의 직접 실현과 주민행복증진을 위한 활동을 전개하는 협의체를 의미한다(제2조).

(3) 운영원칙

논산시는 동고동락 마을자치회가 준수하여야 할 5개의 운영원칙을 설정하였다. 주민의 참여에 의한 주민주도의 원칙, 주민의 자치권과 행복추구권 존중의 원칙, 주민 간의 관계 형성을 통한 주민공동체 회복의 원칙, 민관 상호신뢰와 협력의 원칙, 특정 정당 등으로부터 정치적 중립의 원칙을 규정하고 있다(제3조).

(4) 설 치

논산시의 마을자치회 설치 주체는 주민이다. 주민들은 마을주민의 동의를 얻어 시장에게 마을자치회의 설치를 신청할 수 있다. 시장은 주민들의 의견을 들어 마을자치회를 설치할 수 있다.

(5) 마을자치회의 주요 기능

① 마을자치회는 대표의사 합의 등 마을 단위의 주민총회 기능
② 주민생활과 밀접한 공동체 현안 및 갈등에 대한 협의·조정
③ 공동생활제, 한글대학, 마을주민 건강관리 등 동고동락 사업에 대한 주민의 의견수렴 및 심의
④ 공동육아, 다문화 가정 생활상담, 불우이웃돕기 등 공동체 유대강화를 위한 활동
⑤ 바자회·나눔장터 운영 등 마을 공동체 경제 활성화를 위한 활동
⑥ 청소·재활용·꽃길조정 등 마을 환경미화를 위한 활동
⑦ 교양강좌, 공부방 운영, 평생교육 등 주민 자발적 학습과 관련 있는 활동
⑧ 영화제·음악제·마을화합 및 전통 계승을 위한 행사·축제의 발굴 및 개최
⑨ 리·통 개발위원회의 기능 또는 권한으로 규정된 사항
⑩ 그 밖에 시가 마을자치회에 위탁하여 처리함이 바람직하다고 판단하는 사무(제5조)

(6) 구 성

피선거권이 없거나 지방의회 의원을 제외한 마을주민은 마을자치회 위원이 될 수 있다. 금품·향응 수수, 불법 로비, 배임·횡령 등 부패에 연루된 사람은 제외한다.

마을자치회는 위원장과 총무를 포함하여 10명 이상 20명 이하로 구성하며 이장, 통장 및 반장, 새마을 지도자(부녀회장 및 협의회장), 노인회장 및 청년회장,

리 · 통 개발위원, 읍 · 면 · 동 주민자치위원회 등 행정기관을 대상으로 협업 또는 자문 역할을 수행하는 위원회의 위원 등은 당연직 위원으로 위촉할 수 있다(제6조).

성별 · 연령 등을 고려하여 위원을 위촉하되 의결을 거치지 않는 한 특정 성별이 10분의 6을 초과하지 않도록 한다.

(7) 임기 및 임원

위원의 임기는 2년으로 하며 연임이 가능하다. 위원장은 마을자치회를 대표하며 위원 중에서 호선한다. 위원장의 임기는 2년이며 1회에 한하여 연임할 수 있다. 총무는 마을자치회의 주요 회의 및 활동사항 기록 등 사무 처리와 운영을 담당하며 위원 중에서 호선한다(제7조, 제8조).

(8) 자문위원

마을자치회는 마을에 위치한 사업장에 직업을 두고 업무에 종사하는 사람, 과거에 그 마을에 거주한 이력이 있는 사람, 양성평등정책 전문가, 마을 발전에 전문지식이 있는 사람을 전문위원으로 위촉할 수 있다. 전문위원은 마을자치회에는 참석할 수 있으나 의결권은 없다(제9조).

(9) 위원의 자격상실

마을자치회 위원은 스스로 사임을 원하는 경우, 해당 마을에 거주하지 않는 경우, 상기 (6)에서 규정한 위원의 자격 요건을 상실한 경우, 운영규칙을 위반하여 위원 3분의 2의 의결로 제명이 결정된 경우에는 자격상실의 요건이 발생하거나 의결이 있는 날로부터 상실한다. 후임자를 위촉할 수 있으며 전임자의 잔임 기간이 임기가 된다(제10조).

(10) 운 영

마을자치회는 정기회의와 임시회의를 운영하며 정기회의는 월 1회 개최한다. 임시회의는 위원장이 필요하다고 인정하는 경우 또는 위원의 3분의 1 이상의 요구가 있을 때 개최할 수 있다. 회의는 과반수의 출석과 과반수의 찬성으로 의결하며 그 밖에 마을자치회의 운영 및 회의 진행에 관한 사항은 마을자치회 규약으로 정한다(제11조).

(11) 민관협업

시장은 마을자치회의 활성화를 위하여 필요한 시책을 적극적으로 수립하고 시행하여 하며, 특히 다음의 각 호에 대하여 전문 인력 또는 기관에 업무를 위탁하고 그에 따른 제반 비용을 지급할 수 있다.

① 마을자치회의 행정적 사무처리

② 마을 자치회 활성화를 위한 자치역량강화 교육 및 워크숍 등 학습 프로그램

시장은 마을자치회의 기능을 수행하는 사업에 필요한 자금과 비용을 보조할 수 있다. 다만, 특정 정당 또는 선출직 후보를 지지하거나 특정 종교의 교리 전파를 목적으로 하는 경우에는 보조하지 않는다.

읍·면·동장은 마을자치회로 하여금 읍·면·동의 이·통장단, 주민자치위원회 또는 주민자치회 등 주민단체와의 협력 구조를 이룰 수 있도록 하여야 한다.

시장 및 읍·면·동장은 마을자치회 회의 또는 주민총회에 출석하여 발언할 수 있다.

위원장은 읍·면·동 이·통장단 및 주민자치위원회 회의에 출석하고 의견을 제출할 수 있다.

위원회는 마을자치회 활성화를 위하여 필요한 사항을 읍·면·동장에게 의견으로 제출할 수 있으며, 읍·면·동장은 그 의견에 대하여 성실히 답변하고 필요한 조치를 취하여야 한다.

3. 당진시의 사례

1) 당진형 주민자치 추진배경

충청남도 당진시가 보다 발전된 주민자치에 관심을 두게 된 데는 크게 네 가지 배경을 갖고 있다. 첫째, 급속한 산업화의 진전으로 지역사회의 분위기가 급변하고

있다는 점이다. 전통적인 공동체는 소멸되고 산업화 · 도시화에 따른 공동체의 붕괴는 풀뿌리 민주주의의 약화를 초래하였다.

둘째, 주민의 욕구가 다양화되었다는 점이다. 주민의 욕구가 다양해져 이 · 통장 중심의 행정체계로는 부족하고 마을 단위의 의사수렴과 대응체제가 필요하게 되었다.

셋째, 주민자치위원회의 역할이 미약했다는 점이다. 1999년 이후 설치된 주민자치위원회의 역할이 미약하고 지역유지중심의 운영되어 주민자치의 모습을 보여주지 못했다.

넷째, 주민자치센터의 기능의 변화가 요구되었다. 종전의 주민자치센터는 주로 문화 · 여가 프로그램중심으로 운영되어 주민중심의 자치조직으로서는 미흡하였다.

당진시는 당진형 주민자치의 추진을 통해 주민자치위원회의 역할은 생활밀착형 자치 활동중심으로 개선하고, 주민자치센터의 기능도 실질적 주민참여의 구심점으로 전환하고자 하였다. 이를 위하여 주민자치 활성화를 위한 핵심재원으로 개인균등분 주민세 세입을 주민자치위원회에 이양하려는 계획을 수립하였다.

2) 단계별 사업내용

(1) 제1단계 사업(2015~2017)

기존에 설치된 주민자치센터와 주민자치위원회가 설립취지에 맞도록 자치 활동의 중추적 기능을 회복시키는 것이 사업의 목적이었다. 이를 위하여 주민자치위원회의 기능과 조직을 총무기획, 문화분과, 사회분과, 복지분과로 세분화하였다.

제1단계의 사업 주체는 주민자치위원회이며, 이들이 제안하면 당진시가 심사하는 형태로 진행되었다.

주민자치위원회에게 능동적 역할이 부여되고 자체 시범마을 과제 지정을 통해 주민자치위원회의 자립성이 개선되었다.

(2) 제2단계 사업(2018~2020)

제2단계에서는 주민자치위원회와 주민동아리가 공동으로 읍 · 면 · 동 마을계획

(마을사업)을 발굴하고 주민총회를 통해 마을사업을 선택하면 시는 시행에 필요한 예산을 지원하는 형태를 띤다.

제2단계의 특징은 주민자치사업의 최종 선택권자가 주민이라는 점이다. 주민자치위원회가 제안하면 최종적으로 주민이 선택한다. 이를 위하여 주민총회를 개최한다.

사업의 제안을 위하여 주민자치위원회 산하에 읍・면・동 마을계획단을 구축하였다. 마을계획단에는 일반시민 동아리도 포함된다.

3) 당진형 주민자치 사업예산

당진시의 주민자치 사례는 사업에 배정된 사업예산을 보면 자명하다. 충청남도에서는 당진시를 포함하여 논산시, 서산시, 서천군, 홍성군, 예산군이 주민자치위원회를 통한 자치 사업에 예산을 지원하고 있다.

2017년 기준으로 논산시 600만 원, 서산시 1,000만 원, 서천군 900만 원, 홍성군 800만 원, 예산군 7,400만 원을 지원한 반면, 당진시는 2억 5,000만 원을 지원하였다.

당진시의 주민자치 사업예산은 2016년 2억 원, 2017년 2억 5000만 원, 2018년 3억 원으로 매년 증가하고 있다. 참고로 개인균등분 주민세는 2016년 6억 4000만 원, 2017년 6억 5000만 원, 2018년 6억 5000만 원임을 감안할 때 향후에도 주민자치 사업의 예산이 더욱 증가할 것으로 보인다.

2018년 기준으로 당진시 주민자치 사업예산 4억 5,300만 원을 재원별로 대분하면 시비 3억 원, 도비 4,000만 원, 국비 1억 1,300만 원이다. 이를 다시 사업별로 대분하면 읍・면・동 특화사업비 2억 1,000만 원, 공동주택 4,000만 원, 혁신 읍・면・동 1억 1,300만 원, 마을계획 주민총회 9,000만 원이다.

2017년 사업의 특징은 특화사업과 롤 모델(Role Model) 마을이었다. 주민자치 특화사업은 능동적 주민자치의 활동을 지원하기 위한 것으로, 14개 읍・면・동에 1억 7,000만 원을 지원하였다. 특히 읍・면・동 간에 1,000만 원에서 2,000만 원까지 차등적으로 지원함으로써 읍・면・동 간의 경쟁심을 유발하였다. 특화사업은

2016년 사업결과를 평가 · 심사한 결과로 추진하였다.

롤 모델 사업은 주민자치위원회 운영의 자립성 확보를 목적으로 하여 총 8,000만 원이 4개의 읍 · 면 · 동에 배정되었다. 이러한 균등지원으로 인해 특화사업 우수지역으로 선정되었다.

제 2 절 읍 · 면 · 동별

서울특별시 금천구 독산4동의 사례를 중심으로 주민자치회의 운영, 주민자치 운영 프로그램, 자치회관의 시설과 활용, 주민자치 행 · 재정 지원 및 우수사례를 설명한다.1)

1. 주민자치회의 운영

주민자치회의 운영은 주로 주민자치회의 대표성 확보, 위상강화 및 자율성 확보, 주민자치위원의 역량강화 등을 중심으로 분석하였다. 금천구는 총 10개의 동 주민센터를 보유하고 있다.

금천구는 관내 총 411명의 위원을 100% 공개모집으로 위촉하였다. 성비율은 남성위원이 41.1%로 여성위원의 비율이 다소 높았다. 독산4동 자치회관도 100% 공개모집에 따라 주민자치회를 구성하였다.

주민자치회 운영내역의 공개여부, 자치회관 운영 기금의 유보액, 주민자치회의 재정자주율을 분석하여 주민자치회의 위상 강화 및 자율성 확보에 관한 내용을 살펴보았다. 관내 주민자치회의 운영내역은 100% 공개되었다. 공개사항은 수입 · 지출내역과 주민자치위원회의 인적사항 등이다.

자치회관 운영을 위한 기금은 평균 3천 100만 원이다. 가장 많은 곳은 시흥2동 자치회관으로 8천 600만 원이며, 가장 적은 곳은 600만 원으로 시흥3동 자치회관

1) 2018년 서울특별시 자치회관 운영평가에 제출된 자료를 중심으로 정리한 내용임.

이었다. 독산4동은 2억 원의 기금을 보유하고 있다.

주민자치회의 재정자주율은 평균 83.8%였다. 가장 높은 곳은 독산3동 자치회관으로 108.8%이었으며, 가장 낮은 곳은 가산동 자치회관으로 33.9%이었다. 자체수입이 가장 많은 곳은 독산3동 자치회관으로 1억 6천 800만 원의 수입이 발생하였으며, 가장 적은 곳은 가산동 자치회관으로 1백 90만 원에 머물렀다. 독산4동은 1억 3천 800만 원의 자체수입을 올렸으며 지출금은 1억 3천 700만 원이었다.

주민자치회의 역량은 자치사업의 수행, 분과위원회의 구성 및 운영실적을 통해 살펴볼 수 있다. 금천구 주민자치위원회의 자치사업은 총 259회 이루어졌으며 1개의 위원회당 평균 25.9건의 사업을 수행하였다. 독산4동의 경우 총 25회의 사업을 수행하였다. 특히 크리킨디 골목축제에는 300명의 주민들이 참여하였으며 크리킨디 골목운동회에는 300명, 가장 신나는 물놀이터 첨벙첨벙에는 400명이 참여하였다.

주민자치위원의 100%가 역량강화 교육을 이수하였다. 이외에도 주민자치 구·동 담당 직원, 상근 근무자, 자원봉사자, 일반주민을 대상으로 각 자치회관당 4.4회의 교육을 실시하였다. 주민자치위원회의 월례회의 참석비율은 평균 71.9%였다.

2. 주민자치 운영 프로그램

금천구의 2017년 사업 중 주민자치 활동의 비율은 3.4% 증가하였다. 2017년에는 63%가 주민사업이었으나 2018년에는 66.4%로 3.4% 개선된 것이다. 특히 강좌식 프로그램 수료제 및 동아리 전환실적은 100%에 이르렀다. 독산4동은 7개의 수료제 프로그램을 운영하였다. 7개 모두 강좌식 프로그램이었다.

자치회관 강좌식 프로그램에 참여한 주민의 수는 평균 2,728명이었으며, 독산4동의 경우 3,033명이었다.

새벽·야간·주말에 개최되는 강좌식 프로그램은 금천구 관내에 평균 6개가 존재하였으며, 독산4동은 단전호흡, 탁구교실, 헬스, 요가교실, 크리킨디 놀이학교, 낙타학교 행복포럼 등 6개가 있었다.

자치회관 취약계층을 위한 프로그램의 수는 관내 평균 5.9건이었다. 독산4동은 사랑의 야쿠르트 배달, 할머니 공방 운영, 도시농부 프로젝트(농부경험 및 작물나눔) 등 3건이었다. 주민 수요에 의거한 강좌도입 건수는 관내 평균 2.1건이었다.

3. 자치회관 시설 · 활용

독산4동을 포함하여 금천구 전체 자치회관은 모두 주민들이 자율적으로 운영하고 있다. 자치회관을 중심으로 타 시설과 네트워크를 형성하여 활용의 효율성을 제고하고 있다. 금천구 관내 자치회관은 평균 5.7개의 시설과 네트워크를 형성하고 있으며, 독산4동은 도서관, 성당, 지역아동센터, 복지관 주차장, 상인회 등과 네트워크를 형성하여 주민들의 편의를 증진하였다.

금천구 내에 자치회관의 독립성을 확보하기 위하여 별도의 건물을 사용하는 자치회관이 1개 존재하며, 동일 건물 내에 별도의 경비시스템을 설치한 자치회관의 수는 9개였다. 자치회관의 개방시간이 확대됨에 따라 주민자치위원이나 자원봉사자의 배치시간이 크게 증가하여 금천구는 평균 1,135시간을 기록하였다. 독산4동의 자원봉사자 참여시간은 312시간이었다.

4. 주민자치 행 · 재정 지원

1) 조례 및 시행규칙의 제정

금천구는 '서울특별시 금천구 주민자치회 실시 및 자치회관 설치 · 운영에 관한 조례'를 제정하여 서울특별시 주민자치회 시범실시 시행계획에 따라 시범구로 선정되어 주민자치회의 구성과 기능 및 운영 등을 위한 근거를 마련하였다.

이에 따라 금천구는 '서울특별시 금천구 주민자치회 실시 및 자치회관 설치 · 운영에 관한 조례 시행규칙'을 제정하였다. 이는 '서울특별시 금천구 주민자치회 실시 및 자치회관 설치 · 운영에 관한 조례'의 제정에 따라 필요한 세부사항 및 관리서식 등을 마련하여 주민자치회와 자치회관을 체계적으로 운영 · 관리하기 위한 것이다.

독산4동은 '독산4동 주민자치회 및 자치회관 운영세칙'을 제정하고 독산4동이 주민자치회와 자치회관 운영에 관한 세부사항을 제정하였다.

금천구는 '주민 공유공간'의 선진지역 시설 및 박람회를 탐방하였다. 2018년 3월부터 6월까지 총 4회의 지역을 탐방하였다. 선진지역에는 관내 독산4동 자치회관이 포함되어 있었다. 그 결과 사업 실행을 통해 관내 다양한 주민들이 함께하고 소통할 수 있는 교류의 장을 마련하고, 참여주민의 역량강화 및 마을공동체에 대한 이해를 향상시켰다. 또한 주민 공유공간에 대한 필요성과 중요성을 인식하는 계기가 되었다.

2) 주민자치 인력 및 재정지원

금천구는 13억 2천 100만 원을 자치구의 주민자치 예산으로 지원하였다. 이는 일반예산 대비 금천구 예산의 0.34%에 해당하는 것이다.

3) 기관장의 리더십

금천구는 무엇보다도 청장의 관심도가 높았다. 2017년 8월부터 2018년 5월 사이에 총 7회에 걸쳐 주민자치회의 활성화를 위한 사항을 지시하였다. "주민자치회 출범과 함께 독산2동 신청사 공유공간의 구체적인 공론화 과정 및 예산 편성 작업이 가능하도록 준비하라"고 지시함과 동시에 "주민과 함께 고민하고 참여하며 이에 따른 역할을 실질적으로 부여하여 협치행정이 가능하도록 하라"고 재강조하였다. 구체적으로 "주민참여에 기반을 둔 도시재생사업의 준비", "주민자치회 성공적 정착 및 운영을 위한 노력", "다양한 형태의 공유공간 확보 및 공동자조 모임의 활성화 추진", "주민자치회 구성의 다양화 및 참여확대", "합리적인 주민참여 행정 강조", "주 52시간 근무제 시행에 따른 여가 프로그램 및 공간 확보방안 마련", "주민들의 참여 선순환을 위한 피드백 마련" 등을 지시하였다.

금천구 관내에서는 동 기간에 총 16회에 걸쳐 이루어졌다. 독산4동에서는 '크리킨디 골목축제 첼로 동아리 공연'과 '민요장구 프로그램 동아리 공연', '가장 재미 있는 마을 크리킨디 발표회', '혁신파크 리빙랩 사업결과 보고회' 등이 발표되었다.

4) 기타 운영사항

금천구 관내에서는 1년 사이에 총 56건의 지역 인적·물적 자원을 활용한 자치회관의 운영실적을 달성하였다. 주로 재능기부와 물품기부와 관련된 것이다.

자매결연지와의 교류실적은 총 20회에 걸쳐 행해졌다. 신규로 4건의 자매결연지가 확대되었다.

독산4동에서는 4회에 걸쳐 순천시 매곡동, 충남 청양군 운곡면과 자매결연의 실질화를 추구하였다. 운곡면과는 여름방학 생태체험 프로그램, 청양 구기자·고추 축제 참가, 운곡면 지역 농산물 직거래 장터 등을 운영하였다.

5. 기타 및 우수사례

1) 추진배경 및 목적

이 사례에서 소개하는 독산4동의 우수사례는 "행복주차 및 크리킨디[2] 물건 공유상자"라는 사업이다. "독산4동은 혁신 중입니다"라는 사업명 아래 물건 공유상자와 행복주차를 목적으로 설정하였다.

단독주택과 다세대 주택이 많은 지역의 특성상 독산4동은 주차난으로 많은 어려움을 겪었다. 골목길은 넘치는 차량으로 붐볐고 불법주차가 난무하였다. 아울러 무질서한 의류수거함이 골목길을 지저분하게 만들기도 하였다. 독산4동은 주차난 개선과 지저분한 골목길 정화를 위하여 리빙랩 사업을 진행해 오고 있다. '넘침'과 '부족함' 사이의 문제를 '공유의 방식'을 통해 해결하고자 하는 것이 목적이었다.

---

2) 크리킨디는 산불이 발생하였을 때 방울 방울의 물을 입부리로 나른 작은 벌새의 이름임. 작은 일이지만 주어진 역할에 최선을 다하는 모습의 상징임.

2) 사업의 개요

독산4동 주민자치회와 2023 행복골목위원회는 2017년 7월부터 2018년 6월 사이에 "독산4동은 혁신 중입니다"라는 사업을 개시하였다. 참여자는 주민자치회, 행복골목위원회와 일반주민이었다.

사업내용은 평일 야간과 주말에 폐쇄하였던 독산4동 자치회관의 지하 주차장 6면을 주민자치회와 자치회관 협약을 통해 주민에게 개방하였다. 의류수거함을 대체하는 물건 공유상자를 골목 2곳과 주민센터 앞에 설치 및 운영하는 사업을 추진하였다. 이에 소요되는 예산은 서울시가 지원하는 7,000만 원이었다. 사업 과정은 제1단계로 전문가와 함께 컨설팅 및 논의, 제2단계로 공유 주차장 리모델링과 공유상자 제작, 제3단계로 운영방안 마련 및 운영, 제4단계로 결과보고회 및 책자발간이 이어졌다. 주요 사업내용과 주요 실적은 다음과 같다.

(1) 골목 돌아보기 및 혁신지도 제작

2017년 7월 의류수거함, 쓰레기, 주차난 등 골목의 문제를 파악한 후 5년 뒤 변화될 골목 모습을 혁신지도로 제작하였다.

(2) 공유를 통한 문제해결

2017년 7월 14일 중고물품 교류 및 업사이클링 제품을 판매하여 60,000원의 기금을 확보하였다. 물건 공유상자 제작 및 운영 아이디어 확보를 위해 셀러 의견을 수렴하였다.

(3) 외부전문가와 컨설팅 실시

2017년 7월부터 9월까지 서울디자인센터와 연계하여 물건 공유상자의 외관 디자인에 관하여 자문을 받았다. '크리킨디 디자인' 및 공유 주차장 디자인을 위한 전문가와의 컨설팅을 의뢰하였다.

(4) 크리킨디 드라이버 모집 및 간담회를 통한 운영규약 정립

2017년 8월에는 공유주차장을 사용하여 공유하는 주차문화 형성을 위해 함께 활동할 독산4동 주민을 '크리킨디 드라이버'로 명명하고 모집하였다. 독산4동 주민자치위원회와 자치회관 사이에 협약을 체결하여 주차공간을 확보하고 관리에 협력하였다.

(5) 공유주차장 리모델링 공사(6면)와 물건 공유상자 설치(2곳)

자치회관과의 협약을 통해 공유주차장 6면과 물건 공유상자를 2곳에 설치하였다.

(6) 결과보고회 및 책자발간

기간 중 자치회관을 기반으로 운영해온 공유상자 성과를 주민들과 함께 나누고 피드백하는 시간을 마련하였다. 결과보고회를 통해 크리킨디 드라이버 참여주민 모집과 주민홍보 시 발생하였던 어려움을 공유하였다. 초반에는 주민들의 이해도가 낮아 어려움이 컸으나 지속적인 면대면 홍보와 간담회로 주민들의 인식이 개선되었다. 예산상 발생하는 어려움은 '서울시 혁신파크 리빙랩' 공모사업에 참여를 통해 주민자치위원회의 활동비 및 사업비 마련이 가능하게 되었다.

주민의견을 수렴하기 위하여 공청회 및 간담회, 결과보고회 등을 통하여 주민들의 참여를 제고하였으며, 주민들의 이동이 잦은 '한빛 어린이집'과 '동주민센터(자치회관)' 앞에 물건 공유상자를 배치하여 활발한 주민의 참여를 유도하였다.

3) 사업의 성과

크리킨디 드라이버는 자치회관 인근에 거주하는 주민들 중 6명을 면접 후 선정하였다. 이들의 노력 하에 주민주차 공유 공동체를 형성해 나가는 환경이 조성되었다. 부분적으로 독산4동의 주차난의 해소에 기여하였다.

주차면 1면당 월 2만 원의 주차료를 징수하여 주민자치 기금으로 충당하여 수익의 증대에도 기여하였다. '하루가게'와 '물건 공유상자'를 통해 버려질 자원을 마을에서 재순환함으로써 자원의 낭비를 줄이고 주민들이 재활용하는 기회를 제공하게 되었다.

무엇보다도 주민들이 마을문제를 스스로 발굴하고 해결함으로써 직접민주주의의 실행 주체로 성장하는 계기가 되었다. 다양한 사업을 통해 주민들의 자치역량도 강화되었음을 물론이다.

2017년 행정안전부 사회혁신 사례로 '공유주차'가 선정되었으며, 문화체육관광부 소식지인 『위클리 공감』에 2017년 12월 18일 우수사례로 소개되었다. 외부에서도 이를 견학하기 위하여 탐방하는 사례가 증가하고 있다.

제 3 절 마을별 사례

이 절의 논의는 강원도 인제군 남전1리 햇살마을의 사례를 중심으로 분석하였다.[3] 햇살마을은 도시와 농촌을 가르지 않으며, 남녀노소 누구에게는 공평하며, 차가운 마음도 녹이며, 어둠을 뚫고 찬란하게 비친다는 의미를 지니고 있다.

1. 햇살마을의 소개

햇살마을 남전1리는 농가 27가구, 비농가 20가구 등 총 47개의 가구로 구성된다. 이 중에서 남성이 52명, 여성이 37명으로 구성된 마을이다. 주로 고추, 찰옥수수, 감자, 벼, 콩, 팥, 블루베리 등의 주요 농작물을 경작하고 있다.

2. 농 · 도 상생포럼 추진배경

햇살마을이 상생포럼을 구성하게 된 배경은 2004년부터 2010년 사이 마을 내에서 발생한 갈등에 기인한다. 갈등의 원인은 장묘센터 유치와 관련되었다. 마을 발

3) 햇살마을 농 · 도 상생포럼 발표자료를 요약 · 정리하였음.

전을 위해 적극적으로 유치하자는 측과 혐오시설이라는 이유로 이를 반대하는 측과의 대립으로 주민들 간의 갈등 폭이 심화되었다. 주민들 간의 갈등은 형사 고발과 고소를 넘어 행정소송, 감사원 감사로 발전하였다. 심지어 추적 60분 방송의 소재가 되기까지 하였다.

3. 농 · 도 상생포럼의 개최와 성과

주민들 간의 갈등을 봉합하고 해결하여야 한다는 공감대가 형성되면서 2008년 4월 9일 농 · 도 상생포럼이 개최되었다. 주로 주민 간 갈등관리와 의식개혁, 위기관리 및 마을 만들기를 위한 교육과 토론이 주를 이루었다. 포럼의 결과 세 가지 목표가 추진되었다. 주민화합 및 주민교육추진, 아름다운 마을만들기 추진, 새 · 농어촌 건설운동 추진이 이에 해당한다.

2009년 9월 17일은 제2차 포럼이 개최되었다. 포럼의 결과 마을주민들이 긍정적 사고를 갖고 마을사업에 적극적으로 참여하게 되었다. 마을사업의 활성화로 새로운 일자리, 소득증대, 복지의 향상으로 이어졌다.

농 · 도 상생포럼의 성과는 마을주민 간의 다양한 회의와 협력의 성과를 창출하였다. 마을회의, 마을기업회의, 마을운영위원회회의, 노인회회의, 부녀회회의, 작목반회의 등으로 마을주민 간의 소통과 협력이 활성화되었다.

주민들 간의 소통과 협력은 마을환경사업 및 마을사업의 성과로 이어졌다. 마을은 구상나무심기, 꽃길조성, 벽화조성, 정자각 만들기, 분수대 만들기, 효소항아리 등의 사업을 통하여 마을 환경이 크게 개선되었다.

뿐만 아니라 아르고 체험사업, 장례식장 운영사업, 태양광 사업, 햇살체험센터 운영사업, 발효효소 가공사업, 친환경새싹 생산사업이 순차적으로 이어져 마을소득의 증대로 이어졌다.

농 · 도 상생포럼은 주민 간 소통과 화합의 계기가 되었고, 주민 간 갈등을 해결하고 소통과 대화를 통해 공동체 의식을 함양할 수 있는 장으로 작용했다. 이를 바탕으로 강원도가 실시하는 새 · 농어촌 건설운동에 최우수의 영광을 차지하였다.

4. 햇살마을의 현재와 미래

햇살마을은 "마을 전 주민을 상시 고용할 수 있는 일자리 창출"과 "주민 모두가 행복한 햇살마을"의 건설을 미래의 목표로 설정하였다.

이와 같은 목표는 현재 진행 또는 추진 중인 사업을 통하여 성취할 수 있다. 햇살마을은 태양광 발전, 장례식장 운영, 아르고 체험장, 친환경 가공품 판매, 표고재배단지 운영, 발효효소 가공사업, 친환경새싹 생산사업 등을 통하여 연간 14억 2천만 원의 마을소득을 창출하고 있다.

제 4 절 시사점

1. 주민의 자치의식과 주민참여

우수사례가 우리에게 던져주는 시사점은 매우 다양하다. 그중에서 가장 주목해야 할 점은 주민들의 자치의식에 관한 것이다. 특정한 지리적 공간에 거주하는 주민들이 거주공간 내의 문제를 스스로 발굴하고 해결하는 자치의식이 무엇보다도 중요하다. 자치의식이야말로 직접민주주의를 가능케 하는 첫 번째 요소이기 때문이다. 스스로의 문제를 발굴하고 해결하는 과정에 민주주의를 경험하고 발전시킬 수 있다.

문재인 정부가 강조하는 주민이 주인인 주민주권 사상은 주민의 자치의식과 밀접하게 관련되어 있다. 그동안 우리나라의 지방자치는 지방자치단체가 중심이 되는 단체자치에 기초하였다. 향후 우리나라 민주주의의 질적 발전을 위해서도 주민자치의 중요성이 매우 크다.

높은 주민자치의 의식을 지닌 주민들이 주인으로서 공동체 및 마을문제에 적극적으로 참여하는 권리의 실현이 주민주권 사상의 출발점이다. 마을공동체의 각종 사업은 물론 마을 민주주의의 발전은 주민의 참여가 전제가 되어야 한다. 주민자치의 의식은 주민참여로 이어지고, 주민의 자치의식은 꾸준히 학습과 훈련을 통하여 배양될 수 있음은 앞의 사례를 통해서 살펴보았다.

2. 지도자의 중요성과 양성

앞의 사례를 통해 알 수 있듯이 실질적인 주민자치의 구현은 지도자를 통해 이루어진다. 마을과 읍・면・동 및 시・군・구별 지도자의 중요성은 매우 크다. 특히 마을 단위와 읍・면・동 단위의 주민자치 지도자를 양성하는 것은 주민자치의 활성화를 위하여 필수불가결한 요소로 지속적으로 추진되어야 한다.

참고문헌

금천구(2018). 『2018년도 금천구 자치회관 운영실적보고서』. 서울: 금천구.

김순은(2014). 사회적 자본의 관점에서 본 주민자치 시범실시 사례 분석: 역촌동을 중심으로. 『지방행정연구』, 28(3): 3－34.

논산시(2018). 동고동락 마을자치회 설치 및 운영조례.

제8장

주민자치 활성화 외국사례와 시사점

김병국 · 전용태(한국생활자치연구원)

제1절 일본의 정내회/자치회

1. 주민자치조직에 대한 시각

자치회[1]를 포함한 일본의 주민자치조직을 어떻게 볼 것인가에 대하여 사전적 의미를 살펴보면, 일본에서 발행되는 국어사전(大辭林)에서 자치회를 "동일 지역의 거주자 또는 민간단체가 자신들의 사회생활을 자치적으로 운영해 가기 위하여 만든 조직"으로 규정하고 있다. 그리고 일본 지역주민의 자치적 친목조직으로 정내회(町內會), 정회(町會), 자치회(自治會)로 불린다. 일정 지역에 거주하는 모든

1) 일본 자치조직의 명칭은 과거 정회(町會), 정내회(町內會), 부락회, 구회, 친화회, 친교회, 친목회, 진흥회 등으로 사용되었으나, 최근 주로 도심지역의 아파트단지나 주택단지에서는 자치회라는 명칭을 사용하고, 과거부터 전통적으로 사용된 명칭인 정내회는 주로 비도심지역에서 사용되고 있다. 최근 조사결과에 의하면, 자치회의 명칭은 약 29%, 정내회가 26%, 구회가 18%, 부락회가 17%로 사용되는 것으로 밝혀지고 있다. 이 책에서는 자치회로 통칭하여 사용한다.

세대 또는 일정 지역에서 영업하는 모든 사업소가 가입할 수 있는 임의단체로서, 지역 내에서 일어나는 다양한 문제들에 공동으로 대처하고 지역대표로서 지역관리를 담당하는 자치적 주민조직을 의미한다.

일본의 지방자치단체에서는 자치회를 일반적으로 지역과제 해결을 위한 자주적 주민조직으로 이해하고 있다. 다음은 토요나카시(豊中市)의 자치회의 소개이다.

> "자치회는 회원 상호 간의 친목 및 복리향상을 목적으로, 또 살기 좋은 지역사회 만들기를 목표로 자주적으로 결성·운영되는 시민조직으로서 지역의 다양한 과제해결에 큰 역할을 하고 있습니다. 지역사회가 안심·안전하게 살기위해서는 평소 한 사람 한 사람이 지역사회에 관심을 가지고 주민 간 네트워크를 가지는 것이 중요합니다. 지역에서의 정보공유나 세대를 초월한 교류·이벤트의 개최 등 자치회의 역할은 향후 더욱 중요하게 될 것입니다."

일본의 자치회를 어떻게 볼 것인가에 대해서는 크게 세 가지 관점[2] — 전근대적 집단설, 특수일본적집단설, 생활기능집단설 — 이 제기된다. 그러나 현대의 자치회는 생활기능집단설에 근거하여 다양한 주민 단위 활동이 이루어지는 집단으로 이해된다.

2. 자치회의 의의

1) 자치회의 역사

일본 자치회는 1500년대 토요토미 히데요시(豊信秀吉) 시대에 주민관리체제의 일환으로 조직되었고, 관동대지진(1932년) 이후에 전쟁물자조달, 인력동원 등을 위한 전시동원체제와 지역방위체제로 조직화되었다. 1947년 미군정은 자치회를 군국주의 유지를 위한 지역조직으로 간주하여 해체를 명령함으로써 자치회의 공식적

---

2) 자치회에 대한 세 가지 이론은 자치회의 역할과 생성 과정을 보는 시각에 따라 특징적으로 행정에의 종속적 생성 과정에 초점을 두는가, 일본 특유의 지역 단위조직에 초점을 두는가, 아니면 지역문제 해결을 위한 생활자치의 단위로 보는가의 차이를 갖는다. 이에 대한 상세한 설명은 東海自治体問題研究所(1984: 21-29)를 참조.

인 조직은 해체되었으나 방범연락위원, 홍보위원회, 위생조합 등의 형식으로 명맥은 유지되었다. 그러던 것이 1952년 한미강화조약 체결 이후 전국적으로 자치회는 부활되었다. 특히 1959년에 발생한 이토만(伊勢灣) 태풍을 계기로 성립된 재해대책기본법에 지역 커뮤니티에서 주민들에 의한 방재활동을 위한 자주적인 방재조직을 설치하도록 되어 있었다. 이때 정내회 등을 모체로 전국적으로 설치는 계기가 되었다.

1970년대 이후에는 '마치즈쿠리(まちづくり)', '커뮤니티즈쿠리(コミュニティづくり)' 운동이 확산되어 한때 자치회의 활동 및 위상이 약화되기도 하였다. 그러나 1990년대 지방자치법 개정으로 각종 지원정책 등 제도적으로 자치회를 육성할 수 있는 장치가 마련되어 회관건설비용의 장기저리 융자, 운영보조금의 지급, 인력파견 등 많은 지원조치가 실시되었다. 지방자치법 개정 중에는 제260조의2에 근거하여 자치회가 '認可地緣團體'로 등록할 수 있도록 되어 그 법적 지위가 강화되었다. 이처럼 자치회가 '지연에 의한 단체'로 규정됨에 따라서 지방자치단체장의 인가를 받아 법인격을 취득하고 단체 명의로 부동산 등기 등을 행할 수 있게 된 것이다. 따라서 회관 등 상당한 공유재산을 소유하고 있는 자치회는 일반 법인과 마찬가지로 자유롭게 재산권을 행사할 수 있다. 한편 일본 내 모든 자치회가 법인격을 갖춘 것은 아니다. 최근 조사에 의하면, 동경도의 23개 특별구 내에는 4,302개의 자치회가 있는데, 그중 103개가 법인격을 갖추고 있는 것으로 제시되고 있다.

2) 자치회의 개념, 역할, 기능

학문적으로 자치회는 다양하게 개념화되고 있다. 자치회는 첫째로 그 구역에 거주하는 사람들이 단결하고 스스로의 힘으로 살기 좋은 마을을 조성하기 위한 활동을 하는 법인단체이다. 둘째로 살기 좋은 지역사회의 실현을 위해 지역 전체의 다양한 과제를 협동해서 해결해 가는 장소 및 주민 상호의 커뮤니케이션 중심지이다. 셋째로 지역의 복지, 환경, 방범, 방재 등 개별 지역에서 일어나는 문제를 해결하고, 지역주민 상호의 연대와 친목을 도모하기 위해 조직된 자주적·민주적인 단체로 요약된다.

이러한 개념에서 유추할 수 있는 자치회의 역할은 첫째로 지역의 방범, 방재, 교통안전, 청소년 건전육성, 지역복지와 주변 환경정비 등 지역문제에 대응하는 역할, 둘째로 친목행사를 행하고, 지역친목과 융화를 도모하는 역할, 셋째로 서로 합심해서 살기 좋은 마을을 만들어가는 역할로 규정될 수 있다.

그리고 상기와 같은 개념과 역할을 토대로 자치회의 기능을 규명해 보면, 자치회의 규모 및 기초지방자치단체의 특성에 따라 다소 차이는 있어 다양한 것으로 판단되지만 전체적으로 유사한 기능을 수행하고 있는 것으로 판단된다. 자치회의 기능과 역할을 어떻게 볼 것인가에 대하여 이와사키 노부히로(岩崎信彦)는 파슨즈(T. Parsons)의 기능분석모형(AGIL model)을 원용하여 자치회를 다음 [그림 8-1]과 같이 분석하고 있다.

그림 8-1 자치회의 기능

일본 자치회의 기능에 대한 세부적인 업무들을 준거로 해서 종합적으로 판단해 보면, 자치회는 순수한 자치기능을 수행하지만 행정보조기능도 수행하는 것으로 보기도 한다. 우선 순수한 자치기능으로서의 자치회를 보는 시각은 ① 주민복지증진, 주민상호연락 및 친목도모(경조사업), ② 회관의 관리 및 운영, 문화 · 스포츠, 교통안전 및 방범, 방재 및 재해구조, ③ 공해방지, 보건위생, 간이보험, 녹화사업, 폐품수집, ④ 축제 등의 개최, 기타 수익사업(유치원 등 운영) 등과 같은 활동을 중심으로 한다. 그리고 행정보조기능으로서의 자치회를 보는 시각은 모든 자치회가 공통된 현상은 아니지만 ① 자치단체와의 연락, 상급 자치단체의 각종 위원회 참여, ② 자치단체에 진정, 주민의 요망사항 전달, 주민의사 전달, ③ 지방자치단체, 특별지방행정기관 등으로부터의 수탁사무 수행[동경도 특별구의 자치회 경우 총리부, 일본적십자사, 공동모금회, 경시청(방범연락소), 소방청(소방협력회), 청소(청소협력회), 구청(각종 사무위탁)] 등으로부터 각종 행정사무를 위탁받아서 수행 등과 같은 활동을 중심으로 한다.

3. 자치회의 설치와 구성 및 운영

1) 자치회와 법인격

자치회는 임의단체적 성격을 갖고 있다. 그러나 1992년 지방자치법 개정에 의해 시정촌장의 인가를 받게 될 경우, 법인격을 갖는 인가지연단체(認可地緣團體)로의 자치회가 될 수 있도록 규정되었다.

시정촌의 장의 인가에 의해 법인격을 득한 인가지연단체는 부동산 등을 단체 명의로 등기할 수가 있다. 과거 자치회가 법인격을 갖지 못하였기 때문에 보유하고 있는 자치회관 및 회관 용지를 단체 명의로 등기할 수 없어서 회장과 임원들의 개인 명의로 등기하는 경우가 많았다. 이 경우, 개인 자산과 혼동되어 처분되기도 하고, 등기명의인의 채권자가 재산을 압류하기도 했고, 공유 명의의 경우 상속등기가 곤란한 문제가 발생하기도 하였다. 이러한 문제를 해결하기 위해 자치회에 법인격을 부여하고 단체 명의의 등기가 가능하도록 된 것이다.

지방자치법 제260조의2에 근거한 내용을 살펴보면, 일정한 구역에 거주하는 자를 지연으로 형성된 단체(지연단체)는 지역적인 공동 활동을 위한 부동산 혹은 부동산에 관한 권리 등을 보유하기 위하여 시정촌장의 인가를 받아서 규약에 정하는 목적 범위 내에서 권리를 가지고 의무를 부담하도록 되어 있다. 예를 들어, 가와사키(川崎)시에서 자치회가 인가지연단체를 신청할 경우 신청 전에 시 시민국 혹은 아동국 시민협동추진과에 상담하여 절차에 대한 설명을 듣고, 총회에서 규약변경 등에 대한 합의를 이루어 서류를 제출한다. 인가신청서, 규약 및 회칙, 총회 의사

표 8-1 인가지연단체로서의 자치회

구 분	내 용
지연단체 인가	• 지연단체 대표는 다음의 요건을 갖추어 총무성령에 따라 신청함. – 그 구역의 주민 상호 간 연락, 환경정비, 집회시설 유지관리 등 양호한 지역사회 유지 및 형성에 도움이 되는 지역적 공동 활동을 행하는 것을 목적으로 하고, 현재 그 활동을 행하고 있다고 인정할 수 있을 것 – 그 구역(해당 지연단체가 상당한 기간에 걸쳐 존속하고 있는 구역)이 주민에 의해 객관적으로 명확하게 규명되어 있을 것 – 그 구역에 주소를 가진 개인은 구성원으로 될 수 있고, 그 상당수의 자가 현재 구성으로 되어 있을 것 – 규약을 정하고 있을 것 • 시정촌장은 지연단체가 각 호의 요건을 충족하면 인가를 하지 않을 수 없음. • 시정촌장은 인가지연단체가 요건을 결하였거나 부정한 수단에 의해 인가를 받았을 경우 그 인가를 취소할 수 있음.
규약사항	• 목적, 명칭, 구역, 사무소(주된 사무소)의 소재지, 구성원의 자격에 관한 사항, 대표자에 관한 사항, 회의에 관한 사항, 자산에 관한 사항
인가 지연단체 성격	• 인가지연단체는 공공단체 및 그 외 행정조직의 일부로 해석해서는 안 됨. • 인가지연단체는 정당한 이유가 없는 한 주소를 가진 개인의 가입을 거부할 수 없음. • 인가지연단체는 민주적 운영 하에 구성원에게 부당한 차별적 취급을 해서는 안 됨. • 인가지연단체는 특정의 정당을 위해 이용해서는 안 됨.
인가 지연단체 고시	• 시정촌장은 지연단체 인가를 행할 경우 총무성령에 정한 바에 따라 이를 고시해야 함. • 시정촌장은 고시된 사항의 변경이 있을 때에도 동일한 방법으로 고시해야 함. • 인가지연단체는 고시된 사항을 변경할 때에는 총무성령에 정한 바에 따라 시정촌장에 제출해야 함. • 개인도 시정촌장에게 고시된 사항에 관한 증명서 교부를 청구할 수 있음. • 인가지연단체는 고시가 됨으로써 그 지위를 인정받게 되고, 고시된 사항에 대해서 제3자에 대항할 수 있음.

록, 구성원 명당, 보유자산 목록, 전년도 사업보고 및 결산서, 당해 연도 사업계획서 및 예산서, 구역도를 제출하면 심사를 거쳐 인가되고 동시에 고시된다.

2) 자치회와 구성과 운영

(1) 구성 단위와 결성

임의 단체 혹은 인가지연단체로 각각의 규약에 기초하여 활동하는 자치회는 당해 구역 내 거주하는 모든 사람들이 가입할 수 있는 커뮤니티를 기본 단위로 구성된다. 이러한 단위 자치회는 여럿이 모여 '○○자치회 연합회', '○○지구 자치회 연합회', '○○연합자치회' 등으로 명명되는 일명 '지구 자치회 연합회'를 구성하고, 각 지구 자치회 연합회에서 선출한 대표자들을 구성원으로 하는 일명 '중앙 자치회 연합회 혹은 ○○시 자치회 연합회'를 구성한다. 즉, 1개의 자치단체에는 3개 계층(단위－지구－중앙)의 자치회 조직들로 구성되어 있다.

단위 자치회를 결성하려면 ① 우선 회의를 개최하여 명칭, 결성연월일, 임원, 회원, 반, 구역, 규약의 준비, ② 자치회 결성서류의 자치단체 제출, ③ 자치단체 수리라는 절차를 밟게 되는데 이것이 수리되면 자치단체에 등록된 자치회가 된다. 이렇게 등록된 자치회는 다양화 자치회 활동이 보장되어 지역문제에 대응하게 되고, 지역의 친목 및 융화를 도모할 수 있으며, 각종 활동에 대해 자치단체로부터 보조금을 받을 수 있고, 지역공사 등에 대한 정보를 제공받게 된다.

(2) 조직과 재원

자치회는 회장, 회계, 감사, 간사 등 10명 내외의 임원으로 구성되고 무보수 명예직으로 지역사회를 위하여 봉사한다. 회장은 주민의 직접선거로 선출되어 자치회를 대표하고 나머지 임원들은 임명에 의하되 지역주민을 위해 자원봉사 활동을 하게 된다. 특히 자치회는 사업부서 등 조직체계를 갖추고 시정촌 등 지방자치단체와 특별지방행정기관으로부터 여러 가지 행정사무를 위탁받아서 수행하고 수수료를 받아서 활동재원으로 활용하고 있기도 하고, 지방자치단체로 부터 시민조직보조금, 방범등 설치 및 유지관리 보조금, 집회시설 관리운영 보조금, 집회시설 설

표 8-2 자치회보조금 예시1

구 분	내 용
시민조직보조금	• 회원 1세대당 연간 300엔
방범등 설치 및 유지관리 보조금	• 방범등 유지관리보조금: 1등당 연 2,100엔 • 방범등 설치보조금: 설치비의 80%(단 상한액 있음)
집회시설 관리운영 보조금	• 조성액: 「당해 연도 4월분 전기요금×10분의 7」과 「전년도 1년 간 전기요금×10분의 7」을 비교해서 적은 금액
집회시설 설치 · 증개축 · 수선사업 보조금	• 집회시설 신축 · 증개축 · 수선 · 용지취득사업에 대한 2분의 1 • 단지 신축 · 증개축 · 용지취득사업의 경우 1천만 엔, 수선사업의 경우 250만 엔 한도

표 8-3 자치회보조금 예시2

대상사업	활동내용	보조금
지역환경미화운동	도로 주변 청소, 쓰레기분변수집 등	• 자치회에 속한 세대수 1호당 1,500엔
지역복지활동	경로회 개최 등	• 경로회대상자 1인당 1,500엔
아동청소년육성활동	학부모회, 어린이회 육성활동 등	• 소·중학생 1인당 1,000엔
지역방재활동	자주방재, 소방, 방범활동 등	• 세대수 1호당 500엔
교통안전활동	교통안전운동 추진 등	• 세대수 1호당 500엔
지역문화활동	지역문화 활동 등	• 세대수 1호당 500엔
지역주민교류활동	자치회 미가입자 대책 등	• 세대수 1호당 2,000엔

치·증개축·수선사업 보조금 등을 교부받기도 한다.

(3) 규 약

자치회는 규약을 필수로 하는데, 이는 자치회의 특성에 따라 다소 달리 정하고 있다. 최근 자치회의 규약의 통일을 기하기 위해 표준적 모델의 규약을 제시하고 있다. 현재 자치회 규약 사례와 새롭게 제시되는 모델규약을 비교해서 보면 다음 <표 8-4>와 같다.

표 8-4 자치회의 규약과 새로운 자치회 표준모델의 규약

	현재 A자치회 규약	새로운 자치회 모델규약
명칭	○○ 자치회	○○ 자치회 ★ 296천여 개: 자치회(38.5%), 정내회(22.1%), 구자치회(11.6%), 정회, 부락회, 구회 등
목적	• 살기 좋은 마을만들기 추진 • 주민생활문화 향상 • 회원 친목	• 회원 상호 및 자치회 내 제 단체와의 협력/협조 • 회원의 교양 제고 • 복리증진, 지역생활환경 정비, 방재 노력 활동 • 행정협력 및 협의
사무국	A정의 공회당에 설치하고 직원 배치	시의 ○○에 설치 ★ 사무소의 기능: 문서발송과 접수창구 및 회무처리장소 기능, 회의 및 집회장소기능, 연락기능
사업	• 친목과 교류 등 행사 • 생활개선사항의 행정 요망 및 실현 • 방범/방재/교통안전/지역청소/쓰레기회수 추진	• 회원 상호의 친목 • 전문부서활동 • 자치회 내외의 각종 단체와 연락 조정 • 행정정보 활동 및 행정과의 연락조정(주민과 행정

	• 방범등 배치/유지/관리 • 공회당/자치회관 유지관리 • 각종 단체 육성과 제 단체와의 제휴/협력 • 고충처리 등	간의 공동사업에 의한 마을만들기 추진 등) • 소유 자산 혹은 수탁시설의 관리운영 • 지역 장래계획 작성 • 기타 회 목적달성 사업
회원	주민등록을 한 거주민으로 회비를 납부한 자	지역주민(가입 단위는 세대) 및 사업소 ★ 거주자 전 주민(최근 원룸 거주자 및 외국인 거주자 포함 추세)
임원	회장 1인, 부회장 1인, 회계 1인, 부장 4인	회장 1인, 부회장 ○명, 서기 ○명, 회계 1명, 회계감사 ○명, 조장과 블록장 ○명, 전문부서장 ○명
고문/ 위원	• 선택적 사항 • 고문: 임원회에서 추천 자치회장이 위촉(학식경험자) • 전문위원: 임원회에서 추천 자치회장이 위촉	
임원 임무	• 회장: 자치회 대표, 회무 통할 • 부회장: 회장 보좌 유고 시 직무대리 • 회계 및 부장: 회계업무 및 각 사업 집행	• 회장: 자치회 대표, 회무 통할 • 부회장: 회장보좌, 유고 시 직무대행 • 서기: 회무기록, 자치회 내외의 연락과 광보 • 회계: 출납사무 처리, 회계서류 관리 • 회계감사: 자치회 회계감사 • 조장/블럭장: 조와 블록의 관리 및 회무 협력 • 전문부장: 각 전문부서 대표 및 업무 처리
임원 임기	• 2년, 단 재임 가능	• 2년, 재임 가능
임원 선출	• 회장/부회장/회계/문화부장/화경부장/방범부장: 자치회 임원 유경험자 중 추천을 받아 총회의 승인으로 결정 • 체육부장: 체육위원 중에서 선출	• 회장/부회장/서기/회계/회계감사/전문부장: 총회에서 출석자의 투표로 회원(조장 및 블록장) 중에서 선출 • 선출방법: 선거세칙에서 규정하되, 선출된 임원은 총회에서 승인 필요 • 조장과 블록장: 각 단위회원 중에서 선출
회계 감사	• 회계감사: 2명, 2년 임기, 재임 가능 • 회계감사자: 임원회에서 추천하고 자치회장이 위촉	
체육 위원	• 위원: 체육부장 추천 및 자치회장 위촉 • 수 명으로 구성하되 2년 임기	
조장	• 조장이 임원으로 선출된 조는 후임 선출 • 임무: 조장회와 총회 출석 및 결정사항 전달, 자치회의 전달사항 처리, 방범등 점검, 회원요망접수 및 연락, 자치회비 징수 회원이동 보고, 쓰레기처리 지도, 행사참가, 전문부서 소속 및 행사참가	• 조장과 블록장: 윤번제 운영
	• 조: 회원 수 20~30호로 조직	• 자치회의 하부조직: 조와 블록 • 조와 블록 편성: 당해 주민 협의 후 임원회 의결

연합 조직		및 총회 승인 • 자치회 연합조직(회장회, 구장회, 협의회 등) 구성 ★ 표준적 조 규모: 30~50호 정도(3~5의 반 규모)
기관 종류	총회, 임원회, 조장회	총회, 임원회, 전문부서회
기관 임무	• 총회: 예산과 결산, 사업계획 및 보고, 규약 개폐 • 총회: 최고의결기관으로 출석 과반수로 결정 • 임원회: 총회업무를 기획 및 관리운영	• 총회: 사업보고/회계결산/자산관리보고/사업계획/회비개정/예산 승인, 규약개정, 임원선출 등 • 회의성립: 1/2 출석(위임장 제출)으로 성립 • 의결: 출석자의 과반수 찬성 • 총회 의장: 회원 중에서 선출 • 임원회와 전문부서회 의장: 임원회장과 전문부서장
기관 구성	• 총회: 임원 및 조장으로 구성하고 매년 3~4월 개최 • 임원회: 임원 전원, 월 1회 개최 • 조장회: 조장 전원, 2개월에 1회	• 총회: 최고의결기관으로 정기총회(년1회)와 임시회(1/3 이상 청구, 임원회 의결로 회장이 소집)로 하고, 1세대 1명의 회원으로 구성 • 임원회: 회계감사를 제외한 각 임원으로 구성하되, 필요시 회장이 소집 • 전문부서회: 각 전문부서원으로 구성하되, 월 1회 부서장이 소집
전문 부서 설치	• 환경부, 문화부, 체육부, 방범부	• 총무기획부, 방재방범부, 환경위생부, 교통안전부, 문화부, 체육부, 복지부, 조사광보부, 시설관리부 • 임원회가 승인 시 임시 전문부서 설치 가능
운영 경비	• 운영비: 회비 및 협력금 • 회비: 1호당 매월 300엔(임시수당 가능)	• 수입: 회비, 기부금, 보조금, 기타 • 회비: 1세대 ○○○엔으로, 조 및 블록에서 장이 매월 ○○일까지 회계에 납입하되, 회비감면이 가능 • 기부금: 축제 시 혹은 정기적인 개인/기업의 기부 재원 • 보조금: 행정사무를 수탁 처리할 경우
수입 지출 회계		• 수입지출 및 자산 장부정비 • 지출: 예산범위 내 지출, 회원에게 정해진 조의금 지불, 납입회비의 반환 안 됨 • 회계: 장부 열람 청구 시 열람
회계 감사		• 회계연도 종료 후 감사 실시 및 총회에 보고
회계 연도	매년 4월 1일부터 익년 3월 31일	매년 4월 1일부터 익년 3월 31일
기입 탈퇴		• 가입: 조장과 블록장 혹은 자치회장에게 서류 제출 • 탈퇴: 구역 내 거주하지 않을 때 본인의 요청
부칙		• 규약개폐: 총회 의결 • 세칙 제정: 임원회에서 제정하고 다음 총회에 보고 및 승인

한편 자치회가 규약을 변경할 경우, 전체 구성원의 3/4 이상의 동의를 받아야 하고 만일 별도의 규정이 있을 경우 이에 따른다. 규약의 변경은 반드시 시정촌장의 인가를 받아야 효력이 발생한다.

4. 자치회와 지역사회의 관계

1) 자치회와 시정촌 간 관계의 성격

자치회는 시정촌, 즉 지방자치단체와 상호 의존 내지는 상호 협력적 관계를 가지고 있다고 이야기된다. 이러한 점에서 우에다 타다이치(上田惟一)는 양자의 관계를 시정촌 측의 입장과 자치회 측의 입장, 두 가지 측면에서 제시한다.

먼저 자치단체 측의 입장에서 보면 크게 두 가지 이유에서 자치회와 협력적 관계를 갖는다. 첫째, 자치단체는 재정적 · 인력적인 이유에서 자치회에 의존하게 된다는 것이다. 자치단체의 업무 중 특히 주민에 대한 연락, 통지 등의 경우 자치회 조직을 이용하면, 비용절감이 가능함은 물론 주민의 이해를 얻기 용이하다는 측면에서 광범위하게 활용되고 있다. 둘째, 지역수요에 대한 파악이 용이하다는 이유이다. 현대 행정서비스는 주민의 수요에 기반하여 계획되고, 운영되는 만큼 주민수요의 파악이 중요한데, 자치회의 활용은 이러한 주민수요의 직접적인 파악에 도움을 준다는 것이다.

다음, 자치회의 입장에서 보면 크게 세 가지 이유에서 자치단체에 협력적인데, 첫째, 역사적 · 전통적으로 그렇게 해왔기 때문이라는 것이다. 자치회의 연혁에서도 본 바 있듯이, 과거 자치회가 행정협력기관으로서 육성되었고, 현재도 상당부분 그 성격을 계승하고 있다는 것이다. 때문에 자치회의 임원들 중에는 자신들이 행정으로부터 독립적으로 존재한다는 의식이 약하고, 행정이 의뢰하고 자신들이 그것을 수행하는 것이 당연하다고 생각하는 사람들이 많다는 것이다. 둘째, 주고받음(give & take)의 관계이다. 자치회는 행정협력의 대가로 행정투자를 이끌어 낼 수 있다는 것이다. 즉, 행정에 대한 협력과 행정의 지역투자는 교환관계에 있으며, 이러한 점에서 자치회의 임원은 행정의 자원배분에 영향력을 행사할 수 있다는 점이 지적된다. 셋째, 권위의 확보를 꾀한다는 것이다. 일부의 자치회 임원들에게 있어 행정협력은 일종의 '훈장'과 같은 성격으로서, 사회적 지위의 상승으로 생각하는 측면이 있다는 것이다. 자치회와 시정촌은 이와 같은 서로의 필요성에 기인하여 다양한 협력적 관계를 형성하고 있다.

2) 자치회와 시정촌 간 협력의 실제

자치회와 시정촌 간 협력방식은 크게 시정촌의 업무에 자치회의 인사를 참여시키는 방법과 특성 사무를 위탁하여 수행하는 방법이 있다. 전자의 경우 행정구장(行政區長)형과 행정협력위원형으로 나눌 수 있는데, ① 행정구장형은 자치회장을 행정구(우리나라의 통ㆍ리ㆍ반과 유사)의 장으로 위촉하여 자치회로부터 협력을 얻는 방식이며, ② 행정협력위원형은 주민 개인(자치회장 포함)을 행정협력위원으로 위촉하여 협력관계를 구축하는 방식이다.

한편 위탁방식은 포괄위탁ㆍ교부형과 개별위탁ㆍ연대형으로 나눌 수 있는데 ③ 포괄위탁ㆍ교부형은 연합자치회장에게 포괄적으로 위탁하고, 연합자치회－지구연합자치회－단위자치회로 업무재배분이 이루어지는 방식이다. 그리고 ④ 개별위탁ㆍ연대형은 특정 단위자치회에 직접 업무를 위탁하는 방식이다. 여기서 ①, ②, ③의 경우 단체장과 협력대상자 간 협력관계가 형성되는 반면, ④의 경우에는 집행기관(담당부서)과 단위자치회 간 협력관계가 형성된다는 점에서 차이를 갖는다.

5. 자치회 사례 : 오타루시(小樽市)[3]

1) 오타루시(小樽市)의 개요

오타루시는 북해도 서해안의 거의 중앙, 시리베시(後志) 지방의 동측에 위치하고, 삿포로시(札幌市) 등 4개 시정촌에 인접해 있다. 오타루시의 인구는 1964년

---

3) 이하 내용은 『자치발전』에 연재된 김병국의 일본 정내회 동향의 내용을 전제한 것임.

207,000명이 절정으로 해서 감소가 계속되었고, 2017년 1월[헤이세이(平成) 29년 1월] 현재 120,625명, 64,772세대이며 세대 평균 1.86명인 상태로, 2004년 이래 매년 1천 명 이상의 인구감소가 나타나고 있으며, 전입/전출보다는 사망/출생에 의한 감소현상이 더 많은 비중을 차지하고 있다.

2) 오타루시총연합정내회의 개요 및 활동상황

오타루시총연합정내회는 1947년 후반부터 자주적으로 주민복지활동을 추진하였기 때문에 정내회의 결성이 추진되었다. 1963년에 80여 개의 정내회장으로부터 연합정내회의 필요성이 제시되어 1년 간의 준비기간을 거쳐 1964년 11월 16일에 창립총회를 개최하고 '오타루시총연합정내회'가 발족하게 되었다. 사무국을 오타루시의 사회복지협의회에 두고 직원이 겸무하는 형태로 시작하였는데, 1993년 6월 1일 사무국도 사회복지협의회에서 독립하여 현재에 이르고 있다. 2014년에 창립 50주년을 맞이한 바 있다.

2015년 오타루시 내의 단위 정내회는 152개의 정내회가 가맹하고 있고, 20개 블록의 지구연합정내회장이 총연합정내회의 임원이 되어 업무 등을 운영하고 있다. 참고로 152개 정내회 중에서 여성 회장이 8명이 있고 총연합정내회의 임원으

표 8-5 지구연합회정내회 및 세대 수

지구별	정내회 수	세대 수	지구별	정내회 수	세대 수
手宮地區	11	3,297	朝里地區	7	4,405
稻穗地區	10	2,167	★張碓	2	375
山の手地區	8	4,923	★錢函	4	1,450
花園地區	7	2,176	錢函地區	20	2,396
torso地區	7	581	高島地區	5	3,364
浜小樽地區	5	1,361	長橋地區	7	2,632
松ケ枝地區	3	307	幸・オタモ地區イ	5	2,450
八船地區	7	3,498	新道地區	3	494
奧澤地區	10	4,240	鹽谷挑内連合	19	1,108
南小樽地區	7	2,616	蘭島地區	3	511
東小樽地區	2	5,304	합계	152	49,655

로는 3명이 있다.

북해도 내 시정촌의 총연합정내회 사무국은 시정촌의 중심이 되고 있지만 오타루시 행정과는 독립되어 있는 임의단체이다.

① 목적: 오타루시총연합정내회는 각 정내회 상호의 연락조정을 도모하는 것과 동시에 밝고 살기 좋은 동네 가꾸기를 추진하는 것을 목적으로 하고 있다.

② 기본 방침: 지역 활동에의 적극적인 참가 추진, 지역복지활동의 추진, 아동보호운동의 추진을 설정하고 있다.

③ 사업: 각 정내회 및 지구연합정내회와의 연락·조정, 정내회 활동에 관한 공통문제의 조정·연구, 지역복지의 증진 및 쾌적한 환경 만들기, 행정 및 관계기관·단체와의 연계·협조, 홍보지인 '커뮤니티' 발간, 연수회 등의 개최 및 참가 촉진을 행하고 있다. 참고로 북해도 정내회연합회에서는 정내회와 자치회 활동 중에 사고에 있을 경우 위문금을 지급하여 회원 상호의 공제사업을 행한다. 1인 200엔(연간)의 부담금으로 최고 200만 엔의 위로금이 급부될 수 있고, 이 공제사업의 가입을 촉진하고 있다. 2014년 현재 가입 정내회는 61곳으로 가입자 수는 3,294명이고 금년도에 6건의 위로금 급부신청이 있었다.

④ 정내회 조직: 오타루시의 경우, 2014년 7월 현재 인구는 125,875명, 66,069세대, 총연합정내회 가맹세대 수 49,655, 세대가입률 75.2%를 보이고 있다.[4] 과거 가입률을 보면, 1972년부터 2006년까지는 80% 이상을 유지하고 있었다. 또한 1964년 설립부터 2014년까지 50,000세대 이상의 가입세대를 유지하고 있었지만 오타루시의 인구감소에 비례하여 축소되고 있다. 그럼에도 북해도 내 주요 도시 중에서 75.2%의 가입률은 높은 비율에 속한다.

⑤ 임원 및 사무국: 임원은 회장 1인, 부회장 3인, 감사 2명으로, 회계연도 종료 후(회계기간 4월~3월) 2개월 이내에 개최하는 정기총회에서 가맹정내회의 임원 100인 이상의 출석으로 선출된다. 임원의 임기는 2년이다. 또한 상임이사 수 명과 사무국장(상임이사)는 회장이 위촉한다. 이사는 지구연합정내회장으로 회장이 위

4) 규모별 정내회 세대 수를 살펴보면, 전체 152개 정내회 평균은 327세대이고, 그 중에서 100세대 이하가 49곳(32.24%), 101~300세대가 47곳(30.92%), 300~500세대가 26곳(17.10%), 500~800세대가 16곳(10.53%), 801세대 이상이 14곳(9.21%)으로 나타났다.

촉하고, 사무국은 현재 사무국장과 사무국 직원인 상근전임 2명으로 한다.

⑥ 회의 및 연수회 등: 회의의 경우, 정기총회 1회, 상임이사회 3~4회, 이사회 4~5회를 행한다. 연수회의 경우, 다른 도시와의 교류연수회, 커뮤니티 리더연수회, 여성부 연수회, 북해도 정내회연합회가 주최하는 연수회가 있다. 행정기관 회의의 경우, 정내회장과 시 간의 정례연락회의 2회(5월, 11월), 지구연합정내회장과 시장과의 대화 1회(8월), 총연합정내회/민생아동위원협의회/노인구락부연합회와 의견

표 8-6 오타루시총연합정내회 예산 내역

구 분			예산액	결산액	비교증감
수입	회비/보조금/조성금	소계	18,5643,400	18,496,400	−47,000
		회비	5,014,400	5,010,400	−4,000
		보조금	12,579,000	12,566,000	−13,000
		조성금	950,000	920,000	−30,000
	제 수입	소계	165,160	173,801	+8,641
		기부금	150,000	158,000	+8,000
		잡수입	15,160	15,801	+641
	이월금		1,164,440	1,164,440	0
	합계		19,873,000	19,834,641	−38,359
지출	운영비	소계	6,048,000	5,779,449	−268,551
		급여비	4,398,000	4,353,000	−45,000
		법정복리비	760,000	735,721	−24,279
		여비/회의비/수용비/통신운반비/사용료/경조비/비품비			
	사업비	소계	12,803,850	12,601,431	−202,419
		정내회활동 보조금/조성금	11,138,800	11,095,800	−43,000
		청소년육성활동 보조금	805,050	801,210	−3,840
		정내회설립조성금/장려비/연수비/협찬기부금/광보활동비/적립금/제사업비			
	예비비		1,021,150	0	−1,021,150
	합계		19,873,000	18,380,880	−1,492,120
수입액 19,834,641엔 − 지출액 18,380,880엔 = 이월금 1,453,761엔					

교환회 1회를 시행한다. 표창관계의 경우, 시장표창은 정내회장 재직 10년 이상인 자, 정내회장 및 부회장과 부장으로 재직 20년 이상인 자에게 수여한다. 오타루시총연합정내회장 표창은 총연합정내회 임원으로 재직기간이 계속해서 5년 이상인 자에게 수여한다.

⑦ 오타루시총연합정내회의 예산: 2014년 일반회계 총수입의 경우 예산액은 19,873,000엔이고 결산액은 19,834,641엔으로 회비/보조금/조성금이 자치하는 비중이 매우 큰 것을 볼 수 있다. 총 지출의 경우 예산액은 19,873,000엔이고 결산액은 18,380,8980엔으로 정내회 활동 보조금/조성금 및 급여비의 비중이 큰 것을 볼 수 있다.

그리고 창립 50주년 특별회계를 운영하였는 바, 총수입 예산액은 2,339,322엔이고 결산액은 2,350,928엔이다. 지출 결산액은 운영비(회의비/수용비/통신운반비/교통비) 152,939엔과 행사비(기념품비/표창비/간판비/회장비/축하회비 등) 1,234,491엔, 사업비(기념지작성비) 377,460엔으로 총 1,764,890엔이다. 586,038엔을 절약하여 이월한 것을 볼 수 있다. 참고로 정내회의 회비를 보면, 152개 정내회 평균은 383엔이고, 그중에서 150엔 이하는 6곳, 151~300엔은 69곳, 301~500엔은 66곳, 501~800엔은 6곳, 801엔 이상은 5곳으로 나타나고 있다.

⑧ 오타루시총연합정내회의 과제: 저출산고령화에 수반되는 지역사회의 약체화가 큰 문제가 되고 있고, 최근 '자조(自助), 공조(公助), 공조(共助)'에 의한 동네만들기의 중요성이 증가하고 있다. 정내회는 주민 친목, 생활환경 유지 등 활동 이외에 고령자 돌보기 및 아동 안전・안심대책 등을 다루고, 지역단체와의 협력으로 지역과제를 해결하며, 살기 좋은 마을 만들기 추진에 중심적 역할을 담당해야 하기 때문에 그 중요성이 더욱 크다. 그러나 가치관의 다양화, 라이프 스타일의 변화로 인하여 정내회 활동에 무관심한 사람들이 많아지게 되었고, 임원으로 활동하는 인력이 부족하게 되어 정내회 활동 자체가 정체되어 있다. 제반 행사에서 주민참여를 증진시킴에 있어서도 반응이 둔화되고 있는 등 정내회 활성화는 중요한 과제로 부각되고 있다. 또한 정내회에 가입하지 않은 사람들이 증가하고 운영과 활동에 지장이 있는 현실이다. 오타루시총연합정내회에서는 오타루시와 정내회 간의 연계자 역할을 강화하여 시민들의 참여에 의한 협동으로 동네만들기를 추진하기

위해서 지금보다 더 행정과의 제휴 및 협력을 강화하는 노력들을 행하고 있다.

3) 오타루시의 지구연합정내회 개요와 활동상황

오타루시총연합정내회 산하에는 20개의 지구연합정내회가 있고, 152개의 정내회가 설치되어 있다는 것을 확인한 바 있다. 다음에서는 20개 지구연합정내회 중에서 아사리(朝里)지구연합정내회(단위 정내회 7개, 4,405세대)와 하나조노(花園)지구연합정내회(단위 정내회 7개, 2,176세대)의 활동 상황에 대해 소개하고자 한다.

아사리지구연합정내회의 2014년 주요 대외적 업무활동을 살펴보면 다음과 같다. 아사리지구연합정내회장은 2개월에 1회 정도 오타루시총연합정내회 이사회에 참석하여 주요 업무를 함께 결정하였다. 오타루시장과의 간담회에서 가로방범등 설치, 방범등전기요금, LED 설치에 따른 각각의 조성금을 증액해 줄 것을 요청하였고, 그로부터 3개월 후 오타루시장으로부터 전 시에 걸쳐 방범등을 3년 간으로 LED화하는 것을 검토 중임을 회답받는 등의 활동을 하였다. 그리고 오타루시총연합정내회의 여성부 연수회와 북해도의 정내회 4개 권역연구회에 참석하였고, 오타루시총연합정내회 50주년 기념식에서 아사리지구연합정내회가 '안심가이드(guide) 보급'과 관련하여 수상을 한 바 있다. 이외에도 대표자 회의 및 총회를 개최한 바 있다. 또한 아사리지구연합정내회의 다른 단체와의 관계를 살펴보면, 오타루시방위협회 임원회 및 총회에서 방범협회 활동 PR 이벤트를 행하였다. 그리고 '공동모금(일본적십자회) 위원회' 및 평의원회에 3회 참여했는데, 그중 2회는 오타루시총연합정내회에서 파견된 자격으로 참여한 바 있다. 지구연합정내회는 '제5회 아사리 4거리 눈축제'에서 실행위원회 방식으로 참가한 바 있다.

반면에 하나조노지구연합정내회의 2014년 주요 업무활동을 보면, 정기총회 및 회장단 회의(사업경과 보고, 예산 보정, 임원 개선, 각종보고 등)와 임원회의(총회 의안심의) 개최가 있었다. 교통안전운동(국도5호 하나조노 교차점에서) 및 교통안전교실 운영(고령자 대상), 주민들의 마작대회 개최(2회), 오타루시 축제(하나조노 연합정내회가 축제실행위원회를 담당) 참여, 연수회와 신년교류회 개최, 밀물에 의

표 8-7 오타루시 2개의 지구연합정내회 결산 결과

구 분	수 입	지 출	차기이월
아사리지구연합정내회	182,383엔	59,651엔	135,269엔
하나조노지구연합정내회	1,720,000엔(당초) 1,838,403엔(결산)	1,795,069엔	43,334엔

한 해안쓰레기 청소(제3부두에서 소학교 및 중학교 무용단 참여), 7월 15일 윤무(춤)대회 개최, 청소년육성대회 조성, 총연합정내회 50주년 기념식 참석 등이 있었다.

2개의 지구연합정내회의 활동에 의한 2014년 결산(2014년 6월 1일~2015년 5월 31일) 내용을 보면 특이한 현상을 발견할 수 있고 총연합정내회의 결산을 보면 시사하는 바가 몇 가지 있다.

첫째, 아사리지구와 하나조노지구의 경우 수입규모의 차이가 매우 심하다. 수집된 아사리지구 결산서가 세밀하지 않은 점(주요 활동사업이 총회 및 간담회에 초점)이 있지만 분명하게 감사보고서 및 회계감사가 인증한 보고 자료라는 점에서 지구 단위의 정내회 활동을 그대로 보여준 것이다. 그런데 단위 정내회의 결산이나 총연합정내회의 결산과는 매우 다르고, 두 비교집단 간에도 확연하게 다른 것을 볼 수 있다. 아사리지구는 총합계 연간 수입 182,383엔이고, 하나조노지구는 1,720,000엔으로 9.4배가 많은 규모이다.

둘째, 그 원인 중의 하나는 단위 정내회에서 지구단위에 분납하는 금액의 차이에서 찾아볼 수 있다. 아사리지구는 44,220엔이고 하나조노지구는 280,000엔으로 6.3배가 많다. 세대 수와 하위 정내회 수를 준거로 할 경우에도 마찬가지로 확연하게 다른 것을 볼 수 있다. 아사리지구는 가입 정내회 수가 하나조노지구와 동일하지만 가입세대 수에서 하나조노지구보다 크게 앞서고 있는데도 불구하고 정내회의 총 분담에 의하는 수입총액이 매우 적다는 점이다. 아사리지구의 세대당 회비는 10엔(한화 100원)이고 하나조노지구는 정내회당 4만 엔(한화 400,000원, 세대당 18.3엔 수준)으로 납부하고 있다는 점에서 일단 수입액의 규모 차이가 있는 것을 볼 수 있다. 아사리지구의 경우 아사리(朝里)지구 7,000엔, 新光東町會 11,000엔,

新光西町會 11,000엔, 新光南町會 10,000엔, 朝里川溫泉町會 1,310엔, 朝里언덕町會 1,510엔, 베이비뉴타운町會정회 1,800엔으로 구성되어 있다. 반면에 하나조노지구는 정내회당 40,000엔이다.

셋째, 또 다른 원인은 활동사업의 적극성에 있는 것이 아닌가 판단된다. 아사리지구는 정기총회 및 간담회 준비 비용(음식, 종이컵, 음료, 회관사용료, 우편료, 영수증용지비 등), 회장 활동비(교통비, 잡비 등), 총연합회 임원회비(신년간담회비)만이 지출로 계상되어 있다는 점에서 별다른 사업 활동을 하지 않는 것으로 보인다. 반면에 하나조노지구는 관리인 수당(월 15,000~25,000엔) 및 회계 수당(월 1,000엔), 광열비(전기, 가스, 수도 등), 교통통신비(전화, 회장통신비 등), 보험료(배상책임보험, 종합보험), 수선공사비(소방설비 점검, 2층 배관 등 수리, 비상구 유도등 교체, 형광등 교체), 사업비(총회 간담회, 해안쓰레기 청소, 고령자 교통안전교실, 건강교실, 연수회 경품, 신년교류회 경품, 청소년육성참가비 등), 분담금(총연합회 신년회, 하나조노연합총회 간담회, 하나조노회관 제설협력자, 하나조노연합 신년교류회, 간담회 관리인 조성, 소방축제 협력조성 등), 사무소모품비, 잡비(초록길 매화화단 조성), 예비비 등을 지출하여 왕성한 활동을 하였다. 결국 지구단위에서는 단위 정내회와는 달리 사업이 활성화되어 있지 않고(하나조노지구 사업에서 예측), 총연합정내회의 이사로서 역할을 하면서 일부 지구 단위 사업을 하는 것으로 볼 수 있다. 특히 여기서 알 수 있는 것은 아사리지구는 건물(회관)을 갖고 있지 않아 회관사용료를 사용하고 있지 않고, 하나조노지구는 건물(하나조노회관)과 관련한 보험료를 지출하고 있어 건물을 소유하고 있는 것으로 보인다.

한편 오타루시총연합정내회의 회비/보조금/조성금의 총 수입은 <표 8-8>에서 보듯이 18,543,400엔이고, 이 중에서 회비 수입(정내회 등에서 분담하는 금액)이 5,014,400엔으로 27.0%를 차지하고 있는데, 무엇보다도 총연합정내회의 수입규모가 지구단위 연합정내회의 예산규모에 비해 월등하게 많다는 점이다. 이것은 상위계층의 연합정내회이기 때문이기도 하지만 실제로는 오타루시에서 조성하여 지급하는 보조금(12,579,000엔)이 차지하는 비중이 67.8%로 매우 크기 때문이다. 결국 일본에서 정내회의 활동사업을 총관장하는 기관은 총연합정내회인 것으로 보인다. 오타루시가 개별적이고 직접적으로 지구연합정내회 및 단위 정내회에 보조금

표 8-8 오타루시총연합정내회의 수입 중 보조금 등

오타루시총연합정내회			예산액	결산액	비교증감
수입	회비/보조금/조성금	소계	18,543,400	18,496,400	−47,000
		회비	5,014,400	5,010,400	−4,000
		보조금	12,579,000	12,566,000	−13,000
		조성금	950,000	920,000	−30,000

을 지급하고 있지 않다는 점이다. 오타루시 정내회 활동은 지구연합정내회(연락조정기능이 주 임무)가 아니라 총연합정내회(총괄 기획 및 보조금 집행 역할)에서 실질적으로 총괄하고, 지구 및 단위 정내회(마을에서 직접 사업 집행하는 역할)가 실제로 사업을 집행하는 주체가 되는 것으로 이해할 수 있다.

다음에서는 아사리지구연합정내회와 하나조노지구연합정내회의 회칙을 비교하면서 그 특징을 찾아보고자 한다.

우선 명칭에서 지구(地區)라는 공간 관련 용어를 사용하는지에 대한 차이가 있고, 사무소는 회장의 자택으로 하고 있다는 점이다. 공식적으로는 하나조노연합정내회로 지구 단위를 상징하는 용어는 사용하지 않는다. 하나조노연합정내회는 하나조노회관이 존재함에도 불구하고 회장 집을 사무소로 규정하고 있는 점을 볼 수 있다. 이는 지구 단위의 연합정내회는 법인의 성격을 보유하지 못하기 때문에 회관을 반드시 사무소로 규정하지 않아도 되는 것으로 이해된다. 일본에서 단위 정내회는 법인격을 갖는 '인가지연단체'로 위상할 수도 있지만, 그러나 지구 단위 연합정내회는 법인격을 갖지 않고 있는 것으로 보인다.

또한 임원회 구성의 경우, 아사리지구연합정내회는 회장의 결정에 의존하는 구성체이고, 하나조노지구연합정내회는 총회 등을 활용하는 구성체로 대비되는 것을 볼 수 있다. 특히 아사리지구연합정내회는 가입 정내회의 회비가 세대당 10엔으로, 단위 정내회의 세대당 회비에 비하면 매우 적은 금액이다. 이는 단위 정내회 회비 중에서 일부를 다시 지구연합정내회에 납부하기 때문에 적은 비용을 분담하는 것으로 보인다. 특히 지구연합정내회는 지역 내에서 직접적인 사업 활동을 하기보다는 지구 내 문제에 대한 연락(시와 정내회) 및 조정(지구단위 간 등)의 역할에 머물고 있기 때문으로 보인다. 그리고 여성대표를 임원회의에 참여하게 하거나, 회장 소속 정내회가 주도권을 갖도록 구성한 것은 소규모 정내회(주민자치회)에서 가능한 모형으로 검토될 수 있다.

표 8-9 오타루시 2개 지구 연합정내회 회칙 내용 비교

	아사리지구연합정내회	하나조노지구연합정내회
명칭, 구역, 사무소	• 명칭: 아사리지구연합정회 • 구역: 朝里, 新光, 新光町, 朝里川溫泉 區域 • 사무소: 회장 집	• 명칭: 하나조노연합정회 • 사무소: 회장 집
목적 및 활동	• 목적: 지역을 둘러싼 제 과제를 연락조정하고 필요에 따라 협의결정 • 활동: 목적달성을 위한 정보수집	• 목적: 정회 가입자 상호 간 연락조정을 도모하고, 밝고 살기 좋은 마을만들기 추진 • 활동: 목적달성을 위한 사업(각 정내회 연락조정, 공동문제 조정/연구, 지역복지 증진 및 쾌적한 환경 만들기, 행정 및 관계기관과 연계협력, 연수회 등 개최/참가, 회관 관리/운영 등)
임원회의	• 회장, 부회장(약간 명), 여성대표, 사무국장, 사무국원(약간 명), 회계감사	• 회장, 부회장(약간 명), 감사(2명), 간사(약간 명), 회장 추천 임원(약간 명) • 고문 설치
선출	• 회장/부회장: 총회에서 호선, 2년 임기, 재선 가능 • 사무국장: 회장 소속 정내회에서 회장이 위촉 • 사무국원: 각 정내회 회장이 추천 • 여성대표: 회장 소속 정내회에서 회장이 위촉	• 회장: 가입 정내회 회장 중 총회 선출, 2년 임기, 재선 가능 • 부회장: 가입 정내회 회장에서 충원 • 감사: 총회 선출 • 간사: 지구정회의 부회장에서 충원 • 회장 추천 임원: 회장/부회장 합의 하에 회장이 위촉 • 고문: 총회에서 추천, 회장이 위촉
회계연도	6월 초~내년 5월 말	4월 1일~내년 3월 31일
회의	• 본회의: 회장소집, 의장 역할 • 본회의 구성: 각 정내회의 회장/부회장/총무부장, 그리고 임원회에서 추천된 구역 내 정내회원, 필요시 각 정내회 담당부장이 출석 가능 • 임원회: 위의 임원회의 참여자	• 총회 각 정내회 5명의 대의원으로 구성, 정기총회 및 임시총회로 구분, 회장이 소집 및 의장 역할 • 총회심의사항: 활동보고 및 결산, 활동계획 및 예산, 임원개선, 회칙 개정, 기타 • 임원회: 위의 임원회 참여자 • 의사결정: 총회/임원회 모두 출석자 과반수로 결정
회계	• 경비: 각 정회의 분담금, 그 외 수입 • 분담금: 1세대 10엔(정회 분담금)	• 경비: 각 정회의 분담금, 회관사용료, 조성금, 기부금, 기타 수입
기타		• 회관운영규정 • 표창규정 • 조의규정

마지막으로 향후 우리나라 주민자치회가 활성화될 경우 개별 회관을 소유하게 되면 참고가 될 '회관 관리운영규정'을 하나조노회관을 중심으로 살펴보고자 한다.

첫째, 회관은 1월 1일부터 1월 3일까지, 12월 29일부터 12월 31일까지 폐관하고, 개관일의 사용시간은 오전 9시부터 오후 9시까지이다. 장의 등 특별한 사정이 있는 경우, 폐관일 및 사용시간을 변경하고 사용허가를 할 수 있다.

둘째, 회관 사용자는 관리인에게 신청해야 하고, 회관 주변 환경을 더럽히거나 다른 미혹한 행동을 하는 경우, 또는 건물 등을 오염시키거나 훼손시키는 경우 사용을 허가하지 않는다. 또한 회관사용료를 지불해야 하는데 단지 국가와 지방자치단체 및 이에 준하는 단체의 경우 감면할 수 있다.

셋째, 회관에는 적정 관리를 위해 관리인을 두어 수당을 지급하고 이는 총회에서 정한다.

넷째, 관리인은 건물 및 부속설비, 계기비품을 관리하고 사용자에게 적절하게 지도하고, 건물 등의 손상이 있는 경우와 그러한 우려가 있는 경우에 연합정내회 회장에게 보고해야 하고, 회관 사용료를 접수하고 영수해야 한다.

표 8-10 지구 단위 정내회 회관 관리운영 중 요금체계

사용 구분	1층		2층		비 고
	기본 요금	난방료 (사용 시만)	기본 요금	난방료 (사용 시만)	
9~13시	3,000	300	4,000	500	
13~17시	3,000	300	4,000	500	
17~21시까지	3,000	300	4,000	500	
2일 연속사용	30,000	3,000	40,000	4,000	장의 등

이외에도 하나조노지구연합정내회는 지구정내회 회장 및 부회장으로 10년 이상 재직하고 퇴직하는 경우 지구 연합정내회에서 표창장을 수여하고, 지구정내회 임원(회장, 부회장, 부장, 부부장, 부부장 상당)으로 15년 이상 재직하고 지구정내회장의 추천이 있으면 지구연합정내회의 표창장을 수여한다. 그리고 하나조노연합정내회는 임원이 사망이 있을 경우 조위(조위금, 조화, 조사 및 조전)를 행하고, 조

위금은 10,000엔의 범위 내에서(고문/회장/부회장 1만 엔, 감사 5천 엔) 집행한다. 특히 연합정내회장이 인정하는 자에 대해서는 조의금을 제공할 수 있다.

4) 오타루시(小樽市)의 교보쿠정내회(共睦町會)의 활동상황

오타루시총연합정내회 산하의 152개의 정내회 중에서 나가바시(長橋)지구에 속하는 교보쿠정내회의 활동상황을 소개한다.

교보쿠정내회의 회장인 후지무라코지(藤村耕治)는 "함께 정내회 활동을 하지 않으시겠습니까?"라는 토론회에서 교보쿠를 소개하면서 약 910세대를 중심으로 138명의 임원들이 활동하고 있는데, 주로 화단 등에 꽃 심기(흙 갈기, 물주기 등), 아이들의 교통안전운동(겨울에 거리에 서서 아이들 지키기, 인근주민과의 아이들의 교류 주선하기) 등 다양한 활동을 한다고 말하고 있다. 회장인 본인은 가입세대들에게 정내회 활동내용을 이해시키는 것이 중요하다고 생각하고 홍보지인 <교보쿠소식(共睦だより)>을 14년 동안 지속적으로 작성하여 배포하는 데 심혈을 기울였다고 한다. 이것이야말로 주민과의 커뮤니케이션에 도움이 된다고 주창한다. 실제 발간된 소식지를 보면 다음 [그림 8-2]와 같다.

그림 8-2 교보쿠정내회 소식지

실제로 일본에서 정내회는 쾌적하고 안전·안심인 마을을 만들기 위하여 주민들이 자주적으로 활동하는 단체로 규정하고 있다. 정내회는 이러한 다양한 활동을

기반으로 지역주민과 연계를 깊게 한다. 첫째로 쾌적한 환경 만들기이다. 도로와 공원 청소, 쓰레기장 설치, 집단자원 회수 등을 행한다. 둘째로 지역의 연대이다. 신년회, 경노회, 아동회 등을 통해 행사 및 지역축제를 개최한다. 셋째로 안전하고 안심이 되는 마을만들기이다. 가로방범등 설치, 혼자 사는 고령자 돌보기, 안심 가이드 보급, 통학로에서 아이들 지키기, 지진 및 해일에 대비한 피난훈련 실시 등을 행한다. 넷째로 정보전달이다. 정내회와 오타루시로부터 제공되는 정보를 전달하기 위해서 회람하고 고지서를 배포하는 것 등을 행한다.

다음으로는 실제로 2015년 교보쿠정내회 정기총회에서 밝인 활동내용들을 살펴본다. 향후 순수한 주민자치조직을 구성함에 도움이 될 수 있는 요소들을 찾아보고자 한다. 회계 개시가 4월인 바, 이후 활동을 요약하면 내부 활동으로는 편집위원회, 문화공보부회, 경관협의회, 회계감사회, 학교 만들기회, 축제실행위원회, 앙케이트 조사, 이사회, 운영위원회, 3역 회의, 임원회의, 경노회의, 아동회, 회관 이전논의 및 수리 등이 있었으며, 그 이외에 정기적으로 매월 생일잔치가 열리는 것을 볼 수 있다. 참고로 경관협의회의 활동을 상세히 보면, '꽃이 있는 마을만들기'를 위해 만들어진 조직으로, 보도 청소작업, 도로 청소작업, 제초작업, 은행 치우기, 가로 식제, 화단 가꾸기, 노선별 화단 관리 등을 행한다. 보다 관심 있는 것은 경관협의회에서 별도의 수입과 지출에 의해 결산을 행한다는 점이다. 수입은 개인회비(1인 500엔×437명), 법인회비(1,000엔×31개 회사), 교보쿠정내회 조성금 100,000엔, 기부금, 잡수입, 이월금으로 구성된다. 지출은 화원 관계비(화초, 비료, 차량), 원예 배토비, 차량비, 원예 자재비, 화단조성 작업비, 인쇄사무용품비, 잡비, 이월금으로 구성된다. 정내회 내의 경관협의회는 교보쿠정내회가 추구하는 '꽃이 있는 교보쿠 마을만들기'를 매년 지속적으로 추진하는 주요 계획사업을 다룬다는 점에서 특징을 갖는다.

그리고 외부 관련 활동을 보면, 매월 <교보쿠소식(共睦だより)>을 발행하고, 계절별 교통안전운동 및 자원회수 활동, 학교 입학식 및 졸업식 참여, 학교공개수업 참관, 학교통합협의회 운영, 공원쓰레기 청소작업, 소방단 훈련, 가로식재 관리, 오타루시 노인체육대회 참가, 수예교실 운영, 화단 정리, 안전・안심 마을만들기 주민모임, 성인식 참여 등을 볼 수 있다. 2014년 결산에 의하면, <교보쿠소식(共

睦だより)> 발행 12회, 임원회/운영위원회/전문부서회 36회, 정내회 행사/사업 등 59회, 대외적 봉사활동/행사/회의 참석 35회로 총 137회의 활동을 한 바 있다. 평균 2.6일에 1회의 행사 및 활동이 있었던 것을 보면 매우 왕성한 활동이 이루어진 것으로 판단된다.

한편 수지결산서에 근거하면서, 실질적으로 자체적인 사업 활동과 수지결산이 어떻게 연계되는지를 보고자 한다. 향후 우리에게도 주민자치회가 자체적인 재정적 정산을 매년 행하면서 활동 영역을 넓히려면 이것이 사전적 의미에서 도움이 될 것이다. 2015년 수지결산서에 의하면, 수입예산 총액은 8,090,125엔이고 수입결산액은 8,563,710엔으로 당초 예산보다 더 많은 수입이 있었다. 그 이유는 정내회가 아니라 다소의 조성금과 전년도 이월금으로 나타났다. 특히 조성금으로는 연합정내회에서 정회활동비로 제공하는 금액과, 가로방범 등의 조성금이 가장 큰 것을 볼 수 있고, 그 외의 수입항목별 현황은 다음 <표 8-11>과 같다.

표 8-11 교보쿠정내회의 수입항목

구 분	예산액	결산액	비 고
정내회비	3,732,600	3,486,050	• 세대당 400엔, 반별로 4,200엔 • 결산액이 다소 적은 것은 납입대상 920세대(예산편성 시) 중 결산 시점에 납입률이 82.462%에 그쳤기 때문으로 보임. 일부 구역(반)에서는111.4%의 높은 납입률을 보이는 곳도 있지만 평균적으로 90% 이상의 납입률을 보였다. 단지, 1개 구역에서 27.8%의 납입률을 보인 결과에 의해 전체적으로 낮은 납입률로 나타나 회비의 수입결산액이 낮게 나타나고 있음. • 참고로 2014년 납입률 평균 90.7%
회관수입	150,000	162,700	• 회관사용료 123,200엔, 난방료 39,500엔
조성금	1,100,000	1,227,530	• 연합정내회활동비 196,400엔, 청소년육성활동비 8,500엔, 가로방범등조성금 974,630엔, LED 기구등 48,000엔
잡수입	350,000	653,924	• 자원회수 수익 184,360엔, 장려금 102,444엔, 우편적금이자 9,930엔, 회관설해보험금 280,800엔, 공동모금환부금 15,390엔, 대장작성보조 1,000엔, 기부금 60,000엔
전년도 이월	2,757,525	3,033,506	• 우편적금, 신금예금(운영자금), 정내회비 구좌 및 현금
합계	8,090,125	8,563,710	

그리고 지출의 경우를 보면, 예산액(8,090,125엔) 대비 결산액(5,237,871엔)이 적어서 차년도 이월금이 3,325,839엔으로 나타났다. 결산액이 적은 것은 절약에 의한 것으로 볼 수 있다. 사업활동(예산 670,000엔, 결산 569,889엔)이 소극적인 것

표 8-12 교보쿠정내회의 지출항목

항 목		예산액	결산액	비 고
전기료		1,600,000	1,794,320	가로방범등 전기료(약 365등)
가로등설비		400,000	269,352	방범등 단선점검수리 및 철거작업, LED 교환 4기
부담금		150,000	117,905	소방 제8분단후원회, 방범협회, 사회복지협의회, 라디오체조연맹
연합정회		160,000	156,200	오타루시총연합정내회 회비 및 총회비와 이사회 신년회비, 지구연합 정내회 회비 및 신년회비, 제8분단 후원회 간친회비
행사비		100,000	58,224	성인축하도서권(2,000엔×12명), 신년교례회 제 경비(34,224엔)
회관비		1,400,000	1,230,000	전기/전화료, 연료/수도료/화재보험, 소화기 등 물품, 제설 및 유지관리비
조성금		250,000	242,000	노인행복회(50,000엔), 경관협의회(100,000엔), 구역활동비(92,000엔)
인건비		690,000	290,000	관리인/회관 관리인 대행 업무수당 등 4명, 회계수당
회의비		35,000	29,481	회계검사회, 총회, 임원회 음료비용
경조비		130,000	130,000	5,000엔×26회
사무비		80,000	51,814	인쇄용지, 마스터잉크, 봉투, 엽서, 사진용지 등
교통비		70,000	40,800	운영위원 교통비, 유류대,
전문부서비	청소년육성부	175,000	163,565	라디오체조, 신년 아동회, 신생아 축회, 활동비
	환경시설부	80,000	49,339	방범등조합, 부서활동 회의비, 회관용 소모품비
	방재교통부	43,000	39,161	간판, 기, 방송기재, 광고차 비용, 활동비
	문화공보부	90,000	70,688	소식지 발행, 문화활동, 강습회 등
	복지위생부	222,000	201,428	자원 회수비, 시민건강교실, 경노회
	부인부	60,000	45,708	신년회 식재, 대외행사비, 회의비, 통신교통비 등
전문부서비 합계		670,000	569,889	
잡비		70,000	15,723	퇴직자 기념품비, 전 회장사진비 등
예비비		2,285,125	241,596	회관 문 및 열쇠 공사비, 가라오케 세트 1식 구입비, 수도관 공사제설기 정비비, 보일러 수리비
합계		8,090,125	5,237,871	

에 기인하지 않는 것으로 판단된다. 단 가로방범등의 전기료가 예산을 초과한 것을 제외하고는 모두 결산액이 적었다. 특히 예비비 사용을 많이 하지 않은 것에 의해 결산액 지출이 적게 나타난 것을 볼 수 있다.

특히 결산 이후 2016년 사업계획을 살펴보면, 회원 상호 간 친목 및 협력을 도모하여 공동의 복지를 증진시키고, 안전 · 안심의 거리 만들기, 지역 환경의 미화 및 밝은 문화거리 만들기 등을 지향하면서 새롭게 이전하는 회관 활용을 충실히 하는 것을 주요 방향으로 정하고 있다.

6. 시사점

앞에서 살펴본 것을 종합해 보면 일본의 정내회 활동은 순수히 지역 내 쾌적하고 안심되는 마을만들기에 초점을 두는 활동이라고 평가를 할 수 있다. 회원 상호 간 친목 도모, 생명을 보호하는 안전과 안심의 거리 만들기, 꽃이 있는 마을만들기를 통한 쾌적한 환경 조성하기, 분과위원회의 활동 활성화를 통한 회원 협력 강화 등을 추구한다는 점에서 순수하게 주민자치조직으로서의 역할에 충실하는 것을 볼 수 있다. 반면에, 우리나라의 주민센터 내 주민자치위원회는 주민들의 문화적 활동을 지원하는 프로그램 운영이 중심이 되고 있고, 정부가 주도하여 시범실시하는 주민자치회는 기본적으로는 복지형의 마을만들기와 거버넌스형의 안전마을만들기 이외에 마을기업 육성, 도심공간 창조, 평생교육시스템 구축, 자원활용 마을만들기, 다문화 어울림형 봉사단 운영 등이 중심이 되고 있다. 결국 우리나라의 주민자치조직은 비교적 일본보다 그 구역 범위가 넓다는 점에서 보면 활동 영역이 크고, 지역 내 경제활동에 초점이 있는 것으로 보인다.

그리고 정부가 시범실시하는 주민자치회 모델의 성격이 행정기관형이기 때문에 지방공무원들의 적극적인 참여가 가능하여 순수한 주민중심의 주민자치회의 성격을 갖지 않는다는 점에서 일본과 다르고, 보다 큰 범역에서 현재와 같은 경제활동 중심형으로 운영을 할 수밖에 없는 것 같다. 향후 주민이 주인이 되고 중심이 되는, 그리고 행정기관이 참여하지 않는 주민자치회를 운영할 수 없는 것인가 하는 우려가 들기도 한다. 본래 주민자치회의 설치 목적이 주민에게 지역의 공동체 활동을 보장하는 것이라면 언제인가는 독자적으로 공동체를 운영할 수 있게 하는 시스템을 제시하여 실제로 운영될 수 있도록 지원하는 것이 정부의 역할이 아닌 가 본다. 그렇다면 현재의 행정기관형 주민자치회를 유지하더라도, 추가적으로 도시지역 내에 존재하는 법적기구인 아파트입주자대표회의, 그리고 농촌지역 내 리 단위에서 운영되는 새마을회/○○리 자치회 등의 명칭을 갖는 조직들을 기반으로 순수한 주민자치형 조직을 운영할 수 있도록 하는 것을 검토할 필요가 있다. 일본의 정내회가 적은 규모의 단위에서 시행되지만 실제로 순수한 주민자치조직으로서의 역할을 충분히 하고 있다는 점에서 통·리 단위의 주민자치회 조직을 검토할 수도 있을 것이다. 만일 우리나라에서 일본처럼 적은 규모의 순수 주민자치조직을 형성하여 주민들이 주인이 되는 공동체를 형성하려면, 통·리 단위 등에서 순수 주민자치조직의 형성을 자율화하고 이를 확대하는 것이 필요하다는 것이다. 그리고 읍·면·동 단위에서는 이들 소규모 주민자치조직들의 대표들로 구성되는 연합체를 구성하여 현재의 행정기관형 주민자치회로 대체하거나 순수형 주민자치회로 전면 확대하면 될 것이다. 그리고 이들 읍·면·동 단위의 주민자치회를 구성원으로 하는 시·군·구 단위의 총연합회를 설치하여 운영하는 것도 검토할 필요가 있다.

한편 우리나라에서 읍·면·동 단위별로 주민자치회를 도입한 가장 큰 목적 가운데 하나는 지역주민들로 구성된 주민자치회라는 자주적인 자치조직이 마을 단위로 뿌리내림으로써 이른바 풀뿌리 민주주의를 활성화하고 강화하는 데 있다고 볼 수 있다. 그렇다면 이러한 주민자치회는 지역사업에 대하여 주민들이 충분한 권한을 가지고 직·간접적으로 참여하는 행위를 보장할 수 있는 조직체가 되어야 한다. 이를 위해서는 주민자치회가 단순히 주민들의 서비스 수요나 해결을 요하는 사항들을 수집하여 지방자치단체에 전달하고, 지방자치단체에서 수행하는 사업을 주민들에게 전달하는 단순한 전령 역할에서 한발 더 나아가 그들이 가진 권한 내에서 자체적으로 그들이 속한 마을의 발전을 위한 사업을 추진할 수 있는 권한이 구체적으로 부여되고 이를 위한 역량이 구비되어야 한다. 또한 지방자치단체에서 관장하는 사무와 주민자치회에서 자체적으로 실시할 사무가 명확하게 구분되어야 할 것이며, 기존에 지방자치단체에서 수행하는 사무 가운데 주민자치회 단위에서도 충분히 추진할 수 있는 사무들의 이관이 확실하게 이루어져야 할 것이다.

현재 일본의 경우 자치회를 설치함에 있어서 그 법적 근거가 명확하며 이들에 대한 법적 지위 또한 명확하게 규정되어 있다. 우리나라의 경우 현재 주민자치회의 설치가 현 읍・면・동 단위의 주민자치센터 내 주민자치위원회를 대체하는 조직체로 이해되고 있다. '지방분권 및 지방행정체제개편에 관한 특별법'에 따르면, "… 읍・면・동에 주민자치회를 둘 수 있다"고 규정되어 있고, 2018년 지방자치법 전부개정안 "제13조의3(주민자치회) ① 주민은 … 주민자치회를 조직 및 운영할 수 있으며, …"라고 되어 있다. 법 해석상 현재의 주민자치센터 내 주민자치위원회를 그대로 운영해도 되거나 새롭게 주민자치회로 전환될 수도 있다는 것으로 판단된다. 따라서 주민자치회 시범실시 이후, 어떠한 방향으로 이를 확대하여 시행할 것인지를 결정해야 한다. 다시 말해 시범실시 이후 주민자치회를 전국적으로 확대하여 실시할지 의무적으로 실시할지에 관하여 결정해야 한다. 또한 새로운 주민자치회가 현행 주민자치센터 내의 주민자치위원회의 기능을 대체하는 조직으로 존재할지 혹은 현행 주민자치위원회의 기능을 보완하는 조직으로서 그 기능을 수행할지에 대해서도 결정해야 한다. 따라서 이러한 문제점을 해결하기 위해서는 관련법의 제・개정을 통해 주민자치회의 법적 지위에 대한 면밀한 검토가 이루어져야 할 것이다.[5]

주민자치회에서 사업을 독자적으로 추진하고 운영하기 위해서는 그에 필요한 충분한 재정적 역량이 구비되어야 한다. 특히 주민자치회의 취지인 읍・면・동 단위의 구역 내에 거주하는 주민들이 필요로 하는 사업을 주민자치회 자체적으로 추진하기 위해서는 자주재원의 비중이 높아져야 한다. 아니면 일본처럼 회비제를 전제로 한 위탁보조금을 중심으로 이루어지는 체계가 되어야 한다. 그러나 시범사업 모니터링 결과 시범사업 지역의 주민자치회들의 경우 주민자치위원들의 전문성, 재원관리의 투명성 확보 등에 있어서 한계를 지니고 있는 것으로 나타났다. 특히 읍・면・동 공무원의 지원과 주도 하에 이러한 문제들이 해결된다면, 주민자치회의 운영 형태는 현행 주민자치위원회의 운영 형태와 크게 다를 것이 없이 행정기

5) 특히 2018년 지방자치법 전부개정안에 의하면 특별법에 규정된 주민자치회 규정이 지방자치법으로 이전하였다는 점에서 주민자치회의 위상이 강화되면서 주민주권의 한 기반을 구축한 것으로 판단된다.

관화되어 간다는 문제점이 강조될 뿐이다. 따라서 주민자치회가 자체적으로 그 권한 및 예산과 재원을 효율적으로 집행할 수 있도록 그 기반을 구축해야 하며, 주민자치회 예산에 대한 보장 및 위원들에 대한 수당 지급의 현실화를 통해 주민자치회의 위원들이 그들의 행정을 수행함에 있어서 책임감을 가질 수 있도록 해야 하며, 위원들의 행정역량 제고를 위한 능력개발 및 교육이 함께 이루어져야 할 것이다.

마지막으로 지방자치제도의 다양화와 풀뿌리 민주주의의 활성화를 위한 방법의 측면에서 추후 도입될 주민자치회의 최적의 모델을 선정함에 있어서 주민들의 의사와 지역적 특징을 우선적으로 고려해야 할 것이다. 일본보다 규모가 크고 행정기관형 주민자치조직이라는 측면에서 보면, 중앙정부는 제도적 기반의 구축을 위한 가이드라인을 제공하고, 지방자치단체는 지역사업을 위한 예산의 확보와 제도적 지원 및 각 주민자치회에 대한 다면적인 평가를 실시함으로써 주민자치회의 사업 효율성을 극대화시켜야 할 것이다. 또한 주민자치회는 마을 단위 혹은 읍·면·동 단위의 사업을 추진하는 직접적인 집행의 주체로서의 역할과 지역 내에 입지한 다른 조직들과의 협력적 거버넌스 체제를 효과적으로 구축해야 하는 역할을 가진다는 점을 고려할 필요가 있다.

제 2 절 미국의 커뮤니티위원회(Community Board)[6]

1. 커뮤니티 형성과 기능

미국의 커뮤니티는 지방자치단체 구역 내에 있는 소규모 주민들의 집단거주지로, 근린지구(Neighborhood)의 집합체인 근린협의회(Neighborhood Association)라고도 한다. 원래 미국의 커뮤니티는 시민이 지역의 문제를 논의하고 직접 결정하기 위하여 소집되는 주민총회의 성격을 갖는 직접민주주의 한 형태인 타운미팅[7]

6) 이하의 글은 일본 (재)자치체국제화협회의 '미국의 커뮤니티위원회 동향'에 대한 리포트 및 뉴욕시 홈페이지 자료 등을 기초로 재작성한 것임.

(Town Meeting)에서 유래되었다. 그리고 커뮤니티는 자주적으로 부여된 권한을 행사하기 위하여 결성한 모임으로 조직화되고 주민 스스로의 힘과 노력으로 주민 개인의 문제부터 지역사회(community)의 문제까지 모든 문제를 대상으로 개발(development)을 도모하기도 한다.

커뮤니티 형성의 중요한 요인으로는 사회적 자본(Social Capital)의 축적, 커뮤니티 구성원의 일체감 조성, 그리고 커뮤니티 내부역량의 결집을 들 수 있다. 즉, 각 구성원이 스스로 커뮤니티의 일원임을 자각하고, 다른 구성원과 상호작용하며 그 역량을 키우고 결집시키는 것이다. 이러한 것을 시민사회의 건전화[8](Civic Health)라고도 하는데, 이것은 미국의 커뮤니티의 형성과 발전에 가장 중요한 영향을 미쳤다고 할 수 있다.

한편 정부와 커뮤니티의 이상적인 관계는 상호 공동의 목표를 추구하면서 협력해 나가는 관계이다. 1900년대부터 1960년대까지 미국은 선출직 공무원을 비롯한 전체 공무원 수가 증가하였는데, 이로 인하여 정부의 운영은 관료나 기술적인 전문가에게 맡기는 것이 바람직하다는 사고가 뿌리 깊게 자리잡고 있었다. 이 시기의 미국 정부는 주민을 공공서비스의 수용자, 관리 또는 통치해야 할 대상으로 여겼다. 따라서 통치를 전문가에게 전임시키는 미국의 기술관료 사회는 이 시기에 커뮤니티와 같은 풀뿌리 조직의 존립을 약화시켰다. 그러나 1960년대와 1970년대 미국의 연방정부는 커뮤니티를 대상으로 주정부와 지방정부에도 다양한 보조금과 교부금을 제공하고, 시민참가형 정책이나 사업을 추진하도록 요구하는 등 커뮤니티를 중요 정책파트너로 설정할 것을 권고하였다. 그 결과 1970년대 중반까지 약 7천~8천 개의 커뮤니티가 형성되었다.

미국 커뮤니티의 형성과 발전에 영향을 미치는 주요 사회세력에는 일반적으로 기업이 포함된다. 1940년대 제2차 세계대전 종전 이후 빈곤문제를 포함한 커뮤니

---

7) 타운미팅(Tewn Meeting)의 일반원칙으로는 첫째, 모든 시민은 충분한 정보를 제공받아서 책임있는 결정을 할 수 있다는 것과, 둘째, 모든 시민은 자신들의 생활과 커뮤니티에 미치는 결정에 참여할 권리를 가지고 있다는 것이다.

8) 시민사회의 건전화(Civic Health)는 주민 스스로 그 지역 커뮤니티의 구성원으로서 자각하고, 지역 내의 많은 다른 주민들과 단결하여 지역의 문제와 욕구를 해결할 수 있는 발전 목표를 수립하고 그 목표를 달성할 수 있는 방법 등을 이해하는 상태이다.

티 문제에 영향을 미친 것은 정부가 아닌 기업이었다. 전후 경제 발전으로 호황을 누린 기업들이 사회복지활동에 기부금을 내는 등 적극적으로 도시 내부 커뮤니티 문제를 위한 정부의 노력에 비용을 부담하는 방식으로 협조하였다.

또한 미국의 커뮤니티 형성과 발전에는 정부와 기업뿐만 아니라 시민의 힘이 영향을 주었다고 할 수 있다. 커뮤니티의 기원 자체가 지역문제를 주민의 힘으로 해결하고자 하는 노력에 기반하고 있는데, 미국에서는 19세기 후반 사회복지관운동(Settlement House Movement: SHM), 즉 시민의 힘으로 도시 내부의 문제를 해결하려는 운동이 적극화되었다. SHM은 도시의 상류계층에 속하는 교양 있는 시민들(대부분 여성)이 모여서 빈곤지역에 근거를 둔 시민단체를 조직하고, 빈곤층을 대상으로 교양교육과 상담 사회사업을 실시하는 커뮤니티 운동인 것이었다.

앞에서 살펴본 바와 같이 커뮤니티의 형성에는 정부, 기업, 시민의 역할이 영향을 미치고, 그 결과 커뮤니티는 주민에 대한 정부의 태도, 경제적 환경변수, 그리고 시민사회의 역량에 따라 그 규모와 활동 내용면에서 영향을 받게 되었다. 결과적으로 미국의 커뮤니티는 지방정부와 시민 사이에서 가교 역할을 하게 된 것이다.

2. 커뮤니티/커뮤니티협의회와 정부의 관계

미국의 커뮤니티협의회는 설정된 구역 내 주민 간의 사교활동과 발생하는 모든 문제에 대해서 관심을 갖고 문제를 해결하는 등 다양한 활동을 한다.[9] 커뮤니티협의회의 다양한 활동의 궁극적인 목표는 주민의 이익옹호이며, 그 활동의 주체는 지역 내 주민 등 자원봉사자를 주축으로 한다는 점이 특징이다. 따라서 미국의 커뮤니티협의회들은 지역의 정책에 대해 참여와 기여의 확대를 통해 건설적이며 책임 있는 역할을 부여받기를 기대하고 있다. 그리고 지방정부 역시 커뮤니티와 커뮤니티협의회의 참여와 기여를 지원하기 위해 담당부서를 두고 있다. 지방정부에

9) 미국 커뮤니티협의회는 비영리조직의 성격을 갖고, 지방정부와 공식적인 연관관계를 갖지 않는 것은 물론이고 그 업무의 처리는 자원봉사자를 기반으로 하는 특징을 갖는다. 커뮤니티협의회는 지방에 따라서 커뮤니티협의회의 구역 설정 기준이 다르지만 일반적으로 자발적으로 구역을 설정한다. 그리고 커뮤니티협의회는 스스로 목표한 활동 또는 필요한 활동을 수행위원회에 위임하여 처리하고 있다.

설치되어 있는 커뮤니티 담당부서들은 일반적으로 커뮤니티의 문제 또는 커뮤니티가 수행해야 할 과제 등과 관련된 업무를 처리한다.

그리고 기본적으로 커뮤니티와 지방정부는 적대적인 관계에서 출발하였다. 그러나 현재 대부분의 지방정부와 커뮤니티는 적대적인 관계를 형성하는 것만이 아니라 긍정적인 관계도 형성하고 있으며, 지방정부는 다양한 형태로 지역 커뮤니티를 지원하는 역할을 하고 있다. 따라서 커뮤니티협의회도 정부와 일정한 공식적 관계를 유지하고 있다. 다만, 커뮤니티협의회가 공식적인 정부기관이 아니므로 정부의 정책 또는 계획의 수립에 있어서 공식적인 발언권이 없으며, 정부도 커뮤니티협의회의 의견을 들어야 할 의무가 없고 커뮤니티협의회의 의견을 정부의 정책 또는 계획에 반영할 의무도 없다. 그러나 미국 내 많은 커뮤니티협의회들은 지방정부의 정책문제에 대해서 건설적인 행동을 할 수 있는 책임을 부여받기를 바라고 있다. 예를 들어, 인디애나폴리스시(市)에서는 교회, 민간기업, NPO 등이 포함된 지역 내 커뮤니티 단체가 공원관리와 같은 공공서비스의 제공에 참여하는 것을 인정하는 계획을 실행에 옮기고 있다. 버지니아주(州) 리치몬드시(市)에서는 9개의 지정된 지구에서 선정된 커뮤니티 지도자들이 모여서 시(市)공무원과 함께 시(市) 정책의 우선순위를 논의하고 있다. 또한 워싱턴주(州) 시애틀시(市)에서도 지역의 커뮤니티 대표자들이 모여서 시(市) 정부 보조금의 교부처를 스스로 결정하고 있으며, 노스캐롤라이나주(州) 샤롯트시(市)에서는 시의 60여 개 커뮤니티가 시를 위한 조직을 결성함으로써 커뮤니티 계획은 실질적인 주민 협의를 통하여 작성되고, 커뮤니티의 활동은 시(市) 공무원의 지원을 받아 커뮤니티 계획 하에서 이행되고 있다.

3. 커뮤니티 보드와 뉴욕시 및 버로우의 관계

뉴욕시는 행정기능이 대부분 광역 단위 시정부에 집중된 형태를 띠고 있다. 시장은 광역 차원의 자원배분 및 이해관계 조정 기능을 수행하고 버로우(Borough)의 장은 시장을 보조하여 당해 버로우의 현안과 관련된 사업의 집행 및 예산안을 편성하여 의회에 제출하는 등의 업무를 수행한다. 특히 버로우의 장은 시의 몇몇 주요 위원회의 위원에 대한 지명 권한을 갖고 있다. 커뮤니티 보드의 경우 토지이용에 대한 자문 및 제안, 시 예산의 소요 평가 및 요구, 커뮤니티에 영향을 미칠 수 있는 사안들에 대한 자문을 제공한다. 커뮤니티 보드의 권고안이 법적 강제성을 지니지는 않으나 버로우의 장은 이를 존중하고, 그 권고안에 근거하여 의사결정을 수행한다.

그리고 커뮤니티 보드를 구성함에 있어서 이해관계자의 참여를 보장하고 있으며 시정부와 시의회에 직접적으로 의사전달이 가능한 구조를 채택하여 운영한다. 그리고 커뮤니티 보드의 의견은 청문회, 공청회와 같은 절차를 통해 버로우와 시정부 및 의회에 주민들이 제기하는 의견의 명확한 전달을 보장하고 있으며, 시정부의 조치 결과가 위원회로 통보될 수 있도록 운영한다. 시정부와 버로우 장은 집행기구로서 업무를 수행하나 커뮤니티 보드 및 버로우 보드를 통해 의견의 수렴과 참여기회를 제공하며 정책결정 과정에 있어서 이해관계를 조정함으로써 모든 일련의 과정이 정책결정 과정이 되도록 운영하고 있다.

4. 커뮤니티 보드의 사례: 뉴욕시

1) 미국 뉴욕시의 커뮤니티 보드 개관

미국 뉴욕시의 커뮤니티 보드의 설치 및 구성과 활동 등은 다음 <표 8-13>과 같다.

표 8-13 뉴욕시 커뮤니티 보드의 설치 및 활동 개요

구 분	뉴욕시 커뮤니티 보드
명칭	• 뉴욕시에서는 각각의 지구별로 뉴욕시 커뮤니티 보드(New York City Community Board) 설치하고 있음.
설치근거	• 뉴욕시에 설치된 커뮤니티 보드는 뉴욕시자치헌장(New York City Charter) 제70장에 설치근거를 두고 있음. • 커뮤니티 보드의 구역은 뉴욕시 의회에서 채택한 59개의 Community District로 하고 있음.
설립시기	• 뉴욕시 커뮤니티 보드(New York City Community Board)는 1975년에 최초로 설치

구성단체	• 뉴욕시 내 각각의 커뮤니티 보드(Community Board)는 행정구장(Borough President)이 지명하는 50명 이하의 시민대표와 해당 구역을 선거구로 가진 시의회 의원으로 구성 • 시민대표는 커뮤니티 보드에서 의결권을 가지고 있지만, 시의회 의원들은 의결권이 없음.
주요 활동	• 커뮤니티의 과제 검토 • 커뮤니티 내 시와 관련된 사항을 시에 보고 • 지역개발, 토지이용계획, 용도지정 등에 참여 • 시의 예산 과정 참여
시와의 관계	• 뉴욕시에서는 커뮤니티 보드에 대하여 기술적/재정적 지원을 실시하고 있음. • 기술적 지원으로는 뉴욕시의 커뮤니티지원과와 각 행정구장이 공동으로 4월부터 6월까지 새롭게 커뮤니티 보드 위원으로 임명된 위원을 대상으로 실시하는 오리엔테이션 • 여기서는 뉴욕시 자치헌장에서 정하는 위원의 책무, 커뮤니티 보드의 조직구조와 운영방법, 토지이용 계획의 입안 및 검토 방법 등을 교육함. • 또한 뉴욕시의 커뮤니티지원과에서는 커뮤니티 위원을 대상으로 시의 관련 실과의 협조를 얻어서 회의 운영, 이해조정, 시예산책정방법 등에 대한 자료를 제공하고 워크숍을 개최하고 있음. • 재정 지원을 위하여 뉴욕시에서는 각 커뮤니티 보드 활동재원으로 운영조성금을 교부하고 있다. 시의 재정 지원이 커뮤니티 보드의 중요한 활동재원이 되고 있음.

2) 뉴욕시 커뮤니티 보드의 구체적 내용

(1) 커뮤니티 보드 개관

뉴욕시는 1975년 지역법에 의해 총 59개의 지역관리구역으로 분할되었으며, 각각의 구역은 커뮤니티 보드에 의해 운영된다. 커뮤니티는 900에이커도 안 되는 작은 규모의 것부터 15,000에이커에 육박하는 큰 규모의 커뮤니티, 인구 35,000명도 안 되는 것부터 200,000명이 넘는 것까지 다양하다.

커뮤니티 보드는 뉴욕시 거주자와 지역공동체의 주장을 제기하는 지역 대표 제도의 본류이다. 각각의 커뮤니티 보드는 최대 50명의 투표인으로 구성되며, 그중 1/2은 매년 2년의 임기로 임명되고 중임에 대한 제한은 없다. 또한 의회 담당 구역이 커뮤니티 구역과 중첩되는 모든 시의회 구성원은 투표권이 없는 보드 구성원이 된다. 버로우 장은 지역구를 대표하는 시의회 구성원이 지목하는 1/2의 구성원과 함께 투표권이 있는 커뮤니티 보드의 구성원을 지정한다.

그림 8-3 뉴욕시 커뮤니티 보드

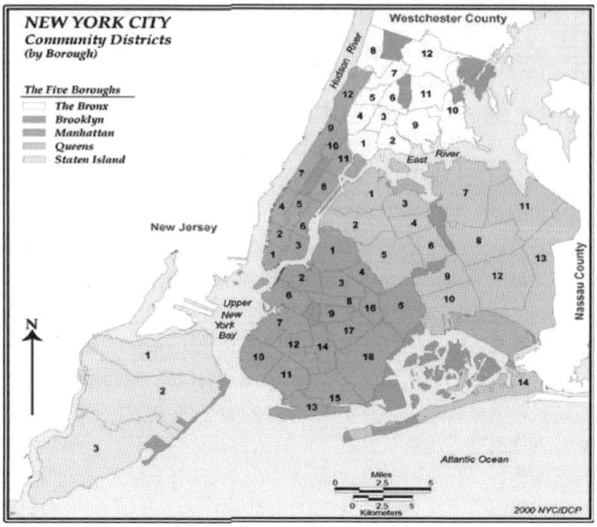

(2) 커뮤니티 보드의 구성 및 기능

첫째, 위원선임 및 보드 구성이다. 커뮤니티 보드는 버로우 장이 임명하는 50명 이내의 인원으로 구성되며 2년 교차의 임기로 의회의 추천에 의해 1/2이 임명된다. 이들 멤버의 1/2은 4월 1일부터 2년의 임기로 홀수년에 임기를 시작하고 나머지 1/2은 짝수년 4월 1일에 임기를 시작한다. 해당 커뮤니티에 연고가 있는 시의원은 커뮤니티 보드에 참여하지만 투표권을 갖지 않는다. 의회 구성원을 대변하는 의원의 수는 지역구의 인구에 비례하여 선정된다. 구성원은 직무를 계승할 사람이 지명될 때까지 업무를 수행한다. 그렇지만 버로우 장이 다시 임명하지 않는 한 누구도 임기가 만료된 후 60일을 넘겨서 일할 수 없다. 커뮤니티 보드의 멤버로 지정받은 사람 중 시에 고용되어 근무하는 피고용자가 25%를 넘을 수 없다. 누구든 지역 내 거주하지 않거나 사업을 하지 않거나 중요한 이해관계가 없으면 보드의 구성원이 될 수 없다. 버로우 장은 위원의 선정이 지역의 제반 이해관계와 분야를 고르게 잘 대표하는지를 고려해야 한다.

둘째, 위원 자격의 상실이다. 커뮤니티 보드의 위원으로 선정된 사람이 6개월

동안 보드 회합에 현저하게 많이 불참하는 등 결격 사유가 발생하면 버로우 장이나 의회 다수결에 의해 그 직을 상실한다. 그로 인한 공백은 신규 위원을 선출하는 것과 같은 방식으로 즉시 메워져야 한다.

셋째, 보수이다. 위원은 무보수로 일한다. 다만 커뮤니티 보드의 정규 회합 참석 등에 필요한 실비 지출은 보전해 준다.

넷째, 커뮤니티 보드의 업무이다. 커뮤니티 보드의 핵심적인 업무는 크게 세 개의 범주로 구분해 볼 수 있다. 그 첫 번째는 토지사용계획에 관한 것이고, 두 번째는 시 예산에 관한 것이며, 마지막으로 기타 주택, 교통 등 해당 구역에 영향을 미치는 사안에 관한 것들이다.

다섯째, 행정기관의 의무이다. 각 행정기관은 커뮤니티 보드가 업무를 위해 어떤 정보를 요구했을 때에는 즉각 이를 제공해야 한다. 또 행정기관은 정기적으로 각각의 커뮤니티 보드에게 제공하는 서비스 프로그램에 대한 정보를 보고해야 한다.

여섯째, 구역관리자이다. 각각의 커뮤니티 보드는 예산 범위 내에서 구역관리자를 임명할 수 있다. 구역관리자는 기획가, 자문가 등 전문가들이 적절하게 서비스를 제공하도록 조정하고 법이나 헌장에 근거한 업무를 위원회가 원활히 수행하도록 지원하는 일을 한다. 구체적으로는 ① 주민 불만사항을 처리하는 일, ② 구역 서비스 담당자의 회합을 주관하는 일, ③ 커뮤니티 보드에 의해 부과된 다른 임무들을 수행한다.

일곱째, 위원장이다. 위원장은 위원들 중에서 호선한다. 위원장과 위원은 정해진 공식 직위를 제외한 다른 직무를 맡을 수 없다. 조사국은 만약 커뮤니티 보드의 위원이나 위원장이 이를 위반한 사실이 발견되면 해당 버로우 장과 시장에서 보고해야 한다. 위원직을 의도적으로 악용할 경우에는 100달러에서 200달러 사이의 벌금형 처벌 대상이 된다. 구역을 대표하는 커뮤니티 보드의 위원장은 구역 서비스 담당자의 지위를 갖는다.

여덟째, 보조인력 및 예산이다. 각각의 커뮤니티 보드는 예산 범위 내에서 필요한 지원 인력을 고용할 수 있다. 커뮤니티 보드의 업무를 지원하기 위해 시정부로부터 배정된 예산은 개별 커뮤니티 보드에 직접 배정된다.

아홉째, 회의이다. 7월과 8월을 제외하고는 커뮤니티 보드는 매월 1회 이상의 회합과 공청회를 개최한다. 그럼에도 불구하고 커뮤니티 보드는 해당 구역 내에 수도 도시계획의 범위나 설계에 관한 검토 의뢰가 있을 때에는 이를 수행할 목적으로 회의를 개최하여야 한다. 이 검토는 제안된지 30일 이내에 종결되어야 한다. 개별 위원회는 회의와 청문회를 일반시민에게 충분히 공지하고 청문회 혹은 회의가 방송될 수 있도록 하여야 한다. 회의를 열 때 위원회는 대중의 발언 기회를 확보해 두어야 한다. 위원회의 요구가 있을 때 버로우 장은 필요한 회의 장소를 제공하여야 한다.

열째, 소위원회이다. 각각의 커뮤니티 보드는 직무와 관련된 소위원회를 구성할 수 있다. 이 소위원회는 커뮤니티 보드의 구성원이 아닌 경우에도 이해관계가 있으면 참여할 수 있다. 다만, 소위원회의 위원장은 커뮤니티 보드의 구성원으로 한다. 법에 별도의 규정이 없는 한 회의는 공개하는 것을 원칙으로 한다.

3) 뉴욕시 맨해튼구 커뮤니티 보드

첫째, 맨해튼 커뮤니티의 개요이다. 맨해튼의 중앙부에 위치하고, 고층 빌딩이 밀집되어 있으며, 상업과 오피스가 60%를 차지하고 있다. 다수의 미술관, 박물관 등이 있고 타임즈 광장을 둘러 싸고 산업, 문화 관광 등의 중심을 이루고 있다. 인구는 44,028명, 면적은 4.14km^{2}로 커뮤니티구 내에는 시의회의 4개 소선거구가 있고 10개의 비즈니스 개선구, 26개의 시민단체가 있다.

둘째, 커뮤니티 보드의 구성이다. 44명의 위원이 있고, 임원으로 의장, 부의장(2명), 서기, 서기보, 회계 등 총 6명이 있다. 정위원 외에 학식과 전문성을 가진 시민 중에서 8명의 일반위원이 위촉되어 있지만 이들에게는 의결권 없다. 그리고 10개의 소위원회를 설치하여 주제별로 과제를 심의하는데 모든 위원은 2개의 소위원회에 소속된다. 10개의 소위원회는 예술문화관광위원회, 예산・시행정서비스위원회, 허가・변경심사위원회, 주택・복지위원회, 중요건조물위원회, 토지이용・용도지정위원회, 공원위원회, 치안・주민생활위원회, 운수・환경위원회, 청소년・교육위원회이다. 그리고 사무국에는 3명의 전임 직원이 근무한다.

셋째, 커뮤니티 보드의 예산이다. 연간 예산액은 16만 달러로, 인건비(전임직원

급여), 사무비(소모품비), 통신운반비(주민들에게 배포되는 뉴스레터, 위원회 회합 안내 등)이다.

넷째, 커뮤니티 보드 역할이다. 보드는 주민의 대변기관으로 지역의 의사를 시에 전달하는 기능을 수행하지만, 주민에게 직접 서비스를 제공하지는 않는다. 주민의 고충처리건수는 주 20~30건에 이르고 사무국에서는 매월 뉴스레터를 발간하여 주민에게 정기적으로 정보를 제공하고 있다(정보 내용은 시 정보, 위원회 정보, 시민단체 정보 등 세 가지).

다섯째, 시의회 의원과의 관계이다. 의원은 주민의 의사를 형성하는 기관으로서의 커뮤니티 보드를 중시하여 위원회 회의에 참석하고 위원과의 빈번한 접촉을 통하여 지역문제나 주민의사 파악에 노력한다. 의원이 주민으로부터의 제안 또는 발의에 의한 지역에 관한 정책을 실천에 옮길 때에는 미리 커뮤니티 보드에 자문을 구하고, 의원과 커뮤니티 보드의 의견이 첨예하게 대립되는 경우는 아주 적다.

5. 시사점

커뮤니티 보드에 참여하는 위원은 모두 자발적으로 참여하는 자원봉사자로 운영되고 있다. 그동안의 커뮤니티 보드 위원들의 선임 절차에서 다소 문제점도 발생하였으나 그것을 논하기보다는 자발적으로 참여하고 있다는 점을 강조하고 있다. 그리고 이들은 행정계층상 존재하는 커뮤니티 보드 내 위상을 인지하고 자기들에게 주어진 업무에 충실하고 있다는 것이다. 또한 뉴욕의 커뮤니티 보드의 위원 대다수가 백인으로 인종 불균형 문제가 다소 지적되고 있지만 투명한 절차에 기반하고 있다는 점이다. 동시에 커뮤니티 보드와 같은 주민자치조직들의 경우 사회적 자본과 지역기업이라는 자원들과의 연계 속에서 활동되어진다는 점도 특징으로 볼 수 있다.

우리나라의 경우도 주민자치회 운영에서 사회적 자본의 기반 하에서 신뢰가 우선되어야 한다는 점에서 최근 증가하고 있는 다문화 가정에 대한 참여 유도와 균형 있는 위원 선임이 필요한 시점이다. 주민자치회 위원들의 대표성 문제는 언제나 중요한 과제인 바, 주민자치회의 범역 내 지역사회에서 수직적·수평적 구조

범위 내에서 최대한의 공통분모인 대표적인 인사들을 찾아내는 제도적 장치가 필요하다. 더욱이 주민자치회가 지역사회 내 협력적 네트워크체제 구축의 중심축이 되기 위해서는 투명하고 다원적인 범역에 이르는 주민자치위원 위촉이 이루어져야 할 것이다.

제 3 절 영국의 패리쉬[10)]

1. 패리쉬의 설립과 발전

1) 패리쉬의 설립

패리쉬(Parish)는 미국의 커뮤니티 보드, 일본의 자치회 등과 마찬가지로 영국의 주민자치조직이다. 즉, 영국의 패리쉬는 주민의 대표기관으로서 주민의 의사를 행정기관에 전달하는 데 그 기본적인 역할이 있다. 패리쉬는 영국 잉글랜드의 주민자치조직으로 도시의 대규모적인 타운 카운실(Town Council)과 비도시권의 소규모적인 빌리지(Village)로 구분된다. 일반적으로 이 타운 카운실과 빌리지를 총칭해서 지역협의회(Local Council) 또는 패리쉬협의회(Parish Council)로 불린다.

패리쉬의 설립방법은 크게 두 가지로 정부에 의해 설립되기도 하며, 주민의사에 의해 설립되기도 한다. 정부에 의한 패리쉬의 설립 절차로는 국무장관이 지시하여 패리쉬가 설립되는 경우와 기초자치단체인 디스트릭트(District)와 단일 행정구(Unitary Authority)가 신청하여 주무장관이 결정하는 방법이다. 또한 주민에 의한 패리쉬의 설립 절차로는 주민의 250명 이상 또는 선거민의 10% 중 많은 수의 주민서명으로 기초자치단체가 패리쉬의 설립을 신청하고 주무장관(국무장관)이 결정하는 방법이 있다. 이 방법은 주민에게 직접 설치권한이 부여된다는 점에서 의미

10) 이하의 글은 일본 (재)자치체국제화협회가 영국의 전국패리쉬협회가 발행한 "Parish Government 1984-1994"를 번역한 "パリッシュの動向", Claire Report No.284, 2006.8에 게재한 것을 중심으로 하고 관련 패리쉬 홈페이지 등의 자료를 기초로 재작성한 것임.

가 있다.

2) 패리쉬의 발전

패리쉬는 16세기경부터 교회의 교구로서의 역할에서 나아가 지역 내의 빈민구제, 도로관리, 치안유지 등의 역할을 수행하였다. 17세기 초에는 구민법에 의하여 패리쉬에 빈민 감독관을 설치하고, 구빈세의 징수와 빈민 구제사업을 수행하였으며, 이와 같은 지역사업의 수행에 교구위원의 협조를 얻기도 하였다. 19세기 영국은 산업혁명의 영향으로 도시의 인구집중, 빈부 격차가 심화 등의 사회구조의 변화에 따라 중앙정부 주도의 대규모 사회정책이 추진되었고, 지방의 경우1888년 지방자치법에 의해 잉글랜드와 웨일스에 카운티가 설치되었다. 그에 따라서 패리쉬의 기능 중 지역의 자치단체로서의 기능이 쇠퇴하게 되었다.

자치단체로서의 기능이 약화된 패리쉬가 법적 지위를 획득한 것은 1894년 패리쉬법(Parish Act)의 제정부터이다. 1892년 영국에 자유당 정권이 들어서면서 패리쉬의 역할과 기능에 대한 재평가를 추진하였고 그 결과 1894년 패리쉬법이 제정되었다. 패리쉬법은 패리쉬의 진흥을 목적으로 패리쉬의 기본적 구조와 기능을 명확히 규정하고 있다는 데 의의를 갖는다. 1894년의 패리쉬법에 따라 다수의 패리쉬는 도시지역 디스트릭트(Urban District County)라는 기초자치단체가 되었다. 또한 인구 300명 이상인 패리쉬는 의무적으로 패리쉬 의회를 설치하였으며, 인구 300명 이하의 패리쉬는 주민총회를 설치하였다. 카톨릭 교회의 지역교구로부터 기원하여 필연적으로 가지고 있을 수밖에 없었던 패리쉬의 종교적 기능은 교구회로 모두 이관하고, 패리쉬 의회와 주민총회에서는 패리쉬의 행정적 역할만을 담당하도록 하여 지역행정에서 종교를 분리시키게 되었다.

20세기 들어서 보수당 정부의 지방행정 계층구조에 대한 개혁, 노동당 정부의 지방자치단체 구조모델의 개혁 등의 실행 중에 패리쉬의 권한이 다소 약화되기도 하였으나 궁극적인 개혁의 대상이 되지는 않았다. 구체적으로, 1992년의 지방자치법(Local Government Act 1992)에 근거하여 카운티·디스트릭트(County－District)의 2계층의 지방자치 구조를 단일 행정구(Unitary Authority)에 의한 1층제적 자치구조로 전환하려는 시도와 2000년 지방자치법(Local Government Act 2000)에 의해 지방자치단체 구조모델에 관한 개혁을 실시하였다. 그럼에도 불구하고 패리쉬는 그대로 존치되었다. 또한 2002년에는 노동당 정부가 잉글랜드 전체 8개 지역에 대해 지역의회(Regional Assembly) 창설을 제안하였는데, 그 조건은 주민투표를 통해서 단일 행정구(Unitary Authority)로 전환하는 자치 1계층제를 도모하기도 하였다. 이상과 같이 영국의 정권이 보수당과 노동당으로 전환되는 과정에서 각 정권마다 지방자치제도의 개편을 도모하였는데, 그 가운데에서 패리쉬는 지방자치의 근간으로서 개편대상이 아닌 개편에 따른 지방자치단체의 광역화의 단점을 보완하는 기제로서 꾸준히 인식되어 왔다.

한편 1997년 지방자치·세율법(Local Government and Rating Act 1997)에 근거하여 도입된 주민청원에 의한 패리쉬 설치제도에 의해 180개 이상의 패리쉬가 설치된 이후 현재까지 지속적으로 증가하는 추세에 있다. 단지 런던의 패리쉬 설립[11]에 있어서만은 법률에 의해 설립이 금지되어 있기도 하다. 또한 패리쉬 설립 추세의 특징으로 농촌지역의 패리쉬 설립이 도시지역의 패리쉬 설립보다 많은 점을 들 수 있다.

3) 패리쉬와 카운티·디스트릭트 관계

잉글랜드의 지방자치구조를 설명할 때 패리쉬를 포함하지 않는 경우가 많다. 그 이유는 제공하는 행정서비스에 한계가 있기 때문이지만 재정규모가 다른 계층의 자치단체와 비교해서 매우 적기 때문이기도 하다. 일반적으로 카운티(광역)는 패리쉬에 대해 협력적이고, 디스트릭트의 패리쉬에 대한 최근 태도는 협력적으로 변모해 가고 있다. 특히 단일 행정구(Utility Authority)가 되고 싶은 디스트릭트에서 이 경향을 보이고 있다. 이는 2002년에 도입된 포괄적 업적평가제도(Comprehensive PerFormance Assessment: CPA)[12]의 영향을 받은 것으로 판단된다.

---

11) 노동당 정부는 2005년 1월 패리쉬 설립이 법률로 금지되어 있는 런던에서의 설립을 시도하였으나, 런던거버넌스위원회(Commission on London Governance: 런던의 지방자치단체 구조에 관한 검토·권고 목적으로 2004년 총 14명의 의원으로 발족하였음)는 납세자에게 새로운 부담을 준다는 이유로 반대하고 있다.

2. 패리쉬(Parish)의 구조와 기능

1) 패리쉬의 구조

패리쉬는 잉글랜드의 주민자치조직으로 1894년 패리쉬법(Parish Act)이 제정됨에 따라서 그 구조와 기능이 규정되었다. 이후 1972년 지방자치제도의 개혁[13]에 따라 변화하여 일선행정에서 주민참여의 확대를 지향하였다. 즉, 패리쉬는 크게 의회(Parish Council)를 갖는 패리쉬와 주민총회(Parish Meeting)을 갖는 패리쉬로 구분되었다. 1972년 이후 패리쉬 의회의 의무설치 기준 유권자 수를 하향 조정하여, 소규모 패리쉬에도 의회 설치를 의무화하였다. 패리쉬 의회가 설치되지 않는 패리쉬에서는 주민총회가 패리쉬 의회를 대신한다. 패리쉬 의회의 설치기준은 지역 내 유권자의 수가 150명 이상인 경우 의무적으로 패리쉬 의회를 구성하도록 규정하고 있다. 물론 유권자의 규모가 150명 이하인 패리쉬에서는 패리쉬 의회를 임의로 설치할 수 있도록 규정하고 있다. 즉, 유권자의 규모가 150명 이하인 경우 주민총회를 설치하거나 패리쉬 의회를 설치하는 것을 선택할 수 있다.

패리쉬 의회의 인원구성은 패리쉬 의원과 사무직원으로 구분할 수 있다. 패리쉬 의원은 무보수 명예직으로 주민이 직접 선출[14]하며, 패리쉬 의회의 사무직원은 유급직원으로 공모 절차를 통해 모집되며 사무직원의 장(사무국장, Town clerk)은 패리쉬 의회가 임명한다. 패리쉬 의회의 의원정원은 패리쉬의 규모에 따라 다르나, 의장 1인과 의원 4인 등 최소 5인 이상이다. 또한 패리쉬 의원의 임기는 4년이며, 의원의 사임 등에 따른 임기 내 공석이 발생하는 경우, 보궐선거 등 별도의 선출과정 없이 전임자의 지명으로 후임의원을 선출한다. 패리쉬 의회의 또 다른 구성원으로서의 사무직원은 대부분 비상근이며 의회의 운영, 즉 의안, 의사록 작성, 의결사항 집행, 회계, 시설관리, 의원에 대한 조언, 주민에 대한 정보제공 등의 업무를

12) 포괄적 업적평가제도는 잉글랜드 전 지방자치단체가 제공하는 서비스의 질과 서비스의 개선 능력을 외부검사기관이 종합적으로 5단계 평가하고 그 결과를 공표하는 제도임.

13) 1972년 지방자치제도의 개혁은 기초자치단체를 광역화하여 그 수를 감소시킴으로써 행정운영의 효율성을 제고하는 추세로 이루어졌다. 또한 잉글랜드 지방은 패리쉬의 명칭을 그대로 사용하였으나, 웨일스 지방에서는 Community Council로 변경하였다.

14) 패리쉬 의원의 피선거권은 21세 이상, 선거권은 18세 이상의 선거인 등록자이다.

담당한다. 한편 패리쉬는 상급 기초자치단체가 징수하여 지원하는 지원금, 그리고 요금수입(시설사용료, 이용료 등)과 임대수입(시민홀, 시민농장 등)으로 활동재원을 마련하고 있다.

2) 패리쉬의 기능

패리쉬는 주민의 자치조직으로서 주민의 의사를 행정기관에 전달하는 것을 주요 기능으로 한다. 대민행정서비스에 대한 건의 또는 요구뿐만 아니라 상급 지방자치단체의 대규모 건축 등 지역개발사업 허가에 대한 협의 등을 주요 기능으로 한다. 1972년과 1985년의 지방자치법은 패리쉬에 기능과 권한을 부여하고 있으며, 주요 기능 및 권한으로는 생활 관련 시설의 설치, 공중위생 설비 제공, 오픈스페이스(open space)[15]의 제공과 유지 등이며, 법률의 범위 내에서 패리쉬 스스로 어떤 서비스를 제공할 것인가를 결정하여 선택하고 있다(<표 8-14> 참조).

표 8-14 1972년 지방자치법과 1985년 지방자치법에 규정 · 보완된 패리쉬 부여 기능

분 야	기 능
생활 관련 시설	주차장 · 주륜장 · 가로등 설치, 도로 부설, 공공보도와 승마용 소도 개설, 교통표식 · 버스 정류장 설비와 벤치 · 우체통 · 공중전화 설치
공중위생	공중화장실, 쓰레기통 설치, 상하수도 설비 제공
토지	시민채소원 · 스포츠 · 레크레이션 관련 시설과 오픈스페이스(공한지 등)의 제공과 유지, 노견 경비
건물	집회소 · 옥내 스포츠시설 · 공공시계의 설치 및 정비
사업	다양한 모입의 개최, 밴드와 오케스트라의 유지, 회화와 공예 등의 지원과 촉진, 교류회 · 회의 · 상품전 · 전시회 등의 개최
사망자 관련 사업	매장과 화장시설의 제공, 영안실 등의 설치, 오랜 묘지의 정비와 폐지, 전쟁기념비의 유지 · 수리 · 보전
기타	교육에 대한 부가적 서비스(초등학교 운영자 · 이사의 선임, 초등학교 건설 등) 제공, 자선행위의 관리와 실시

15) open space는 공한지로 해석되어 open space에 대한 다양한 해석이 있어왔으나, 최근 들어, 일반적으로 개방된 공간을 의미하며, 이때 개방의 의미는 물리적인 개방뿐만 아니라 사회적 개방을 포함한다. 즉, open space에서 open은 물리적 개념에서의 open과 사회적 개념에서의 public을 모두 아우르는 의미로 사용된다.

다음 <표 8-15>는 패리쉬의 전반적/구체적인 기능과 권한을 보여주고 있다.

표 8-15 패리쉬의 기능 및 주요 권한

기 능	권한 및 의무	기 능	권한 및 의무
시민 채소 농원	• 대부 채소농원을 제공하는 의무 • 대부 채소농원에 제공하는 토지를 개량/개조하고 이용권 대출 권한	투자	• 집단투자의 제도에 참여하는 권한
목욕탕과 세탁소	• 공공의 목욕탕과 세탁소를 제공하는 권한	토지	• 합의에 기초해서 토지를 수용, 처분하는 권한 • 토지의 증여를 받는 권한
매장장, 공동묘지, 화장장	• 취득하고 관리하는 권한 • 제공하는 권한 • 기념비, 기념물 유지 관리에 합의하는 권한 • 묘지비용을 부담하는 권한	쓰레기	• 설치장소를 제공하는 권한
버스 정류소	• 지붕달린 정류소를 제공하고 유지 관리하는 권한	복권	• 진흥하는 권한
지방 조례	• 유원지, 자전거집합소, 목욕탕과 세탁소, 공지와 매장장, 유체안치소와 검사실에 관한 지방조례를 제공하는 권한	유체 안치소와 검사실	• 유체안치소와 검사실을 제공하는 권한
시계	• 공공의 시계를 제공하는 권한	공한지	• 토지를 취득하고 유지 관리하는 권한
폐쇄된 교회의 부지	• 관리 유지에 관한 권한	패리쉬 문서	• 보관 장소를 결정하는 권한
공동 방목지	• 제공에 관한 권한	전기 통신시설	• 전기통신시설 제공 및 손익분을 공공 전기통신 운영자에게 지불하는 권한
회의 시설	• 시설을 제공하고 그 이용을 촉진하는 권한	공공 건물과 마을회관	• 일반시민의 회의와 집회용으로 건물을 제공하는 권한
공민관	• 건물을 운동, 사교, 레크레이션 목적의 단체가 사용할 수 있도록 제공하고 정비하는 권한	공중 화장실	• 제공하는 권한
범죄 방지	• 기자재를 설치하고 유지 관리하는 권한 • 범죄의 발견과 예방을 위한 제도를 만들고 유지하는 권한	레크 레이션	• 토지를 취득하고 공공보도, 유원지, 공한지를 제공하고 그것을 유지 관리하는 권한 • 체육관, 운동장, 휴가촌을 제공하는 권한 • 배가 있는 연못을 제공하는 권한

<table>
<tr><td>하수</td><td>• 연못과 배수구에 관한 권한</td><td>도시와
농촌계획</td><td>• 건축허가 실청의 통지를 받는 권한</td></tr>
<tr><td>오락과
예술</td><td>• 오락 제공 및 예술 지원을 하는 권한</td><td>관광</td><td>• 관광객을 유치하고, 회의장 및 기타의 시설을 제공하는 권한</td></tr>
<tr><td>증정
답례품</td><td>• 주고받는 권한</td><td>교통
완화</td><td>• 교통완화제도에 금전적 보조를 하는 권한</td></tr>
<tr><td rowspan="3">도로</td><td rowspan="3">• 보행자도, 승마용도를 유지 관리하는 권한
• 도로와 공공의 장소의 조명을 행하는 권한
• 쓰레기상자를 공급하는 권한
• 자전거, 자동차 기타 차량의 주자창소를 제공하는 권한
• 전용도로화, 도로의 확장에 관한 합의를 행하는 권한
• 도로변 좌석과 지붕달린 대합소를 제공하는 권한
• 공공비용으로 행하는 간선도로의 유지 관리를 종료하거나, 혹은 간선도로를 통행금지하여 우회시키는 것은 패리쉬의 승낙 필요
• 도로교통공단에 간선도로의 불법 통행금지, 장해물, 노견 폐기물의 불법한 침해에 대해 고충을 신청하는 권한
• 교통표식 및 위험을 경고하는 물건, 기구를 설치하는 권한
• 나무를 심고 꽃을 배치하고, 그것을 유지 관리하는 권한</td><td>교통
수송수단</td><td>• 차공유제도, 택시요금할인, 교통수단에 대한 정보를 주는 권한</td></tr>
<tr><td>전역자
추모
기념비</td><td>• 전역자 추모기념비를 유지, 수리, 보호, 개량하는 권한</td></tr>
<tr><td>물 공급</td><td>• 호수, 우물, 소하천을 유효 이용하고, 그들로부터 물을 취하는 설비를 공급하는 권한</td></tr>
</table>

자료: The Quality Parish and Town Council Scheme: The Quality Parish Explained, ODPM 2003년 6월호, pp.25-27.

3) 패리쉬의 운영재원

영국의 지방자치는 지방자치단체의 광역화를 통해 효율적인 행정운영을 도모하는 한편, 주민의 참여를 위해 주민의 대표기관으로서 패리쉬(Parish)를 설치 · 운영하고 있다. 영국의 패리쉬는 지방행정의 광역화에 따른 행정의 대응성 약화를 보완하는 대안으로 주민의 의사를 행정기관에 전달하는 것을 목적으로 지원금과 자체수입으로 운영된다. 패리쉬의 재정은 법률에 의해 지방세(council tax)에서 충당

된다. 패리쉬는 매년 필요한 예산액을 기초자치단체(District, Unitary Authority)에 보고하고, 기초자치단체는 지방세를 일괄 징수하여 의무적으로 패리쉬에 지원금을 지급한다. 기초자치단체의 지원금은 패리쉬 재원의 대부분을 차지한다. 패리쉬의 재원 중 기초자치단체로부터의 지원금 이외의 재원으로 시설의 사용료, 이용료, 임대수입 등의 자체수입금이 있다.

패리쉬의 주요권한으로 대부채소농원, 공동묘지, 버스정류소, 공동방목지 등을 제공하고 관리하는 기능과 권한이 있는데, 이곳에서 나오는 수익금을 패리쉬의 재원으로 사용한다. 일반적으로 영국의 패리쉬의 재원 중 레크레이션 시설의 사용료와 주차장시설의 이용료 등의 요금수입이 11%, 커뮤니티 센터 등의 시설임대수입이 5%, 그리고 대부채소농원의 임대수입이 3%를 차지한다.

3. 전국패리쉬협의회(NALC)의 기능

전국패리쉬협회(National Association of Local Councils: NALC)는 잉글랜드와 웨일스 패리쉬의 전국조직이다. 주요 역할은 구성원인 잉글랜드 패리쉬와 타운 카운실 및 웨일스의 커뮤니티 카운실[16]에 대한 무료 법률적·기술적, 그리고 일반적 조언의 제공, 국회 및 다른 기관에 대한 패리쉬의 이익 보호 및 증진에 있다.

NALC의 주요 책무는 ① 커뮤니티에의 관여를 촉진하기 위해서 정부를 움직이게 하는 것, ② 커뮤니티의 요구에 반응하는 것, ③ 지방 커뮤니티를 위해서 강력한 의견을 주는 것, ④ 서비스 제공과 관련하여 최선의 패리쉬를 달성하는 것, ⑤ 자원봉사 및 민간 부문과의 파트너십을 행하는 것이다. 동시에 NALC는 국회, 지방·전국의 매스컴 속에서 협회 구성원의 권리와 이익을 보호·촉진하고, 그리고 지방자치단체협의회(LGA)와 지방자치단체개선개발기구(I&DeA)와 같은 조직과의 연대를 도모하는 책무도 있다.

한편 NALC 구성원들은 법률 조언, 기술적 조언, 출판, 연수 등의 기능을 수행

---

16) 웨일스 커뮤니티는 과거 존재해 왔던 Wales Association of Community and Town Councils과 National Association of Local Wales란 두 개의 조직을 합병해서 2004년 4월에 One Voice Wales라고 하는 웨일스 내의 커뮤니티와 타운 카운실을 위한 단일조직을 창설한 것임.

표 8-16 NALC 구성원들의 역할

역 할	주요 내용
법률문제 조언	• 구성원에 영향을 주는 문제에 대해 무료 조언 • 매년 100파운드 이상을 법적 경비로 지출하지 않으면 안 되는 복잡한 문제에 대한 상세한 조언 사례가 수백 건 예시
기술적 조언	• 버밍엄대학이 있는 도시 및 지역연구센터를 통해 기술적 문제에 대한 전문가 무료 조언
일반적 조언	• 구성원에 영향을 주는 다른 문제에 대해 무료 조언 제공
보험 및 보상	• 패리쉬가 필요로 하는 일반적 손해배상과 고용자에의 손실보상, 고용자의 불법행위에 대한 손해배상, 재산적 손실, 의원과 직원의 사고, 문서와 서류에 의한 명예훼손 등에 대한 보상, 적절한 요금에 의한 보험
출판	• *Lacal Council Review* • *Information Packs for Councillors and Clerks* 등
연수	• 각 카운티의 카운티 카운실협회를 통해, 각 패리쉬와 지방자치단체에 관련된 법률과 절차 및 실천에 대해 의원과 사무책임자에 연수 및 세미나 실시
전국대회	• 의원과 사무책임자가 모여, 패리쉬 문제를 토의할 수 있는 기회로서 전국대회 실시
입법	• 의회의 일상활동 감시 및 법안 수정 요구 혹은 의원에 대한 로비활동, 관계공무원과 제안된 법령 통의, 정부의 공식조사에 대한 응답
정책	• 패리쉬 문제와 결의를 반드시 NALC 위원회가 심사한 후, 의회와 정부 혹은 다른 기관에게 실현하도록 활동
홍보 및 출판물 배포	• 인쇄물의 공개, 회의 및 총회 혹은 전국 규모의 조직에 참가하여 한 발언 등을 회보와 책자로 하여 직접 배포

한다(<표 8-16> 참조).

4. 패리쉬 동향

1) 패리쉬의 품질인증(Quality Status)

영국은 지역의 패리쉬가 지역주민을 효율적으로 대표하여 활동하고 있는가에 대한 기준을 제시하고 평가하여 인증하는 제도로 패리쉬의 품질인증(Quality Status) 제도를 시행하고 있다.

2000년 11월 환경 · 교통 · 지역성에서 공표한 지역정책백서에 지역사람들이 스스로 거주할 커뮤니티의 발전에 기여할 수 있도록 하는 방안이 발표되었는데, 그

중심적 개념이 'Quality Parish & Town Council'이었다. 그 후 2003년 6월 부수상부에서 The Quality Parish & Town Council Scheme: The Quality Scheme Explained가 발표하여 제도화되었다. 2003년 7월부터 신청을 받아 2006년 3월 7일 현재 265개가 'Quality Status'를 취득했다.

Quality Status 제도란 효율적으로 민의를 대표하고, 활동적인 패리쉬로서의 일정한 기준을 제시하여 그 기준을 만족한 패리쉬에 대해 Quality Status를 인정하는 제도로서, 이것은 지역주민이 지역 커뮤니티의 발전에 스스로 기여할 수 있도록 하는 방안으로 2003년 7월부터 제도화되어 4년에 한 번씩 평가 및 품질보증을 실시하여 패리쉬와 지역주민, 지방자치단체 간의 신뢰 형성을 용이하게 하고 있다.

2) Quality Status 인정 요건 및 효과

인정 요건으로, 인정을 희망하는 패리쉬는 지역마다 설치된 인정위원회에 신청하고, 인정된 패리쉬는 인정통지를 받은 날로부터 3개월의 유예기간을 거쳐 4년간 Quality Status를 보증한다. 주요 요건으로는 의원 80% 이상이 선거로 선발될 것 (최초 인정 시만, 재인정의 경우 100%), 유자격자의 사무직원이 있을 것,[17] 매년 6회 이상의 회의를 개최할 것, 1년에 4회 이상 정기적인 뉴스레터를 발행하고, 주민과의 의사소통을 도모할 것, 연차보고서를 발행할 것, 회계감사규칙에 따른 회계보고서를 정비할 것, 의원의 행동규범을 가지고 있을 것 등이다.

한편 커뮤니티에 대한 패리쉬 품질인증제도의 효과는, 첫째로 패리쉬가 적절하게 운영되고 설명책임을 완수하는 것을 지역 커뮤니티(지역주민)가 알 수 있고, 둘째로 상위 자치단체와의 협력해서 지역문제를 해결할 최소한의 능력을 갖게 되고, 셋째로 지역주민의 생활에 영향을 주는 공공서비스에 대한 결정권 및 통제권을 보유할 수 있게 한다는 점이다. 한편 패리쉬 품질인증제가 패리쉬에 대해 미치는 영향 요인은 첫째, 지역 내 커뮤니티(지역주민), 민간조직, 기초자치단체로부터의 신용획득이라는 점이고, 둘째, 기초자치단체로부터 더 많은 역할과 책임을 부여받아

17) 자격평가단체인 AQA에서 인정한 Certification in Lacal Council Administration, Grosta대학 인정의 Certification of Higher education in Local Policy 혹은 Certification of Higher education in Local Council Administration 취득.

표 8-17 패리쉬 품질인증 효과

패리쉬 품질인증 효과	
공통	• 신뢰 형성
지역 커뮤니티	• 패리쉬가 적절하게 운영되고 설명 책임을 완수하는 것에 대한 공지 • 지역문제를 해결할 수 있는 최소한의 능력 보유 가능
패리쉬	• 기능 및 재원의 확대 • 다른 패리쉬 등 여타 조직과의 협력 용이
지방자치단체	• 패리쉬의 역량에 대한 평가 및 인식 • 패리쉬와의 협력 용이

패리쉬의 기능과 재원이 확대될 수 있으며, 셋째, 커뮤니티의 수요 및 요구를 명확하게 전달할 수 있을 뿐만 아니라 다른 조직과의 협력이 용이해지도록 하여 결과적으로 주민의 이익을 더 많이 확보할 수 있다는 점이다. 한편 패리쉬 품질인증제가 지방자치단체에 주는 효과는 첫째, 패리쉬에 대한 평가를 통해 파트너십 구축과 서비스 제공 여부를 재인식할 수 있고, 둘째, 정기적으로 패리쉬의 능력을 평가함으로써 신뢰를 확보하여 지원을 할 수 있는 근거를 확보할 수 있다는 점이다.

5. 패리쉬의 사례

잉글랜드의 최대 규모와 대규모 패리쉬의 사례를 제시하면 다음 <표 8-18>과 같다.

표 8-18 잉글랜드의 대규모 패리쉬 활동사례

	최대 규모 (Weston super Mare Town Council)	대규모 (Dunstable Town Council)
개략	• 인구: 71,000명 • 의원: 31명 • 직원: 5명 • 세입예산: 693,627파운드 • 세출예산: 566,970파운드	• 인구: 33,500명 • 의원: 21명 • 직원: 24명 • 세입예산: 790,452파운드 • 세출예산: 624,533파운드
설립 경위	• North Somerset Counsil 내 38개 패리쉬 중의 하나로, 주민신청(7,000명 이상)에 의해 2000년 신설	• South Bedfordshire District 내 17개 패리쉬 중의 하나로, 디스트릭트의 직접적인 요청과 신청에 의해 1985년에 신설

활동	• 시민채소농원의 구획이 타운 · 카운실에 위양 및 개선사업 • 공동묘지의 소유권과 운영권 위양 • 놀이공간 임대 및 수선	• 레크레이션 장소, 시민채소농원, 공동묘지 운영권 위양, 사무실 임대 • 철도 재개설 가능성에 관한 시민집회 개최 및 세대조사 실시 • 타운 내 공공교통수요 조사 실시 및 아이들 놀이장 설치 • 자매도시방문단 환영회 및 방문 • 인재서비스위원회과 커뮤니티 프로그램 프로젝트의 경영대리인 활동 합의 • 야외극 25주년 전람회 개최 • 군부대와 퍼레이드 실시 • 커뮤니티시설보조금으로 교회 개축 • 장애자 인재센터 개설 및 공동묘지 확대 • 커뮤니티 안전그룹 편성 및 문화유산시설 주변 정보판 설치와 시장 십자가 설치 • 노선 재개 및 통행제한지역 지정에 관한 주민 조사 실시 • 타운 내 알콜음주금지구역 도입 • 보조금으로 프로젝트(고령자 건강생활 등) 개시 및 토지 구입
설립 초기 역할	• 주민에게 시설과 기능을 제공하기 위해서 운영과 정책의 구조 기반을 만드는 것 (예: 의사규칙, 재정규칙 등) • 원주민과 협의해서 장기계획을 설정하는 전략 구축 • 타운 · 카운실이 실시한 것을 주민이 이식할 수 있도록 독자적 특색을 조성하고 촉진하는 것 • 새로운 버스대합소 설치 • 납세자에게 많은 비용부담이 되지 않는 사무소의 본거지를 제공	• 지역 커뮤니티의 시설과 활동을 제공하는 책임, 주민의 민주적이 대표기관의 역할, 지역주민의 목소리를 상층부에 확실히 전달하는 운동 및 그 지원

6. 시사점

영국의 패리쉬는 교구중심 단위에 설치되는데, 주민청원 및 기초자치단체 신청에 의하는 것으로 주민주도형이라는 점이 특징이다. 그리고 패리쉬는 주민총회형(20%)과 의회형(80%)으로 구분되는 바 주민대표성을 강조한 형태라 할 수 있다.

향후 우리나라의 주민자치회 조직 구성은 영국에서의 벤치마킹을 한 결과와 같이 정부가 제시한 협력형 모형 혹은 다원적인 협력형 모형들을 제시하여 주민들이 직접 선택할 수 있는 기회를 주는 조치가 필요하다. 아니면 주민자치회들이 자발적 모임체를 구성하여 청원에 의해 설치될 수 있는 방법을 강구하는 것도 역발상의 전환라고 할 수 있다.

한편 영국에서 채택해야 할 조치로 중요한 것은 '패리쉬세'와 같은 제도를 창설하는 것이다. 영국의 지방자치단체가 패리쉬에 재원을 명확하게 법적으로 확보해주고 있다는 점이다. 영국의 패리쉬에서 벤치마킹할 수 있는 가장 중요한 제도로 판단된다. 장기적으로 주민자치회의 재원 확보를 위해서 위탁사무에 대한 재원 보조뿐만 아니라 '가칭 주민자치회세 혹은 읍·면·동세'를 구상하여 배분해 주는 시스템을 검토할 필요가 있는 것으로 판단된다.

제 4 절 외국 주민자치 운영사례 비교

지금까지 기술한 일본의 정내회/자치회, 미국의 커뮤니티 보드(Community Board), 영국의 패리쉬(Parish)를 대상으로 비교한 내용을 제시하면 다음 <표 8-19>와 같다.

표 8-19 일본/미국/영국의 주민자치조직 종합적 비교

국 가	일 본	미 국	영 국
명칭	자치회(自治會)	Community Board	Parish
개요	• 동일구역 거주민의 자치조직 • 단체장 인가를 받은 법인격을 가진 '인가지연단체' • 임의단체로 규약 근거로 활동 • 동경도 23개, 특별구 내 4,302개 설치(103개 법인격)	• 자원봉사자를 기반으로 한 비영리조직 • 지방자치단체에 비영리법인체로 등록(지방자치단체가 설정한 구역과 조건 충족) • 뉴욕시 59개 운영	• 주민대표기관 • 설치방법: 주무장관 지시, 기초자치단체 신청, 주민청원(250명 이상) • 농촌·소도시 마을 단위 설치 • 10,600여 개 설치
법적 근거	• 지방자치법 제260조의2	• 자치헌장 제70장: 뉴욕시 • 시의회 의결: 시애틀시	• 지방자치법

구역 설정		• 초·중학교 학군 단위 • 자치단체 출장소/행정구 단위 • 사회복지서비스권 단위 • 기타 자치단체별 별도 기준	• 역사적/지리적 공통성 • 시의 행정서비스 제공 권역: 경찰, 위생서비스 등 • 인구 균등화: 평균 25만 명	• 행정구역 단위로 설치
구성원		• 세대 단위 회원제 • 관할 구역 세대 자동 가입 • 타 구역에서도 가입 가능 • 기업 등 단체회원도 가능	• 관할 구역 거주자, 사업장	• 해당 행정구역 내 거주 주민
기능		• 주민자치기능: 복지/주민친목/환경/문화/회관운영/마을만들기 • 행정보조기능(사무위탁) • 축제 등 기타 수익사업 수행	• 행정과 주민의 연결: 주민요구 전달, 시 사업 협조 • 자문: 지역계획수립 조언 • 예산 과정 참여 및 조언 • 자체 커뮤니티 계획 추진	• 생활 관련 시설관리 • 공중위생 • 토지관리 • 주민자치사업 • 기타 교육 관련 지원 서비스 등
기관구성	내부조직	• 임원: 회장, 부회장, 서기, 회계, 회계감사, 조장과 블록장, 전문부서장 • 무보수명예직(임기 2년) • 조장/블록장: 구역선거 선출 • 임원: 주민 중에서 선출 • 전문부서: 총무/복지/환경/교통/문화/체육/방범/시설관리 • 사무국: 유급사무원 고용	• 구성: 구청장이 무보수명예직 위원 50명 지명(투표권 있음), 지방의원이 추천하는 자, 해당 커뮤니티가 지역구인 지방의원(투표권 없음), 기타 전문가(투표권 없음) • 임원: 의장-위원 중 호선 • 부의장, 서기위원, 재무위원, 분야별 소위원회 설치 • 임기: 2년(1/2 짝수년, 1/2 홀수년) • 출석률이 낮은 위원 퇴출	• 유형: 패리쉬 의회형(회원수 150명 이상)-80%, 주민총회형-20% • 의원수: 5~20명 • 의원: 무보수명예직(임기 4년), 주민 직선 • 중도 사퇴 시 후임자는 전임자가 추천
	회의	• 총회: 정기총회(연 1회) 임시총회(회원1/3 이상 요구) • 임원회: 필요시 • 전문부서회: 월 1회	• 정기총회: 월 1회 • 특별총회: 총위원 20% 이상 • 긴급총회: 총위원 40% 이상 • 소위원회: 수시 개최	• 정기총회: 연 1회 • 임시총회: 연 3회 • 주민총회: 연 1회 이상
	직원	• 사무국: 주민자원봉사	• 사무국: 유급사무원 배치 • 시의 조정관(Facilitator) 파견	• 유급 사무직원
재원		• 자주재원: 회비-세대당 월 300엔 기부금-축제 시 개인과 기업 • 보조금-행정사무 위탁 수행	• 자주재원: 주민기부금 • 시 지원금: 모든 활동재원	• 자주재원: 시설임대 수입, 사용료 • 지원금: 패리쉬세(지방세 일부)
행정과의 관계		• 대등한 입장에서 협력 • 행정사무 위탁 수행	• 자치헌장 제정, 활동 자율성 보장 • 시장 직속 업무지원팀 설치	• 지역개발사업 추진 시 시는 의무적으로 협의

		• 시의 기술적 · 재정적 지원 실시	
특징	• 세대별(임의) 가입 • 민법상 법인 • 임의단체(인가지연단체)	• 대도시의 주민대표성 강화 • 행정업무 부담 완화 • 주민자생조직(연합)	• 패리쉬세를 통한 자치단체 재원 이전 의무화 • 주민의사대표 • 서비스를 자율로 결정 • 주민대의기관 구성 • 주민청원으로 설치 • 런던지역은 법으로 설치 금지

참고문헌

김병국(2010, 2011). 외국의 주민자치회 동향(시리즈). 『자치행정』. 지방행정연구소.

______(2014). 『주민자치위원 역량강화를 위한 2014 주민자치위원 워크숍 교육교재』. 울산광역시.

______(2014). 주민자치회 도입과제와 방향. 『지방자치발전위원회 자치현장 종합토론회 발표논문』.

______(2017). 일본 오타루시의 계층별 정내회 활동. 『자치발전』. 한국자치발전연구소.

김병국 · 권오철(2014). 『일본의 주민자치조직: 자치회』. 조명문화사.

김병국 · 김필두(2010). 주민자치 강화를 위한 읍 · 면 · 동 개편모델 연구. 『정책연구 2010-7』. 한국지방행정연구원.

______(2010). 주민자치회 법리적 검토 및 시범실시 방안. 『정책연구 2010-8』. 한국지방행정연구원.

대통령소속 지방자치발전위원회(2014). 지방분권 및 지방행정체제개편 관련 법령집.

안전행정부(2013). 읍 · 면 · 동 주민자치회 시범실시 컨설팅단 전체회의 및 관계자 합동 워크숍 자료.

한국지방행정연구원(2014). 주민자치 능력향상을 위한 제1기 주민자치회 역량강화 교육자료.

岩崎信彦 · 上田惟一 · 廣原盛明 · 鯵坂學 · 高木正朗 · 吉原直樹(2013). 『町內會の研究』. 御茶の水書房.

福留强(2013). 住民に役立つ自治會づくりを －自治會 · 町內會の再興と活性化策を考

えるー.『月刊地域づくり』. 平成24年5月.
中田實(2007).『地域分權時代の町內會・自治會』. 自治体硏究社.
中田實・山崎丈夫・小木曾洋司(2009).『地域再生と町內會・自治會』. 自治体硏究社.
多田憲一郎(2006). 地域自治組織地域と住民自治. 岡田知弘・石崎誠也 編.『地域自治組織と住民自治』. 自治体硏究社.
地緣團體硏究會(2009).『町內會・自治會等法人化手引』. ぎょうせい.
水戶市住みよいまちづくり推進協議會(2013).『町內會・自治會等運營の手引き』.

제9장

사회혁신으로 주민자치 활성화와 지원체계 조성

김주원(강원연구원) · 신윤창(강원대학교)

읍 · 면 · 동은 지역적 특성이 다양하고 가지고 있는 자원들 역시 다양하고 복잡하다. 따라서 주민자치회 활성화는 사회혁신 차원에서 다루어져야 한다. 기업이 혁신을 통해 초일류 장수기업으로 발전하거나 반짝 기업으로 몰락하기도 한다. 공공부분 혁신의 원리는 공공 부분의 경영평가에 잘 나타나 있다. 고객을 잘 관리해야 기업생존력을 높일 수 있다. 고객을 관리하려면 어떤 조직이든 생산하는 상품이나 서비스가 고객들에게 어떻게 반응하고 있는지를 알아야 한다. 최종 서비스 소비자들이 생산된 상품이나 서비스에 대해서 어떻게 반응하는지 알아야 일하는 방식의 개선, 즉 혁신을 만들어낼 수 있다. 제대로 된 상품과 서비스를 만들어내려면 1차 고객인 조직 내부의 인적 구성이 협력해야 한다. 1차 고객인 조직 내부 구성원들이 리더인 CEO와 협력하여 최상품의 서비스나 상품을 만들기 위해 열정을 다해 일해야 한다. 그래서 1차 고객인 내부 구성원들이 중요하다고 이야기하는 것이다. 사람이 중요하다는 혁신이 필요한 기업, 공공조직에서 중요성이 강조되었지만 주민자치 활성화에서도 똑같이 중요하다. 사람들이 상호 협력해서 더 잘사는 지역을 만드는 일은 사람들 간에 신뢰를 만들어가는 일이다.

지역에 필요한 상품과 서비스가 무엇인지를 이제는 주민자치를 통해 주민들 스스로 개발하고 만들어갈 수 있도록 해야 한다. 이를 위해서는 국가와 지방정부 등 공공기관과 주민자치회가 사회혁신를 만들어가는 것이다. 사회혁신의 방향은 초일류 장수기업들이 그들의 생존을 위해 잘하고 있는 ① 고객관리, ② 일하는 방식의 개선(사회혁신), ③ 투병한 운영(회계 투명성), ④ 성과관리 등을 잘해야 한다. 고객관리는 기업에 비해 공공 부분은 상당히 취약하다. 주민자치회도 내부 구성원들인 위원들 간 협력과 신뢰형성으로 모범을 보이고 주민인 2차 고객들에게 어떻게 우리 지역에 필요한 상품과 서비스를 지방정부와 함께 만들어갈 것인가를 고민하는 것에서 시작되어야 한다. 그리고 주민들과 함께하는 거버넌스 구축방식을 점진적으로 발전시켜 나가야 한다. 일하는 방식의 개선은 주민자치회의 주요 사무나 기능조정 등을 통해서 발전시켜 나가야 한다. 그리고 이러한 과정이 투명하게 운영될 수 있어야 한다. 그리고 일한 만큼 적절한 배분이 성과관리 차원에서 고려되어야 한다.[1)]

기업가에게 필요한 혁신에 대해서 코비(Stephen Covey) 박사는 그의 책 『성공하는 사람들의 필요한 7가지 습관』에서 다음과 같은 중요한 다섯 가지 질문에 대해서 CEO와 구성원들은 늘 답할 수 있어야 한다고 했다. 그 다섯 가지 질문은 ① 우리의 사명은 무엇인가? ② 우리의 고객은 누구인가? ③ 고객이 원하는 꿈/가치는 무엇인가? ④ 우리의 성과/목표는 무엇인가? ⑤ 우리의 계획은 무엇인가?

주민자치회가 성공적으로 정착하고 발전하기 위해서는 기업가의 정신, 사회적 혁신 차원에서 고려되어야 하고, 그러한 지원생태계가 만들어지도록 해야 한다고 본다.

---

1) 이 내용은 지난 10여 년 간 농촌사랑 농·도상생포럼을 통해 마을기업형태로 마을이 발전하게 되길 바라면서 마을현장포럼에서 계속 교육 과정에서 강조되었던 내용이다. 초일류장수 기업들이 잘하는 요소가 이 네 가지이며, 이것들을 좀 더 구체적으로 정리해 놓은 것이 공기업평가의 주요 지표들이라고 생각한다(톰 피터스 외, 2005).

제1절 주민자치 활성화를 위한 사회혁신과 법적 요건 검토

1. 사회혁신 과정으로서 주민자치문제

단체자치 하에서 주민자치 활성화는 복잡한 우리 사회의 여러 가지 문제와 직결된다. 사회혁신이나 사회문제에 대한 새로운 해결책, 즉 기존의 해결책보다 더 효과적이고 효율적이며 지속가능한 해결책을 말한다. 사회혁신은 사회적 필요, 시장실패, 사회적 경제 도전들과 과거에는 다루기 힘들던 사회문제들을 대상으로 한다(홍길표 외, 2016: 175).

사회혁신의 개념에 대해서는 다음 <표 9−1>과 같은 구성 요소들을 가지고 있다.

표 9−1 사회혁신의 개념적 구성 요소

구성 요소	내용 설명
공공문제 해결을 목적 (Solving Public Problems)	공공문제 해결을 목적으로 한다는 점은 사회혁신의 정체성에 해당하는 내용임.
참여적 공동 문제해결 (Participatory/Co−Creation)	공공문제 해결 솔루션을 모색하는 데에 있어서 직·간접의 이해당사자 및 다양한 견해의 상호 소통을 통해 기발한 아이디어를 모색함. 현장에 가까운 니즈(Needs)중심의 문제해결 모색
실험적 문제해결 (Experiments)	작은 단위에서 모색된 솔루션을 실험적으로 적용해보고 실패발생 시 빠른 교정과 현실화를 전제함.
창의적 문제해결 (Creative Solutions)	기성화, 전형화된 문제해결 방식에서 벗어난 새로운 아이디어와 솔루션을 자유도를 가지고 모색함.
교차수분을 지향 (Cross−Pollinate)	마치 꿀벌이 한 꽃에서 다른 꽃으로 꽃가루를 옮겨 '수분'을 이루어 가듯이 한 지역(Locus)에서의 성공사례를 다른 지역으로 확산(Diffusion)하여 사회의 거시적 탐색비용을 효율화함.
▼	
역량강화 및 지속가능성 (capacity building & sustainabiliy)	참여자가 스스로 문제를 풀어가는 경험에 함께 참여하고 학습함으로써 사회행태와 사회관계를 변화시키고, 장기적으로 지속가능한 공공문제의 문제해결 역량을 키워감.

자료: 권향원 외(2019: 106).

앞 장에서 김병국 박사에 의해서 논의된 일본 오타루시 2개 지구 사례는 사회혁신의 개념적 요소로 잘 설명이 된다. 이미 농촌마을 단위로 추진되고 있는 성공적인 사례들을 보면 사회혁신 과정을 통해 마을의 문제를 해결해 가고 있는 경우도 많이 있다. 그렇지만 문제는 마을 단위사업들이 지방자치제가 시행되기 전부터 다양하게 추진되면서 타성에 물들여져 있고 마을 단위로는 규모의 경제를 실현하기 어렵다는 문제가 있다. 한편 마을 단위사업은 마을 간 격차를 더 심화시키고 있어 문제점으로 지적되기도 한다. 이러한 점을 해결하기 위해서는 읍·면 단위로 주민자치가 활성화되어야 하고 이를 위해서는 사회혁신 차원의 접근이 필요하다고 본다.

다음 [그림 9-1]에서와 같이 사회적 혁신의 핵심 요인은 풀뿌리로부터 상호주의에 의해 역량을 개발하고 사회적 유효성을 제고하기 위해 새로운 관계를 만들어 가는 과정이다. 이러한 과정에서 생산적 소비 혹은 공동생산 과정과 절차가 중시된다는 점에서 주민자치의 원리와 거의 비슷한 원칙을 가지고 있다.

우리의 사회혁신은 주로 정부주도의 공모사업, 수탁사업, 기획행사 등 정부가

그림 9-1 사회적 혁신의 핵심 요인

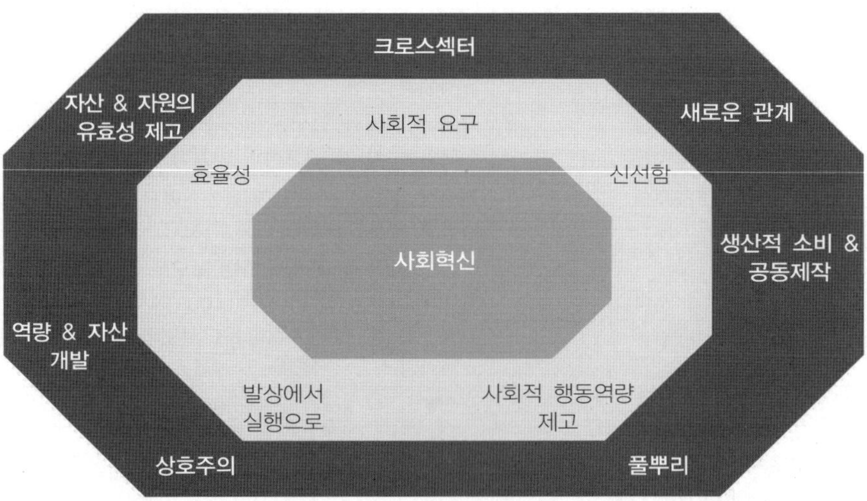

자료: 홍길표·이립(2016: 175).

민간의 행위자에게 재원을 투여하는 '투입중심의 방식'으로 이루어져 왔다(권향원 외, 2019: 104). 특히 농촌 읍・면 지역의 상향식 마을 단위 공모사업 추진은 마을이 주체가 되어 사업을 추진하면서 민간전문가들과 지방정부가 일정하게 거리를 두고 지원관리하는 형태로 운영되어 왔다. 공모사업의 재원에 의존하여 사업이 이루어지면서 사업이 종료된 후에는 자생력을 가지고 지속가능한 발전이 어렵게 되는 경우가 많았다. 또 마을사업은 정부 부처 간 경쟁적으로 추진되면서 칸막이가 많아지고 지방정부의 협업이 어렵게 되는 문제로 나타나고 있다. 더군다나 정권이 바뀔 때마다 사업이 일몰되고 비슷한 사업이 다시 만들어지게 되면서 사업관리의 일관성도 어렵게 되었다.

이러한 마을 단위사업은 읍・면・동 주민자치회가 사회혁신 플랫폼 역할을 하면서 지역에 필요한 사업으로 지속가능하게 발전할 수 있는 방안을 마련하여야 한다.

2. 사회혁신을 통한 주민자치 활성화를 위한 법제도 검토

단체자치 하에서 주민자치 활성화는 법제도적 보장 없이는 어렵다. 현재 주민자치제도가 겉돌고 있는 이유가 단체자치로 국가위임사무가 대부분이기 때문이다. 특히 읍・면・동은 행정서비스의 최종 배분기관인데 대부분이 국가위임사무다. 지방의 고유한 사무가 없다. 주민들이 참여하여 스스로 할 수 있는 일은 읍・면・동에 거의 없다. 이러한 상황에서 주민자치회나 위원회를 운영하는 것은 실효성이 없다. 실효성 없는 제도를 만들어 놓고 계속 운영하라고 하면 잘 운영될 수가 없다. 분권과 헌법 개정이 필요한 이유도 여기에 있다.

주민자치회의 기능배분 및 사무기구 설치와 관련하여 여러 방안이 있을 수 있다. 주민자치회 설치・운영의 입법취지를 기준으로 '주민자치 설치 모형'을 설정하여 법률에 반영하되 이를 지방자치법을 개정할 것인가, 아니면 가칭 「주민자치회 설치・운영에 관한 법률」을 제정할 것인가를 검토・결정해야 한다. 지방분권형 헌법 개정이 어렵게 된 현 상황에서 주민자치를 활성화하기 위해서는 주민자치회 구성과 운영을 원점에서 재검토하기 위해 주민자치법을 독립법으로 제정하는 것이 필요하다. 지난번 행정체제개편을 전제로 한 특별법을 만들었으나 실패했다. 행정체제개편은 시·군통합, 광역단체 축소 등을 전제로 한 것이었다. 구역과 계층을 통·폐합 후 현장서비스 강화를 위해 읍·면·동 기능을 강화하는 방안 마련을 전제로 특별법이 만들어졌다. 지방행정체제개편은 주민편익·국가 및 지방의 경쟁력 강화를 위해 주거 단위의 근린자치를 활성화한다는 내용이었다. 그리고 풀뿌리자치의 활성화와 민주적 참여의식 고양을 위하여 읍·면·동에 주민으로 구성되는 주민자치회를 설치 가능하도록 했다.

그 특별법 제28조에서 주민자치회의의 기능으로 ① 지방자치단체의 위임·위탁사무의 처리, ② 관계법령·조례·규칙으로 위임, 위탁한 사항, ③ 주민화합·발전을 위한 사항을 추진하는 것으로 되어 있었다. 그러나 이 기능 중에서 꼭 더 검토되어야 할 사항이 읍·면 지역계획 수립을 통한 사업추진을 할 수 있도록 해야 한다. 현재 균형발전특별회계를 통한 각종 공모사업들이 난무하고 있으나 읍·면 단위로 계획을 통한 효율적 추진은 이루어지지 않고 있다. 농림축산식품부 읍·면 거점사업조차도 주민자치회와는 관계가 없다. 사업추진위원회가 추진하고 있을 뿐이다. 읍·면의 전체적인 계획을 통해 추진되고 있지 못한 실정이다. 사업내용을 시·군 본청과 읍·면·동에 건의하거나 추진할 수 있도록 결정하고 건의 혹은 심의하는 기능이 주민자치회에 없다. 읍·면·동사무소가 해야 할 중요한 일도 이 읍·면 지역계획을 체계적으로 수행하는 기능으로 재편되어야 한다. 단순히 민원업무만 하고 있기 때문에 마을현장과 연계성이 약하기 때문이다.

당시 그 특별법 제29조에서 주민자치회의 구성과 관련해서 ① 위원은 단체장이 위촉하고, ② 위원의 직무수행은 지역봉사자, 정치적 중립, 권한 남용방지 등이 있었다. 여기서 검토해야 할 것은 어떻게 주민대표성을 확보할 것인가에 대한 문제다. 공모를 통해 추진하는 것보다 주민들의 의사가 최대한 반영될 수 있는 방안을 마련해야 한다. 읍·면·동은 지방자치단체의 하부행정기관이다. 읍·면·동에 설치되는 주민자치회의 법적 지위는 기본적으로 비법인(非法人)으로서 지방자치단체의 하부행정기관에 속하나, 기능상 현행 읍·면·동사무소의 행정 기능을 포함하여 주민자치사무를 처리하는 2중적 지위를 지닌다. 현행의 읍·면·동사무소는 읍·면·동장과 소속 직원으로 구성되는 공무원조직이나, 주민자치회는 주민으로 구성되는 합의제 기관으로서 주민참여의 확대와 자치기능의 활성화를 도모하기 위한 위원회로 되어 있다. 월급을 받고 있는 공무원들 몇백 명이 운영하는 자치단체도 지방자치가 잘 운영되지 못해 어려운데, 주민참여 확대와 자치기능의 활성화를 주민자치회가 할 수 있을까? 읍·면·동사무소와 주민자치회의 병행 운영이 가능할 수 있도록 법제도화해야 한다. 준자치권을 부여하고 읍·면·동의 책임을 읍·면·동장이 읍·면·동 기본 계획을 바탕으로 책임있게 운영할 수 있도록 해야 한다. 주민자치회는 읍·면·동이 하는 일에 대한 심의와 결정이 이루어질 수 있도록 해야 한다. 이러한 방향으로 읍·면·동 행정사무의 성격을 고려하여, 현행 읍·면·동사무소와 주민자치회 간 적정한 기능배분이 필요하다.[2)]

주민자치회가 근린자치를 실행하기 위해서는 주민자치회 설치·운영방안으로 실질적인 기능이 부여될 수 있도록 해야 한다. 자치단체의 읍·면·동 내 서비스 개선을 위한 업무 중 현장성이 높은 사업을 중심으로 위임·위탁사무를 적정하게 배분해야 한다. 현행 읍·면·동사무소의 행정기능 중 주민자치회가 처리하는 것이 효율적인 사무를 중심으로 배분하는 것이 필요하다. 추가적으로 주민자치기능의 활성화를 위해서는 구체적인 근린자치사무를 발굴하여 시행할 수 있도록 해야 한다. 현행 주민자치회가 활성화되기 위해서는 자치권을 부여하는 것이 바람직하나 그것이 지역사정에 따라 어렵다고 하면, 주민자치회 하부행정기구(사무기구)를 설치하여 업무를 지원할 수 있도록 하는 것이 바람직하다. 특히 주민자치회가 향후 사업을 발굴하여 추진한다고 하면 사업추진 집행을 위한 직원은 꼭 필요하다. 공무원으로 구성하는 경우와 전문요원으로 구성하는 경우 혹은 병행하여 운영하는 방안도 고려해 볼 수 있다. 지역실정에 적합한 모델을 택할 수 있도록 하는 것이 필요하다. 유급직원을 둘 수 있을 정도로 사업이 활성화되면 주민자치회가 잘 운영되는 경우가 있다. 그렇지만 주민자치회 위원 중 간사, 회계, 감사를 지명하여 사무처리까지 봉사활동으로 하라고 하면 정상적 기능수행이 불가능하다. 주민자치회 하부 유급사무원이 없이 간사, 회계, 감사 등을 주민자치회의 위원으로 지명하여 사무를 처리케 함으로서 의사결정 주체인 위원이 주민자치회 사무를 직접 집행

---

2) 이 내용은 당시 필자가 행정자치부 주민자치회 모니터링단과 지방분권위원회 실무위원으로 활동하면서 2014년 권경석 자치분권위원회 부위원장과 주민자치회 시범사업에 대한 검토회를 하면서 논의되었던 내용을 중심으로 정리하였다.

함은 물론 회계처리, 감사 기능까지 수행하게 하면 부작용만 전국적으로 확대될 것이다.

3. 주민자치 활성화를 위한 사업과정별 검토사항

종합적으로 단체자치 하에서 주민자치가 활성화되기 위해서는 종합적으로 주민자치회 사업이나 활성화방안과 관련한 구체적인 설계가 필요하다. 지방자치가 결과적으로 주민들이 잘살기 위한 방안을 만드는 일이라고 한다면 이를 위해서는 종합적이고 포괄적인 과정별 검토가 필요하다.

가장 먼저 주민자치 활동을 보다 활성화하기 위해서는 지방자치단체의 사업운영을 위한 적극적인 운영방안을 법제도적으로 검토해야 한다. 법제도에 대한 개선은 이미 앞서 제안한 내용을 정부가 법제정이나 정비를 통해 해결해야 한다. 이러한 법제도가 마련된다고 해도 지방자치단체의 장이 적극적인 의지를 갖지 않는다면 주민자치 활성화는 어렵다.

본청 담당 부서에서 연간 주민자치 운영계획을 만들면서 그 법제도적 검토가 이루어져야 한다. 광역단체인 시·도는 주민자치위원들의 합동워크숍이나 교육 등을 통해 주민자치회 리더들의 역량을 키워 나가야 한다. 그리고 담당 공무원들에 대한 교육도 지속적으로 이루어져야 한다. 예를 들어, 더 민주적인 절차를 어떻게 만들어낼 것인가, 더 지역사회 활성화를 위해 주민들이 참여하고 헌신할 수 있는 제도는 어떻게 만들어갈 것인가 등 주민들이 참여하여 의사결정하는 데 영향을 미칠 수 있는 법제도적 요건에 대한 충분한 검토와 대상자들에 대한 교육이 함께 이루어져야 한다.

전국 표준조례안을 만들어 배포하면서 만들어진 내용들을 현장에 적용하기 위해서는 어떻게 더 주민들이 관심을 갖고 참여하게 할 것인가에 대한 법적 요건들을 검토하고, 홍보와 소통이 원활하게 이루어질 수 있는 방법을 어떻게 읍·면·동별로 만들어낼 수 있을까에 대한 구체적인 고민이 요구된다.

다음 <표 9-2>는 주민참여 과정 설계 시 고려사항을 정리한 내용이다. 브라이슨 외(Bryson et al., 2013) 연구자들이 연구한 내용을 우리나라 주민자치회

표 9-2 주민자치 참여 설계 시 법제도적 설계 고려사항과 평가기준

설계 고려사항	제안된 평가기준
• 법적 요건의 명확화 • 정보공개법 준수 • 공고 및 회의 대안 고려	• 대중에게 알리고 코멘트를 받기 위한 법적 요건들 • 효율적인 커뮤니케이션 및 홍보 비용

활성화를 설계 시 고려하여 정리하였다.

주민자치회가 사업을 추진하거나 안건을 고려하여 어떤 중요한 결정을 할 때는 이해관계자들의 적극적인 참여가 유도될 수 있도록 해야 한다. 현재 지역현장에서 이루어지는 각종 현장을 위한 중요한 결정들을 정작 주민들이 잘 모르고 이루어지는 경우가 많다. 정보를 제공하고 참여가 개방적으로 이루어진 상태에서 어떤 결정이 이루어진다면 불만이 생겨도 어쩔 수 없는 일이다. 그러나 일방적으로 이해관계자에게 통보 없이 중요한 결정이 이루어진다고 하면 민주적 절차에 위배되는 일이다. 사실 마을을 중심으로 주민들에게 제공되는 정보나 정부의 각종 중요한 정보들이 주민들에게 잘 전달되지 않는 경우가 많다. 주민자치회가 심의하고 결정하는 사업들은 이렇게 불공정하게 이루어지지 않도록 하는 것이 중요하다.

표 9-3 민주적 참여와 포용을 위해 법제도 설계 시 고려사항과 평가기준

설계 고려사항	제안된 평가기준
• 이해관계자 분석을 수행하여 이해관계자의 적극적인 참여 • 유도 프로세스 설계와 포괄적인 노력을 기울임. • 참여자의 기여에 부응하여 다양한 관점을 장려하고 결과 반영 • 심의에 의한 개방적 접근은 참여자가 지속적으로 기여할 수 있는 역량개발에 도움 • 소외감을 느끼지 않도록 의사결정을 진행함(소규모, 엘리트, 독점적 그룹에 의해 의사결정이 이루어지지 않도록 관리함). • 절차적 공평성 강조 • 갈등관리 및 협상 기술 활용	• 참가자 구성의 포괄성 • 이해하기 쉬운 참여 영향 결과 • 주민권에 대한 긍정적 영향 • 프로세스에 대해 만족한 참가자 • 의사결정의 공평함의 높은 수준 합의 • 성과와 의견일치 결정에 대한 높은 수준 합의 • 최소한의 소송, 분쟁, 지연, 실수 또는 의사 결정을 수행하는 것에 있어 다른 장애물 • 이행을 위한 이용 가능한 자원

제 2 절 주민자치 활성화 지원 여건 설계 기본 방향

1. 참여의 주체로 사람의 문제, 사회적 자본구축

주민자치를 활성화하기 위한 참여 주체는 주민이지만 이것을 누가 주도할 것이냐의 문제에 대한 심각한 검토가 필요하다. 현재 주민자치회는 시범사업에서도 주민들의 자발적 참여와 봉사만 강조되면서 활성화에 걸림돌이 되는 경우가 많았다. 모든 것을 자원봉사 형태로 추진하면서 사무국에 직원도 없이 운영되고 있다. 주민자치 활성화는 국가의 주인인 건전한 시민을 육성하는 차원에서 접근되어야 한다. 과거의 수동적인 국민이 아니라 지역의 문제를 스스로 찾아내고 문제를 해결하는 능동적인 시민을 육성하는 것이다. 과거 새마을운동을 위해 새마을 지도자들을 교육하던 교육시스템을 만들어가야 한다. 정부가 해야 할 것이 있고 지방정부도 광역과 기초가 해야 할 분야가 있다. 정부가 해야 할 일은 전체적인 주민자치회가 해야 할 기능과 역할을 제도화하고 모범사례를 전파하는 일이다. 국정홍보를 위한 교육은 지양해야 한다. 주민자치 관련 전문가와 실무자, 활동가 등을 중심으로 모범교재를 만들어 교육용으로 배포하고 모범사례가 확산될 수 있는 방법을 만들어야 한다. 법제도화를 위해 정책모니터링을 현장중심으로 진행하고 일정한 정책방향을 가지고 추진되어야 한다. 성공사례를 전파하고 장려하기 이한 인센티브 제도, 포상제도, 전국워크숍, 박람회 등 좀 더 다양한 방식의 활성화방안을 정부가 고민해야 한다. 시도평가사업지표로 주민자치 활성화방안을 넣어 국정관리가 될 수 있도록 추진하는 것도 필요하다.

사회적 자본이 우리나라에 주민자치를 통해 만들어져 확산되려면 개인대 개인의 관계는 읍・면・동 주민자치회가 지역 내에서 만들어가는 것이지만 개인인 주민과 집단인 주민자치회와 어떻게 관계되어야 할 것인가에 대한 고민이 법제도적으로 보완되어야 한다. 앞서 논의된 바와 같이 읍・면・동 단위로 준자치권을 부여한다면 읍・면・동장 책임 하에 주민자치회가 대등한 관계에서 운영될 수 있지만, 현재는 주민자치위원회를 구성하여 위원장이 운영하는 형태로는 일정한 한계가 있다. 지역을 위한 봉사활동이 강조되어야 하지만 기본적인 여건 조성은 담당 공무원이 제 역할을 해주어야 한다. 지방의회에 사무국을 두고 지원하는 것과 같이 주민자치 업무와 관련하여 본청에 자치행정과가 전체 컨트롤을 하고 읍·면·동 주민자치회와 연계한 지원방안이 마련되어야 한다. 시·군별로 주민자치기능을 과 단위로 운영하여 실질적인 기능 활성화가 이루어져야 한다. 담당 공무원들의 교육과 워크숍 등을 통한 기능 활성화도 체계화되어야 한다.

2. 자발적 참여와 봉사를 위한 여건 조성

주민자치는 자발적 참여를 전제로 한다. 지방자치의 정상화가 중추적인 것은 자발적 봉사(나눔)로 집약할 수 있고, 그것이 곧 자발적 복지사회의 핵심가치를 반영한다. 현재 정부는 사회복지 보장협의체를 만들어 읍·면·동별로 시범운영하고 있다. 주민자치회의 자발성과 어떻게 연계할지 아직 미지수다. 그렇지만 그 활동을 정부정책 의도대로 활성화하기 위해서는 주민자치회와 연계하여 운영되어야 한다. 그렇지만 아직 그 대안은 마련되어 있지 못하다.

읍·면 지역에는 아직 공동체성이 살아있다. 특히 읍·면(농촌) 지역은 자발적 봉사활동이 존재한다. 봉사는 무엇보다 필요한 유무형의 자원을 공유하는 나눔운동으로 공익 운동이다. 공공선과 지역사회의 복지 추구는 공동체의 핵심가치 중 하나이다. 또한 봉사는 이타적 행위로서 나 자신의 삶이 변하고 풍부해지는 경험도 자연히 따르지만 그 근본 동기는 남을 위한 운동이다. 따라서 마을공동 사업의 긍정적인 효과 달성을 위해 공동참여와 협동이 필요하며 이 과정에서 공동체적 관계가 더욱 돈독해진다. 전통적인 공동체가 쇠락하면서 사회가 각박해지고 복지의 사각지대가 나타나는 이 시대에 푸근하고 인간적인 자발적 복지사회를 이룩하기 위해서는 봉사에 기조를 둔 읍·면 공동체 살리기와 주민자치회 활성화가 제도적으로 보장될 수 있는 방법을 찾아야 한다.

지역 내 거주 주민의 봉사활동을 강화하고 나눔 활동의 활성화를 위해서는 지역 내 자원봉사센터를 읍·면 공동체 내 봉사(나눔)활동의 거점으로 육성할 필요가 있다. 이러한 여건 조성을 위해 현재 읍·면·동의 봉사활동에 대한 분석과 이를 좀 더 발전시킬 수 있는 제도적 보완방안은 무엇일까를 분석하고 대안을 찾아야 한다. 특히 주민자치회의 제도적 보완을 통해 현재의 문화복지 프로그램중심의 대안보다는 더 적극적인 방안이 마련되어야 한다.

그동안 정부주도의 운동 실패를 거울삼아 읍・면・동 기능과 연계한 읍・면 공동체사업의 신뢰성 확보가 필요하다. 읍・면 공동체사업의 신뢰성 확보를 위해서는 우선, 지역주민의 자발적인 참여를 바탕으로 추진되어야 한다. 또한 정부가 읍・면 공동체사업의 성과에 연연하여 강제적 동원 형태를 취하거나 관변단체에 지나치게 의존하게 되면 주민들의 반발과 저항을 불러일으키고 불신만 키우게 될 가능성이 높다. 따라서 정부는 지역주민들이 자율적으로 읍・면 공동체사업에 참여할 수 있는 제도를 만들거나 분위기를 만드는 등 지역주민으로 부터의 신뢰회복이 이루어질 수 있는 여건에 대한 제도적 보완방안을 찾아야 한다.

3. 교류와 소통의 강화

지역사회의 발전은 교류와 소통에서 출발한다. 읍・면・동을 단위로 관할 구역 내 교류와 소통을 위한 행사를 행사장소부터 참여인원이나 목적 등을 분석하여 더 활성화될 수 있는 방안을 검토하고 개선방안을 찾아야 한다.

지역 협동조합 등 지역사회에 소속된 공동체 소속원과 지역사회 주민들과의 협력과 조화는 매우 중요하다. 각 개인은 공동체의 구성원인 동시에 지역사회의 구성원이므로 일상생활에 관련된 모든 활동을 위해 비공동체 구성원과도 조화로운 삶을 영위할 필요가 있다.

공동체 구성원들끼리만의 네트워크는 궁극적으로 공동체가 스스로 매몰되는 결과를 가져온다. 지역사회 내 공동체 활동을 위해 필요한 많은 인적・물적 자원을 공유하고 활용하기 위해서 지역의 일반주민, 단체, 조직과 교류하는 것은 앞으로 더 많은 공동체 활동을 위해 필요하다. 이를 위해서는 지역주민 및 공동체 구성원들이 하나의 지역사회 일원이라는 공동체 의식을 가질 필요가 있으며 지역사회에서의 의사결정 과정이 민주적이어야 한다.

4. 주민참여 기회 요소 확대

공동체 관련 사업은 지역사회에 뿌리를 두고 지역주민의 적극적인 참여와 강력한 지지를 얻어야만 지역사회에서 건전하게 성장・발전할 수 있다. 그러기 위해서는 공동체사업의 목표를 지역주민중심의 지역사회의 구체적인 생활문제에 중점을 두어야 한다. 이는 주민의 '삶의 질'을 높이는 총체적인 운동으로 교육, 환경, 문화, 복지 등의 문제와 하드웨어적인 공간문제 등이 포함된다.

공동체사업이 성공적으로 추진되기 위해서는 지역주민의 적극적이고 자발적인 참여가 필요하다. 지역주민들은 재미있게 일하고 즐겁게 놀 수 있어야 읍・면 공동체 프로그램에 능동적으로 참여하게 된다.

예를 들어, '돈이 되니까' 또는 '환경이 중요하니까'라는 단순한 이유만으로는 주민들이 참여하지 않는다. 환경 및 문화, 그리고 복지라는 '의미'와 경제성이라는 '이해', 그리고 '재미'를 느낄 수 있는 동기가 부여될 때 주민들이 적극적으로 참여한다. 이를 위해 지역 리더들은 주민참여 활성화를 위한 다양한 프로그램을 개발해야 한다.

지역주민의 참여를 활성화하기 위한 프로그램을 주제의 선정이나 지역주민의 계층, 직업 등을 충분히 고려하여 민과 관이 합동으로 실천할 수 있는 것으로 선정하여야 한다. 이때 주제는 주민들의 생활과 직결되는 분야가 일차적으로 검토되어야 하고 성공 가능성이 큰 지역부터 지역단체와 함께 시범사업 형식을 시도하는 것도 시행착오를 줄일 수 있는 하나의 방법이다.

지역사회에는 다양한 계층, 다양한 단체가 존재하고 있고 서로 이해관계가 다른 사람들이 거주하고 있다. 각기 다른 이념과 다른 생각을 가지고 마을이라는 공동체 속에서 살아가고 있다. 이해관계가 충돌하는 사건 또는 사안이 생기면 자기중심의 틀 속에서 자신의 입장만을 고집하게 된다.

이 과정에서 싸움이 일어나고 갈등이 발생한다. 이와 같은 갈등은 개인 간에만 발생하는 것이 아니고 이웃 간 집단 간에도 발생한다. 이와 같은 이웃 간・집단 간 발생하는 갈등은 환경문제 등 지역이기주의에 의한 님비(NIMBY)현상에 의해서 발생하는 경향이 있다. 이와 같은 이웃 동네 또는 집단 간에 발생하는 갈등은 읍・

면 공동체사업 추진의 커다란 장애 요인이 아닐 수 없으며 갈등해소를 위한 노력이 필요하다.

무엇이 지역발전을 위한 것인지 냉정히 생각하면서 문제해결을 위한 접근을 시도해야 한다. 무조건 내 것만을 주장하지 말고 상대방의 말도 들어주면서 상대방의 입장에서 갈등의 근본적인 문제를 분석해야 한다. 우리의 입장도 소중하지만 상대방의 입장과 생각도 소중하다는 전제 하에 상대방을 배려하면서 문제해결을 시도해야 한다.

5. 개방성과 다양성을 위한 학습 여건 조성

사회혁신의 차원에서 개방성과 다양성을 위한 학습 여건 조성이 주민자치회 활성화에 포함되어야 한다. 개방성과 다양성은 동전의 앞뒷면 같이 함께 추구해야 될 요소이다. 개방성(opennes)은 의사표현의 기회를 활짝 열어두는 동시에 이로 인한 정신적・육체적 피해가 없는 것을 말한다. 즉, 누구나 자신의 생각을 소신껏 이야기할 수 있으며 이로 인해 정신적으로나 육체적으로 그 어떤 피해(damage)가 가지 않는 여건이 조성되어야 함을 의미한다. 다양성(diversity)은 서로 차별 없이 다름(different)을 인정하는 것이다. 이것은 절대성보다는 상대성을 선호한다. 예컨대, 학력의 높고 낮음, 재산의 많고 적음, 그리고 권력의 위아래에 차별을 두지 않고 똑같은 하나의 인격체로 인정하는 것을 말한다. 학습(learning)은 공개적인 토론과 비판 속에서 인간이 갖고 있는 주관성을 객관성으로 치환하는 과정에서 얻게 되는 지식 습득의 단계이다. 또한 학습은 똑같은 시행착오(trial and error)를 반복하지 않는 과정 속에서도 일어난다. 즉, 어떤 프로그램이나 컨텐츠를 만드는 데 같은 잘못(error)을 반복해서 범하지 않았다면 그것은 학습의 효과라고 말할 수 있을 것이다.

주민자치 활성화의 여부는 개방성과 다양성을 위한 학습 여건이 어느 정도 제대로 기능할 수 있느냐에 달려 있다 해도 과언이 아닐 것이다. 따라서 주민자치 활성화는 민주주의와 밀접한 관련을 갖고 있으며, 제대로 된 민주주의를 시행하기 위해서는 개방성과 다양성을 위한 학습 여건을 조성해 주민자치를 활성화해야 할 것이다.

제 3 절 주민자치회 활성화 지원체계 구축방안

1. 읍 · 면 · 동, 읍 · 면 공동체사업의 비전 제시와 사업계획 수립

읍 · 면 공동체사업이 성공을 이루기 위해서는 지역주민들의 참여의욕을 자극시킬 수 있는 적절한 이슈개발 및 과제 개발이 필요하며, 우선 읍 · 면 공동체사업의 방향이 되는 비전, 목표, 수단 등의 개발이 필요하다.

이러한 비전은 정량적, 정성적 지표를 활용하여 읍 · 면 공동체사업의 발전방향을 제시할 필요가 있으며, 다음으로 비전 달성을 위한 목표의 도출과 제시로 이러한 목표는 지역사회의 발전을 위한 의지를 제시하는 역할을 한다.

그 다음으로 목표를 달성하기 위한 수단, 방법, 절차 등을 모색하여 제시함으로써 구호에 그치지 않게 해야 한다. 공동체 활동은 참여자 개인에게 의미 있는 정신적 · 물질적 가치를 제공할 수 있어야 하며, 동시에 공동체 전체와 사회에 의미 있는 일과 연계되어야 한다.

공동체에 실제 참여하는 모든 사람들에게 개인적으로도 사회적으로도 뚜렷한 명분과 실리를 줄 수 있어야 한다. 개인의 자아실현이 공동체의 목표실현과 함께 해야 개인 참여자들의 실천의지를 높이고 구성원 간에 정신적인 지지와 물질적인 나눔도 가능하다.

결국 읍 · 면 공동체사업이 성공하기 위해서는 함께하는 개인들 간의 공동체를 활동을 위한 뚜렷한 목표와 비전이 있어야 하며, 모든 참여자가 주체로서 같은 목표를 가지고 활동할 수 있도록 역할과 책임이 부여되어야 한다.

농촌마을사업 성공사례로 알려진 충남 홍성군 문당리의 경우, 문당리 마을 100년 계획을 수립해 추진했더니 10년 내 100년 사업계획이 완성되어 다시 100년 계획을 수립했다고 한다. 문당리 사람들은 100년 후 마을의 미래를 이미 잘 알고 살고 있다.[3] 읍 · 면 · 동별로 100년 계획을 수립하고 단기계획을 주민자치회에서 결정하여 추진하도록 하는 것이 바람직하다고 생각한다. 읍 · 면 · 동 단위 지역계획이 중요한 것은 몇몇 지도자들에 의해 일방적으로 주도되는 것이 아니라 읍 · 면 전체가 함께하는 공동체운동으로 발전하기 위한 네비게이션 혹은 나침판과 같은 역할을 100년 계획이 할 수 있기 때문이다.

읍 · 면 · 동 주민자치사업도 활성화되려면 지역계획고권은 주민자치회가 갖게 해야 한다. 시간이 좀 더 걸려도 주민들 전체가 참여하는 발전계획 수립이 만들어져야 한다. 이를 토대로 주민자치회가 해야 할 사업우선순위를 결정하고 이를 지원하는 형태로 예산계획도 반영될 수 있도록 해야 한다.

다만 읍 · 면 · 동 주민 전체의 의견이 반영된 계획을 어떻게 만들어내고, 이 중에서 단기적인 계획에서 어떻게 사업의 우선순위를 두어 갈 수 있느냐에 대한 고민을 주민자치회가 중심이 되어 해결해 나가야 한다.

읍 · 면 · 동 주민자치회의 활성화와 관련하여 가장 고민해야 할 부분이 마을과 주민자치회의 어떻게 역할을 연계하여 발전시킬 수 있느냐 하는 부분이다. 심리적으로는 유대감을 갖고 있는 사람들 간 대면적 방법에 의해 주민들의 참여가 이루어지는 방법이 가장 바람직하다. 그렇지만 마을 내에서도 주민들이 전체가 모여

표 9-4 지역문제에 대한 이해력 증대와 해결책 탐색 설계 시 고려사항과 평가기준

설계 고려사항	제안된 평가기준
• 심리적 접근과 small-group 형식은 참여자가 이슈를 이해하고 문제를 해결할 수 있게 함. • 새로운 옵션에 대한 이해와 발견을 촉진하기 위해 정보를 공유하고 참가자들 사이에서 의견을 교환하여 프로세스를 설계함. • 참가자들 간 의견을 공유하고 서로 다른 견해에 대해서는 협의를 통하여 맞추어감. • 기술적 전문성과 광범위한 이해관계자 대표 간의 균형을 유지함.	• 개인 혹은 집단의 가정, 뼈대, 선호들의 변화 • 참가자의 이슈에 대한 지식, 관심을 표현할 능력, 다른 관점 감상의 변화 • 새로운 문제해결 생성 및 가능한 해결책

3) 농촌마을을 생태적 순환의 아름다운 마을로 만들기 위해 체계적인 계획이 필요하다고 판단하여 21세기 문당리 발전 100년 계획을 수립하였다. 주형로 씨와 풀무학교 등이 이 마을의 상징적인 역할을 해오고 있다. 마을은 조각이 아니라 하나의 전체이며 이런 전체를 디자인하고 사람들을 엮어야 마을의 희망을 찾을 수 있다(김오열, 2000: 147).

어떤 결정을 하기가 어렵다. 마을보다 확대된 읍 · 면에서 주민들 전체가 모여 합의된 결정을 하는 것은 더 어렵다. 가능하면 중요한 의제가 있다면 마을별 의견수렴이 이루어지고 이를 통합하여 결정하는 형태가 바람직하다. 이를 위해 분과별 활동, 이 · 통장협의회 의견수렴 등이 더 활발하게 이루어져야 한다.

주민자치란 주민이 지역사업을 스스로 결정하고, 스스로 집행하며, 스스로 책임지는 제도이며, 주민자치회란 주민중심의 생활 근린자치를 강화하여 지역공동체 활성화 및 지역 발전을 도모하고자 읍 · 면 · 동 단위별로 구성하는 새로운 형태의 주민자치조직이다.

과거 급속한 도시화와 개인주의 성향 등으로 인해 읍 · 면 공동체 의식 부족과 주민의 참여가 저조하다. 이런 이유로 1955년 민선 지방자치 부활 이후 학계 및 시민단체를 중심으로 주민자치 강화 요구가 증가된다.

1999년 읍 · 면 · 동에 '주민자치센터'를 설치하였으나 자치기능보다 문화 · 여가 기능 강화에 중점을 둔다. 이와 같은 문제를 해결하기 위하여 지방행정체제개편에 관한 특별법 제20조(주민자치회의 설치)에 따라 풀뿌리자치의 활성화와 민주적 참여의식 고양을 위하여 읍 · 면 · 동에 해당 행정구역의 주민으로 구성되는 주민자치회를 둘 수 있게 된다.

현재 주민자치회가 시범실시 단계에 있지만 이 제도가 전국적으로 확산되어 실시될 경우 읍 · 면 공동체사업도 읍 · 면 · 동 단위의 가장 대표적인 주민자치기구인 주민자치회와의 유기적인 협력을 통해 추진되어야 한다.

2. 지역 단위 민관협력 소통과 네트워크 구축방안

일반적으로 읍 · 면 공동체들은 개인이나 마을의 당면한 문제를 해결하기 위한 방안으로 공동체 활동을 시작하는 경향이 있으며, 읍 · 면 공동체사업에 있어 주민의 참여의지가 중요한 부분을 차지하기 때문에 자발적인 참여를 유도하기 위한 여건조성이 필요하다. 주민들의 생각과 의지로 참여한 자발적인 읍 · 면 공동체사업은 새로운 형태의 주민공동체를 만들고 지속적으로 성장한다.

읍 · 면 공동체사업은 자발적인 주민참여가 전제되는 사업으로 공공의 역할은 주민의 역량강화와 읍·면 공동체사업을 전개하는 데 있어 필요한 사항에 대한 지원 위주로 추진되어야 한다. 즉, 공공이 주도하고 주민이 참여하는 방식이 아닌 주민의 필요와 요구에 의하여 주민이 적극적으로 참여하고 공공은 이에 대한 지원을 수행하는 방향으로 추진되어야 한다. 이를 위해서는 지역주민이 스스로 개발하고 추진하는 읍·면 공동체 프로그램이 운영되어야 한다.

공동체사업은 과거처럼 특정한 운동명칭을 사용하면서 정부주도의 관리적 입장을 취하기보다는 다원주의적 차원에서 현안별 주요 이슈나 과제를 중심으로 생활중심형 운동을 전개할 필요가 있다. 중요한 것은 민간단체, 시민단체나 지역주민과 협력체계를 구축하는 것이며(네트워크 구축), 특히 오늘날 사회는 국가가 압도적으로 시민사회에 우위를 점하고 있다고 말할 수 있는 상황이 아니므로 과거의 방식에서 탈피하여 민관협력체계를 구축하고 국가 지원을 강화하는 형태로 읍·면 공동체사업을 추진하는 것이 바람직하다.

따라서 정부는 민간단체가 창의성·전문성·자율성을 가지고 공익활동이나 국가 경제 발전에 적극적으로 참여할 수 있도록 제도적, 행·재정적 지원방안을 강구하고 서로 협력하는 자세를 가질 필요가 있다. 민간단체가 추진할 과제를 선정하여 지속적으로 추진하되 지방자치단체의 적극적인 협조를 유도하고 관련 지원사업 및 관련 협의체와 연계를 확대하며 읍·면 공동체사업의 효과적인 파급과 확산을 도모할 필요가 있다.

지방자치단체장의 유연한 협치 능력으로 적극적으로 주민참여를 유도하고 민관 파트너십을 구축하여 신뢰를 기반으로 협력을 유도하는 지방자치단체의 거버넌스 능력이 필요하다. 예를 들어, 수원시의 경우, 마을만들기 등 공동체 관련 사업에 대한 대기업의 참여를 유도하여 재정, 건축자재 등의 지원을 받고 있고, 교육·복지 분야 등의 재능기부를 받고 있다.

소그룹으로 문제의식을 가진 개인들의 정기적이며 적극적인 모임이 필요하다. 같은 문제의식을 갖고 있는 개인들이 모여 문제에 대한 해결방법과 전략을 함께 논의함으로써 인적·물적 자원뿐만 아니라 제도적인 지원도 이끌어낼 수 있다. 같은 문제로 고민해 온 다른 그룹들이 있는가를 알아보고 그 그룹을 찾아 벤치마킹하면서 활동을 연계하여야 한다. 전국적 또는 지역 내에서 같은 문제를 고민해 온 사람들이 모여서 함께 활동하고 협력하는 단체가 있고, 그 문제에 대해 조언을 받을 수 있는 연구와 교육을 관장하는 조직이 있다면 이를 적극적으로 활용할 필요가 있다.

작은 개인들의 모임이 다른 공동체와 연계하여 그 활동을 지원받음은 처음 공동체를 시작하는 과정에 문제점을 줄이고 바람직한 방향으로 운영할 수 있는 기반이 된다. 지역 내 다양한 문제들을 그 지역에 사는 주민들이 스스로 해결하기 위해서는 문제해결 방법에 대한 바람직한 방향을 설정하고 그것을 해결하기 위한 노력이 지속가능하게 되어야 한다. 이를 지원하는 공공지원 생태 여건을 만들어가는 것은 정부나 공공기관이 해야 할 중요한 사안이다.

과거 1970년대 새마을운동의 성공은 주민들의 노력이 개인 또는 가족의 생활환경 개선이나 자기가 사는 마을의 발전으로 이어진다. 이와 같이 읍・면 공동체 관련 사업도 전체 국민 혹은 참여집단의 발전이나 이익을 위한 노력으로 비춰져야 하며 특정 집단이나 정권, 혹은 권력자의 이익으로 비춰질 경우 읍・면 공동체사업도 국민으로부터 저항을 받을 우려가 있다.

따라서 읍・면 공동체사업도 참여자들에게 일정한 실리를 제공해야 한다. 현재는 과거와 같이 정부에서 하는 일에 대해 무조건 따라오라는 운동방식은 국민에게 받아들여지지 않는다. 즉, 정부가 하는 일이라도 참여하였을 때 그에 따른 인센티브가 제공될 때 적극적인 동참이 이루어진다. 따라서 읍・면 공동체 활성화를 통해 개인 또는 기관에 도움이 될 수 있는 방안이 수반되어야 한다.

예를 들어, 일자리 만들기 사업과 읍・면 공동체 활성화를 연계하여 실생활과 도움을 주도록 해야 한다. 어려운 자들에게는 일자리를 만들어서 삶에 도움이 될 수 있는 실리를 제공하여 읍・면 공동체 활성화에 기여하도록 해야 한다. 읍・면 공동체사업 관련 단체원들은 지원 및 봉사 차원에서 접근이 필요하나 일반주민들은 일당을 주면서 봉사와 이익을 주는 형식으로 접근해야 한다.

우선 주민참여예산제를 실질적으로 운영할 수 있도록 해야 한다. 총 지역예산의 3% 이상을 반영하여 읍・면・동 주민자치회가 기획한 사업을 지원할 수 있도록 한다면 지역의 현실적인 사업대안들이 만들어지고 성과를 낼 수 있을 것으로 예상된다. 그리고 농촌지역은 공모사업을 읍・면 계획과 연계하여 추진하고 읍・면 거점사업 등에 대한 추가적인 사업지원을 통해 읍·면 생활거점사업을 활성화해야 한다.

그리고 이미 세종시, 담양군 등에서 주민세를 전액 주민자치사업 예상으로 배정하여 운영하는 것처럼 주민자치회의 운영사업비를 주민세로 대치할 수 있도록 하는 것도 필요하다. 다음 <표 9-5>는 브라이슨 외(Bryson et al., 2003)[4] 연구자들이 주민참여 과정에 대한 설계 시 유의해야 할 내용을 연구하여 제시한 것을 우리나라 주민자치 참여를 가정하여 재정리한 것이다.

표 9-5 읍·면 지역사회 발전계획 목표와 비전설정 고려사항과 평가기준

설계 고려사항	제안된 평가기준
• 이해관계자 분석 • 다양한 참여 증진 • 이익과 손해의 분배 고려	• 이해관계자 대표의 적절성 및 다양성 • 결정에 따라 발생한 이익과 손해의 분배 개선

주민자치회가 각종 사업을 구상하여 운영한다면 이에 대한 기록을 명확히 하고 그 내용이 주민들에게 잘 공지될 수 있도록 해야 한다. 특히 회계 지출과 관련해서는 투명성이 확보될 수 있도록 최대한 노력해야 할 부분이며, 이를 통해 사회적 자본이 만들어져가고 지속가능한 지역 발전이 보장될 수 있다.

표 9-6 투명한 운영을 위한 사업설계 시 고려사항과 평가기준

설계 고려사항	제안된 평가기준
• 대중에게 정보를 더 확대 제공하고 의사결정의 투명성 유지	• 많은 사람들이 전달, 또는 목표 인원에 전달 • 대중에게 알리기 위해 사용되는 방법 또는 장소의 다양성 • 목표로한 정책 이슈에 대한 대중의 증가된 인식 • 자신이 제공받은 정보에 대해 만족한 대중

주민자치회가 추구해야 할 방향은 어떻게 지속가능한 발전이 가능한가에 대한 고민에서 출발되어야 한다. 지속가능한 발전을 위해서는 마을 간 사람과 협력과

4) 이 연구 논문(2013)에서는 과정별 주민참여 설계를 요소별로 중요하게 보아야 할 설계 시 고려사항을 평가기준과 함께 제시하고 있다.

연대에서 비롯된다. 문제가 복잡한 경우일수록 더 적극적인 검토가 이루어져야 한다. 특히 사업에 대한 불확실성에 대한 고민이 필요하다. 대부분 지역에서 겪고 있는 문제가 해결하기 어렵고 복잡한 문제가 중첩되어 나타나기 때문이다.

또한 이해관계가 복잡하기 때문에 더 해결하기 어려운 경우가 많다. 이러한 문제를 해결하기 위해서는 선진지의 방문을 통한 학습, 전문가들의 참여를 통한 해결 등 다양한 방안을 고민해야 한다.

표 9-7 지속가능하고 더 좋은 사업구상을 위해 설계 시 고려사항과 평가기준

설계 고려사항	제안된 평가기준
• 협동을 통한 학습 증진 • 지식과 투자를 활용하기 위한 의사결정의 적정한 규모(분권)전환이 요구됨. • 문제가 복잡하고 기술적 품질이 필요한 경우, 다양한 방법으로 작업에 참여함. • 불확실성의 존재를 인지함. • 참여를 극대화하고 정보 공유를 장려함. • 관계구축을 통하여 불확실성을 줄이고 이견과 자원에 대한 협상 프레임워크를 제공함. • 핵심 이해관계자의 참여를 위한 다양한 관점 학습 "collaborative science"를 통해 서로의 관심사, 가치관에 대해 서로 학습함으로써 의견공유(원활한 의사소통) • 참여자들 간의 사회적 자본 구축, 협력과 의사소통	• 전문가들 결정의 질과 특정 상황(예: 경제적 효율성, 안정성, 신뢰성, 타당성, 형평성, 환경영향 등)에 맞는 기준의 사용했는지에 대한 여부 확인 • 지속되는 학습과 협상을 위한 구조 혹은 관계의 지속성 • 가치, 관계, 정보와 같은 부분에서 예상치 못하게 발생된 변화의 오역으로 인해 발생된 문제의 제한된 수 • 이해관계자 사이에서 감소된 갈등 • 의사결정자 혹은 의사결정 과정의 신뢰 • 현재 진행 중인 계획 및 평가의 폭넓은 참여를 지지하기 위한 새로운 구조(관계, 파트너십 및 자원)의 생성 • 변화된 상황에 적응하기 위한 지속적이고 다양한 관리 참여 • 의사결정 또는 성과관리를 위한 합의된 기준의 사용(예: 프로그램, 자원, 문제의 인식…) • 새로운 문제를 해결하고 지속적인 관리를 위한 지속적인 집단 능력(예: 프로그램, 자원, 문제의 인식…)

3. 주민자치회 종합 웹 역량관리 시스템 구축

주민자치회 성공정착을 위한 핵심 요소는 크게 마을리더, 마을별 주민, 지역 내 마을자원, 정부(지방자치단체 포함)지원, 외부전문가 등 다섯 가지 요소로 분류될 수 있다. 마을사업을 추진해 본 경험이 있는 마을은 그 과정에서 축적해온 마을사업의 유·무형 기반이 무엇인지를 파악하여 마을발전방향에 대한 마을리더, 마을주민, 외부지원군 등의 객관적인 이해와 공감이 필요하다.

주민자치회가 상향식 발전계획을 수립하여 지역 실정에 적합한 사업을 추진하기 위해서는 지역주민 및 지방자치단체의 자발적인 참여가 중요하다. 핵심리더와 마을공동체의 역량 등을 고려한 교육 과정을 설계하여 마을발전 방향을 도출·활용하는 것이 필요하게 된다. 주민자치회도 결과적으로 사람들 간 신뢰구축, 즉 사회적 자본을 만들어가고 공동생산이 활성화될 수 있도록 하는 데 있기 때문이다. 웹시스템을 통해서 실제 지역주민들을 지역공동체 운영과 관련하여 어느 정도 역량을 가지고 있고 삶의 질 측면에서 어떤 부분을 보완하는 것이 필요한가에 대한 실증적인 진단을 통해 지역공동체 발전을 위한 구체적인 대안을 제시해야 한다.

그림 9-2 마을역량진단 웹시스템을 통한 기대효과

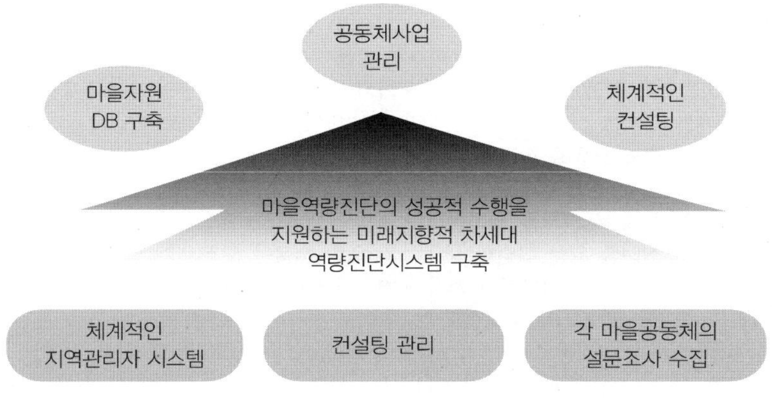

이를 위해 설문조사나 자원조사 등에 대한 시간이 너무 많이 들어 어려움을 겪고 있는 문제를 IT 시스템과 결합하여 통합적으로 관리하게 된다면 마을공동체 활성화 기반을 효율적으로 관리할 수 있다. 또한 마을공동체에 대한 진단을 객관적으로 관리하게 됨에 따라 마을에 필요한 정보를 제공할 수 있는 기초 DB 구축이 가능하게 된다. 마을공동체 방문 시 컨설턴트가 미리 공동체 현황을 수집하여 실태를 미리 파악할 수 있고, 보다 정확한 컨설팅이 가능케 한다. 수많은 공동체를 데이터베이스화시켜서 관리자 및 지역관리자가 현황을 쉽게 파악할 수 있고, 또한 각각의 공동체가 추진하는 사업 또한 관리하기 쉽게 된다.

그림 9-3 마을사업관리 지원시스템 구성도

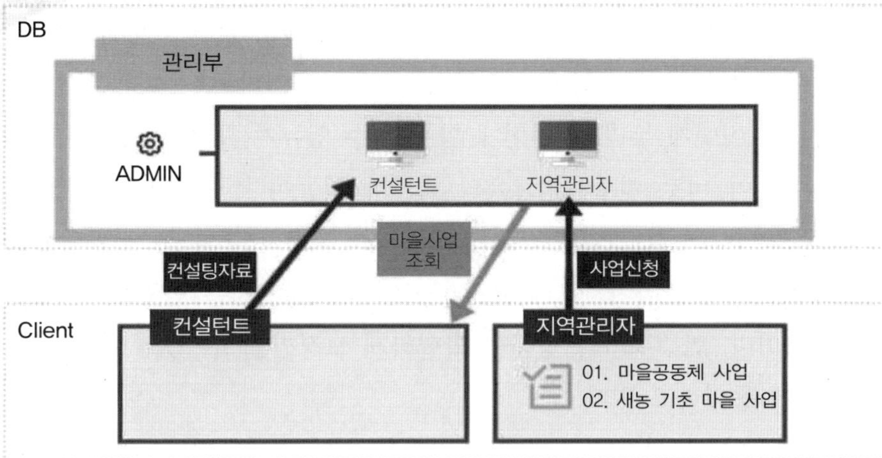

마을공동체의 역량을 진단하고 체계적으로 관리할 수 있는 웹시스템의 구축전략을 살펴보면 다음과 같다. 첫 번째로 공동체 지원사업의 관리이다. 지역 담당자 또는 전체 담당자가 공동체 지원사업 신청서의 공동체 소개 및 사업계획서 등의 내용을 역량진단 시스템에 업데이트하는 것이다. 두 번째로 공동체별 사업추진 결과 관리로 담당자가 마을공동체 및 마을사업의 최종결과보고서를 받아서 그 내용을 시스템에 업데이트하는 것이다. 사업의 운영 결과를 보고하고 이미지를 업데이트하는 등의 지원을 하게 된다. 세 번째로 공동체 지원사업의 검토이다. 공동체의 개요, 신청사업 내용, 사업비, 기타 의견 등을 관리하고 검토할 수 있도록 지원한다. 네 번째로 공동체 방문 컨설팅 결과 관리이다. 컨설팅 결과보고를 역량진단 시스템에 업데이트함으로써 공동체 현황, 컨설팅 개요, 컨설팅 내용, 컨설턴트 종합의견 등이 관리될 수 있다.

4. 민주시민교육을 통한 주민자치 전문가 양성 시스템 구축

지방자치는 민주시민교육의 장으로서의 역할을 한다는 토크빌(Alexis de Tocqueville)의 고전적인 이론을 말하지 않더라도 미국의 뉴잉글랜드 마을회의(town meeting)와 같은 기초 지방정부의 정치교육적 기능은 특별히 민주시민교육에 있어서 대표적 사례라 할 것이다(김영기, 2014: 242－265). 토크빌은 마을회의가 지니는 의미는 학교가 지니는 의미와 유사함을 말하고 있다. 마을회의는 학교가 갖고 있는 자유를 어떻게 누리고, 어떻게 활용할 수 있는가를 알려주는 학교의 역할을 하는데 이것이 비로 민주시민교육의 역할과 기능이다. 토크빌의 이런 견해는 토크빌과 같은 시대에 살고 있었던 밀(John Stuart Mill)이나 다음 세대의 브라이스(James Bryce)에 의해 이어지고 있다. 이들 역시 지방자치는 민주주의를 위한 가장 좋은 학교이며, 민주주의의 성공을 확실하게 보장받을 수 있는 요인으로 작용한다는 사실에 동의하고 있다.

민주시민교육이 한 사회나 국가의 시민성을 높여 지방자치나 주민자치 활성화에 긍적적인 영향을 줄 것이라는 견해에 의하면, 민주시민교육은 개인의 민주적 태도, 가치, 행태에 직접 영향을 미치기 때문에 어느 때든 한 사회의 시민문화 축적에 기여하고, 이것이 결과적으로 지방자치나 주민자치 활성화에 좋은 영향을 준다는 것이다. 개인의 정치의식과 태도는 사회구성원의 정치행위를 결정하고 이런 정치행위의 결과물이 정치 질서와 제도라는 것이다. 이런 정치문화론자의 관점에 따르면 민주시민교육이 사회정치체제의 질적 수준을 결정한다는 의미와 맥락을 같이하고 있다. 정치문화를 어떤 사회의 구성원들이 공유하는 정치적 규범이나 관습, 신념체계, 사고방식 내지 정치체계에 대해 갖는 태도와 정향이라고 규정한다면 그에 미치는 민주시민교육의 중요성은 결코 간과할 수 없는 것이다. 민주시민교육은 올바른 시민성 함양을 통해 민주주의 꽃인 지방자치나 주민자치 활성화를 필드에서 제대로 실현해 보자는 것인데, 이것은 시민성 없이 지방자치의 본질인 민주적 정치문화의 핵심 요소로 작용하는 차이나 다름(different)을 인정하고 관용과 타협을 선호하는 사회 자본인 신뢰성의 축적이 요원하다고 보기 때문이다. 즉, 민주시민교육 없이는 사회적 자본인 신뢰성이 구축되지 않으며, 신뢰성 구축 없이는 주민자치 활성화도 이루어질 수 없다는 의미이기도 하다.

따라서 민주시민교육을 통해 함양되는 시민성을 갖춘 사회구성원을 시민이라고 한다면 진정한 의미의 시민은 지방자치와 민주주의 발전의 주체로서 경제력, 제도,

구조 같은 것들보다도 더 중요한 요인으로 간주된다. 역사적으로 산업혁명 이후의 부르주아(bourgeois)에 연원을 두고 있는 영국의 시민은 오랫동안 지방자치와 민주주의의 구현을 위해 노력하는 과정에서 형성되었다. 다른 어떤 나라보다도 영국의 민주주의가 일찍부터 성립하고 지방자치가 발전할 수 있었던 것은 바로 이 높은 도덕성을 갖춘 시민이 민주시민교육을 통해 배출될 수 있었기 때문이다. 이런 맥락에서 민주시민교육은 주민자치의 활성화에도 기여할 것으로 예상된다.

그런데 여기서 우리는 한 가지 질문을 제기할 수 있다. 짧은 시간의 민주시민교육을 통해 민주주의와 지방자치, 그리고 주민자치를 제대로 이해하는 시민을 양성하고자 한다면 이것이 가능한 일일까? 이런 질문에 대한 대답은 그리 쉬운 일이 아니지만 결론적으로 말하면 민주시민교육이 주민자치를 활성화할 수 있다는 이야기이다. 이유는 민주시민교육이 그 자체로서 정보 자원으로서의 성격을 지니고 있기 때문이다. 정치 · 경제 · 사회 · 문화적으로 영향력 있는 사회 일부 세력은 사회적 지위나 영향력을 더욱 더 공고히 하는 성향을 수반하게 되는데, 이것은 사회 일부 세력이 상대적으로 이런 교육에 대한 접근성이 높고 그것 자체가 권력의 기초 자원으로서 작용할 가능성이 크기 때문이다. 이 말은 사회집단에 따라 민주시민교육에 따른 영향력의 정도가 다르다는 뜻이며, 어느 집단은 더 민주화되면서 지방자치의 정신과 본질인 주민자치를 구현하며, 동시에 다른 집단은 그렇지 않은 효과를 발생하게 된다는 뜻이기도 하다. 문제는 그렇게 크지 않은 효과를 내는 집단을 큰 효과를 낼 수 있는 집단으로 바꾸어 놓기 위해서라도 민주시민교육이 필요할 것이다.

결국 그 대상 사회의 민주화나 지방자치, 그리고 주민자치의 정도가 높을수록 민주시민교육으로 인한 사회정치체계의 민주화나 지방자치, 그리고 주민자치의 효과는 보다 더 커지는 관계에 있다. 한 사회가 민주화나 지방자치, 그리고 주민자치가 잘되어 있으면 그로 인해 사회구성원들의 정보자원이나 실천학습에 대한 접근기회가 공정하게 부여될 것이고, 그런 만큼 민주시민교육으로 인한 사회구성원 간의 시민성 격차나 민주화 정도의 빈익빈부익부 현상이 줄어들 것이기 때문이다. 따라서 민주시민교육이 초등학교, 중학교, 고등학교, 그리고 대학교로 계속 연결되는 시스템이 구축되면 민주주의나 지방자치, 그리고 주민자치의 제고 효과는 높게 나타날 것이고, 또한 이것이 주민자치의 전문가 양성 시스템을 구축하는 데 순기능으로 작용할 것이다.

그림 9-4 민주시민교육을 통한 주민자치 전문가 양성 시스템 구축

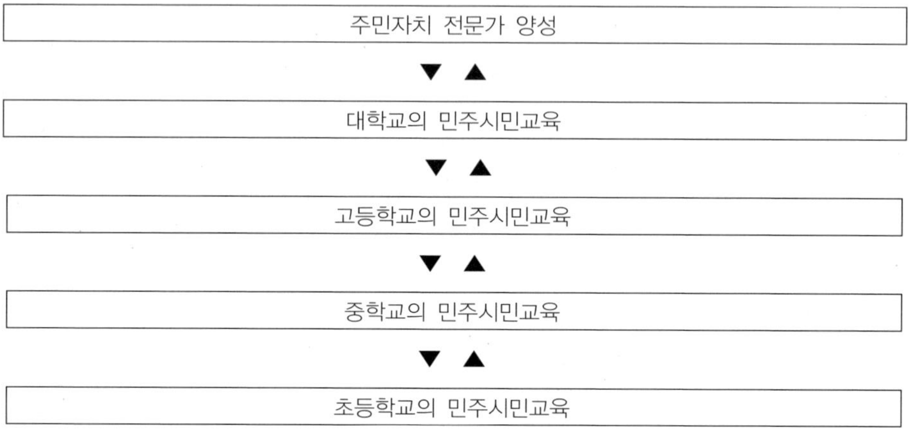

참고문헌

권향원 외(2019). 사회혁신 기반 마련을 위한 중앙 및 지방정부의 역할과 지원모델 연구. 『행정포커스』, 제130호. 서울: 한국행정연구원.

김영기(2014). 『뉴잉글랜드 타운정부론』. 서울: 대영문화사.

김오열(2004). 100년 내다본 계획 세우고 마을발전 도모. 『국토』, 제257호(9월호). 국토연구원.

신윤창 외(2017). 읍면동 주민자치회 도입의 문제점과 개선방안에 관한 연구: 협력형 모델의 시범운영 사례를 중심으로. 『한국비교정부학회』, 21(4): 93－116.

정지훈(2016). 주민자치회도입에 따른 지방자치단체 적용방안의 탐색적 연구: 용인시를 중심으로. 『한국정책연구』, 16(1): 15－33.

조석주(2005). 주민자치센터에 대한 주민의식분석과 발전방안: 군포시 사례를 중심으로. 『한국지방자치연구』, 7(1): 89－115.

최근열(2002). 주민자치센터의 활성화 방안: 대구광역시 북구를 중심으로. 『행정논총』, 40

(2): 135－165.
______(2003a). 주민자치센터 프로그램 활성화 방안: 울산광역시 사례를 중심으로. 『한국사회와 행정연구』, 14(1): 241－268.
______(2003b). 주민자치센터의 프로그램 개발: 울산광역시 남구를 사례로. 『한국지방자치학회보』, 15(2): 79－105.
______(2004). 주민자치센터의 주민참여 활성화 방안. 『한국지방자치연구』, 5(3): 103－129.
______(2006). 주민자치센터의 평가와 정책과제: 울산광역시를 사례로. 『한국거버넌스학회보』, 13(3): 335－361.
______(2016). 읍면동 주민자치회 시범실시 실태 및 발전과제. 『한국지방자치연구』, 16(3): 215－240.
톰 피터스 · 로버트 워터맨(2005). 『초우량 기업의 조건(*In search of Excellence*)』. 서울: 더난출판사.
홍길표 · 이립(2016). 『플랫폼시대의 공공혁신』. 서울: KMAC.
Bryson John M., and Quick Kathryn S.(2013). Designing Public Participation Processes. *PAR*, Vol.73.

찾아보기

ㄱ

ㄴ

ㄷ

ㅂ

ㅅ

ㅇ

ㅈ

ㅊ

ㅋ

ㅌ

ㅍ

ㅎ

저자 소개

김주원(金柱元)

■ 주요 경력

강원연구원 강원도마을공동체종합지원센터 센터장(2018.9~현재)
강원연구원 지역사회실장(2014.10~2016.7), 선임연구원(2013.4~현재)
일본 돗토리정책종합연구소 객원연구원(2005.3~9)
한국문인지 2012년 신인문학상 시인 등단

■ 비상임

강원도 마을공동체만들기위원회 위원장(2014~현재)
농촌사랑, 농도상생포럼 회장(2006~현재: 자원봉사단체)
대통령소속 자치분권위원회 2050 TF위원(2018.3~현재)
대통령소속 지방자치발전위원회 실무위원(2007~2017)
강원도사회복지협의회 이사, 부회장(2010~현재)
한국지방자치학회 상임이사, 이사, 부회장(2008~2017), 마을자치위원회 공동위원장(2018~현재)
강원도 인권위원회 위원 부위원장(2014~2017)
대통령소속 지방행정체제개편위원회 전문가위원(2011~2012)
농림부, 함께하는 농어촌운동 실무위원(2011: 색깔 있는 마을 모델정립)
강원도 사회적기업추진위원회 위원(2009~2011)

■ 상 훈

2018/2014/2007년 강원도지사 표창
2017년 한국생활자치 대상 수상(한국생활자치연구원 주관)
2012년 12월 농어촌대상 대통령 표창
2011년 3월 한국농어촌공사 사장 표창
2009년 3월 강원일보사 사장 표창
2007년 국민포장 수상(행정혁신유공)

김중석(金重石)

■ 주요 경력

강원대학교 졸업
강원도민일보 편집국장
강원도민일보 대표이사 사장(현)
지방분권국민운동 대변인
국가균형발전위원회 전문위원
대통령소속 자치분권위원회 자치제도분과위원장(현)
전국자치분권협의회 공동회장(현)
대한민국지방신문협의회장(현)
『거꾸로 보는 지방』, 『지방분권과 지역언론』 등 저서

■ 상 훈

국민훈장 목련장
지방자치대상
한국신문상 등

박 철(朴 鐵)

■ 주요 경력

주민자치 편집장[(사)한국자치학회](2012.7~현재)
(사)한국공공자치연구원 수석연구원(공공정책21 편집장)(2006.11~2010.1)
명지대학교 공과대학 기계공학과 졸업

곽현근(郭賢根)

■ 주요 경력

대전대학교 행정학과 교수(1996.9~현재)
시도지사협의회 지방분권특별위원회 위원(2019.1~현재)
대전광역시 새로운대전위원회 자치참여분과 위원장(2018.11~현재)
대전광역시 지방분권협의회 위원(2018.7~현재)
대통령소속 자치분권위원회 주민자치전문위원회 위원장(2018.5~현재)
대통령직속 정책기획위원회 분권발전분과위원회 위원(2017.11~현재)
자치분권위원회 산하 제주세종특별자치분권균형발전위원회 위원(2017.12~현재)
행정안전부 자치분권분야 자체평가 위원(2017.8~현재)
문화재청 규제개혁위원회 위원(2015.4~현재)
충청남도 지방분권특별위원회 위원(2012.5~현재)
충청남도 자치행정분과 정책자문위원(2017.3~현재)
CK－1 대전대 지역공동체활성화지원 전문인재양성사업단장(2014.9~2019.2)
한국공공행정학회 회장(2017.3~2018.2)
행정안전부 자치분권전략회의 위원(2017.7~2017.9)
대전발전연구원 이사(2009.3~2014.2)
한국지방자치학회 총무위원장(2012.2~2013.2)
대전광역시 무지개프로젝트 자문위원장(2006.12~2010.6)

■ 상 훈

2018년 행정안전부장관 표창(지방자치의 날)
2016년 중앙선거관리위원장 표창
2016년 한국도시행정학회 춘계학술대회 우수논문상
2013년 대통령 표창(지방자치의 날)
2009년 대전대학교 총장공로상(학술연구부문)
2008년 국무총리 표창
2006년 대전대학교 총장공로상(연구 및 학생지도)
2004년 한국지방정부학회 학술상
2004년 서울행정학회 학술상

김찬동(金燦東)

■ 주요 경력

충남대학교 행정학부 자치행정학과 교수(2015.4~현재)
서울시정개발연구원 및 서울연구원 연구위원(2004.4~2015.2)
대통령소속 지방자치발전위원회 및 자치분권위원회 TF위원(2014~2018)
한국지방계약학회장(2016.3~2017.2)

■ 학 력

서울대학교 경제학과 학사(경제학)
서울대학교 행정대학원 석사(행정학)
동경대학교대학원 법학정치학연구과 박사(정치학)

■ 상 훈

2017년 대통령 표창

김필두(金弼斗)

■ 주요 경력

한국지방행정연구원 자치분권연구센터 센터장(2018.9~현재)
日本 (國立)茨城大學 招請 客員研究員(1997.4~1998.3)
내무부 전문위원(1990.1~1990.12)

■ 비상임

한국지방자치학회 주민자치특별위원회 위원장(2019.1~현재)
행정안전부 주민자치형 공공서비스 민관합동 추진협의회 위원(2018.3~현재)
경기도 주민자치우수사례 경진대회 심사위원(2010.1~현재)
전국주민자치박람회 평가위원(2008.2~현재)

김순은(金順殷)

■ 주요 경력

서울대학교 행정대학원 행정학과 교수 겸 한국행정연구소 겸무연구원(현)
서울대학교 SSK 고령사회연구단장(2016.9~현재)
대통령 직속 지방자치발전위원회 부위원장(2018.1~현재)
게이오대학 초빙교수(2016.11~2017.3) 및 특임교수(2010.9~2011.8)
베이징사범대학 정책관리대학원 특강(2016.3)
리츠메이칸 특임교수(2012, 2013) 및 특별연구교수(2014.4.~2015.3)
러시아 니즈니노브고로드 대학 초빙교수(2000.4)
와세다대학(2000~2001), 런던정경대학(1998), 케임브리지대학(1995~1996) 객원교수
켄트주립대강사(1989.1~1991.12)
한국지방정부학회 학술상위원회 위원장(2015.3~2016.2)
한국지방자치학회 고문 및 지방분권포럼위원장(2014.3~2015.2)
한국정책학회 운영이사(2011/2012)
한국지방정부학회장(2010.3~2011.2)
한국지방자치학회장(2008.2~2009.2)

■ 비상임

부천시 행정혁신자문위원회 위원(2019.1~현재)
행정안전부 정책연구심의위원회 위원(2018.2~현재)
서울시 지방분권협의회 위원장(2016.1~현재)
행정안전부 정책자문위원회 위원(2017.9~2018.8)
행정안전부 자치분권전략회의 위원(2017.7~2017.10)
행정자치부 과소지역발전자문단장(2017.1~2017.5)
서울특별시 주민참여연구회 회장(2016.2~현재)
행정자치부 민원서비스개선 자문단장(2016.10.~2016.12)
지방자치발전위원회 정책자문위원회 위원(2015.12~2017.9)
부천시 행정혁신위원회 위원장(2015.12~현재)
지방행정 편집위원(2015.1~현재)
선거문화 편집위원장(2015)

■ 상 훈

2015년 행정자치부장관 표창
2015년 학술부문 상록대상
2013년 홍조근정훈장
2010년 한국지방자치학회 공로상

김병국(金炳國)

■ 주요 경력

한국생활자치연구원 이사장 및 원장(2013년~현재)
한국지방자치학회 고문(2015년~현재)
한국지방행정연구원 부원장(2014~2015년)
중국 길림성 행정학원 객원교수(2002년)
일본 메이죠(名城)대학 경제학과 초빙연구원(2008년)

■ 경 력

한국지방자치학회 부회장(2005~2006), 상임이사(2001~2005), 이사
감사원 자치행정분과(2004~2007) 및 행정안보분과(2007~2010) 자문위원
행정안전부 행정규제심사위원회 위원(2001~2006)
행정안전부 지방자치단체 합동평가위원회 위원 및 분과위원장(2007~2011)
지방행정체제개편위원회 자문위원(2011~2013)
지방행정연수원 겸임교수(2011~2013)
행정안전부 지방자치단체 중앙분쟁조정위원회 위원(2014~2016: 대통령 위촉)
대통령소속 지방자치발전위원회 정책자문위원(2013~2017)
인천발전연구원 이사(2014~2018)

■ 상 훈

2015년 국민포장
2005년 공로패(전국시도지사협의회)
2004년 대통령 표창
2000년 행정자치부장관 표창
1987년 내무부장관 표창
한국지방행정연구원장 표창 다수

전용태(全容兌)

■ 주요 경력

한국생활자치연구원 연구기획실장(2017.10~현재)
한국정책기획평가원 연구원(2014.3~2017.8)
한국양성평등교육진흥원 TFT 연구원(2013.4~2013.12)
한림성심대학교 강사(2017년~현재)

신윤창(申允昌)

■ 주요 경력

강원대학교 공공행정학과 교수(1996.9~현재)
대통령소속 자치분권위원회 위원(2013.9~현재)
미국 University of Oregon 교환교수(2004.1~2005.2)
고려대학교 노동문제연구소 연구실장(1986.3~1993.2)

■ 비상임

한국비교정부학회 부회장(2016.1~현재)
대통령소속 지방자치발전위원회 분과위원장(2015.9~2017.9)
대통령소속 지방자치발전위원회 위원(2013.9~2015.9)
강원도 규제개혁위원회 위원장(2014.1~2015.12)
강원도 6 · 25 전쟁 납북피해 진상규명 및 피해자 진상규명 위원(2013.4~2017.3)
한국지방자치학회 부회장(2013.3~2014.2)
한국행정학회 부회장(2013.3~2013.12)
강원행정학회 회장(2008.1~2011.3)
강원일보 비상근 논설위원(2007.3~2015.3)

■ 상 훈

2002년 6월 국무총리 표창(2002 삼척 세계동굴엑스포 성공적 개최)

■ 저 서

신윤창 외(2019). 『현대행정의 이해』. 서울: 대영문화사
신윤창(2018). 『제4차 산업혁명과 행정의 변화』. 서울: 법문사
신윤창 외(2016). 『한국지방자치 발전과제와 미래』. 서울: 박영사
신윤창 외(2014). 『대한민국 역대 주요 정책과 국정운영』. 서울: 대영문화사
신윤창 외(2009). 『인도의 행정과 공공정책』. 서울: 법문사
신윤창 외(2007). 『자본주의와 문화산업론』. 서울: 법문사
신윤창(2001). 『자본주의와 복지국가론』. 서울: 법문사

한국주민자치 이론과 실제

펴낸날 제1판 제1쇄 2019년 4월 25일
지은이 김주원 외
펴낸이 임춘환
펴낸곳 도서출판 대영문화사
주소 (본사) 사무실: 경기도 고양시 일산서구 주화로 70
우신프라자 307호 (우) 10387)
(본사) 물류센터: 경기도 고양시 일산서구 덕산로
107번길 68-50 (우) 10205)

등록 1975년 12월 26일 제3-16호
전화 (031) 913-3062, (031) 914-3884~5
팩스 (031) 913-3839
홈페이지 http://www.dymbook.co.kr

ISBN 978-89-7644-737-1
값 23,000원